▶ 本研究受国家自然科学基金"技术惯域对企业持续创新的作用"
（项目编号：71272164）及江苏省"服务型政府建设"决策基地
产业发展的延伸性集体管理制度研究"（项目编号：14FB5003

打开持续创新的"黑箱"

基于组织惯域的思考

Decode the Blackbox of Continuous Innovation
on Organizational Habitual Domains

马 蕾 / 著

图书在版编目（CIP）数据

打开持续创新的"黑箱"：基于组织惯域的思考/马蕾著．—北京：知识产权出版社，2017.6
ISBN 978-7-5130-4711-1

Ⅰ.①打… Ⅱ.①马… Ⅲ.①组织管理—研究 Ⅳ.①C936

中国版本图书馆 CIP 数据核字（2016）第 321947 号

内容提要

本书将企业、政府及相关创新主体置于同一分析框架下，从组织惯域的角度系统研究了持续创新的运行机制，探索其演化规律，为推动各类组织的持续创新实践提供理论支撑。作者通过调研和文献研究选取了五家企业及政府相关部门，对其持续创新实践的案例进行了详细研究和分析，研究成果可供研究人员、政府及企业管理者参考。

| 责任编辑：江宜玲 | 责任校对：谷 洋 |
| 封面设计：张 冀 | 责任出版：刘译文 |

打开持续创新的"黑箱"
——基于组织惯域的思考

马 蕾 ◎著

出版发行：知识产权出版社有限责任公司	网　址：http://www.ipph.cn
社　址：北京市海淀区西外太平庄 55 号	邮　编：100081
责编电话：010-82000860 转 8339	责编邮箱：jiangyiling@cnipr.com
发行电话：010-82000860 转 8101/8102	发行传真：010-82000893/82005070/82000270
印　刷：三河市国英印务有限公司	经　销：各大网上书店、新华书店及相关专业书店
开　本：720mm×1000mm　1/16	印　张：19.25
版　次：2017 年 6 月第 1 版	印　次：2017 年 6 月第 1 次印刷
字　数：325 千字	定　价：68.00 元
ISBN 978-7-5130-4711-1	

出版权专有　侵权必究

如有印装质量问题，本社负责调换。

序 一

熊彼特提出创新理论虽然只有近百年的历史,但是创新范式的演进却经历了从封闭式创新(创新范式1.0)到开放式创新(创新范式2.0)及以开放、共享为特征的创新范式3.0的过程。创新范式的转变要求创新管理理念、战略、实践等要全方位变化,改善组织惯域正是这一变化的前提。作者从组织惯域理论视角对持续创新开展研究,为丰富创新管理理论、推动创新实践提供了一个新方向。

本书作者探索了组织惯域在持续创新中的双重作用机制。在研究中,作者运用多案例及嵌入式案例对组织惯域与二元创新理论进行了深入、系统的研究;选用的案例不仅有商业组织的创新实践,还有政府部门的创新实践。多视角的案例避免了理论枯燥,使不同层面的读者都可以理解和接受。本书的研究可以告诉读者在创新实践中如何管理组织惯域、如何运用组织惯域,使组织惯域为持续创新服务。

作者在研究中能够把握本领域的国际前沿热点,指出组织在持续创新实践中要以责任式创新为己任,摒弃单纯地追求经济利益,要考虑创新对社会发展的综合效应。此言旨在强调创新的研究者和实践者的习惯域也要随着创新范式的变化而转变,在创新范式3.0下,持续创新首要是责任式创新。

进入21世纪以来,创新是出现在媒体上频率极高的一个词。2016年G20峰会以"构建创新、活力、联动、包容的世界经济"为主题,彰显创新驱动经济增长已成为世界各国的共识,作者选择持续创新这个话题进行研究无疑更具现实意义。

作者是我的第一位博士后,多年来以其扎实的理论功底一直坚持在习惯域、创新管理等领域脚踏实地、潜心研究。正因为她持之以恒的勤奋努力,其原创成果不断出现。她不仅是国内组织惯域领域较早的研究者之一，还是"互联网+"理论的早期研究者之一，其 2011 年的研究报告和论文中明确提出了基于互联网构建跨区域、跨学科的知识创新交易平台——"江苏创新高速公路"，该项成果还获得 2012 年江苏省人民政府颁发的社会科学优秀成果奖。本书是作者多年研究成果的积累，深入实践调研、跟踪案例，并运用跨学科理论对持续创新进行系统研究，具有较高的学术价值，特别是对我国建设创新型国家具有广泛的实践意义和宏观政策含义。

祝愿作者在未来的研究中取得更多成果！

教育部长江学者特聘教授
清华大学技术创新研究中心主任
陈劲
2017 年 5 月 31 日于清华园

序 二

作者是我读研时的室友。在南京上学时的炎炎夏夜，我们几个要好的朋友挤在一个临时搭在楼顶的蚊帐里，朦胧地望着帐外的夜空，憧憬着一起写一本书，让我们的思想和友情承载在书上，像璀璨的夜空，永远闪烁着我们青春友谊的光芒。

毕业后，我们各自从事不同的工作。作者曾在跨国公司做过市场工作，也在全球500强的国企做过管理，又自费到剑桥大学做访问学者，最终重新回到校园，将她之前的各种工作经历和经验与学术相结合，惶惶然，一部专著就在披星戴月的笔耕中诞生了。在她写作的过程中，我虽与她处在不同的城市，但我清楚地知道她是如何闭锁小楼、宵衣旰食，如何只在写作空余偶尔散步，如何每日行走的路线锁定在教学楼与住宅之间，经寒历暑，耐得清寒与孤寂，一字一句地认真写下每一笔，完成每一个段落；她经常会电话告知我她的研究进度，带着我与她同行。我没有参与一个字，但我知道她的心，别人也许是写本专著而已，而她是在学术研究的同时，也圆了我们学生时期的梦想！

我一直在外企的研究院从事科研工作，创新是工作对我的基本要求，因此我对本书论述的内容更感兴趣。下面就粗浅地谈一谈我对创新的感受。

首先，创新是一种具有新颖性的变化。而习惯域带来效率、带来轻松，也带着框架、圈着领地。当你进入一种研究状态，习惯域会促使你高速旋转于这种状态中，创意不断涌现；而习惯域又常常使你讨厌变化，无法走出常规与惯例，用人们熟悉与习惯的框框固化他们的思维与行动。不仅个人如此，企业亦然。

其次，任何创新在一开始都是非常稚嫩的萌芽，需要经过呵护、建设，使其愈发完善，并迸发和激励出更多的创新；在创新的初始阶段，应避免或减少衡量、比较和挑剔。

讨论企业管理和创新之间的关系虽然不是一个崭新的话题，但在无数企业的沉浮中，人们不难发现，除了那些商业决策关系到企业转型的成败以外，企业内有效灵活的创新管理无疑是另一个令人瞩目的话题。

当今世界正在经历一个深刻的变化，人类的经济活动越来越依赖于创新，而这种创新不再是单打独斗式的，而是强调互相协作的、取长补短式的创新。这是一种开放式创新，可以促进新产品快速被市场接受，同时提高企业与新产品的竞争力。开放式创新涉及多方的合作，而此种合作针对的对象又是具有高度不确定性的创新活动。参与者有不同的思考，有不同的习惯域，这种或叠加或交错或背道而驰的多方作用，对创新管理的影响和造成的复杂度，将有可能呈指数级增长。所以，抽丝剥茧地以各种典型企业为案例，去分析其习惯域与创新管理之间的关系，是千里之行中非常重要的一步。

本书通过将创新管理中的最新研究成果运用到案例研究中，来强调持续创新的可能性。而这种从多视角来论述持续创新对社会的价值，其意义不仅可为企业或其他创新主体提供创新管理的思路，也可增加像我这样的普通公众对创新价值的认识：从传统的技术创新，扩展到全面创新管理。书中选取的典型案例有的是传统制造业，有的是新型互联网公司；有的是私人企业或民营企业，而有的又是政府管理部门。它们所面临的创新压力和需求各有不同，研究不同创新主体的持续创新过程，给出它们创新范式的本质，在当前中国经济转型的大背景下是有极大帮助的。

本书另一大胆的尝试就在于系统地阐述了创新范式3.0这一全新的概念，它涉及整个社会、行业生态等宏观概念。这无疑是创新领域的研究前沿，值得读者仔细研读和认真思考。

这个世界在飞速发展，世界本身就像万花筒一样翻新、变化，在这样的宏观背景下，更需要有效地管理创新机制，才能挖掘和筛选出有价值的创新。正如巴甫洛夫所说："在自然科学中，创立方法，研究某种重要的实验条件，往往要比发现个别事实更有价值。"这些机制本身就具有强大的创新性。这也正是本书的价值所在！

创新本身也在突破自身,从实体产品拓展到软件服务;从单一维度拓展到多维度;从本地化拓展到全球化;创新者从个体拓展到组织、国家。我们期望作者能继续沿着这个方向,在创新管理方面给出更多、更好的思路和建议!

荷兰飞利浦中国研究院主任研究员、博士

谭纶纬

2017 年 5 月 30 日

前　言

"持续创新不是让创新永垂不朽，而是让创新成为习惯。"莱特（Light，1998）

经过了一个多世纪的发展，创新理论研究取得了大量的、丰富的成果。创新范式也从封闭式创新（创新范式1.0）、开放式创新（创新范式2.0）演进到开放协同的创新范式3.0，而政产学研用等多主体形成的创新生态系统正是创新范式3.0的重要特征之一。正因为如此，在高度复杂、高度不确定性的竞争环境下，竞争不再是单个组织之间的竞争，而是全球范围内各个创新生态系统之间的竞争：相互依存、一荣俱荣、一损俱损。这使创新从传统的单纯商业利益追求升华至对人类社会发展的责任式创新（Responsible Innovation）。

无论是创新的研究者还是创新的实践者，都在全球创新实践中践行着他们的思想、理念，分享着他们的知识、经验。从研究企业家创新、技术创新到培育创新型企业，从建设创新型园区、创新型城市、创新型省到打造全球有影响力的科技创新中心，从国家层面上的创新驱动战略到创建创新型国家，创新为全球化进程中的各国带来了勃勃生机。它不仅是全球经济从萧条的预期走向振兴的发动机，还是从要素驱动、资本驱动走向创新驱动，从经济领域的复苏走向社会持续发展的发动机，而这种新态势对于学术界、政府、企业界都是一个历史性思维转型的过程。因此，如何开展持续创新不仅关乎创新生态系统中的企业组织、大学、研究机构，还关乎政府、用户及相关利益者。特别是对在20世纪经历了改革开放转型的中国，其政府部门、企业、大学、研究机构等比任何时候都需要以开放式创新的视野融入全球创新体系，不断变革、持续创新，以完成中华民族伟大复兴的使命，实现"中国梦"。

哈佛商学院教授克里斯坦森（2010）认为对于成熟的企业而言持续创新是个难题，并提出需要在成熟的企业中引入破坏式创新来解决创新难的问题。海兰、布尔（Hyland，Boer，2006）也指出持续创新要求组织具有从事破坏式和持续式创新的能力，同时还要专注于运营效率。由此可见，实践界对持续创新既渴望又疑虑，这种疑虑源于如何平衡组织运营效率和创新之间的关系，我们将其称为持续创新的两难问题。

组织持续创新在理论界一直是学者研究的重点。早在1994年，一些欧洲学者在欧盟资助下成立了持续创新研究的国际组织（Continuous Innovation Network，CINet）。目前，该组织作为一个开放的学术平台已经发展成为全球性组织，并召开了17届持续创新国际学术会议，推动了持续创新的理论和实践在全球开展。曾经担任该组织轮值主席的丹麦阿尔堡大学（Aalborg University）的布尔（Boer）教授也是本课题主要合作者之一，他在研究中提出了持续创新是开发式创新与探索式创新（Exploitation & Exploration Innovation）相结合的观点，引起学术界的广泛关注并成为研究热点。莱特（Light，1998）在研究公共部门组织创新时指出创新持续时间越长就越有可能成为阻碍未来创新产生的主流思想，其研究强调了内因对持续创新的影响。纳尔逊、温特（Nelson，Winter，1982）也指出创新始于惯例（Organizational Routines），创新的目的是要形成一个新的规则或模式，这个新规则或模式又保证了组织的正常运行效率。研究者在对组织惯域（Organizational Habitual Domains）进行研究时也发现了组织惯域的稳定性保证了组织正常运行的效率，而其动态性是创新的前提（马蕾，陈劲，2005），正如莱特（Light，1998）所说："持续创新不是让创新永垂不朽，而是让创新成为习惯。"

国内外学者对习惯域（Habitual Domains）[①] 理论进行研究始于20世纪80年代，该理论由时任美国堪萨斯大学教授的游伯龙（Po‐Lung Yu）提出。1996年，我国学者冯俊文教授在堪萨斯大学进行学术访问时与游伯龙在习惯域理论方面开展了合作研究，并共同发表了研究成果。他们在该领域一直默默耕耘、坚持不懈，终于取得了大量的成果，从个人惯域研究扩展到组织惯域研

[①] Habitual Domains 译为习惯领域、习惯域、惯域，本书单独使用时采用"习惯域"的译法，作为词组时采用"惯域"的译法，如组织惯域或组织的习惯域。

究，从决策研究扩展到创新领域，从习惯域管理扩展到知识管理，使习惯域理论越来越系统、研究内容越来越丰富。虽然他们身处海峡两岸，但是，他们对习惯域理论的研究方向却趋向一致。如大陆研究团队运用习惯域理论研究企业家创新行为（Ma，Li，Feng，Han，2001），将习惯域理论扩展到创新研究中；2004年，游伯龙与他的合作者发表了《Knowledge Management, Habitual Domains, and Innovation Dynamics》，提出了基于习惯域理论的创新过程模型；2005年，马蕾、陈劲合著出版了《惯域视角下的组织持续创新——探寻超竞争环境下组织可持续创新的关键途径》一书，书中构建了面向多主体的基于习惯域理论的创新过程分析框架。既有学者的研究成果丰富和发展了习惯域理论，也吸引了更多的研究者参与进来，从多视角、多领域开展研究。

近10年的研究表明，两岸学者继续沿着知识管理、创新管理的方向研究习惯域理论。期间，台湾地区学者吴松龄（2007）基于习惯域理论研究了创新管理模型；阎立（2008）从技术惯域角度对中国企业自主创新做了实证研究；2009年，游伯龙和他的合作者以任天堂为案例从习惯域视角对多空间创新动力框架进行了研究；而叶心薇等（2016）探讨了习惯域对二元创新的影响。他们的研究使习惯域理论发展进入了实证阶段。由此可见，海内外学者的共同努力发展了习惯域理论，也为丰富创新理论研究开辟了一个新方向。

综上所述，创新范式的转变不仅要求学术界为实践界提供前瞻性的理论，而且还要求实践界的企业家、领导者改善习惯域，才能让组织的持续创新不断进行；同时，在新的创新范式下，尝试将企业、政府及相关创新主体置于同一分析框架下进行多视角、多维度、跨学科的研究对中国复兴之路有着积极的意义。既有的大量成果为本研究提供了基础，而研究空白为本书提供了机会。因此，本书将面向企业、政府等从组织惯域角度，系统地研究持续创新的运行机制，探索其演化规律——打开持续创新的"黑箱"，为推动持续创新实践提供理论支撑。

本书共分为三个部分，如图0-1所示。第一部分是理论研究，其中包括相关理论回顾、研究中涉及的基本概念界定及构建分析框架；第二部分是案例研究，从多视角、多维度对选取的国内外持续创新实践案例进行详细分析，揭示组织惯域下持续创新的运行机制及其规律；第三部分研究了在新的创新范式下，对改善组织惯域、增强持续创新能力的基本路径的思考与总结。

```
┌─────────────────────────────────────────────────────┐
│              组织惯域与持续创新的窘境                │
└─────────────────────────────────────────────────────┘
        ↓                    ↓                    ↓
┌──────────────┐    ┌──────────────┐    ┌──────────────┐
│组织惯域文献回顾│   │组织惯域弹性与 │   │持续创新相关文献│
│              │    │组织间惯域比较 │    │回顾及研究框架 │
└──────────────┘    └──────────────┘    └──────────────┘

              组织惯域：持续创新中的"桥"与"山"

案例  （1）平稳型压力集下熊猫LCD技术持续创新；
研究  （2）波动型压力集下恒立油缸技术持续创新；
      （3）不同形态压力集下凯特尔的持续创新；
      （4）波动型压力集下常州产学研合作管理持续创新；
      （5）组织惯域弹性失灵与诺基亚手机业务衰落。

           驾驭组织惯域：让组织驶入创新高速公路

    常态中突破        学习中改善        开放中融合

     结语与展望：从传统经济学视角迈向多学科交融的持续创新研究
```

打开持续创新的『黑箱』

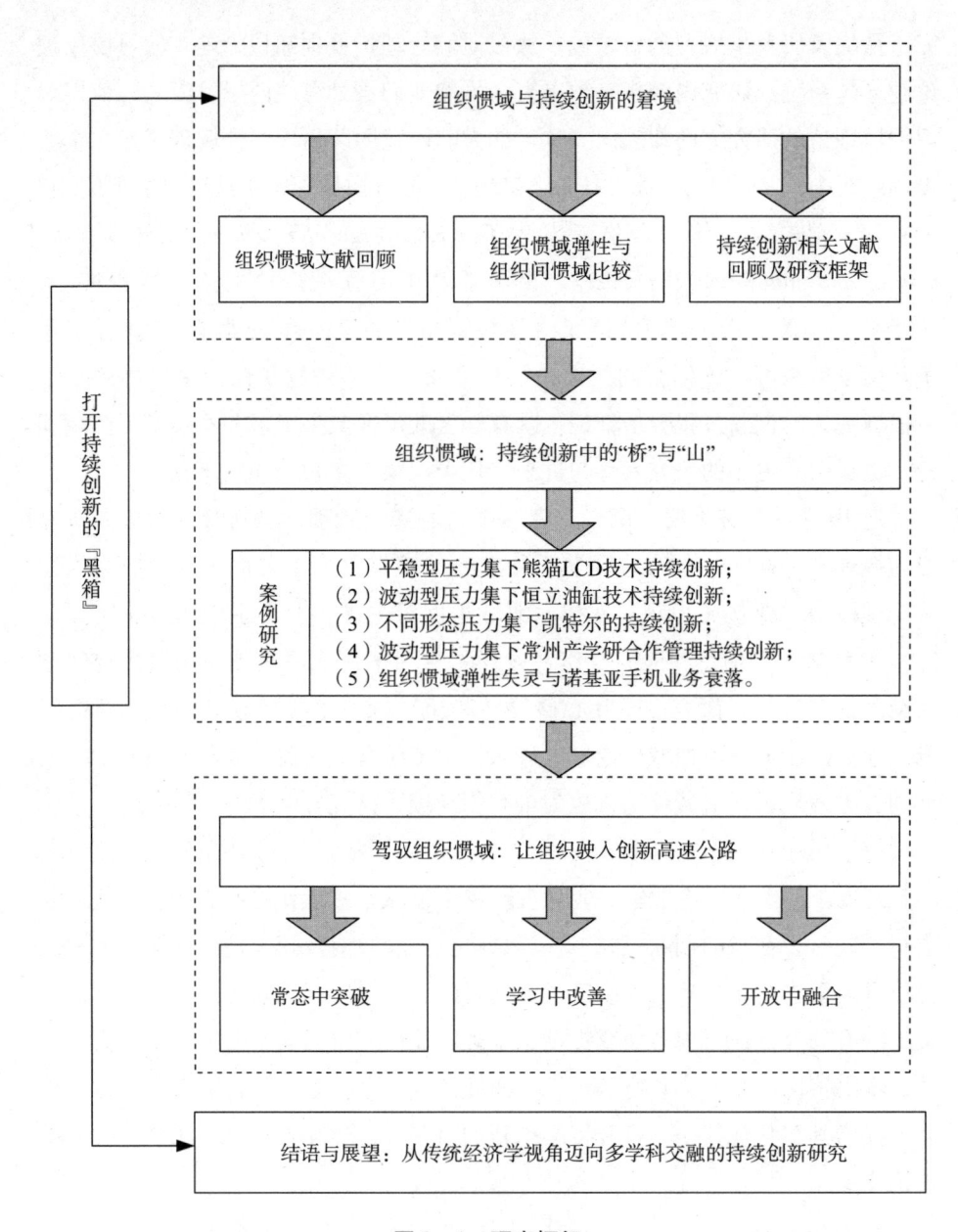

图 0-1　研究框架

在创新范式 3.0 下，本书选取商业组织和政府组织作为研究对象，对组织持续创新管理进行了多学科、跨领域、多视角的研究，体现了高度复杂、高度不确定性竞争环境下，开放式创新及组织间共创、共生、共赢的创新生态系统观。

目　　录

第一部分　组织惯域与持续创新的窘境

1　组织惯域研究回顾 ……………………………………………… (3)
   1.1　习惯域理论 ……………………………………………… (3)
      1.1.1　人类行为决策动态模式 ……………………………… (3)
      1.1.2　个人惯域的界定及特点 ……………………………… (9)
      1.1.3　能力集研究概况 ……………………………………… (12)
   1.2　组织惯域的相关研究 …………………………………… (13)
      1.2.1　组织惯例 ……………………………………………… (16)
      1.2.2　组织惯性 ……………………………………………… (17)
      1.2.3　路径依赖 ……………………………………………… (19)
      1.2.4　组织惯域的内涵及双重效应 ………………………… (22)
      1.2.5　组织惯域：对组织惯例与组织惯性的整合研究 …… (25)
   1.3　组织行为动态过程模型及组织惯域分类 ……………… (29)
      1.3.1　组织行为动态过程模型 ……………………………… (30)
      1.3.2　组织惯域分类 ………………………………………… (34)

2　组织惯域弹性及组织间惯域比较研究 …………………………… (37)
   2.1　组织惯域的基本变动方式 ……………………………… (37)
      2.1.1　组织惯域的一般特征 ………………………………… (37)

2.1.2　基本变动方式 ……………………………………… (41)
　2.2　组织惯域弹性 ……………………………………………… (42)
　　2.2.1　组织惯域刚性的研究 ……………………………… (43)
　　2.2.2　组织惯域演化过程中的四种形态 ………………… (43)
　　2.2.3　组织惯域弹性及状态组合矩阵 …………………… (45)
　2.3　组织学习与组织惯域 ……………………………………… (47)
　　2.3.1　多重视角下的组织学习 …………………………… (48)
　　2.3.2　组织学习战略与组织惯域 ………………………… (51)
　　2.3.3　组织去学习与组织惯域的空无原理 ……………… (53)
　2.4　组织间惯域比较研究 ……………………………………… (56)
　　2.4.1　组织间惯域横向分析框架 ………………………… (57)
　　2.4.2　组织间惯域比较案例研究 ………………………… (58)

3　组织持续创新的相关研究及习惯域视角下的分析框架 ……… (65)

　3.1　关于创新管理研究的简要回顾 …………………………… (65)
　　3.1.1　从创新范式变化看创新研究的路线图 …………… (66)
　　3.1.2　不同时期我国创新管理研究的重点 ……………… (68)
　　3.1.3　国内外对持续创新的相关研究 …………………… (77)
　　3.1.4　当代创新理论研究趋势 …………………………… (82)
　3.2　组织持续创新研究现状及过程模型 ……………………… (82)
　　3.2.1　组织的被动式创新和主动式创新 ………………… (83)
　　3.2.2　持续创新的类型 …………………………………… (85)
　　3.2.3　组织的压力集 ……………………………………… (89)
　　3.2.4　不同视角下的组织持续创新过程模型 …………… (90)
　3.3　组织技术惯域与技术范式、技术轨道比较 ……………… (95)
　3.4　组织惯域视角下的持续创新路径分析框架 ……………… (98)
　　3.4.1　组织惯域的启发式变化与开发式创新 …………… (98)
　　3.4.2　组织惯域的突破式变化与探索式创新 …………… (99)
　　3.4.3　平稳态压力集下组织惯域变化与二元创新 ……… (100)
　　3.4.4　整合的持续创新路径分析概念框架 ……………… (100)

第二部分 组织惯域：持续创新中的"桥"与"山"

4 平稳型压力集下熊猫 LCD 技术持续创新研究 (105)
  4.1 熊猫 LCD 概况 (109)
  4.2 熊猫 LCD 主要发展历程和关键事件 (111)
  4.3 熊猫 LCD 六代线工艺惯域演进过程 (114)
    4.3.1 技术学习、积累与培育六代线工艺惯域 (114)
    4.3.2 GP6-HD$_1$ 的启发式扩展：以 POA 工艺创新为例 (117)
    4.3.3 GP6-HD$_1$ 的启发式扩展：以阵列工程技术原始性创新为例 (118)
  4.4 熊猫 LCD 工艺惯域演进与持续创新路线图 (119)

5 波动型压力集下恒立油缸技术持续创新研究 (122)
  5.1 恒立概况 (122)
  5.2 恒立主要发展历程与关键事件 (127)
  5.3 产品惯域变化与持续创新 (129)
    5.3.1 恒立 2004—2014 年的环境压力分析 (130)
    5.3.2 恒立信元库构成 (134)
    5.3.3 低压油缸产品惯域突破式变化：对高压油缸的探索式创新 (135)
    5.3.4 高压油缸产品惯域突破式变化：对非标准油缸的探索式创新 (138)
    5.3.5 高压油缸产品惯域突破式变化：对液压精密铸件的探索式创新 (139)
  5.4 恒立产品惯域演进与持续创新的路线图 (140)
    5.4.1 产品惯域变动性与探索式创新和开发式创新 (141)
    5.4.2 产品惯域的稳变期与开发式创新 (142)

  5.4.3 产品惯域刚性是持续创新的阻力 ……………………（142）

6 不同形态压力集下凯特尔持续创新研究 ………………（144）

 6.1 凯特尔概况 ………………………………………………（144）
 6.2 凯特尔主要发展历程与关键事件 ………………………（148）
 6.3 凯特尔的习惯域 …………………………………………（155）
 6.4 凯特尔的技术惯域变化与创新 …………………………（155）
  6.4.1 波动型压力集下工业炉产品惯域的启发式变化 …（157）
  6.4.2 波动型压力集下工业炉工艺惯域的启发式变化 …（159）
  6.4.3 突变型压力集下凯特尔产品惯域的突破式变化 …（162）
 6.5 凯特尔多维惯域相互作用与持续创新的路线图 ………（164）

7 波动型压力集下常州产学研合作管理持续创新 ………（166）

 7.1 案例背景概述 ……………………………………………（166）
 7.2 关键事件描述 ……………………………………………（168）
  7.2.1 寻求资源构建区域技术创新体系
     （2001—2005 年） ………………………………（168）
  7.2.2 聚集资源打造常州产学研合作模式
     （2006—2010 年） ………………………………（169）
  7.2.3 优化资源培育区域创新生态系统
     （2011—2015 年） ………………………………（173）
 7.3 案例分析 …………………………………………………（176）
  7.3.1 产学研合作管理惯域分析框架 …………………（176）
  7.3.2 产学研合作管理惯域的形成过程及变化 ………（177）
  7.3.3 产学研合作管理惯域演进与持续创新路线图 …（184）

8 组织惯域弹性失灵与诺基亚手机业务衰落 ………………（187）

 8.1 案例背景 …………………………………………………（187）
 8.2 诺基亚的持续创新与作为"桥"的组织惯域 …………（191）
 8.3 手机业务衰落与成为"山"的组织惯域 ………………（194）

8.3.1　决策层感知关键压力失灵：错失触摸屏手机商机 …… (194)
8.3.2　互动吸收能力失灵：丧失操作系统市场 ………… (196)
8.3.3　管理层信元重构失灵：转型互联网公司失败 …… (199)
8.4　结论与启示 …………………………………………… (201)

第三部分　驾驭组织惯域：让组织驶入创新高速公路

9　常态中突破：领导惯域的关键作用 ………………… (207)
9.1　领导惯域的特征和类型 ………………………………… (207)
9.1.1　领导惯域 ………………………………………… (207)
9.1.2　领导惯域的特征 ………………………………… (208)
9.1.3　压力集与领导惯域变化的分析框架 …………… (209)
9.2　阿里巴巴的成长 ………………………………………… (210)
9.2.1　阿里巴巴里程碑简介 …………………………… (210)
9.2.2　案例分析一：抓住电商的契机，创立阿里巴巴 …… (213)
9.2.3　案例分析二：打破常规，战胜 eBay …………… (215)
9.2.4　案例启示 ………………………………………… (218)
9.3　乔布斯与苹果的持续创新 ……………………………… (219)
9.3.1　案例背景 ………………………………………… (219)
9.3.2　案例分析 ………………………………………… (219)
9.3.3　案例启示 ………………………………………… (225)

10　学习中改善：昆山民政局改善管理惯域的案例 ……… (227)
10.1　案例概述 ……………………………………………… (228)
10.2　关键事件描述 ………………………………………… (229)
10.2.1　背景 ……………………………………………… (229)
10.2.2　压力和挑战 ……………………………………… (229)
10.2.3　学习和举措 ……………………………………… (230)

  10.3 案例分析 ·· (234)
    10.3.1 探索式学习：丰富组织惯域 ························ (235)
    10.3.2 开发式学习：保持组织惯域变动性 ················ (236)
    10.3.3 去组织学习：克服惯域阻力 ························ (236)
  10.4 结论 ·· (238)

11 开放中融合：在创新生态系统中优化组织惯域 ············ (239)

  11.1 创新生态系统与创新体系 ······························ (240)
    11.1.1 创新生态系统的内涵与特征 ······················ (241)
    11.1.2 创新生态系统与区域创新系统区别联系 ·········· (244)
    11.1.3 创新生态系统分类 ··································· (248)
  11.2 互联网创新生态系统：创新高速公路 ················· (250)
    11.2.1 "互联网+"环境下创新生态系统框架 ············ (251)
    11.2.2 互联网创新生态系统形成基本路径 ··············· (252)
  11.3 在创新生态系统中改善组织惯域 ······················ (253)
    11.3.1 "互联网+"环境下合肥运管处的持续创新 ······ (254)
    11.3.2 小米：在知识创新生态系统中培育技术惯域 ···· (258)

12 结语与展望 ·· (265)

  12.1 从传统的经济学视角迈向多学科交融的持续创新研究 ······ (265)
  12.2 研究展望 ·· (267)

参考文献 ··· (269)

后　　记 ··· (288)

第一部分

组织惯域与持续创新的窘境

1 组织惯域研究回顾

自 1980 年游伯龙提出习惯域理论后，该领域研究者从对个人惯域的研究，扩展到对组织惯域（冯俊文，2001；马蕾，2003）以及创新管理（吴松龄，2007；马蕾，2003；Yu，Chen，2012；叶心薇，等，2016）等领域的研究。既有研究关注个人行为决策，也关注领导能力、企业创新能力及企业知识管理（游伯龙，2005；吴迪，2004；王倩雅，2015）、企业应急能力管理（苗成林，等，2013）以及网络型组织等（Ma，Shi，Zhao，2012）。几十年来，习惯域理论研究内容越来越丰富，且取得了丰硕的成果。本章内容主要包括对个人惯域理论的回顾，组织惯域的研究现状、进展及其基本规律。

1.1 习惯域理论

游伯龙将个人惯域誉为人的"软体"，他的研究重点是人类行为决策动态模式及习惯域的能力集。

1.1.1 人类行为决策动态模式

游伯龙（1980）运用信息理论、心理学、行为科学等跨学科理论，提出了人类行为决策动态模式（见图 1-1）。

该模式表明，当遇到外界环境重大变化时，人们会通过注意力调度进行感知，与既有的目标比较（目标建立与评估），并形成压力结构；而大脑是知识经验的储存处理器，人们会用外界自求信息（或非自求信息，由"开关"控制），通过与大脑存储的信息有效重构来获得解决问题的方案，并通过自我提

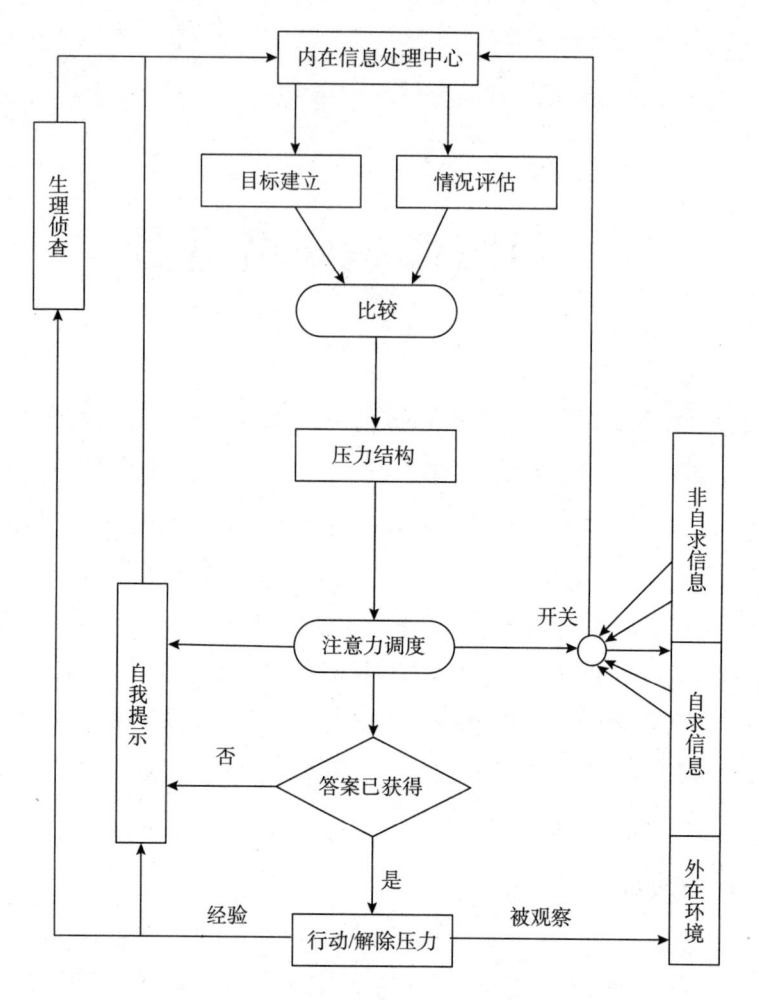

图 1-1　人类行为决策动态模式（游伯龙，1987）

示反馈到大脑。如果是有效方案就会解除压力，若是无效方案则再去寻求信息重复这一过程。

游伯龙运用计算机的程序、存储等理论对人的大脑进行了研究，指出人的大脑是一个信息处理器，而人的行为记忆就像一个电网，电网的结构越复杂、存储的部位越多、存储的信息越多，寻求解决方案的过程就越快，由此他提出了"电网构想"，其主要内容如图 1-2 所示。

- 人的思考或信息处理过程可用脑细胞电网变化的程序来表示,当电网相当强烈时,该电网会扩散到大脑的其他部位去。

- 当思想、概念或信息重复出现时,相应的电网将被增强,有关的思想、概念、信息在大脑中的印象也将被加深。

- 电网越强,大脑内含这种电网的部位就越多,相应的思想就越有机会被取来思考新发生的问题或新到达的信息。

- 一个事件的思考和解译的过程,在时间顺序上是和大脑中电网活动的顺序相对应的。当这样的顺序是极其紧密而不能打断时,这个时间的全过程就可能被看作一个统一的过程或一个连续的单位。

图1-2 "电网构想"要点(游伯龙,1987)

"无限能力构想":主要描述了人类大脑强大的信息存储能力和学习能力对改善行为的影响,其主要思想如图1-3所示。

- 每个正常的大脑都有编码和贮存人们想要的各种思想、概念或信息的能力。大脑的存贮能力是无限的。

- 人们的学习及自我提高永无止境。

- 大脑收到的有关新信息,将影响人们未来的行为。

图1-3 "无限能力构想"要点(游伯龙,1987)

"最有效地重新结构构想":是人类应对内外界环境变化做出反应、形成解决方案的关键。在"注意力"发出指令后,人们可以从存储中找到既有的方案，也可以通过重构形成新的方案，进而解决来自内外环境的压力，其主要内容见图1-4。

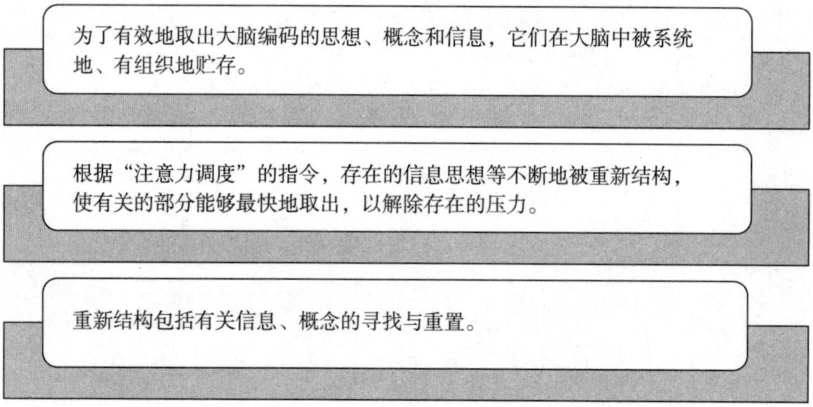

- 为了有效地取出大脑编码的思想、概念和信息，它们在大脑中被系统地、有组织地贮存。
- 根据"注意力调度"的指令，存在的信息思想等不断地被重新结构，使有关的部分能够最快地取出，以解除存在的压力。
- 重新结构包括有关信息、概念的寻找与重置。

图1-4 "最有效地重新结构构想"要点（游伯龙，1987）

因此，有效重新结构的速度与电网有关，电网强则重构速度快，否则相反。"类推/联想构想"建立在电网构想基础上，电网强度影响类推（或联想）的效果。与此同时，游伯龙也指出要注意类推（或联想）带来的负面效应，有可能将旧的、无效的方案取出，如印象概推或先入为主等，因此"类推/联想构想"的含义见图1-5。

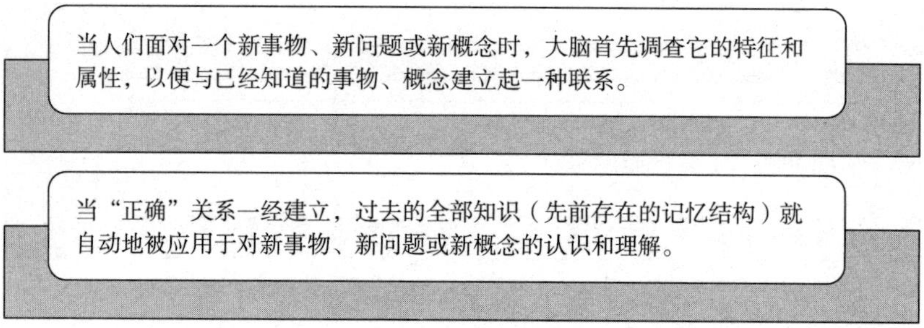

- 当人们面对一个新事物、新问题或新概念时，大脑首先调查它的特征和属性，以便与已经知道的事物、概念建立起一种联系。
- 当"正确"关系一经建立，过去的全部知识（先前存在的记忆结构）就自动地被应用于对新事物、新问题或新概念的认识和理解。

图1-5 "类推/联想构想"要点（游伯龙，1987）

在日常生活中，人们常将环境变化与既有的目标相比较，当感觉偏差较大时就会调整自己的行为。对此，游伯龙建立了"目标建立和情况评价构想"，并指出人们在评价的时候主要围绕生理侦查（Physiological Monitoring）、自我提示（Self Suggestion）、外在信息（Unsolicited or Solicited Information）、现有记忆（Data Base or Memory Structure）和处理问题的能力（Processing Capacity），其要点见图1-6。

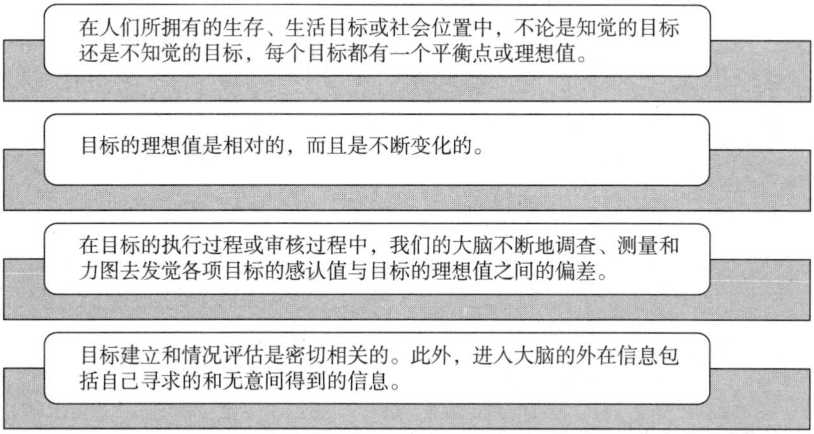

- 在人们所拥有的生存、生活目标或社会位置中，不论是知觉的目标还是不知觉的目标，每个目标都有一个平衡点或理想值。
- 目标的理想值是相对的，而且是不断变化的。
- 在目标的执行过程或审核过程中，我们的大脑不断地调查、测量和力图去发觉各项目标的感认值与目标的理想值之间的偏差。
- 目标建立和情况评估是密切相关的。此外，进入大脑的外在信息包括自己寻求的和无意间得到的信息。

图1-6 "目标建立和情况评价构想"要点（游伯龙，1987）

"压力结构和注意力调度构想"：游伯龙根据心理学理论分析了人们受到的单边压力和双边压力，并将压力强度分为五个等级。由于人们自身的目标也存在层次，因此其受到的压力也有不同层次，压力强度大的目标往往被排列在前面，也说明这个需要决策的问题的重要程度，而且压力强度大的目标容易被感知。这个构想的要点见图1-7。

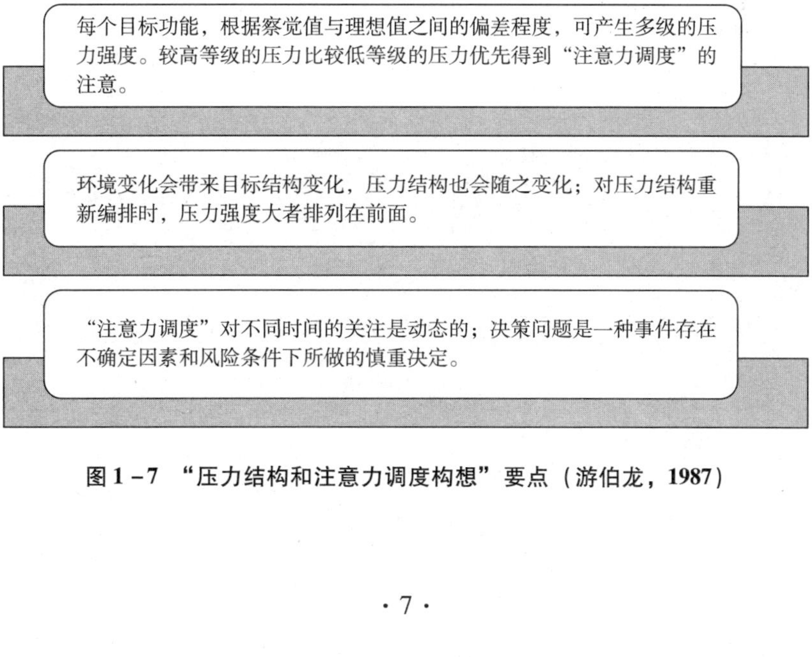

- 每个目标功能，根据察觉值与理想值之间的偏差程度，可产生多级的压力强度。较高等级的压力比较低等级的压力优先得到"注意力调度"的注意。
- 环境变化会带来目标结构变化，压力结构也会随之变化；对压力结构重新编排时，压力强度大者排列在前面。
- "注意力调度"对不同时间的关注是动态的；决策问题是一种事件存在不确定因素和风险条件下所做的慎重决定。

图1-7 "压力结构和注意力调度构想"要点（游伯龙，1987）

"压力解除构想"：游伯龙指出人们在处理外界环境变化时会遵循最小阻力原则。人们在寻求解决方案的过程中，对信息的处理一般用两种方式，即"积极求解"和"退却合理化"（Avoidance Justification）。这个构想的要点见图1-8。

"最小阻力原则"是指人们在压力结构中有不同的压力，当人们解决好一个关键压力，其他问题也会迎刃而解，所以，在处理问题时要兼顾整体和局部、长期目标和短期目标的关系。

日常出的问题多数是重复性问题，容易找到满意解，压力容易解除。

决策者根据压力结构选择"积极求解"或"退却合理化"或"最小阻力原则"。

对突发情况，人们往往通过直觉采取行动解决压力。

图1-8 "压力解除构想"要点（游伯龙，1987）

"信息进入构想"：人们要不断与外界环境进行交流获取新的知识、经验和信息，不断补入大脑并存储下来，才能面对不断变化的外界环境做出有效决策，这个构想的要点见图1-9。

为了实现生活目标，人类需要不断地搜集外部信息。

外部的信息，如果没有我们的积极寻求，或者到达时没有得到"注意力调度"的注意，就不会进入内部信息处理中心。

"注意力调度"对每一个信息的分配，取决于这个信息与压力结构间的相互关系。

外部信息可能包含某些不真实或虚假的成分，每个人对于信息都加上一个可靠性的衡量，可靠性取决于信息的内容、来源与沟通渠道，以及决策者对信息的认识。

图1-9 "信息进入构想"要点（游伯龙，1987）

游伯龙的这一系列构想为分析人类行为规律和改善行为适应环境提出了一个基础分析框架，也为丰富组织行为研究提供了新方向。

1.1.2 个人惯域的界定及特点

在对人类行为决策模式研究的基础上，游伯龙又指出，人们在行为决策的时候都有其习惯域。所谓习惯域是指在一段时间内，在没有重大事件刺激和外部信息进入的情况下，人们在处理问题的行为方式上就会形成固定的模式。而其相对稳定的知识经验和信息是应对外界变化的潜在能力，这种行为的固定模式和应对外界变化的潜在能力形成习惯域。根据游伯龙的研究，习惯域有双重作用：一方面，习惯域的存在会使人们处理问题有效率，这是其正面效应；另一方面，固有的行为模式和知识经验会使人们保守甚至阻碍创新，这是其负面效应。

习惯域有稳定性，但也会随着时间和外界环境的变化而改变，因而也有变动性。对于习惯域的变化，游伯龙提出了三种基本方式，即改良式变化、启发式变化和突破式变化，各种变化方式的要点见图1-10。

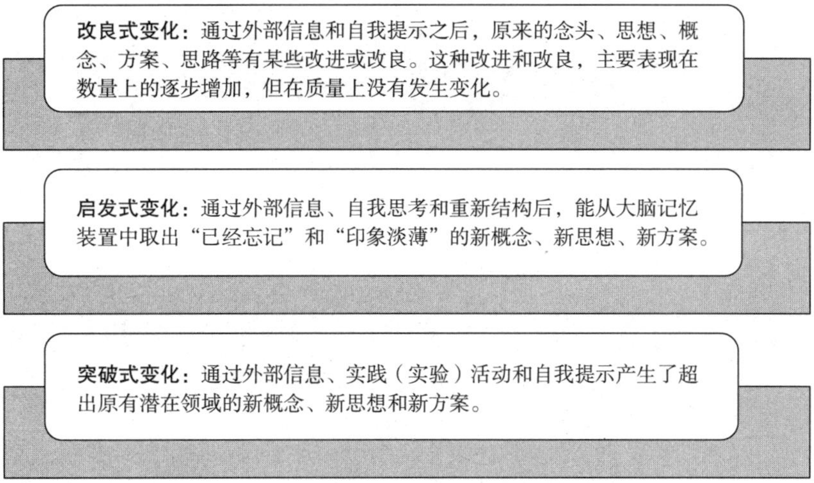

改良式变化：通过外部信息和自我提示之后，原来的念头、思想、概念、方案、思路等有某些改进或改良。这种改进和改良，主要表现在数量上的逐步增加，但在质量上没有发生变化。

启发式变化：通过外部信息、自我思考和重新结构后，能从大脑记忆装置中取出"已经忘记"和"印象淡薄"的新概念、新思想、新方案。

突破式变化：通过外部信息、实践（实验）活动和自我提示产生了超出原有潜在领域的新概念、新思想和新方案。

图1-10 个人惯域的扩展方式及要点（游伯龙，1987）

对于习惯域扩展的方式，冯俊文（2001）指出，习惯域变化不是简单孤立的而是互相联系的，可以由点到线扩展，也可以由线到面扩展，还可以跳出既有知识经验由面到空间扩展。游伯龙总结了八类习惯域扩展的基本方法，如表 1-1 所示。

表 1-1 八类习惯域扩展的基本方法（游伯龙，1987）

具体方法	要　点	事　例
虚心地积极学习	1. 明确地找出你的目标； 2. 找出古今中外有哪些人曾经达到你所要的境界； 3. 积极向这些模范人物学习； 4. 利用这些模范人物来帮助你做决定	例如，某学生由于自己在学习上不够勤奋，导致学习成绩差，要提高自己的学习成绩（目标），他用古人"头悬梁、锥刺股"的精神激励自己刻苦学习
升高察思	1. 站在高点，考虑全局； 2. 避免用有限的甚至是自私的角度来看待世界上的事物	例如，华为的任正非在开发"小灵通"还是布局 TD 的决策上，从未来及行业发展角度考虑，选择了自主研发 TD 技术，取得了成功
积极地联想	1. 有意识地训练自己，寻找看似不同的事物之间的联系； 2. 对自己不断地发问	例如，莱特兄弟受鸟飞行原理启发，发明了飞行器
改变有关参数	考虑问题时，试着变大或缩小事物本身的参数，从而产生不同的看法和概念	1968 年，罗伯·舒乐博士计划在美国加州用玻璃建造水晶大教堂，预计需要投资 700 万美元。当时他没有这笔巨款，也没有人投资，面对资金的巨大缺口，他通过找捐款者和卖教堂窗户署名权等方式，一笔一笔募集资金，最后完成了大教堂的建造
主动改变所处环境	1. 通过搬家、旅游、读不同的书来改变个人所处的环境； 2. 通过开拓市场、工作轮换改变企业的环境	例如，吉利汽车在收购沃尔沃之前，生产的汽车面向中低档用户，通过收购沃尔沃走进高端市场，提升了企业竞争能力
头脑风暴	1. 团队里的每个人针对事情的不同方面各抒己见； 2. 将讨论后的方法进行类推、联想、归类	例如，美国的西部供电公司每年因为大雪压断供电线路带来巨大的经济损失，但是又找不到解决问题的办法。于是，召集不同部门员工开会进行头脑风暴，最后发现直升机产生的巨大风力可吹散线路上的积雪

续表

具体方法	要　点	事　例
以退为进	1. 在适当的时候暂停下来，也就是暂时离开问题； 2. 好的策略需要时间； 3. 卸下伪装，会带来新的观点	例如，春秋末年，越王勾践曾败于吴国，被迫求和，卧薪尝胆十年，使越国国力逐渐恢复，后灭吴国称霸
静坐祈祷	1. 静坐祈祷、冥想、放松练习，或者有意识地把暂时无法实现的愿望搁置一旁； 2. 可以感激自然，将自身融入宇宙，获得精神的充实	例如，化学家凯库勒在研究苯的分子结构时遇到了难题。某天晚上，他坐马车回家，在车上昏昏欲睡。在半梦半醒之间，他看到碳链似乎活了起来，变成了一条蛇，在他眼前不断翻腾，突然咬住了自己的尾巴，形成了一个环……凯库勒惊醒后，发现了苯的六角形环状分子结构

游伯龙的个人惯域理论对于改善人类行为提供了新的研究视角，他还研究了个人习惯域的八类行为模式（见表1－2），以及人们如何在生活和工作中培养和应用习惯域理论的九个规则（见表1－3）。

表1－2　个人惯域的八类行为模式（游伯龙，1987）

行为模式	内　容
同类互比	虚心谨慎地与具有可比性的对象进行比较，发现自己的缺点和优点，保持正面、积极的态度
光圈效应	以人们的穿着、举止以及其他外在指标为基础，判定一个人是好是坏，并为他们赋予好或坏的品性
投影效应	人们总是强烈地倾向于把别人想得和自己一样
亲近原则	人们更容易与住得近的人成为亲朋好友
互惠原则	人们喜欢那些他自认为喜欢他的人，讨厌那些他自认为讨厌他的人
相似原则	人们总是倾向于与背景、态度和思想方法相同的人产生友谊和亲密关系
替罪羊行为	当人们烦闷或恼怒，却又不知道烦闷根源（或知道根源但不敢正面解决问题）的时候，往往会寻找一个替代品进行发泄或出气。这个替代品就是替罪羊。这是一种释放不确定压力的方法
人群中的责任扩散	当人们在一起做事又没有明确的个人责任时，有的人就会在一定程度上忽视个人的责任。这些人往往不认为自己有特别的责任

表 1-3 培育个人惯域的九个规则（游伯龙，1987）

原则	主要内容
低深原则（海洋原则）	你需要经常尽可能地减轻压力；接人待物时要保持谦卑的态度
交换原则（大门原则）	在必要的时候改变有关假设或者干脆将之抛弃，这样我们会从不同的假设中得到新想法
对立与互补原则（房子原则）	在处理新事物或想法的时候，我们要学会不但看到事物的一部分，也要尝试着认识与之对立互补的事物或想法
循环进化规则（花种子规则）	类似于每个生命都有出生、成长、成熟、死亡的过程，企业也会有起起伏伏的循环进化过程
内部联系规则（血浓于水规则）	亲近的关系比简单的熟识更具优势。此规则可应用到各个方面，只有进行了联系，你才能强烈地认同他人、更好地了解他人的行为，进而影响他人
变化规则（冰与蒸汽规则）	世上的万物都在不断变化，个人和组织的习惯域也在不停地根据环境（或者其他参量）的变化而改变着
矛盾规则（倒立原则）	要用不同于常理的方法来看待事物，找出是否存在与结论相悖的事物或信息，从而改变原来的设想或结论
裂痕规则（打碎茶杯原则）	了解对方的裂痕，给对方致命一击。同时了解自己的裂痕，进行修补
空无规则（虚空规则）	我们不能总是倾向于沿袭陈旧的想法，懒于寻找新的观点，要知道习惯域以外的部分并不是空洞的

1.1.3 能力集研究概况

在 20 世纪 80 年代后期至 90 年代初，游伯龙与他的合作者在能力集（Competence Set，CS）领域的研究中也取得了丰硕的成果。能力集研究源于对个人惯域（Personal Habitual Domain，PHD）的研究，在近年的研究中，游伯龙（2004）等人将其扩展到组织能力集的转化中。游伯龙和冯俊文认为，为了得到一个或一组问题的一个解或解集，所需获得的知识、信息、技能就叫作能力集。

能力集是人们决策时现有能力和潜在能力的集合（游伯龙，1987；冯俊文，1999；王金年，2000；Chan et al.，2002）。从能力集角度界定，习惯域由潜在领域（Potential Domain）、实际领域（Actual Domain）、可发概率（Activated Propensity）、可达领域（Reachable Domain）四个子惯域组成（见图 1 – 11）。冯俊文（2001）认为针对要解决的问题，个人惯域若没有重大事件的刺激，这些能力集将逐渐趋于稳定。

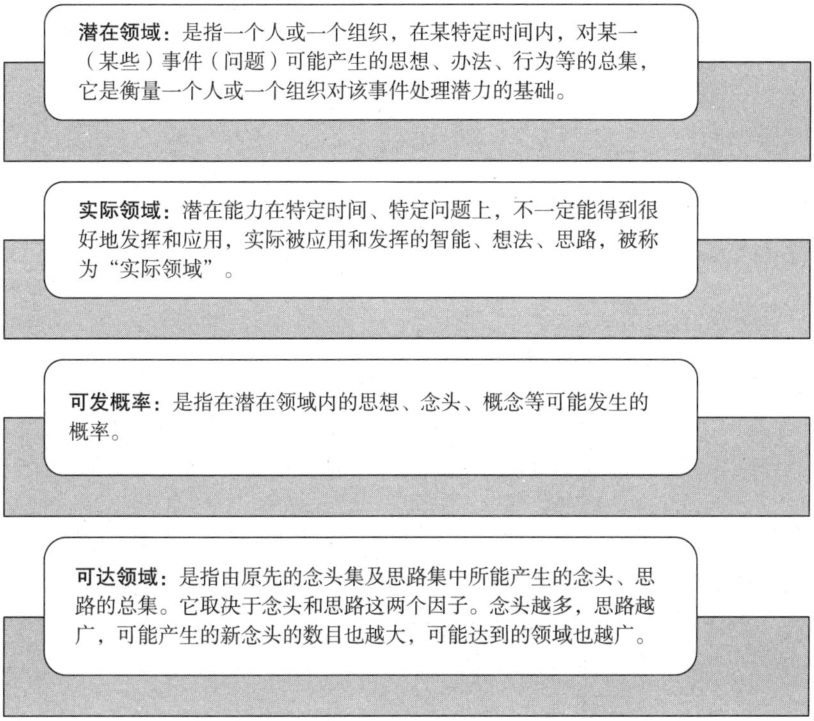

潜在领域：是指一个人或一个组织，在某特定时间内，对某一（某些）事件（问题）可能产生的思想、办法、行为等的总集，它是衡量一个人或一个组织对该事件处理潜力的基础。

实际领域：潜在能力在特定时间、特定问题上，不一定能得到很好地发挥和应用，实际被应用和发挥的智能、想法、思路，被称为"实际领域"。

可发概率：是指在潜在领域内的思想、念头、概念等可能发生的概率。

可达领域：是指由原先的念头集及思路集中所能产生的念头、思路的总集。它取决于念头和思路这两个因子。念头越多，思路越广，可能产生的新念头的数目也越大，可能达到的领域也越广。

图 1 – 11　基于能力集的习惯域构成（游伯龙，1987）

目前，能力集研究不仅应用在决策领域，也用来分析组织创新能力转换。

1.2　组织惯域的相关研究

从知识管理视角看，组织惯域研究者的关注点之一是内外环境与组织的知识、经验对组织行为影响的动态关系，因此，既有研究者从不同领域进行了广泛的研究，如对"组织惯例""组织惯性""路径依赖"等的研究，并取得了丰富的成果。在 CNKI 中检索包含"习惯领域""组织惯域""习惯域""组织惯例""组织惯性""技术惯域""企业惯域""惯域"等为主题词的文献，共检索到4672篇。从检索情况看，1981—1992年，与主题词相关的研究每年的论文发表数一般在10篇以下；然而，从1993年起关于"组织惯例"的研究开始逐年增加，仅2000年这一年就发表了43篇论文（见图1-12）。

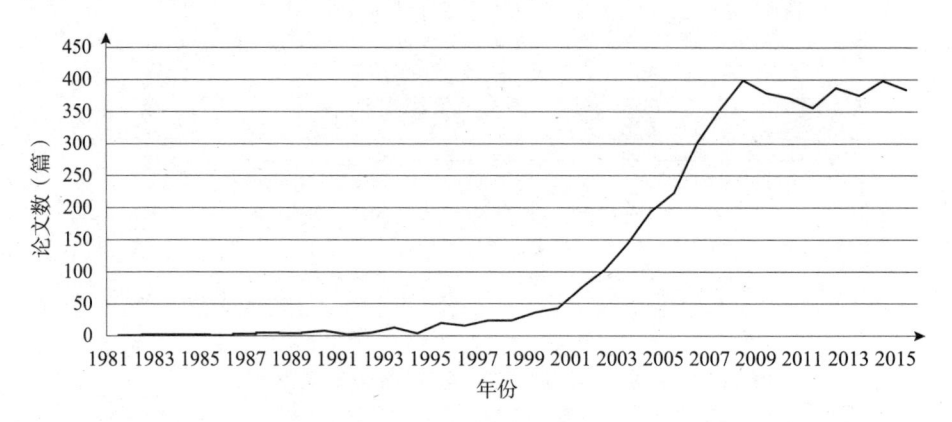

图1-12 "组织惯域、组织惯例、组织惯性"等相关研究论文数量（1981—2015年）

2001—2008年关于"组织惯例"的研究呈现爆发式增长，2008年达到399篇，2008年以后"组织惯例"的研究进入稳定阶段，且每年发表的文献均超过350篇。可以看出，组织惯例、组织惯性等相关研究成为了学术界热点。另外，2008—2015年该领域的研究论文主要发表在《科技进步与对策》《科学学研究》《科学学与科学技术管理》《外国经济与管理》《管理世界》《科研管理》等13种期刊上，发表在这些期刊上的该领域文章均超过了30篇。

图1-13显示了2008—2015年研究者对组织惯域、组织惯例、组织惯性的相关研究，从关键词共现图谱可以看出，这些领域的高频关键词为"动态能力""组织学习""知识转移""创新绩效""路径依赖"等，排名前十的关键词词频见表1-4。在研究方法上，主要将中小企业、跨国公司等作为研究样本，运用案例研究进行理论构建，运用结构方程等进行半定量实证分析等。

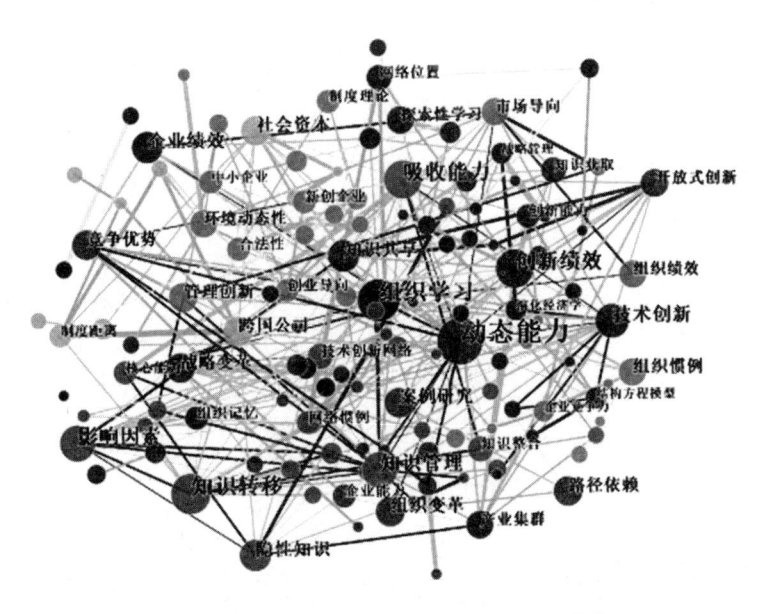

图 1-13 关键词共现图谱（2008—2015 年）

表 1-4 关键词出现的频次（2008—2015 年）

排名	关键词	频次	排名	关键词	频次
1	动态能力	94	11	隐性知识	20
2	组织学习	55	12	案例研究	19
3	知识转移	48	13	社会资本	19
4	创新绩效	38	14	组织变革	19
5	吸收能力	38	15	战略变革	17
6	影响因素	31	16	竞争优势	17
7	知识管理	30	17	管理创新	16
8	技术创新	27	18	路径依赖	16
9	企业绩效	23	19	组织惯例	15
10	知识共享	20	20	环境动态性	14

由此，学术界针对知识经验对组织行为发展变化的影响的研究不仅有组织惯域理论，还有学者对组织惯例、组织惯性以及路径依赖等的研究。纷繁的研究、丰富的成果形成了组织惯域研究的"丛林"，同时，研究的分散和不统一也造成了割裂的局面。因此，有必要对相关研究进行梳理，进而理清组织惯域、组织惯例、组织惯性以及路径依赖之间的区别和联系，并基于知识管理视

角对组织惯例、组织惯性、组织惯域等相关研究进行整合,为理论界和实践界提供一个整合的、系统的分析框架。

1.2.1 组织惯例

随着纳尔逊、温特(Nelson, Winter, 1982)在演化经济学中将惯例(Organizational Routines)作为经济变迁的"基因"并对其进行系统地阐述后,组织惯例研究被学者广泛关注,并扩展到动态能力、组织学习、创新管理等领域的研究中。本节简要地概述了组织惯例的概念、特征及学者对组织惯例演化过程的研究。

(一)组织惯例的概念与特征

目前,学术界运用跨学科理论对组织惯例进行了研究,如演化经济学、认知心理学、社会学、组织理论、计算机科学、战略管理等。由于各个学科视角的差异,造成组织惯例的内涵过于宽泛,产生了许多不同的理解和认识,但是在组织惯例是组织可识别的行为模式这一点上学者们达成了共识。因此,在本研究中采用的组织惯例的概念是多个行动者参与的、重复的、可识别的组织行为模式(高展军,李垣,2007)。

组织惯例的特征之一是稳定性和变动性。惯例能够使组织高效率运行,其负面影响则是造成组织僵化,使组织惯例丧失了解决问题的效率(吴燕,2009)。与此同时,既有研究还指出传统理论并未否定组织惯例的变化,如西尔特、玛驰(Cyert, March, 2010)认为稳定性和变动性应该是组织惯例的两个基本特征。组织惯例的另一特征是有路径依赖效应,这一结论得到学者共同认可(Levitt, March, 1988; Cohen et al., 1996),如马斯克尔、马姆伯格(Maskell, Malmberg, 2007)从战略管理角度分析了过去的惯例对战略执行的影响。组织惯例的特征还有惯例储存在组织默认的知识中,这一点在许多学者的研究中得到了证实,如纳尔逊、温特(Nelson, Winter, 1982)指出惯例是组织记忆构成了组织储存特有的可操作知识的主要形式。

(二)学者对组织惯例演进的研究

既有研究对组织惯例的变化也做了深入系统的研究。高展军和李垣(2007)认为,组织惯例变化主要有内生观和外生观,内生观强调了组织成员即代理者的行为,主要是中观层面和存量知识方面的解释,忽视了外部环境以及组织知识的变化的影响；而外生观强调了外部环境对惯例变化的影响，却忽视了组织内部的主动性变化（高展军、李垣等认为是忽略了代理人的行为）以及外部因素通过内部进行变化的事实，因此，难以回答组织主动改变惯例的行为以及组织行为的前瞻性变化。

组织惯例研究转向能力观是近年来的重要突破，研究指出：动态能力是促使组织惯例演变的重要机制（高展军，李垣，2007），动态能力是企业整合与构建和重新配置内部与外部能力以适应快速变化环境的能力（Teece，1997）。能力则是高水平的组织惯例或者惯例的集合，其作用在于生产出特定的产品，动态能力的输出结果即是新能力（Szulanski，2000）。研究者也提出了运作惯例（能力）和组织的动态能力，动态能力又来源于稳定的集体学习行为。而组织惯例研究者强调的组织惯例的演化不但反映了企业对某些管理目标或环境压力的反应，更是组织学习和动态能力的产物。高展军和李垣（2007）基于这种认识，在佐罗、温特（Zollo，Winter，2002）提出的三种学习机制对运作惯例和动态能力演进的作用模型基础上，建立了企业组织惯例的演进模型。在高展军和李垣（2007）的模型中，组织惯例是"通过组织学习回归周期的诸多阶段进行演进的"，从内生角度分析了在内外部的环境变化下（"多样化的外部刺激和知识资源"），组织对知识的潜在吸收能力和现实吸收能力的不同路径，这也是组织惯例演化的关键。模型认同了组织存在的潜在知识经验与外部知识信息相结合或匹配对改变组织成员的行为和心智模式及惯例演变的作用，反映了"动态能力对组织知识资源和惯例进行重新配置和竞争优势实现的体现"。该模型从知识层面阐述了组织惯例演化的非线性路径和内生演进特点，特别是组织惯例变化的结果将带来技术创新柔性、绩效和竞争优势的研究结论，使组织惯例演化研究进入了新阶段。

1.2.2 组织惯性

近年来，组织惯性（Organizational Inertia，OI）研究一直被战略理论和组织理论研究者关注。在汉南、弗里曼（Hannan，Freeman，1984）对组织惯性研究的基础上，国内外学者对组织惯性的概念、影响因素，组织惯性的来源及其对组织发展的作用进行了深入系统的研究，涌现出大量的研究成果。对于组织惯性的概念，学者从生态、认知科学、组织行为等视角进行了界定，本书认同赵杨、刘延平等（2009）对组织惯性的界定，即"组织惯性是组织的一种属性，描述了组织维持现状的趋势和对当前战略框架之外的战略性变化的抵制，通常表现为组织的思维惯性和组织的行为惯性"。

组织惯性被很多学者认为是使组织无法适应环境剧烈变化的桎梏：随着组织存在的时间及经验的累积，组织经常偏好于过去的管理行为，倾向于采取稳定的运作方式，因而当面临外部环境改变的冲击时，往往无法有效应对，甚至出现抗拒变革的情况（范冠华，2012）。一般研究认为，组织惯性对组织改变状态起阻碍作用（Levinthal，Myatt，1994），是组织发展的"惰性"；近年来，学者基于资源观指出，组织结构惯性是形成竞争优势的源泉（Lafrance，Barney，1991）。因此，组织惯性在组织发展中的作用有积极的一面也有消极的一面。

既有研究将组织惯性分为组织结构惯性（Hannan，Freeman，1984）和组织竞争惯性（Miller，Chen，1994），以及组织知识惯性和组织学习惯性等。不同的研究者对组织惯性进行研究的切入点不同，其分类也不同。

组织惯性的来源也是学者们的研究重点，主要从新制度理论、认知理论、种群生态理论、组织进化论以及委托－代理理论等对组织惯性的来源进行了多方探讨，形成了不同的观点，丰富了组织惯性的研究。另外，对于组织惯性的影响因素，学者们也进行了大量研究，主要成果包括组织年龄、组织规模、组织自身变革、组织属性（组织是一般性组织还是专业性组织）、组织文化、组织复杂性对组织惯性的影响等（见表1－5）。

表1－5 关于组织惯性的影响因素研究

代表性研究者	影响因素
Kelly，Amburgey（1991）；Schwenk，Tang（1989）	组织年龄：组织惯性会随着企业年龄的增长而不断增强
Freeman，Hannan（1984）	组织规模：组织规模越大，其对稳定性和可问责性（Accountability）的要求越高，组织需要通过制度化和标准化来实现
Dobrev，Carroll（2003）	组织变革次数：组织变革（包括组织结构变化、组织市场变化和组织战略改变等）的次数越多，组织在环境变化时更倾向于变革。组织对再次变革的反应速度也相对较快，从而使得组织惯性相对较小

续表

代表性研究者	影响因素
Nedzinskas, Pundziene, Buožiuterafanaviciene (2013)	组织性质：分为专业化组织和多元化组织。组织性质不同，其战略规划也不同，对环境变化所做出的反应也会有所差异。专业化组织的惯性比多元化组织的惯性大
Carrillo, Gromb (1999)	组织文化：组织规模越大，成功的经验越多，这种观念意识就越巩固在组织的结构中，形成组织的文化观念，导致组织惯性的产生
Kelly, Amburgey (1991)	组织的复杂性：指组织内各部门间结合的紧密度，复杂性将影响组织受到的惯性压力的程度。如组织变革改变组织系统的复杂程度将增加其对环境改变的反应时间，而组织的复杂性也将拖长变革的阵痛期，结构越是复杂，组织需要的复原时间就越久

当环境变化所产生的压力要求企业做出改变时，企业根据积累起来的经验和知识重复以往的行动，所以常常缺乏变化（Amburgey, Miner, 1992）。针对某种情境，如果组织已形成固定的反应，排斥其他可选择的行动方案，这种重复特定变革行为的特征也属于组织惯性的范畴（Kelly, Amburgey, 1991）。

综上所述，组织惯性的研究者不仅对组织惯性的负面作用进行了系统研究，也开始关注组织惯性的积极作用，而组织的历史、规模、文化、复杂性、性质对组织惯性形成有着重要影响。因此组织惯性的影响因素研究从另一个侧面支撑了组织惯域刚性研究，从组织惯域角度看，组织惯性是组织惯域发生作用的效果体现（马蕾，2003）。

1.2.3 路径依赖

学术界在研究技术变迁时发现路径依赖（Path Dependence, PD）现象，并对此开展研究多年（David, 1985; Arthur, 1989）。研究者不仅从技术变迁视角研究路径依赖，还结合制度经济学、战略管理、组织理论等领域开展对路径依赖的研究，并取得了丰富的成果。尽管如此，目前学术界对路径依赖的概念及相应的理论体系仍未达成共识。

技术变迁中普遍存在路径依赖和技术锁定效应。大卫、阿瑟（David, 1985; Arthur, 1989）在研究技术变迁中指出，路径依赖是指技术选择的不可预见、难以改变（被锁定）和缺乏效率的情况。技术变迁驱动着产业发展，而随着信息技术的发展，技术变迁越来越快。例如，从电子管、半导体、集成电路等催生了产业的变化,产业变革也需要克服路径依赖,因此,仅仅从技术变迁角度研究路径依赖显然是不足的。所以,诺斯(North,1997)将发展中国家的经济发展作为研究对象,研究了制度变迁中的路径依赖,丰富了路径依赖的研究内容;而在微观层面,战略管理研究者指出,制订战略也会产生路径依赖,企业既要遵循既有的经验去规划未来,还要克服既有经验去应对未来的不确定性。因此,在制订战略中如何平衡这种关系,对企业也是一个两难选择。

从不同领域研究者对路径依赖的界定可以看出(见图1-14),无论是从宏观制度层面对路径依赖的研究,还是从中观产业技术变迁层面对路径依赖的

> 可能导致技术变迁路径依赖的原因有:技术的相关性(Technical Inter-relatedness)、投资的准不可逆性(Quasi-irreversibility)和正的外部性或规模的报酬递增(David,1985)。

> 阿瑟(Arthur,1989)重点研究了技术变迁中递增报酬与路径依赖的关系。他认为技术通过四种机制显示报酬递增,即用中学、网络外部性、规模经济、适应性预期。总之,细小或偶然的事情和事件通常会把技术发展引入特定的路径,而不同的路径会导致完全不同的结果。

> 制度经济学角度的路径依赖:诺斯(North,1997)指出,当人们最初选择的制度变迁路径是正确的,那么沿着既定的路径,经济和政治制度的变迁可能进入良性循环的轨道,并迅速优化之;反之,则有可能顺着最初选择的错误路径一直走下去,并导致制度陷入无效率的状态中。

> 在战略管理中,路径依赖常指:一个企业以前的投资和它的制度库(Repertoire of Routines)、它的历史会制约它未来的行为(Teece et al.,1997)。明茨伯格(1978)对历史战略的研究也指出,战略行为是路径依赖的,即该过程自己的历史创造出特定的轨迹,而该轨迹又会限制战略决策。Maskell和Malmberg(2007)也指出,战略在执行的过程中会受到以往惯例(路径)的影响,并且即使是通过智能的、自利的个体去实现有意识的知识创造,最终也会变得路径依赖,因为今天的惯例是与昨天的学习惯例和知识相关的。

图1-14 学者从不同视角对路径依赖的界定

研究，以及从微观组织战略层面对路径依赖的研究，路径依赖或锁定对技术变迁或制度变化以及企业发展的负面效应是占主导地位的，如何克服路径依赖、利用路径依赖还需要深入系统地研究。路径依赖有哪些特点？国内外学者基于复杂性理论（CAS）对路径依赖的特点的研究分析见图1-15。

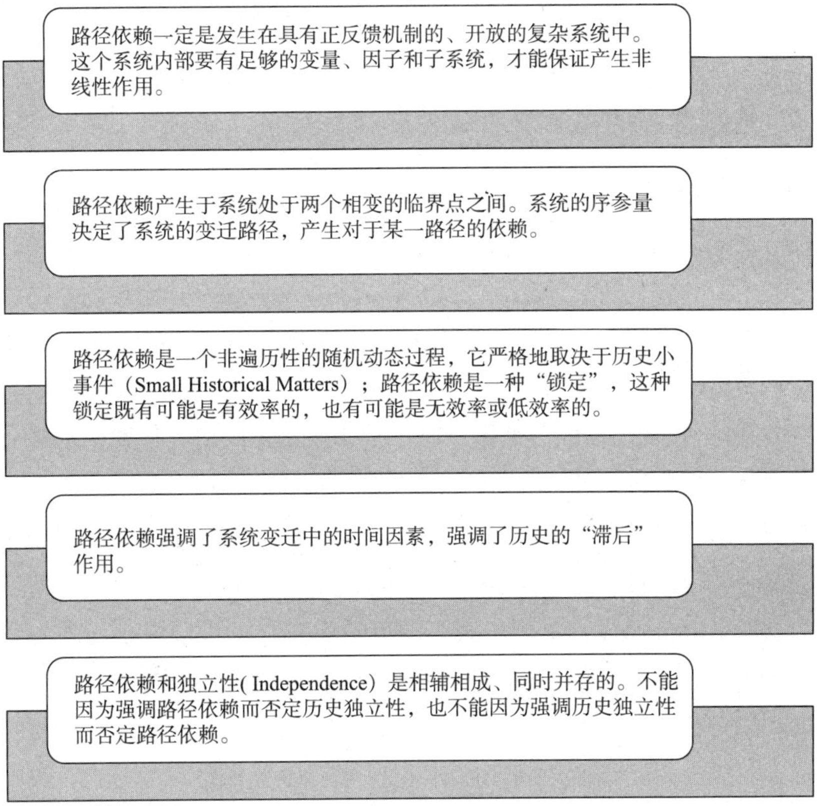

> 路径依赖一定是发生在具有正反馈机制的、开放的复杂系统中。这个系统内部要有足够的变量、因子和子系统，才能保证产生非线性作用。

> 路径依赖产生于系统处于两个相变的临界点之间。系统的序参量决定了系统的变迁路径，产生对于某一路径的依赖。

> 路径依赖是一个非遍历性的随机动态过程，它严格地取决于历史小事件（Small Historical Matters）；路径依赖是一种"锁定"，这种锁定既有可能是有效率的，也有可能是无效率或低效率的。

> 路径依赖强调了系统变迁中的时间因素，强调了历史的"滞后"作用。

> 路径依赖和独立性(Independence)是相辅相成、同时并存的。不能因为强调路径依赖而否定历史独立性，也不能因为强调历史独立性而否定路径依赖。

图1-15 复杂理论视角下路径依赖的特点（刘汉民，2010）

既有学者不仅从CAS对路径依赖的发生机制、变迁特点、时滞特点、依赖和独立相辅相成的特点进行了研究，还基于CAS理论对路径依赖的形成原因进行了阐释。如用CAS的相变及临界点解释了路径依赖的形成，因此，路径依赖既是一种状态又是相变间的过程。正如研究者指出的，"路径依赖是一种锁定（Lock-in），换言之，先发生的事件会对随后发生事件的可能结果产生影响，也会发生自强化，这种锁定既有可能是有效率的，也有可能是无效率或低效率的"（Sewell，1996；Sydow，2005）。所以，路径依赖的效应有可能是积极的，也有可能是消极的。同时，路径依赖也会产生时滞，而路径依赖与独立性并存或相辅相成又是哲学观的体现。

总而言之，路径依赖无论是学者对其概念的界定，还是对其特征的研究，研究者将其置于复杂系统的研究框架下，强调系统演化过程中的联系及相互作用，以及对未来的影响，这些成果为组织惯例与组织惯性的研究开辟了一个新视角。

1.2.4 组织惯域的内涵及双重效应

游伯龙（1987）在研究个人惯域的同时，也指出在组织或团队、国家中也存在习惯域，组织的习惯域以文化、制度、规则等体现。他还从习惯域视角研究了联盟与联盟之间的冲突，以及企业之间的竞争策略。游伯龙指出，作为经理人可根据"公司（企业）的习惯域来确定哪些需要维护发扬，哪些需要改革更新，以保证公司能够跟上时代发展的步伐"（游伯龙，1987）。他又指出："通过对人们或团体的习惯性想法、做法及特性的研究，有助于人们知己知彼，并使我们的行为更具成功的可能性。"

组织惯域是其成员惯域的涌现，但是，其成员惯域不能代替组织惯域。其一，从复杂性理论看，组织虽然是由个体组成，但组织惯域不是成员惯域的简单加和，而是成员惯域的涌现。其二，组织惯域与个人惯域相比其内涵更丰富，使组织对外界环境变化应变能力更强。其三，从组织理论看，组织是一个有目标和结构的群体，不同层次成员的习惯域也不同；组织中的成员要服从组织目标，其成员在保留自己的习惯域的同时要服从组织的行为模式、规则。其四，从社会学理论看，组织成员的个人惯域与组织惯域相互影响、相互作用，且有趋同性（个人惯域趋向于与组织惯域一致）。由此，将组织惯域的研究同个人惯域的研究区别开来是有必要的。冯俊文（2001）在对习惯域理论研究时，也指出组织存在习惯域。组织惯域研究从个人惯域理论独立出来是以冯俊文（2001）在《系统工程与电子技术》上发表的《组织习惯域理论》为标志的。

冯俊文（1999）基于游伯龙的个人惯域理论认为：组织也像个人一样是一个有机整体，因此也有习惯域。他基于知识视角进一步指出："每个组织的知识经过相当的时间以后，如果没有重大事件的刺激，没有全新信息或知识的进入，其总体将处于相对稳定的状态。知识一经稳定，对问题、对其他组织环境反应，包括认识、理解、判断、做法等，就具有一种习惯性，也就是说组织将具有比较固定的行为条条、框框或称模式、定式或图式。这种组织的习惯性行为，就是组织习惯域的具体表现。"对于组织惯域的分析，他建议从组织的经验战略、价值观、程序、文化及经验成果等方面进行研究。

继冯俊文提出组织惯域概念之后，一些研究者也开始对组织惯域进行研究（见表 1-6），进一步丰富和发展了习惯域理论。

表 1-6 组织惯域的主要研究者及其主要观点

研究者	主要观点
冯俊文（1999，2000）	能力集、组织习惯域研究等
Ma Lei, Li Jie, Feng Jun-wen, Han Yi-qi（2001）	基于习惯域理论研究了企业家创新行为机理
赖宗智（2002）；吴松龄（2007）；王能平（2002）	（1）从能力集角度对企业的习惯域进行了研究，其主要观点是企业在市场竞争中不仅要分析、了解自身现有能力集，更需要将现有能力集转化，以创造企业发展的新机会； （2）吴松龄提出了创新能力来自习惯域扩展的创新过程循环模式
Yu & Chiang（2002）	研究了信息技术对四类决策问题的影响：程序化问题、混合程序化问题、模糊性问题和挑战性问题
马蕾等（2002）	从企业内部属性角度研究了组织惯域对企业应变能力的影响
吴迪（2004）	任何一个企业在其生产经营过程中都存在（习）惯域，（习）惯域是形成知识创造与创新能力的基础
游伯龙等（2004，2009）	能力转化对创新的驱动作用
马蕾，陈劲（2005）；阎立（2008）；马蕾等（2011）	企业惯域对创新的影响；技术惯域对自主创新影响的基本规律等
阎立（2008）	探讨了技术惯域对自主创新的影响规律
Sun, Ju, Chung（2009）	运用习惯域理论研究分析了虚拟社区的知识分享
Ma, Shi, Zhao（2012）	对组织间习惯域的相互作用即网络型组织惯域进行了单案例研究
苗成林（2013）	以煤炭企业安全为研究对象，基于习惯域理论研究了应急能力管理和评价体系
叶心薇，冯俊文，马蕾（2016）	研究了技术惯域与二元创新战略选择

从既有组织惯域研究内容来看，学者不仅对组织惯域的基本规律开展了多方探讨，还从习惯域理论对多目标决策的研究转向企业的知识管理、创新研究等领域。例如，近年来，游伯龙与其合作者扩展了他们的研究范围，对知识分享、信息技术对习惯域的影响以及习惯域对创新动力的影响展开了研究（游伯龙，等，2004；2009；2010；2012）。吴松龄（2007）提出习惯域与创意关系的分析框架，并指出创新是能力转化等观点。游伯龙等人（2004，2009）以任天堂为案例分析了运用企业能力集的转化形成创新动力为企业的客户及相关利益者创造价值的过程。吴迪（2004）分析了习惯域对企业知识结构的影响。马蕾、陈劲（2005）对习惯域与组织持续创新的一般规律等进行了初步探讨。阎立（2008）运用习惯域和技术创新理论界定了技术惯域的概念，并比较系统地研究了技术惯域对自主创新的影响规律。其他研究者也尝试着用单案例探索组织间习惯域相互作用的关系（Ma, Shi, Zhao, 2013）等。

从组织惯域的稳定性和变动性的基本特征看，习惯域在组织运行中有双重作用，其正面（积极）效应是使组织运行有效率。例如在一个时期内，组织正常运行是在组织的各种惯例、流程等作用下，保障组织的日常运行并发挥组织功能；而随着外部环境的高度不确定，有些突发事件超越了组织的既有预案或处理突发事件的知识、经验，既有的知识经验也会阻碍新方案的产生，因此导致组织应变能力下降，这是组织惯域的负面（消极）效应。当组织缺乏与外界知识、信息的交流和吸收，组织自有的知识经验又不能满足外界的变化时，往往不能正确判断环境变化而变得保守，阻碍创新与变革，这也是组织惯域的负面效应。

例如，对于突发性事件，政府相关部门常做应急预案进行应对，反映了政府处理突发事件的效率。以政府与民众的沟通方式为例，可以看到日常沟通的方式有报纸、广播电台、电视台、网络等，而政府相关部门设立的新闻发言人不仅代表政府对重大突发事件做说明、介绍及解释，还打击了谣言、安抚了民心。"新闻发言人"就是一个储存的方案（潜在的应变能力），当有突发事件，政府相关部门就会通过"新闻发言人"与公众进行沟通。这个事例说明了组织惯域的积极效应。

值得注意的是，组织惯域信元的丰富性与组织对外界的应急反应并非是一个线性关系，即组织惯域内涵越丰富（信元数量或信元种类越多）并非对外界反应速度越快,因为组织在应对压力集变化时是一个解决方案选取、匹配或重构的过程,信元太多会导致寻求方案时有边际效应产生。信元的数量或种类太多,会削弱组织对外部变化的感知,甚至产生刚性。

由此可见,从游伯龙20世纪80年代运用跨学科理论对习惯域的研究至今的三十多年里,理论的提出者和海内外研究者在该领域不断努力探索取得了丰富的成果,为该理论深入发展奠定了基础,使该领域研究从数学模型阶段转向实证研究,并从决策领域扩展到动态能力、创新等研究领域,探索了理论的应用价值,使该领域的研究进入系统、深入发展的新阶段。

1.2.5 组织惯域:对组织惯例与组织惯性的整合研究

前面介绍了组织惯域、组织惯性、组织惯例、路径依赖的特征及研究概况,前三者是组织的内在属性(马蕾,2003;严家明,2004;赵颖斯,赵扬,刘延平,2014),而路径依赖是组织的系统属性;当研究者从复杂系统科学视角下对组织惯例和组织惯性、组织惯域进行研究时,会涉及路径依赖等问题,因此在研究中并不矛盾。

组织惯域、组织惯例、组织惯性都有"二象性",即具有积极和消极的属性。尽管对三者是在不同领域开展的研究,但研究的问题有趋同性,因此,本研究从知识管理视角对组织惯域、组织惯例、组织惯性进行分析,并将三者构建成一个整合的概念分析框架。

1.2.5.1 组织惯例是组织惯域的表现形式

尽管组织惯例与组织惯域的研究视角不同,组织惯例研究始于演化经济学的视角,而组织惯域研究源于行为决策即组织的知识、经验对组织行为的影响研究,但它们有共同点也有区别(见表1-7)。

表1-7 组织惯域与组织惯例的区别与联系

联系和区别	组织惯域	组织惯例
理论基础	基于跨学科理论进行研究,如系统科学、复杂性科学、运筹学、心理学、组织行为学、知识管理理论、计算机科学、神经科学、智力学、组织学习、组织记忆理论等	演化经济学、知识管理理论、组织学习、组织记忆等跨学科研究

续表

联系和区别	组织惯域	组织惯例
源起	行为决策领域	演化经济学领域
共同关注的问题	创新是组织能力集的转换（游伯龙，等，2004；2009）；组织创新是组织吸收内部或外部的信元，经过重构形成创意使惯域发生变化，并取得公共效果或绩效的过程（马蕾，陈劲，2005）	创新是通过研究和开发去寻找原来没有的技术和惯例（盛昭翰，蒋德鹏，2002）
组织的动态能力	组织既有的和潜在的知识经验对组织行为的影响；组织的知识资源如何与外部资源结合	组织的既有知识经验对组织行为的影响
	基于能力集理论开展对组织能力的研究（游伯龙，等，2004，2010；吴松龄，2007）	基于动态能力对组织惯例变化的影响（高展军，李垣，2007）
研究进展	研究者初期对组织惯域的概念、作用及机理等展开研究；目前侧重于组织惯域对创新管理、企业动态能力、知识管理等的影响的研究（游伯龙，等，2004，2010；吴迪，2004；马蕾，等，2005；吴松龄，2007；阎立，2008；叶心薇，等，2016）；方法：数学模型、案例研究、实证分析	侧重探讨组织惯例的自身规律，如影响组织惯例的因素（组织学习、动态能力等）、组织惯例的更新等；关注组织惯例对技术创新的影响（王永伟，等，2011；邢以群，等，2005）

由此可见，虽然对组织惯域和组织惯例的研究角度不同，但是它们有着共同的研究趋势及共同关注的研究问题。例如，对创新问题的关注，演化的观点说明了创新的起源和归宿，而组织惯域基于知识管理视角回答了如何获得创意进行创新的过程；组织惯域除了对自身发展规律的研究，更多的是扩展到了知识管理、动态能力、创新管理等领域，而组织惯例研究者也开始研究组织惯例与创新的关系。

组织惯例是会发生变化的。费尔德曼（Feldman，2000；2003）的研究指出，惯例具有很大的变化潜力是因为参与者对重复惯例的反应形成了变化的内在动力。费尔德曼、彭特兰（Feldman，Pentland，2003）提出以往有关组织惯例的研究只注意到其中的"结构部分"，忽略了"行动部分"所包含的主观性、智能及权利特性，而正是这些特性影响到惯例所具有的灵活适应性和变革倾向。研究者对组织惯例演进过程的研究指出组织惯例演化的非线性路径和内生演进特征，这个观点与组织惯域的变化方式是相同的。基于演化的观点，由于组织惯域演化的时滞性、内外环境的不同作用使其在变化方向、演化速率，以及相变程度上表现不同，因此，组织惯域表现出螺旋式、辐射式、跳跃式、波动式、折叠回旋式的变化方式（见表1-8）。并且在内外部环境变化下，组织惯域会产生不同的变动，同时组织在改变不同的习惯域（如技术惯域、日常管理惯域）时选择的变动方式也不同。

表1-8 演化视角下组织惯域的变化形式（马蕾，2003）

组织惯域的变化形式	解　释
螺旋式	组织惯域的这类变化产生新的惯域，是同质惯域，即每一次循环表现出既定方向核心相似的递进关系
辐射式	辐射式体现出组织惯域信元总体的信元种类由单一角度向与之相关的多角度发展。这种变化是由外部环境变化引起的，但仍是同质惯域
跳跃式	它是一种突变式的变化，产生的组织惯域是异质惯域，跳跃式变动容易产生创新
波动式	组织惯域变化表现在速率上时快时慢，显示出不规则性
折叠回旋式	从信元总体变化的角度说明组织惯域的变化形式：由信元总体扩展或收缩，表现为组织惯域时而扩展、时而收缩

综上，第一，惯例的稳定性和变动性与组织惯域的基本特征相符合；第二，组织惯例研究者认为惯例的价值性特征与惯例的历史相联系，事实上，这是对惯例成立有时间范围的一个确认；第三，"单个成员所掌握的惯例各个部分的知识常常是难以表述的隐性知识"，这些知识不仅存在于组织成员中，而且组织的知识也包含隐性的知识，这些构成了组织惯例变化的潜在能力；第四，组织惯例是可以变化的，有路径依赖效应。由此，研究者对组织惯例这些问题的研究是从另一个角度讨论了组织惯域的基本问题。

从知识管理视角来看，组织惯例是组织惯域的表现形式，当新的组织惯例产生，旧的惯例也会作为知识、经验存储在组织的信元库中，也会构成组织的潜在能力影响组织行为变化。

1.2.5.2 组织惯性体现了组织惯域的作用效应

惯性是组织发展过程中具有的保持自身状态不变的内在要求（严家明，2005），指组织未能发生变革（或拒绝改变）的属性；惯例则是指组织参与者重复的互动模式。严家明（2005）认为惯性是根本，它的存在决定着组织行为倾向于惯例化。吉尔伯特（Gilbert，2005）提出了两个不同类型的惯性结构——资源刚性和惯例刚性，前者指不能改变资源投入模式，后者指不能改变运用资源的组织过程。惯例与惯性有关，在吉尔伯特看来，如果不能克服惯例的刚性，就会形成惯性。因此，不同学者的研究结论表明了惯性是组织惯域发挥作用产生效率的观点。

组织惯性表现出的稳定性往往成为阻碍组织变革的惰性，在组织惯域理论中表现为组织惯域刚性，是组织惯域的消极作用的产生原因之一。组织惯域刚性源于信元总体对外界信息的排斥以及信元重构能力的失灵，根据组织惯域特征可知，组织惯域将随着时间、新的知识信息进入而变化。但当时间变化，进入的新信息却不被已有的信元总体接收（或重构）时，组织惯域仍然保持不变，产生了刚性；影响组织惯域刚性的因素从组织规模、组织年龄、组织性质，信元丰富性、互动性等方面进行考虑（马蕾，2003），而针对组织惯性影响因素的研究也是从组织年龄、组织规模、组织变革次数、组织性质、组织文化、组织的复杂性等方面进行，显示了研究结论的趋同性。

此外，在外部环境发生变化的时候，组织可能采取变革来促进组织与环境的匹配，此过程必然会产生新的思维方式和行为模式，从而导致组织惯性的变化。由于组织惯性具有稳定性的特征，这些新的思维方式和行为模式只有经过一定时间的反复强化才能被员工认可，从而形成组织惯性，所以对于新的思维方式和行为模式而言，组织惯性具有滞后性。这个研究结论与组织惯域的滞后性相符合。根据组织惯域演化的动力分析，即使成员惯域均处于激活状态，作为整体的组织惯域仍可能处于非激活状态，使系统整体演化状态表现为时间上的滞后，这种时间上的滞后性（简称时滞性）是组织惯域演化的特征之一。组织惯域的时滞性反映了组织惯域的稳定性，也是组织惯域具有负面效应的原因。

1.2.5.3 整合的分析框架

由此可见，组织惯例、组织惯性是研究者从不同角度对组织自身属性——组织惯域的研究，组织惯例是组织惯域对外部的表现形式，又是组织惯域的信元总体的组成部分，而组织惯域对组织发展有积极效应和消极效应，这些不同的效应则是组织惯性存在的反映（见图 1-16）。

从知识存量视角来看，组织惯例反映了组织惯域的稳定性特征，同时，学者对组织惯例的演化研究（组织惯例更新、变化等）阐述了组织存量知识变化的规律，这些为组织惯域的存在及其稳定性等特征提供了研究支撑。尽管研

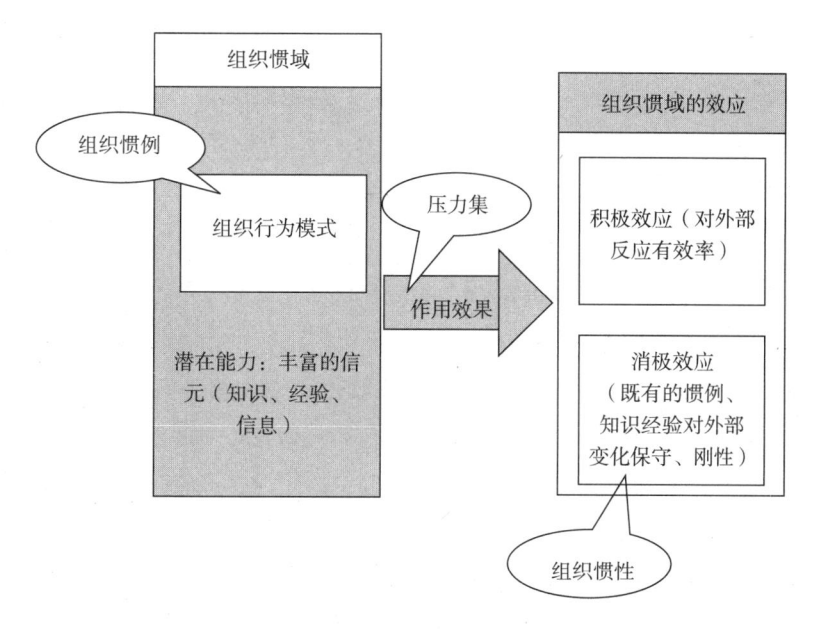

图 1-16 基于知识管理的组织惯域、组织惯例、组织惯性的整合分析框架

究者在对惯例变化的研究中存在外生观和内生观两种观点（高展军，李垣，2007），但是这种研究的割裂状态在组织惯域研究中得到了统一，组织惯域强调内外共同作用是其演化的动力，弥补了组织惯例研究的不足。因此，组织惯例是组织惯域的外在表现之一，而组织惯性是组织惯域效应的体现，路径依赖从系统演化层面说明了组织惯域刚性的存在。组织惯性研究的实质反映了组织惯域的积极效应（积极惯性）以及组织惯域的负面效应（消极惯性），是对组织惯域效应的规律的具体探索。组织惯域具有弹性并使组织可以应对外界环境变化，变化后还可以恢复原有模式，这也是由其潜在能力决定的。

组织惯域解释了组织惯例与组织惯性研究中的"两张皮"（割裂）现象，基于知识管理视角在组织惯域演化的全景图中将三者的研究进行整合，并统一在同一研究框架下，有助于理论研究者和实践者对组织内生属性变化规律的掌握，并推动创新领域、战略柔性以及知识管理研究的深入发展。

1.3 组织行为动态过程模型及组织惯域分类

组织在其目标作用下将组织成员凝聚成一个有机整体，抽象地看是和个体一样有习惯域，同时，其行为过程也有规律可循。本节首先介绍了组织行为动态过程模型，然后根据组织理论和创新理论对组织惯域做了分类，为本书的后续研究提供了基础。

1.3.1 组织行为动态过程模型

根据复杂性原理，虽然组织是由有着共同目标和正式关系的一群人结合而成，但是组织的整体行为并不是其成员行为的简单加和，而组织成员行为是组织整体行为的缩影，因此，组织动态行为过程与个人动态行为过程相比有联系也有区别。

组织的信息处理中心是由多个信息处理中心呈分布式的网络结构组成，多个信息处理中心也叫信元库系统，存储着组织的知识、经验、信息，是组织应对环境变化的潜在能力（见图1-17）。

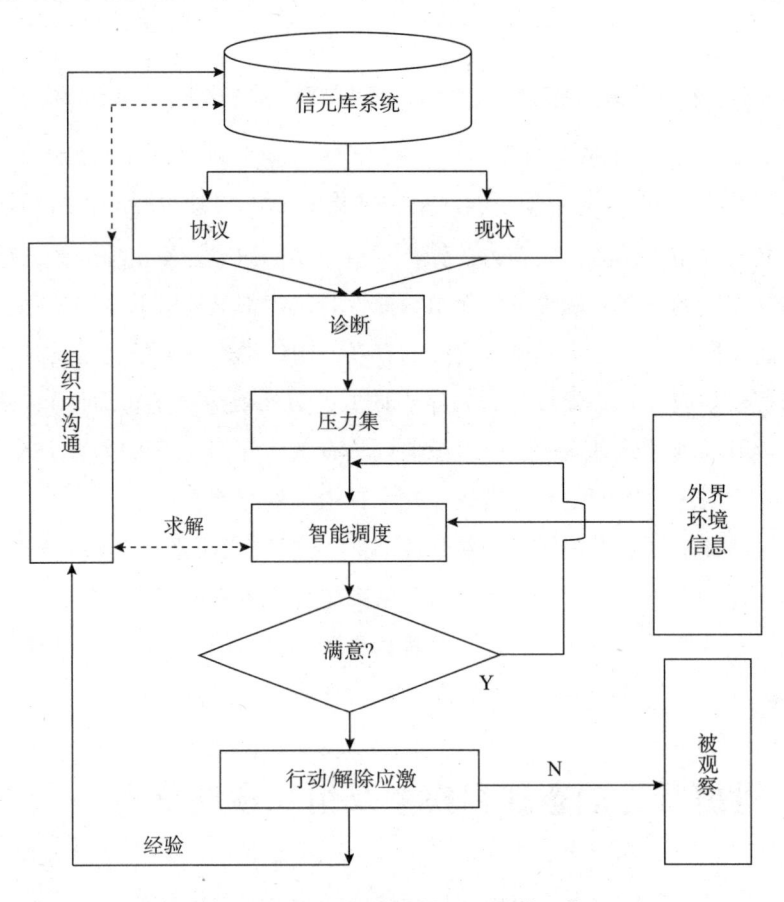

图1-17 组织行为动态过程模型（马蕾，等，2003）

组织行为动态过程模型表明，对于正常运行中的组织，如果受到重大事件作用时（信息），组织会根据组织目标（协议）进行评估，评价形成的压力集，通过智能调度感知压力集的强度，送到信元处理中心寻求或重构解决压力的方案（两种求解方式：一是通过组织内沟通，向信元处理中心请求已存储的方案，若信元处理中心没有既定的解，则返回注意力调度；二是向外界寻求信息，形成新的方案），直至压力解除，通过组织内沟通将方案（作为知识、经验）反馈到信元库系统（再贮存）。

该模式中的协议、现状、诊断、压力集、智能调度、信息处理中心各环节密切相关，具体如图1–18到图1–22所示。

"协议"见图1–18。

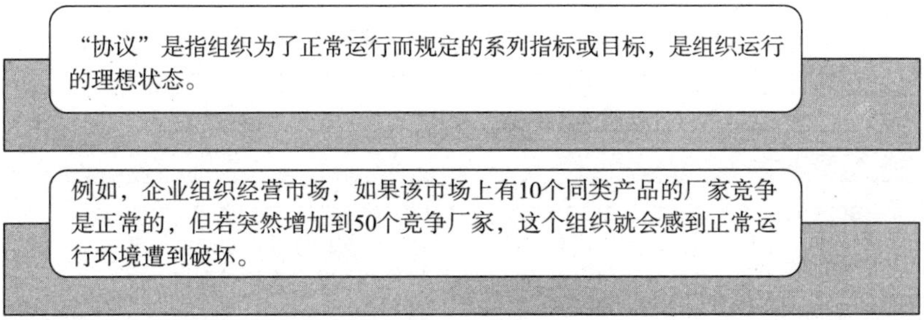

"协议"是指组织为了正常运行而规定的系列指标或目标，是组织运行的理想状态。

例如，企业组织经营市场，如果该市场上有10个同类产品的厂家竞争是正常的，但若突然增加到50个竞争厂家，这个组织就会感到正常运行环境遭到破坏。

图1–18 "协议"的要点

"现状"和"诊断"见图1–19。

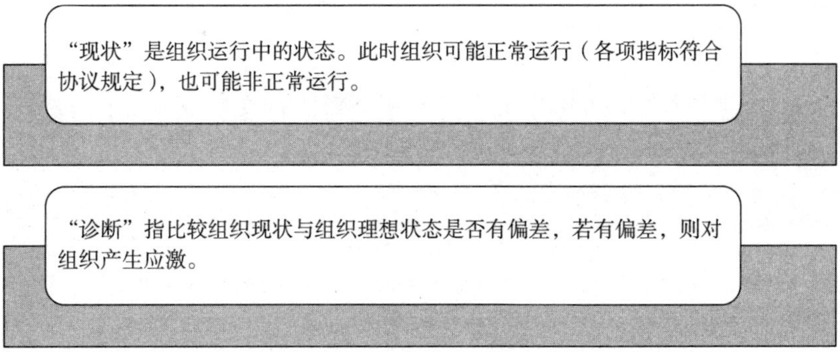

"现状"是组织运行中的状态。此时组织可能正常运行（各项指标符合协议规定），也可能非正常运行。

"诊断"指比较组织现状与组织理想状态是否有偏差，若有偏差，则对组织产生应激。

图1–19 "现状"和"诊断"的要点

"压力集"和"智能调度"见图1–20。

> "压力集"是指来自组织内部、组织间、组织外部环境的应激,每一维度又可分为多个应激层次,应激层次与协议有关。

> "智能调度"是指引起组织应激较大的事件,会被优先分配资源和时间,寻求解决应激方法的过程。因此,智能调度有两个作用:一是分配时间资源,二是求解。其中,求解有两个途径:其一,去信元库系统寻求已有的解;其二,通过寻求外界信息,再反馈到信元库系统求解。

图1-20 "压力集"和"智能调度"的要点

"信息交换"见图1-21。

> 组织在向环境输出信息的同时,不断接受环境输入的各种信息,这是组织与环境的信息交换过程。

> 外界环境信息进入组织有两种情况:一种是"智能调度"在组织内求解失败时,主动向外界环境寻求信息;另一种是外界信息直接进入信元库系统。

图1-21 "信息交换"要点

"行动/解除应激"见图1-22。

> 当智能调度寻求到解时,或通过组织内沟通反馈到信元库系统确认,或被外界观察,产生行为,再返回到信元库系统寻求最佳解(过程可循环),直至行动/解除应激。

> "组织内沟通"是指将所求解送到信元库系统检验,或将所求解作为经验送到信元库系统储存。

图1-22 "行动/解除应激"要点

由该模式可以看出，智能调度是其与外界沟通的关键，如其功能失灵则无法感知应激、分配时间、寻求解决方案，使组织无法行动（或解除压力）；信元库系统（多中心信息处理器）是该模式的中枢，它不仅能够贮存信元，还能够输出各种解决方案。

对外界感知、压力集以及现状评估诊断等环节是与个人的行为过程相通的，但是，多中心信息处理这个环节与个人行为过程有重要的区别，这是因为组织是由多个部门构成，对外部信息处理有各自的职能，而个体仅有一个信息处理中心。

此外，在该模型的基础上可以构建不同性质组织（如政府、军队等）的行为动态过程模式，也可以运用该模型分析一些具体行为，如组织学习过程、决策过程等。

[案例] N 市政府监督部门运用微博等新媒体与公众沟通

随着党的十八大召开，把"权力关进笼子里"体现了反腐的重要性。当前腐败具有隐蔽性等新特点，在信息发达的互联网时代，公众经常用互联网揭发部分官员的违法违纪行为，使政府工作面临被动。因此，仅用传统的举报电话和信访等途径无法满足廉政建设的需要，民众需要以多种途径监督政府工作。随着新媒体的出现，N 市开通了政务微博和政务微信与社会公众联系和沟通，随时对党政干部进行监督。

[案例分析] 运用组织行为动态过程模型对该案例从组织目标、压力集构成、外部信息、信元库系统、诊断、信元重构等进行分析（见图 1-23）。

组织目标：在新形势下，通过与公众经常沟通、联系加强对政府工作监督。

压力集构成：N 市政府内部需要加强反腐，公众利用新媒体发布政府违法违纪事件形成压力，官员违法违纪具有隐蔽的特点等。

外部信息：N 市政府受到公众运用微信、博客的启发。

诊断：环境变化形成的压力集与目标有差距，需要尽快寻找解决方案。

信元库系统（多中心信息处理器）：存储及重构监督政府工作的主要方法，如内部监督机构、外部电话举报、信访等。

信元重构：从外部环境获得运用新媒体的信息，形成新的方案，建立政务

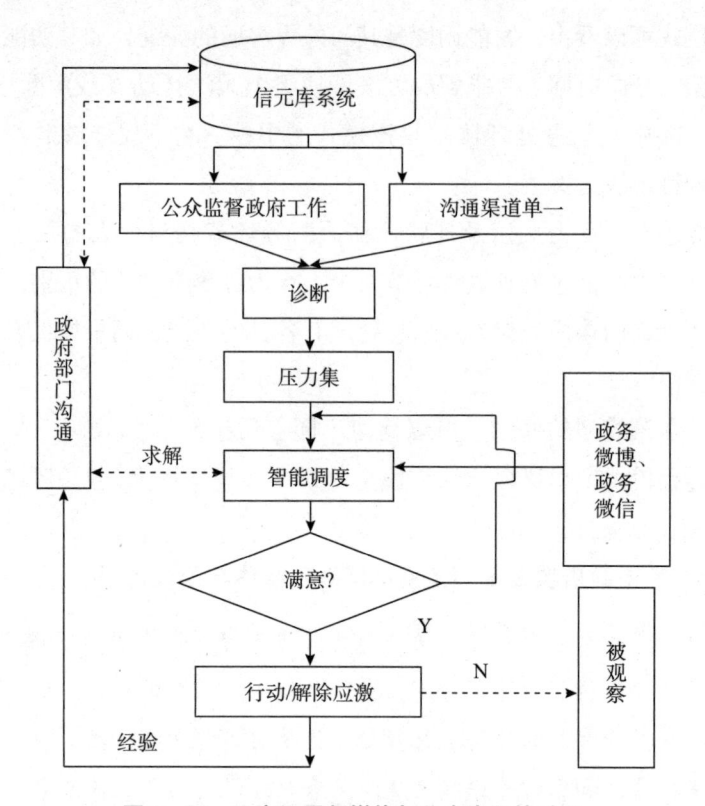

图 1-23　N 市运用新媒体与公众沟通的过程

微博和政府微信号，公布给社会，接受公众实时监督。

组织沟通：经过内部讨论和试运行，新方法取得良好效果，被该部门信元库系统接收并存储形成组织的知识。

N 市政府通过建立政务微博和政务微信（建立监督举报新途径），对党政干部的工作进行监督，利用外部信元重构改变了传统的监督方法，形成加强廉政建设的新途径。

1.3.2　组织惯域分类

组织惯域有多种分类法，如可以按照组织的类型划分为政府惯域、企业惯域、学校惯域等。组织惯域也可分为宏观、中观、微观三个层次进行研究（见表 1-9）。

表1-9 基于研究对象的组织惯域分类

分类	界定	举例
宏观层次	研究对象以组织为单位是泛指,一般用于组织间比较	某公司惯域、某政府惯域、某大学惯域等
中观层次	研究对象是组织内不同系统或者部门的(习)惯域	某公司的经营惯域、战略惯域、技术惯域等;某市政府管理惯域、某市行政中心服务惯域等;某市科技局管理惯域
微观层次	研究对象是特指的具体问题的(习)惯域	人才引进惯域、开发市场惯域、产品质量问题惯域、社区服务惯域、某市领导(班子)对如何发展教育的(习)惯域等

组织惯域根据组织成员可以分为决策层（D-HD）、管理层（E-HD）、操作层（S-HD）的习惯域（见图1-24的左侧），也可按照组织战略、技术变化、管理方法等分类，如组织在发展战略问题上形成的习惯域简称战略惯域，组织成员对组织技术变化问题形成的习惯域简称技术惯域，以此类推，形成组织结构惯域、组织制度惯域、组织文化惯域、成员惯域、价值观惯域等（见图1-24的右侧）。

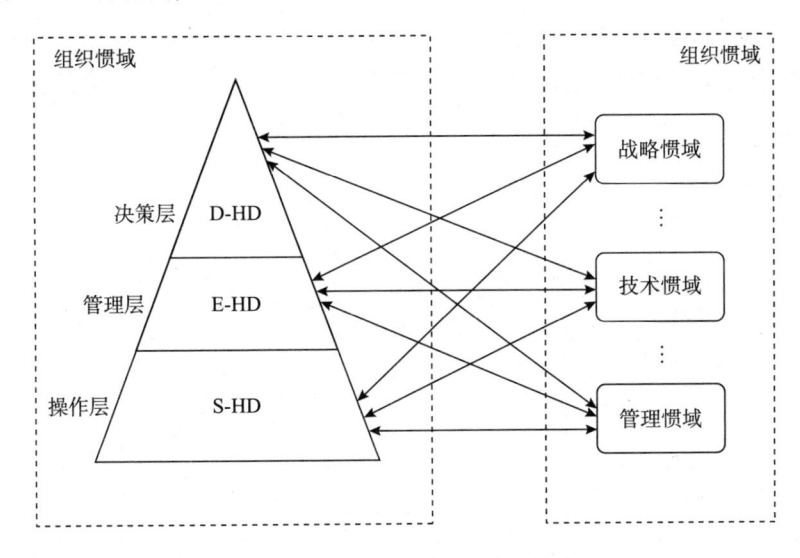

图1-24 组织惯域的分类与构成

图 1-24 表明，从右侧向左侧，针对组织运营中的问题（如战略、技术、管理等）组织不同层次成员的习惯域不同；同理，从左侧向右侧，不同层次人员对不同问题形成的习惯域也不同。例如，对于企业技术发展问题，决策层惯域是运用相关的知识经验信息对该技术发展变化的战略等形成的固定方法方式及潜在能力；而对于操作层，其技术惯域是对该技术进行变化或创新的知识、经验的来源。

在此，决策层惯域是指组织的高层领导团队在一段时间内知识经验信息相对稳定，在内外部环境没有重大变化的情况下，形成的稳定行为方式及潜在能力；管理层惯域指组织内管理层在实施组织战略过程中，在一段时间内如果内外部环境没有重大变化，其知识、经验、信息相对稳定，形成的稳定行为方式及潜在能力；操作层惯域指执行组织计划时，在一段时间内如果内外部环境没有重大变化，其知识、经验、信息相对稳定，形成的稳定行为方式及潜在能力。

因此，在组织惯域研究过程中，当以组织成员的习惯域为研究对象，可分为决策层惯域、管理层惯域、操作层惯域；而以将要解决的问题为研究对象时，则分为技术惯域、战略惯域、组织文化惯域等。

本书主要研究政府、企业形成的习惯域与持续创新的关系，结合创新理论可将组织惯域分为组织结构惯域、市场惯域、企业（政府）管理惯域、企业技术惯域、战略惯域、领导惯域、组织成员惯域等。

2 组织惯域弹性及组织间惯域比较研究

作为组织的内生属性,组织惯域的一般特征是什么?当受外界变化影响时,组织惯域如何变动?组织惯域形成过程的状态及其在组织运行中的作用是什么?什么是组织惯域的弹性限度?组织学习与组织惯域的关系如何?组织间惯域如何进行比较?本章将回答这些基本问题。

2.1 组织惯域的基本变动方式

人们可以通过组织惯域的一些基本特征来认识组织惯域。人们认识和掌握自身惯域,分析了解合作者、竞争对手的习惯域,为制订有效策略提供基础。同时,组织惯域同个人惯域一样,会随着环境变化或自身状况的变化不断改变,本节将介绍改良式、启发式、突破式三种基本的组织惯域变动方式(马蕾,2011)。

2.1.1 组织惯域的一般特征

结合游伯龙(1980)对个人惯域特征的研究,组织惯域的基本特征有稳定性和突变性、简单性和复杂性、复制和变异性、吸收性和排斥性(见图2-1)。

在此以海尔集团成立以来的战略演化历程为案例,分析其战略惯域的稳定性和动态性。海尔集团的战略惯域指海尔集团在制订公司发展战略问题上形成的习惯域,简称战略惯域。从1984年至今,海尔集团的发展战略大致经历了五个阶段:1984—1991年的名牌战略;1991—1998年的多元化战略;1998—2005年的国际化战略;2005—2012年的全球化品牌战略;2012年至今的网络化战略(见图2-2)。

稳定性：若无重大事件发生或重大信息进入，组织的目标和压力集相对稳定，组织惯域表现为一种动平衡。
突变性：当有重大事件或重大信息进入时，组织可以做出有效的反应，也可能会有大的变化而异乎寻常，突变发生后，又会渐渐进入新的稳定期。

简单性：组织惯域可通过组织的规则、制度以及行为方式等来了解，从这个角度来讲了解组织惯域比较容易。
复杂性：组织的习惯域是多元的、复杂的、变动的，组织在不同时期其惯域不同。

复制和变异性：组织惯域不等于成员惯域，是其成员惯域的涌现；其成员仍然存在自己的惯域，但在组织中要符合组织的行为方式；同一组织内不同团队、部门的习惯域也不同，即便执行同一组织惯例，但其潜在能力不同，也会得到不同的效果，因此有其变异性。

吸收性：指组织能够学习其他组织的经验、优势，并吸收、采纳其他组织的建议，如同行业者、合作者甚至竞争对手的经验或建议。
排斥性：组织由于自身丰富的知识经验，有时不能吸收同行的经验、建议等，甚至排斥。

图 2-1　组织惯域的基本特征

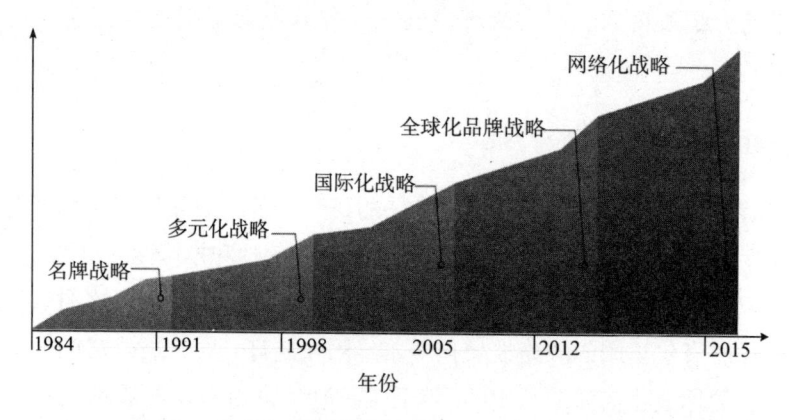

图 2-2　海尔集团发展战略演进（1984—2015 年）❶

---

❶ 海尔集团官网：http://www.haier.net/cn/.

从海尔集团动态变化的发展战略来看，其制订战略的习惯域存在，但是，习惯域变化又是复杂的，海尔集团制订的发展战略从国内市场到国际市场、从资源配置的全球化到"互联网+"的运用，反映了其战略惯域有丰富的信元和很强的吸收外界信息能力的特点，也反映了海尔集团不同阶段的战略惯域有所不同，且海尔集团的战略惯域具有扩展性。

战略惯域的稳定性表现在海尔集团在不同时期战略相对稳定，而其动态性是指当时间和环境发生变化，其决策层会改变集团发展战略。如20世纪80年代，中国的家电市场需求量巨大，因此同行采用了扩大产能追求规模的做法，而海尔集团独树一帜，追求质量打造名牌，形成了自己的发展模式；到20世纪90年代，市场竞争加剧，国家行业政策变化，海尔集团抓住机遇，实施多元化经营，扩展了企业规模，反映了海尔集团能够吸收外来信息及时调整思路，扩展战略惯域，因此也体现了海尔集团战略惯域的变动性（见图2-3）。

时期	内容
1984—1991年名牌化	・外部环境：家电供不应求。 ・外部信息：同行企业努力上规模，只注重产量而不注重质量。 ・方式方法："名牌战略"要么不干，要干就干第一。
1991—1998年多元化	・外部环境：家电市场竞争激烈，质量已经成为用户的基本需求。 ・外部信息：国家政策鼓励企业兼并重组。 ・方式方法：多元化发展战略；开始实行OEC（Overall Every Control and Clear）管理法。
1998—2005年国际化	・外部环境：中国加入WTO。 ・外部信息：很多企业响应中央号召"走出去"。 ・方式方法：海尔走出去，不只为创汇，更重要的是创中国自己的品牌。
2005—2012年全球化	・外部环境：互联网时代带来营销的碎片化、企业以用户为中心"卖服务"，互联网也带来全球经济的一体化。 ・外部信息：用户驱动的"即需即供"模式。 ・方式方法：海尔抓住互联网时代的机遇，整合全球的研发、制造、营销资源，创全球化品牌，探索"人单合一双赢"模式。
2012年至今网络化	・外部环境："互联网+"带来市场和客户需求的巨大变化。 ・外部信息：在网络化市场里，用户网络化，营销体系也网络化。 ・方式方法：网络化的企业，有三"无"：企业无边界，即平台型团队，按单聚散；管理无领导，即动态优化的人单自推动；供应链无尺度，即大规模定制，按需设计，按需制造，按需配送。

图2-3 海尔集团不同时期的战略要点❶

---

❶ 海尔集团官网：http：//www.haier.net/cn/.

根据组织惯域概念，组织惯域是由潜在能力和实际表现构成，因此不同组织其习惯域不同，如同为通信行业的华为和中兴各有各的习惯域。而同一组织在不同时期其习惯域也不相同，如海尔集团刚建立的时候只生产电冰箱，经过几十年发展，它已经成为一个多元化的跨国公司。因此，组织的习惯域也在不断变化、不断丰富扩展。而组织间可以互相学习获得先进的经验或知识，但是，如果想掌握对方潜在的知识经验却不容易，这也表明一个组织在向其他组织学习经验时，不能照抄照搬，要结合实际进行创新，否则会导致失败，"考拉班车猝死"就是其中一例。

考拉班车成立于2015年3月11日，数据显示，7月中旬公司日订单2000单，上座率达55%；8月底日订单达5000单，上座率达80%。截至8月底，考拉班车用户超过5万人，班车线路达到130条。虽然增长迅猛，但不到半年考拉班车便宣布停止运营。数据显示，在定制巴士市场，已有哈罗同行、接我科技、嗒嗒巴士、小猪巴士等，伴随滴滴巴士这一大玩家入局，定制巴士已经没有后进者的空间。

除市场空间外，考拉班车的模式也难以为继。目前，定制巴士企业大多选择与有规模的车辆租赁公司合作，平台租用车辆提供出行服务。根据此前嗒嗒巴士相关负责人的介绍，租赁一辆巴士价格为700元/日，1500多条线路每周车辆成本在190万元左右。参照上述品牌案例，考拉班车每日每辆大巴的使用成本超过1200元。即便不算其他使用成本，按照核定人数51人的大巴车计算，考拉班车每日每人次需花费25元才能基本实现收支平衡，但考拉班车实际的价格为7元/人。若按照每单企业亏损18元计算，到8月底，考拉班车日均5000单，亏损超过270万元/月。这显然不是一家创业公司可以承担的。

乍看起来，班车类O2O似乎拥有不错的前景，可以解决用户在上下班高峰时，因公交出行在车上被挤成"肉饼"的痛点。然而考拉班车低估了班车服务行业的根本性缺陷，即一二线城市高峰期承载不了大量巴士的加入，将造成交通状况的进一步恶化（特别是北上广等一线城市）。假设北京有200万用户使用巴士服务（对于3000万人口来说，已经非常少了），平均每车服务2人/座（25座，平均每座发生一次换乘），那么至少需要4万辆巴士。而2014年,北京公交集团下属公交班车一共才不到3万辆。即便是这么小体量的小众市场,也蜂拥挤入了嘟嘟巴士、滴滴巴士等八个竞争对手!创业泡沫泛滥由此可见一斑。[1]

对于考拉班车之死,评论者认为班车服务O2O行业只是一个小众服务的市场,考拉班车当初创业是否选错了方向?为什么考拉班车的CEO会决策失误?

从习惯域角度看解决出行难问题,显然考拉班车是学习了滴滴打车的商业模式,但是由于不同企业的习惯域不同,考拉班车只是模仿了表面形式,却没有掌握滴滴打车潜在的知识经验,即其潜在能力。所以,当面对蜂拥而至的竞争对手,考拉班车无法实施快的打车和滴滴打车的方法——快的打车和滴滴打车不仅抓住为移动出行市场的巨大空间提供服务,还能够通过打车应用积累的用户为其撬开移动支付的大门,通过广告、电商、物流、金融等多种方式为提升竞争力提供基础——考拉班车的服务也没有形成核心竞争能力。另外,考拉班车的惯域过于稳定,面对突变的市场没有很强的应变能力,缺乏服务创新能力,因此,考拉班车在互联网竞争的星空流星般地陨落。

2.1.2 基本变动方式

从系统演化视角下,组织惯域变化有螺旋式、辐射式、跳跃式、波动式、折叠回旋式五种演进形式,这是组织惯域系统演化方式的动态描述(见表1-8)。而组织惯域的基本变动方式是相对的静态观,描述的是当组织面临环境变动时其习惯域的变化方式,从外部信元与组织潜在领域的信元相互影响和相互作用的效果看,组织惯域的变化与个人惯域的变化同样可以分为改良式变化、启发式变化、突破式变化。

2.1.2.1 改良式变化

随着外界环境变化,组织惯域会在既有的方案基础上发生数量、规模上的改变,这种扩展方式是组织惯域的改良性扩展。例如,某企业原来生产LC产品100套,通过市场调查,发现100套LC不能满足用户需求,于是扩大生产,

---

[1] 《商界评论》杂志:http://www.ebusinessreview.cn/.

每月生产 500 套。即随着外部环境变化，其组织惯域（产品惯域）产生了改良式变化。

2.1.2.2 启发式变化

随着外界环境变化，外部信元与信元库系统既有信元重构形成新的信元，使组织惯域发生启发式扩展。例如，海尔的维修人员到农村发现农民用洗衣机洗红薯，于是将信息反馈给研发部门，经研发部门努力很快向市场推出能够洗红薯的"洗衣机"，使海尔的洗衣机多了项新功能。即随着外部环境变化，其组织惯域（产品惯域）得到了扩展（见图 2-4）。

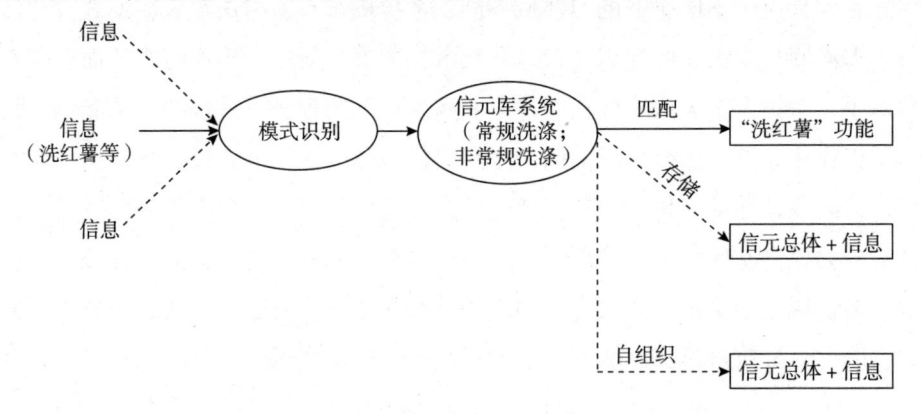

图 2-4 信息与信元总体作用模式示意（马蕾，2005）

2.1.2.3 突破式变化

随着外界环境变化，组织运用外部信元与信元库系统既有知识重构形成新的信元或直接应用外部信元改变组织行为的过程，使组织惯域产生突破性扩展。如恒立公司是一家生产高压油缸的制造商、中国液压行业的领先者，根据市场需求，研发了特种油缸，使产品惯域产生了突破式变化。

2.2 组织惯域弹性

在外界环境相对稳定的情况下，组织惯域保持动平衡；当外界环境发生变化，组织惯域也会有相应的变化。组织惯域是在一定范围内变动，还是打破限度发生剧烈变化？要了解组织惯域的变动程度，首先要了解组织惯域所处的状态，这是了解组织惯域如何变动的关键。

如何对组织惯域的状态进行评价，目前的研究者主要从两方面着手：一方面，在宏观上对以企业为研究对象的组织惯域刚性（Rigidity of Enterprise Organization Habitual Domains）的评价指标体系进行研究（Ma，Chen，Yang，2004）；另一方面，研究者运用案例对技术惯域演化过程中的状态进行研究（马蕾，等，2011；叶心薇，等，2016）。基于演化理论和既有研究，本章主要分析了组织惯域的四种状态，即变动态、渐稳态、弹性态（Resilience）及刚性态，旨在为实践界应用该理论提供参考。

2.2.1 组织惯域刚性的研究

在分析组织惯域的演化状态时，难以收集习惯域形成的过程数据，这导致了判断的难度。同时，如果不了解组织所处的惯域状态，将影响组织做出有效方案。因此，在研究中，有的研究者选择了组织惯域相对极端的状态——习惯域刚性的评价，并以企业为案例进行了实证研究（马蕾，等，2003）。

企业惯域刚性是指随着时间变化，外部新的知识信息进入信元库，却不被已有的信元总体接收（或重构），导致企业惯域保持不变，不能应对外部环境变化解除企业压力（马蕾，2003）。由此，从微观层面，企业既有的信元总体排斥新信息（知识）进入是产生企业惯域刚性的原因之一；其次，信元重构能力失灵是造成企业惯域刚性的又一个原因。所谓信元重构是将已有的信元通过自组织重构为新的信元，进而形成新的信元总体，或者将吸收的信元与信元库自有的信元作用，形成新的信元总体。而当组织的信息处理中心不能自组织重构或对外部信元重构，则重构失灵，容易导致企业惯域产生刚性（马蕾，2003；Ma，Chen，Yang，2004）。

既有研究对企业惯域刚性的影响因素进行了研究，从组织惯域信元的丰富性、外向性、互动性、独特性四个维度对企业刚性进行了实证研究，并建立了评价指标体系。

2.2.2 组织惯域演化过程中的四种形态

如果能够对组织惯域所处状态做出正确判断，无疑将推动组织惯域理论在实践中应用。研究者基于演化理论对企业技术惯域研究过程进行了实证分析，研究了技术惯域演进的过程，为描述组织惯域不同时期的状态提供了实证支撑。

从研究者对组织惯域的界定来看，组织惯域形成的基本特征是：其一，组织能够有固定的行为方式（常态）；其二，对环境突发性变化能够快速有效应对并解决，有效率地处理问题，问题解决后还可以恢复常态，体现出组织惯域的潜在能力。由此，组织惯域平衡态是一个动平衡，既有稳定性也有变动性，还与外界有交流，可以吸收外界的信息、知识和经验。

组织惯域由平衡态开始向变动态转化有两种情况，一个是组织自身需要改变，是主动性变化；另外，当外部环境变动激烈或者有重大信息影响，组织被动去寻求新方法改变行为规则进而改变组织惯域，是被动的改变。在这两种情形下，组织惯域（OHD_0）将开始新的演化过程，从变动态、渐稳态到弹性态，达到动态平衡。当组织惯域处于动态平衡一个时期后，或者开始新的变动或者进入刚性态。组织惯域在不同状态下的特征如图2-5所示。

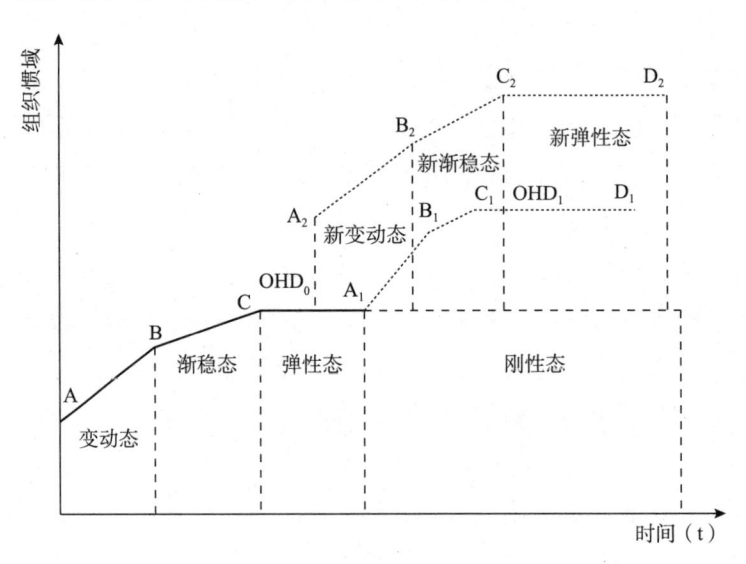

图2-5 组织惯域演化过程

（1）变动态：在此阶段，组织处于不断寻求解决方案的过程，由于方案的不断变化（或者有新的方案需要固定下来），组织的运行效率比较低，但此时组织会积极创新。

（2）渐稳态：当组织寻求到新方案，将此方案逐渐固定下来，这个阶段组织运行效率较高，对外界的新信息、新知识能够吸收接受，组织存在创新的可能性。

（3）弹性态：此时新方案固定下来，形成新的组织惯域（OHD_1），组织运行效率高，对外界环境变化能及时反应，但是在此阶段多数组织主动去改变的意愿相对较弱，通常会被动地去改变现状。

（4）刚性态：当组织对外界变化不敏感，对外界信息排斥，组织就会固守既有规则（行为方式），组织惯域表现为长期不变，对外表现保守，对环境变化不能做出有效反应，不去创新。

系统理论和协同理论表明，系统内演化和自组织有其自身规律，而组织惯域是一个开放的系统，同时又是由不同子惯域组成的复杂系统，其微观层面是由信元构成，信元像散落的粒子在系统内游离或有秩序地运行，符合外部环境的信元将被采用，因此组织惯域演化过程尤其复杂。

2.2.3 组织惯域弹性及状态组合矩阵

如前所述，组织惯域形成的标志有：第一，组织运行或处理问题有效率，组织内部运转有规则（惯例）；第二，偶然（应急）事件发生后，组织能够做出有效对策，事情处理结束后，仍然可以回到正常状态（组织惯域稳变适度，即组织惯域弹性）；第三，能够根据外界变化而改变，不断丰富扩展习惯域。因此，组织惯域弹性表述为：当组织惯域形成后，组织突然受到外界压力时，能够改变现有运行状态，及时做出有效反应，且可以恢复原有运行状态的变化称为组织惯域弹性。而当组织受到外界刺激后，不能及时做出有效反应时，则称组织惯域产生了刚性或组织惯域弹性失灵。

综合既有研究以商业组织为案例建立的企业惯域刚性评价（马蕾，2003）以及从信元层面对技术惯域演进的研究（马蕾，刘小斌，等，2011），构建组织惯域状态分析矩阵。该模型在组织惯域的特征、稳定性的强弱程度的基础上进行评价（见图2-6）。

组织惯域的四种状态组合是：稳定状态（B：稳定性强、变动性弱）、变动状态（C：变动性强、稳定性弱）、弹性状态（A：稳定性与变动性适度）、刚性状态（D：稳定性过强，对外界无反应，图2-6的变稳态D_1是一个过渡态）。当组织惯域在弹性状态下其稳定性与变动性适度，组织从A_0状态下的

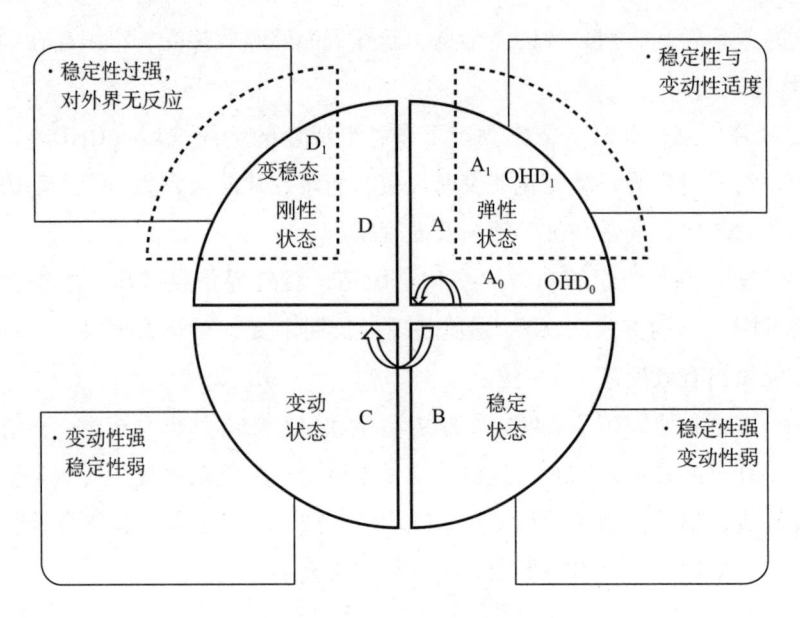

图 2-6　组织惯域的四种状态分析

OHD_0 变为 A_1 状态下的 OHD_1 后还会回到 A_0 状态；当组织惯域处于稳定性强、变动性弱的稳定状态下，外界环境变化时组织惯域能够从 B 状态演化为变动性强、稳定性弱的变动状态 C；当组织惯域从变稳态 D_1 演化为刚性状态 D 时，由于稳定性过强将导致其对外界无反应。

[案例] 组织惯域的形成与扩展：以常州科技局"5·18"展洽会为例

从 2006 年起，江苏省常州市科技局每年 5 月 18 日举办中国常州先进制造技术成果展示洽谈会（以下简称"展洽会"），通过连续 7 年举办已成为国内有影响的产学研合作活动品牌。展洽会的集聚效应、裂变效应和品牌效应不断凸显，不仅营造了合作氛围、集聚了专家资源，还带动了企业参与，推动了项目合作，提升了"创新常州"的知名度。到 2012 年，展洽会累计邀请国内外专家 4700 多人，参会企业 9800 多家，展示成果 25000 余项，发布各类技术需求近 3000 项，组织各类专题活动 164 场，共达成签约项目 526 项，项目合同总金额超过 10 亿元。2016 年成功举办了第十一届"5·18"展洽会，形成开放合作、创新资源加速集聚，重心下移、精准对接更重实效，紧扣产业、专题活动主题鲜明，狠抓项目、平台作用

日益凸显,品牌效应持续扩大等特色。❶

[案例分析] 21世纪初,由于常州乡镇企业发达,传统的粗放式发展模式已经不能适应常州经济转型需要,创新驱动成为区域经济发展动力。然而常州的科技资源匮乏,缺乏科技人才、科技成果,科技供给不能满足创新的需要,为此,常州科技局肩负着发展区域科技推动经济转型的使命,他们运用展洽会为产业界增加科技供给、满足高校和科研机构的人才需求,形成了解决科技资源匮乏的新方法和新路径。

从案例分析可以看到常州产学研合作形成习惯域并且不断扩展的过程。2006年举办第一届"5·18"展洽会就带来积极效应,不仅有526项科技成果成交,还吸引了外来科技人员与常州进行项目合作,并有科技人才留在常州开办企业。由此,常州市政府和常州科技局将"5·18"展洽会这个活动固定下来,每年都举办,形成政产学研合作模式(形成了习惯域);同时,随着外部环境变化,以及产业界、高校和科研机构的新需求,每年"5·18"展洽会内容都有新变化(扩展了组织惯域,反映了其习惯域弹性),增加了新的内容或活动。目前,展洽会已从国内参加者扩展为有国外几十个国家参与的国际性洽谈会,并形成了常州的一个品牌,为常州经济转型和创新发展带来了活力。

2.3 组织学习与组织惯域

如何克服组织惯域的负面效应,使组织惯域为组织的生存、发展服务是研究者一直关注的问题,运用组织惯域的弹性特征,加强组织学习是各类组织克服习惯域负面效应的关键途径之一。

从组织惯域信元库系统中的信元变化方式,可以看到组织惯域改良式变化、启发式变化、突破式变化的过程也是组织学习的过程。那么,组织学习改变了什么?胡贝尔(Huber,1991)认为组织学习是组织通过信息加工来改变行为潜在能力的过程,包括知识获取、信息扩散、信息解释和组织记忆四个过程。因此,组织学习的实质是改变组织的行为模式和潜在能力,即改善习惯

---

❶ 资料来源:http://www.ruikr.me/n/5236796.

域。本节通过对组织学习理论与组织惯域的比较分析，说明组织学习在改善组织惯域中的重要作用，以及培育学习型组织的方法。

2.3.1 多重视角下的组织学习

学术界对组织学习的研究可以追溯到19世纪40年代（陈江，等，2010），比较公认的是玛驰、西蒙（March，Simon，1958）提出组织学习的定义，而到了20世纪80年代左右美国学者阿吉里斯、舍恩（Argyris，Schon，1978）提出系统的组织学习理论，再次得到了学术界广泛的注意。特别是阿吉里斯、舍恩的《第五项修炼》在中国出版，在中国学术界和实践界形成了空前的热点，以至于二十几年来国内学术界对组织学习的研究长盛不衰。

我国学者陈国权是国内较早对组织学习理论开展研究的学者之一，他与合作者发表的《组织学习的过程模型研究》在国内他引率为570余次（中国知网数据，2015-10-13）。通过对组织学习的研究性论文进行检索（中国知网全文数据库），并围绕组织学习的研究主题（限定"篇名＝组织学习"，"文献类型＝期刊论文"，"时间跨度＝不限年份"，"来源数据库类别＝核心期刊，CSSCI"）进行文献检索，并剔除无关结果，最终得到1999—2015年共有期刊论文671篇（中国知网：核心期刊和CSSCI期刊）。陈国权曾和他的合作者对2000—2008年发表的有关组织学习、团队学习、个人学习的文章进行了统计，统计结果为186篇（陈国权，等，2009）。由此，2000年后我国理论和实践界对组织学习形成研究热点，也是随着知识经济发展和全球化复杂的竞争态势以及我国参与全球竞争提升国家竞争力的需要而展开的。

就组织学习理论研究而言，目前，国内外学者主要从组织学习的基本概念界定、学习类型、学习方法、学习过程以及如何实施组织学习的模型等展开研究，并将组织学习理论与战略管理、创新管理、动态能力、组织惯性等领域相联系展开探讨。

尽管学术界对组织学习进行了广泛研究，但组织学习的概念目前尚未得到统一，学者们从认知科学、信息理论等角度对组织学习做了界定（见图2-7）。

也有学者从组织行为的权变理论等角度对组织学习进行了界定（见图2-8）。

组织学习是通过表达，传递主观意义的人造工具和群体的集体行为对各种交织的主观意义的获取、支持和改变（Cook，Yanow，1993）。❶

通过信息处理，如果潜在的行为发生改变，那么实体就在学习（Huber，1991）。

组织成员对环境不确定的认知形成个人信念，此信念影响个人选择形态的汇集、整合及决策的行动；在组织展开行动之后，将造成环境的回应，进一步会影响到个人原先对于事物因果关系的判断或理解，形成一个学习循环（March，Olsen，1975；Levitt，March，1988）。

图 2-7 研究者从认知科学、信息理论等角度对组织学习的界定

我们用组织学习这个名词来表述组织行为的改变（Swieringa，Wierdsma，1992）。

组织学习的目的在于通过改变个体行为来实现组织目标。即组织学习既是组织面对环境所做出的适应性行为，同时也是组织面对环境所做出的创造性行为（Argyris，Schon，1978）。

组织学习是指组织通过不断创造、积累和利用知识资源，努力改变或重新设计自身以适应不断变化的内外环境，从而保持可持续竞争优势的过程（陈国权，2002）。

图 2-8 学者从组织行为权变理论等角度对组织学习的界定

从知识管理视角研究组织学习也被学者们关注，如图 2-9 所示。

---

❶ 郭小兵，王勇，许庆瑞. 组织学习理论：喧嚣中的蠕行 [J]. 研究与发展管理，2003（4）：1-6，34.

> 组织学习指发展和塑造组织知识基的过程（Shrivastava，1983）。

> 组织学习不仅解决问题，而且要创造问题和界定问题，发展和运用新知识来解决这些问题，从而在解决问题的过程中进一步发展新知识（Nonaka，Takeuchi，2007；Nonaka，1994；Toyama，Byosiere，2010）等。

> 组织学习意味着通过更好的知识和理解来改进行为的过程（Fiol，Lyles，1985）。

图 2-9　研究者从知识管理视角对组织学习的界定

从学者们对组织学习的多视角研究可知，通过组织学习改善组织行为是大多数研究者达成的共识，这包括组织行为的变化及创新行为的发生。

一般认为，组织学习可分为四个层面——组织内个人学习、团队学习、组织内部学习、组织间学习。在组织学习过程中，通过认知学习、文化学习和行动学习实现知识获取、文化认同、行动延续等。在如何开展组织学习方面主要有阿吉里斯、舍恩（Argyris，Schon，1978）提出的单环学习（Single-loop Learning）、双环学习（Double-loop Learning）、再学习模型（罗彪，梁樑，2003）。

在组织学习的研究过程中，陈国权（2000）根据阿吉里斯、舍恩（Argyris，Schon，1978）提出的单环学习，构建了新的组织学习动态过程模型。同时，他指出在组织学习发明、发现、执行、推广、反馈、知识库每个阶段都存在组织学习智障，为了顺利推进组织学习，要消除学习智障，而从组织惯域的负面效应看，学习智障往往来自组织的习惯域。

学者在对组织学习的研究过程中，还对组织学习的前因等进行了多方面的深入探讨，如组织的环境变化对学习的需求、组织结构与信息技术的变化对组织学习的影响、文化差异对组织学习的要求。学者们还讨论了知识惯性对学习的影响，这与组织惯域的研究有着共同的渊源（陈国权，等，2009）。

学者争论的组织惯性的惰性观与资源观已经在先前的研究中整合在组织惯域研究框架下（Ma et al.，2013），因此组织学习改变了组织的信元库，进而改善了组织惯域，尽量避免了组织生产保守、不创新、不能及时应对外界环境变化等负面效应，防止组织惯域产生刚性。因此，组织学习是组织惯域克服负面效应的"利剑"。

2.3.2 组织学习战略与组织惯域

玛驰（March，1997）对探索式（Exploration）和开发式（Exploitation）学习进行了区分，认为探索式学习具有以下特征：实验、柔性、探索、风险承担、发现、创新等；而开发式学习则具有另外一些特征：精炼、选择、效率、实施、执行等。他指出探索式学习的本质是对新方案的实验，其回报是不确定的，而开发式学习的本质是对现有能力、技术和模式的精炼和扩展，其回报是可预测的。他认为探索式学习和开发式学习在争夺组织稀缺资源时是不相容的，各自要求的组织惯域也有根本的不同，因此平衡二者的关系对于组织长期竞争优势的获得具有关键意义。

2.3.2.1 组织内学习、组织间学习与组织惯域

正如研究者指出，组织学习能够改变组织的现状和潜在行为，也可以创造新的知识，其原因是组织通过内外部学习影响了组织惯域，如组织内学习是从个人间共享隐性知识开始，即通过将组织的隐性知识外在化、组合化、内在化、社会化改变组织惯域，进而达到改变组织行为的目的（见表2-1）。

表2-1 组织内学习与组织惯域变化

组织知识的转化形式	转化结果	组织惯域的变化
外在化 Externalization	隐性知识在团队内共享后经整理被转化为显性知识	由组织潜在知识经验引起惯域发生启发式变化
组合化 Combination	团队成员共同将各种显性知识系统地整理为新的知识或概念	由组织潜在知识经验引起惯域发生启发式变化
内在化 Internalization	组织内的各成员通过学习组织的新知识和新概念，将其转化为自身的隐性知识，完成了知识在组织内的扩散	改变了信元库，扩展了组织惯域的潜在能力，属改良式扩展
社会化 Socialization	拥有不同隐性知识的组织成员互相影响	新的信元在信元库内储存

从组织学习概念出发，组织学习改变了组织的信元库系统结构，结果改变了组织自身的运动状态：

- 组织外在化学习使惯域发生启发式变化，是开发式学习；
- 组织内在化学习扩展了惯域潜能，是开发式学习，组织惯域发生了改良式变化；
- 组织间学习导致惯域产生启发式或突破式变化，是开发式学习或探索式学习（见表2-2）。

表2-2 组织间学习对组织惯域的影响

组织间学习	知识获得方式	组织惯域的变化
完全来源于外部的学习	完全吸收外部信元	突破式变化
将外部信元与内部结合的学习	外部信元与内部信元重构	启发式或突破式变化

2.3.2.2 学习型组织与组织惯域

学习型组织是指能够有意识、系统和持续地通过不断创造、积累和利用知识资源，努力改变或重新设计自身以适应不断变化的内外环境，从而保持可持续竞争优势的组织。组织从内外部获取知识的途径有多种（见表2-3），通过组织学习达到对不同层次成员惯域的改善（见图2-10）。

表2-3 企业获取知识的有效途径（陈国权，宁南，李兰，赵慧群，2009）

方 式	途 径
企业内部	• 管理者向员工传授、将经验变成制度流程； • 召开正式经验交流会、员工之间非正式交流； • 将经验形成课程用于培训、内部刊物交流； • 内部互联网交流； • 其他
企业外部	• 收集外部资料信息、派人出去学习课程； • 参加相关会议及展览、外出考察； • 聘请外部人员来授课、读书刊和看影像资料； • 通过合作联盟、聘请外部顾问； • 从外面招聘或挖人、聘请咨询公司做咨询； • 通过收购兼并； • 其他

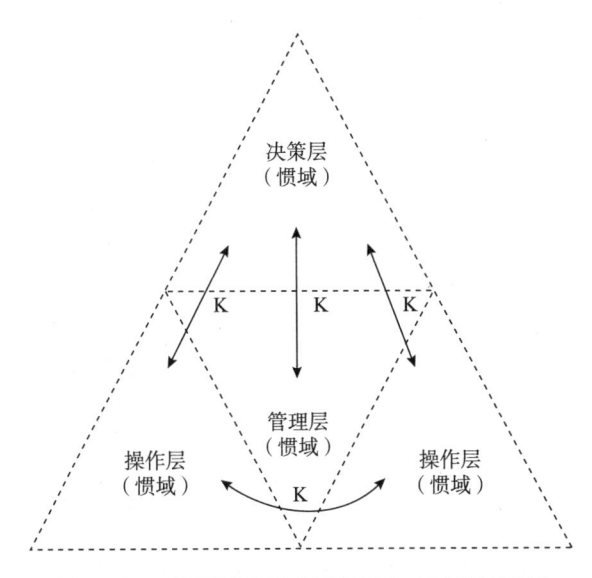

图 2-10　学习型组织中不同层次成员的习惯域

注：图中箭头代表知识流动，K 表示知识。

- 决策层惯域：以自上而下的学习为主，知识自上而下扩散，互相渗透；
- 管理层惯域：以团队交流为主，跨层次交叉的知识流动；
- 操作层惯域：不断学习提升自己，与组织共同成长，知识水平流动和向上交叉流动等。

因此，学习型组织中的决策层、管理层、操作层之间的知识流动是无边界的，彼此可以渗透，这增加了改善不同层次成员惯域的概率，维持了组织惯域的弹性。

2.3.3　组织去学习与组织惯域的空无原理

通过组织学习可以丰富组织的知识经验，改变组织信元库结构，进而改善组织惯域，保持组织惯域弹性，而近年来国内外研究的热点"组织去学习"也是优化组织惯域的重要途径之一。胡贝尔指出，组织去学习不仅应该忘却行为，同时应该忘却行为的"束缚"。

对于组织去学习，不同学者从不同角度进行了界定，如组织知识更新、组织学习遗忘、组织惯例等（见表 2-4）。

表 2-4　学者对组织去学习的界定

理论视角	主要内容	提出者
组织知识更新	组织在完整的学习、循环过程中产生的知识在组织循环中也会被忘却； 组织去学习的目的不仅是消除知识，更重要的是要有新知识的替代，从而使组织去学习和组织学习间产生重叠和交叉	Hedberg（1997）； Klein（1989）
组织学习遗忘	组织在实际的知识管理过程中，除主动丢弃某些知识外，还存在某些已有的、有用的组织知识丢失以及新获得的知识在存入组织记忆之前就丢失的情况，进一步将组织去学习的概念逐步扩展到组织学习遗忘	Argote et al.（1990）； Epple（1991）； Darr et al.（1995）
组织惯例	将组织去学习视为丢弃老的惯例；组织惯例和信仰的变化	Tsang, Zahra（2008）； Akgün, Byrne et al.（2007）

组织去学习是对组织知识结构的主动优化，对组织惯域而言是对组织信元库系统的知识结构进行改善。而从组织惯域角度看，组织去学习是对丢弃知识的价值判断，同时不仅是丢弃某些组织知识、更替新旧知识，在环境变动剧烈时还需要完全抛弃信元库系统的知识，即采用"空无原理"，从而建立新的信元库系统，对新的环境提供全新的解决方案；从组织能力集角度看是组织能力集的收缩。因此，组织去学习是组织惯域突破性变化的过程，是完全抛弃了不能应对新环境的既有解决方案、知识、经验，形成新的信元库的过程。总之，组织去学习对改善组织惯域抑或推动组织创新更具积极意义。

[案例] 组织学习与改善组织惯域：HMC 培育竞争能力❶

H 地区有 TLC、UMC、HMC 三家电信运营商：TLC 是一个有几十年历史的固话电信运营商，拥有大部分市场和用户；UMC 是一个采用 WCDMA 的电信运营商，其采用的是 2.5G 移动技术，该技术在通话效果、安全性等方面比 GSM 领先；HMC 是 1998 年从 TLC 公司中分离出来的、新进入市场的采用 GSM 的移动电信运营商。

1. HMC 增加新的营销方式在竞争中崛起

1999 年，HMC 公司的用户规模仅占市场的 8%。刚从 TLC 中独立初

---

❶ 案例资料来自课题组调研。

期，HMC公司在营销方面秉承了TLC公司的传统做法，用建设营业厅发展用户、开发市场，但是这个方式成本高、收效不快。HMC公司选择了不断降低资费、增加广告宣传等传统办法，到1999年年末该公司的用户增长率在5%左右。同年，为了增加市场份额、提高客户在网时间，HMC公司在H地区率先采用套餐方式，即将其供应商提供的彩铃等增值业务和传统的话费业务按照不同用户群的需求打包提供给消费者。他们推出了"校园套餐"，在H地区的各大学推广，吸引了学生用户。半年后，套餐方式使他们的稳定客户增加了20%。由于套餐方式取得成功，而且H地区的电信市场仍然是三家公司，竞争环境没有太大变化，因此，HMC公司继续采用套餐方法，与其供应商一起根据用户的不同需求，又在套餐中增加了天气预报、民航信息等增值业务，形成了商务人士套餐、家庭套餐。到2003年，HMC公司的稳定客户增加了10倍，市场占有率也提高到45%。与此同时，随着用户的增长以及用户对网络服务质量的要求提高，HMC与SMZ公司（设备供应商）不断升级网络、优化网络，以满足用户快速增长的需求。

从HMC的市场运营方式看，由于套餐方式为扩展市场份额带来了成功（如校园套餐），这个方法在2000—2003年一直使用，并且在合作伙伴的参与下，HMC针对不同的用户群提供不同的套餐（商务人士套餐、家庭套餐），形成了HMC的营销惯域。HMC在外界环境没有重大变化或新的信息进入时，其与营销相关的知识、经验保持相对稳定，使其在营销行为上具有一定的模式。这个行为模式就是其惯域的表现形式，而稳定的知识、经验是该公司在开发市场方面的潜在能力。

2. 组织间学习

2003年初始，UMC公司和TLC公司学习了HMC的套餐营销方式，在市场上也先后采用了套餐方式；当三家公司都采用套餐方式后，在H地区的电信市场上，三家公司也同时开始了价格战，他们通过降低资费、开发新套餐等形式来吸引用户、扩大市场份额。

3. HMC营销惯域不断扩展

2004年1—3月，HMC用户数量出现了滞涨，仅用套餐和降低资费的方法收效甚微。针对这一变化，HMC公司对市场进行了调查。调查的结果显示，64%的用户感到去营业厅办理业务花费时间多、不方便，同时他们也发现，计算机和手机的普及程度越来越高（外界信息），如果能够利用计算机和手机这些电子终端为用户提供新的渠道将方便用户办理入网。于是，HMC 和他的供应商共同开发电子渠道（新信元），利用呼叫中心10086 开展电话营销。2005 年，电话营销业务占业务量的10%。同年，HMC 公司的用户规模第一次超过 TLC 公司，随之，他们又开发了网上营业厅、短信营业厅及掌上营业厅。电子营销渠道销售量从 2005 年占总销售量的10%，增长到 2008 年的 60%，既降低了成本又扩大了市场份额。其中，12580 不仅是电子销售服务，而且还是一个增值业务平台（见图 2-11）。

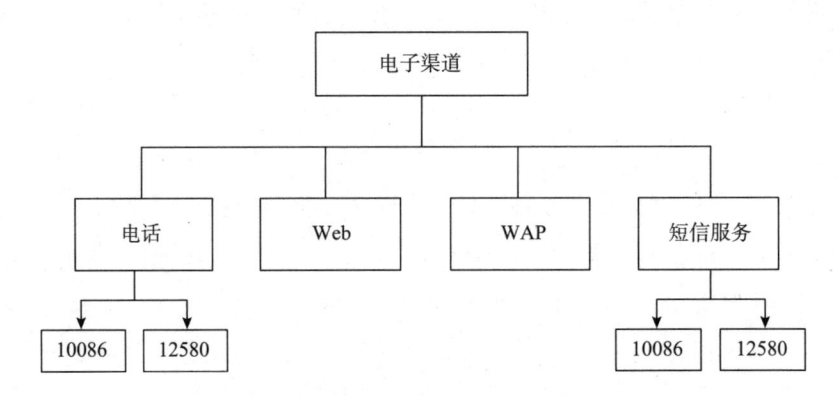

图 2-11　HMC 多渠道的营销方式

［案例分析］这个案例一方面说明了组织间学习对 TLC 和 UMC 营销惯域的改善；另一方面还可以看出，竞争对手通过学习改变了营销方式给 HMC 带来的压力，而用户需求发生的变化也给 HMC 的市场开发带来压力。因此，HMC 改变了仅用套餐吸引用户的做法，开发电子渠道提供给用户，用提升服务质量吸引用户。这些电子营业厅很快成为扩大用户规模的有力工具，增强了该公司应对市场变化的潜在能力。到 2009 年，HMC 公司占据了 H 地区电信市场 70%的份额，与此同时，其他两家电信运营商市场份额锐减。

2.4　组织间惯域比较研究

一直以来，如何开展组织间惯域比较研究是学者关注的重点，这些研究对组织战略制定以及组织间的合作、竞争等具有重要意义。选择同一决策目标为参照，横向分析不同组织的行为反应，可以看到不同的组织其习惯域的灵活性和潜在能力存在差异。本节以杭州、北京、上海、武汉、南京、广州等不同城市对滴滴专车的态度和制订的策略为例，分析比较不同组织惯域的灵活性及潜在能力等。

2.4.1 组织间惯域横向分析框架

首先对组织惯域进行类型划分。基于对组织惯域状态的研究，在此选择三个维度，第一个维度是主动性维度，即组织内在的对模式（惯例）改变的主动性（或被动性）程度，第二个维度是组织惯域自身特征的动态性（或稳定性）维度，第三个维度是环境维度（包含着时间维度）。因此，考虑分为四种类型，即前瞻型、效率型、跟随型、墨守型（见图2-12）。

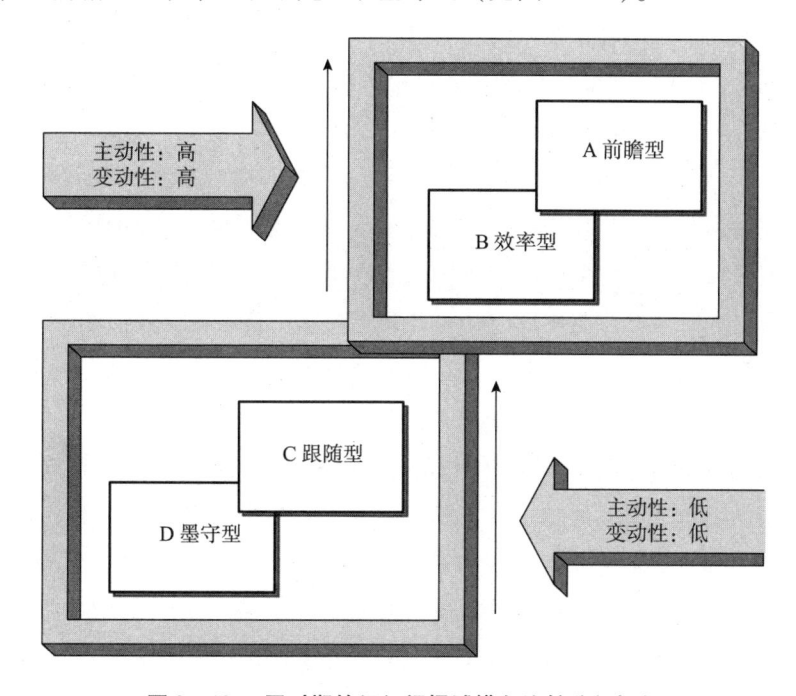

图2-12 同时期的组织间惯域横向比较分析框架

（1）前瞻型：在当前环境下或环境波动时，运用外部知识、经验与内部信元重构主动改变或突破既有模式（或惯例）的能力。

（2）效率型：在当前环境下或环境波动时，比较主动地利用既有的知识经验，改变或完善既有模式（或惯例），有良好的变动性。

（3）跟随型：迫于环境变化的压力，组织被动地去改变，自身变动性差。

（4）墨守型：在既有环境和剧烈变化下，组织保持既有模式（或惯例）不变，甚至于组织行为长期不随外界变化而改变，导致组织惯域产生刚性。

例如，在同一时期比较不同组织的创新问题（指技术创新、管理创新、制度创新、文化创新、服务创新等），一般而言，拥有前瞻型惯域的组织能够主动突破自身惯域去创新（往往是探索式创新），而效率型惯域的组织能主动利用既有潜能开展开发式创新，跟随型惯域的组织被迫跟着别人进行改进、模仿，墨守型惯域的组织对外部变化没有反应也不去开展创新。

2.4.2 组织间惯域比较案例研究

2012年9月，北京小桔科技有限公司率先推出了滴滴打车，滴滴打车软件的应用由此打破了沉寂垄断的传统出租车市场。

据统计，2014年北京10万多名出租车司机中有7万多人安装了滴滴打车软件，且6.7万辆出租车里近5万辆安装了滴滴打车软件。滴滴打车凭借其操作简单、充分运用语音识别的优势，以迅雷不及掩耳之势运用了多方位高效的营销手段（从与北京出租车调度中心初步合作到与百度、高德地图战略合作，独家接入微信平台，实现约车与支付双重功能），并通过网络返利促销迅速占领了北京出租车市场。与此同时，该公司在全国近百个城市开通约车平台，如上海、武汉、天津、南京、广州、深圳等市都采用了这类约车平台，安装了近48万个司机客户端，几千万乘客开始使用约车APP。

随着该公司衍生品专车业务的出现，传统出租车受到了前所未有的挑战，专车对深圳出租车市场的冲击就是其中一例。据2015年5月29日的《南方日报》报道，专车服务的出现为深圳市民带来了便捷、优惠的出行服务。然而，专车冲击了传统的出租车市场，造成了深圳1.6万辆出租车每日有近一半时间在空驶，出租车司机收入下降1/3，为了多赚钱不得不延长开车时间。随着出租车司机收入的减少，专车公司的额外补贴促使一些出租车司机辞职转去开专车，因此深圳各大出租车公司短时期内出现了出租车司机荒。同时，出租车司机与专车司机的冲突事件也不断发生。据《财经》杂志2015年5月25日的报道，5月21日，天津市数百辆出租车为对抗互联网专车集体停驶。而在此事件数天前,杭州市出现了出租车大面积罢运事件。部分城市互联网约车与传统出租车之间的厮杀愈演愈烈,政府监管部门也不得不开始介入。

可见,互联网出租车公司不仅与传统出租车公司的碰撞带来多种矛盾,还给城市的监管方、行业规制等带来了许多新问题,各城市政府相关部门是如何反应及应对的呢?

杭州的反应与行动方案

2015年9月15日,杭州市对滴滴打车软件冲击带来的出租车行业竞争的新态势立即做出了反应,出台了《深化出租汽车行业改革的实施意见(征求意见稿)》(以下简称《征求意见稿》)。该方案主要有"实行经营权无偿使用""清理规范经营关系""鼓励互联网与出租车业融合发展"等措施。

同时,杭州官方认可的网络约租车平台"大众出行"已经由上海大众研发完毕,很可能在10月交付运行。叶忠煜介绍:"两大集团3000辆车,再加上确权后的4000辆车,都将接入'大众出行',车辆以后还会逐步增加。"他又说:"同时,我们正在和出租车行业协会结合,争取把杭州的出租车统一到调度平台,这样我们就有话语权。拥抱互联网后,杭州出租车的前景会更广泛,司机的生意会更好做。"但让叶忠煜担心的是,推出自营约租车平台后,杭州出租车仍然无法抵抗专车的"倾销"行为——在巨额补贴下低于运输成本的定价。"我们不会禁止旗下司机接入其他专车平台,甚至为和滴滴快的等平台开展技术合作敞开大门,目前还在谈(合作),具体细则还在协商中。"❶

除目前已经公开的杭州传统出租车方案(《征求意见稿》)外,杭州关于互联网约租车(专车)监管意见草案已经做完,等国家层面的方案出台后,再做衔接、调整和论证。按杭州未公布的初步方案,针对网络约租车,拟对从事相关经营活动的企业、车辆、人员实行纳规管理。另外,可能尝试允许私家车在早晚高峰提供拼车服务。

面对出租车行业出现的新情况,杭州交管部门会同其他相关部门共同制订新的管理方案,在新方案实施条件不成熟的情况下,根据本部门监管职能对互

---

❶ 资料来源:http://news.xinhuanet.com/fortune/2015-09/21/c_128250379.htm.

联网约车进行监管,加强行业管理。

北京的反应与行动方案

北京市交通部门指出,北京作为特大型城市,公交优先是城市交通发展的根本战略。出租汽车对道路资源的占用是普通车辆的10倍,只能作为交通方式的一种补充,需控制其总体比例,出租汽车数量管控不可能完全放开。

2015年7月,北京市交通部门等八个部门共同约谈"滴滴快的""优步"平台负责人,明确指出其组织私家车、租赁车从事客运服务的行为涉嫌违法组织客运经营、逃漏税、违规发送商业性短信(垃圾短信)和发布广告等。同时指出,将支持"互联网+"与交通运输的创新融合,促进并规范互联网平台依法合规运营,相关的措施正在加紧研究制定中。

2015年9月,北京首家由政府许可的专车开始运营。首汽集团面向北京地区推出"首汽约车"平台,主要面向中高端市场,为民众提供差异化高品质的预约出租车服务,如即时用车、预约用车、代人叫车、接送机、日租半日租、机构用车等,开启了出租车行业以"互联网+"思维通过O2O模式谋求传统产业转型升级的初步尝试。"首汽约车"运营模式取消了出租车司机的车份钱、油费、维修,司机采取"坐班制",每天工作8小时,另加运行提成,司机不用交份钱,不需要自费维修车辆,彻底打破传统出租车的模式。与其他互联网专车平台不同的是,"首汽约车"的车辆悬挂的是"京B"出租车专用牌照,牌号资源来自原来的出租车置换,驾驶员有运输许可证。"首汽约车"首批投入500辆车,预计年底到1700辆。"首汽约车"将逐步缩减巡游出租车数量,更新为约租出租车。❶

北京作为特大城市,优先发展公交是解决交通问题的首要策略,但是面对互联网专车,交通管理部门能够吸收这个新信息,改变传统叫车方式,建立本市自己的约车互联网平台,解决互联网专车带来的新问题和新情况,对传统产业升级做了新探索。

---

❶ 资料来源:http://news.xinhuanet.com/tech/2015-07-24/c_128056514.htm.

上海的反应与行动方案

2015年10月8日，在由中国互联网协会、滴滴公司主办的"约租车（专车）模式上海创新与实践"论坛上，上海市交通委正式宣布向"滴滴快的"专车平台颁发网络约租车平台经营资格许可，这是国内第一张专车平台的资质许可，"滴滴快的"也成为第一家获得网络约租车平台资质的公司。业界普遍认为，这是专车在国内诞生一年多时间以来最为重要的里程碑事件，专车也将有望寻得路径走向"合法"。如社会万众期待的，由此中国的互联网专车将开创一个出行新模式的全新局面。"滴滴快的"CEO程维表示，上海网络约租车平台经营许可证是中国乃至全世界颁给网络约租车平台的第一张许可证。❶

面对专车出现的问题，上海交管部门迈出了一大步。"上海模式"也是推动政府监管、市场力量与社会组织共同参与解决城市治理难题的尝试，对全国各地落实"互联网+"行动计划具有示范意义。上海交管部门突破习惯域中的既有解决方案，率先解决网约专车的合法地位，走在了全国的前面。

武汉的反应与行动方案

2015年1月，武汉多部门联合整治专车，约谈公司负责人，开展"打黑"行动，查处191台非法运营车辆。2015年5月，武汉约谈优步、滴滴等四大打车软件公司，要求其清理平台注册车辆和驾驶员信息，严禁私家车以任何形式从事客运。2015年8月，以武汉交通委为首的政府相关部门两次约谈多家专车企业负责人，宣布三条专车禁令：一是要求专车企业自查自纠，禁止私家车接入专车平台；二是要求专车企业公平竞争，禁止以低于成本价进行市场促销；三是要求专车企业管理好司机，禁止司机参与非法聚会。❷

武汉交管部门对于互联网专车实施了严格控制的策略，从2015年1月到2015年8月间，通过约谈专车负责人、发布禁令等，治理专车运营。

---

❶ 资料来源：http://www.isc.org.cn/zxzx/ywsd/listinfo-32675.html。
❷ 资料来源：http://news.163.com/15/0115/02/afvgrhgv00014q4p.html。

南京的反应与行动方案

面对专车现象，目前南京没有禁止租赁公司提供专车预约服务，但严禁私家车、挂靠车加入专车营运，否则按黑车查处；严禁汽车租赁企业从事或变相从事非法营运；软件信息服务商要加强信息验证及日常监管。南京目前的措施是，如果非营运车辆想要从事营运，必须要取得营运资格证。若被查处为非法营运，根据《江苏省道路运输条例》，将处以5000～50000元罚款及其他处罚。❶

南京交管部门面对出现的互联网专车这种新业务，在原有的管理模式下，对互联网专车进行了规定，规定专车在取得营运资格情况下可以进行运营。

广州的反应与行动方案

对于出现的专车现象，周亚伟表示按照国家法律规定，任何非营运车辆均不能利用网络信息平台从事或者变相从事道路运输经营活动和出租车经营活动。国家交通部门也多次明确，各类专车软件公司应当遵循运输市场的规则，禁止非营运车辆接入网络平台参与经营。但周亚伟强调，"对于出租车拒载、宰客，政府要进行监管，对于非法营运，政府也要监管"。他又指出，专车通过互联网等创新技术，有效整合供需信息、智能调配运力市场，但与此同时带来私家车非法营运从而对乘客安全和合法权益造成损害的问题，如何把这种创新纳入合法合规的轨道上，明细各方权责关系，促进行业规范有序发展，更好服务群众安全便捷出行是目前要解决的问题。❷

面对互联网专车，广州交通管理部门严格按照既有惯例，没有采取新的方案。

从同一时期不同城市对专车的反应，可以看到对传统的出租车市场监管各城市有自己的方式方法，形成了自己的治理模式，而面对新技术的冲击，各个城市做了不同程度的积极反应。本书选取相关城市在同一时期针对互联网专车冲击带来的问题的反应或制订的策略进行比较分析，分析的时间截至2015年

---

❶ 资料来源：http://politics.gmw.cn/2015-01/08/content_14439602.htm.
❷ 资料来源：http://news.xkb.com.cn/guangzhou/2015/0530/386363.html.

10月（见表2-5）。

表2-5 部分城市同一时期内对互联网专车冲击的应对与策略

城市	反应与策略	组织惯域特点
北京	反应：指出组织私家车、租赁车从事客运服务的行为涉嫌违法；同时指出，将支持"互联网+"与交通运输的创新融合，促进并规范互联网平台依法合规运营；策略：2015年9月北京首家由政府许可的专车开始运营，面向北京地区推出"首汽约车"	效率型：主动扩展习惯域，变动性强，快速反应做出有效竞争策略
上海	反应：承认合法地位、寻求合作；策略：2015年10月8日，上海市交通委正式宣布向"滴滴快的"专车平台颁发网络约租车平台国内第一张经营资格许可	前瞻型：突破既有组织惯域，提出创新的方案，主动性强，变动性强
杭州	反应：制订了关于互联网约租车（专车）监管意见草案；策略：待国家层面的方案出台后，再做衔接、调整和论证	跟随型：能够根据既有惯例进行改变，提出改善性方案，扩展了组织惯域，变动性比较好
武汉	反应：2015年1月武汉多部门联合整治专车，约谈公司负责人；策略：开始"打黑"行动	墨守型：遵循既有监管模式，相对被动，变动性不足

通过对北京、上海、武汉、杭州、南京、广州在同一时期面对新技术带来的互联网专车冲击的描述及应对策略的对比（武汉与广州同类型），大致可以分为四类（南京与杭州同类型，故未将广州、南京列入，见表2-5）。

（1）前瞻型组织惯域：面对出租车市场新出现的情况及产生的问题（外界环境突变），上海交管部门认为"互联网+出租"是一个新事物，是不可阻挡的，因此在全国率先对该互联网租车公司颁发运营许可。上海交管部门能够主动突破既有的组织惯域，使其发生突破式变化，其组织惯域为前瞻型。

（2）效率型组织惯域：面对出租车市场新出现的情况及产生的问题（外界环境突变），北京市政府相关部门结合本市的实际情况，借鉴"互联网+出租"的创新思路，采用新技术研发公共调度信息服务平台，迅速推出本市专车信息服务平台，提升出租车行业的服务能力。

（3）跟随型组织惯域：面对出租车市场新出现的情况及产生的问题（外

界环境突变），杭州、南京市政府相关部门根据既有惯例，修订了相关监管方案。这类组织惯域能够基于传统行政方法，提出改善方案应对出租行业的新问题，扩展了既有的组织惯域。

（4）墨守型组织惯域：面对出租车市场新出现的情况及产生的问题（外界环境突变），政府相关部门根据既有惯例实施限制策略。例如，武汉的禁止令，广州的相关部门还处于观望阶段。

综上，面对新技术带来的新业态冲击，相关城市采取了不同的应对策略，从组织惯域层面可以看到在突变的外部环境下，不同城市相关部门的反应速度和潜在能力是不同的。因此，在"互联网＋"环境下，新知识、新业态、新问题会不断出现，加强组织学习、丰富组织惯域、保持组织惯域弹性，才能应对内外部环境的变化，获得组织可持续发展的动力。

3 组织持续创新的相关研究及习惯域视角下的分析框架

熊彼特的创新驱动经济增长理论和凯恩斯的投资拉动经济增长理论经历了穿越时代的争论。20世纪50—60年代的西方主流宏观经济学被称为"凯恩斯时代",而熊彼特的创新理论(1912年)真正被人们所认识则是到了20世纪中下半叶。近年来,学者们通过对芬兰、丹麦、韩国以技术创新推动国家经济发展的研究,探寻了后发国家赶超之路,这些研究成果为各国和地区制订经济发展战略广为借鉴。如美国、欧盟、德国、日本相继制订了21世纪科技创新发展战略,我国也提出了创新驱动发展、建设创新型国家的战略。因此,本章首先对创新理论研究现状做简要回顾,其次,从惯域视角下界定了组织持续创新的概念、特征,并分析了惯域视角下组织持续创新的过程,这些研究为本书后续实证分析提供了理论支撑。

3.1 关于创新管理研究的简要回顾

近百年来,学术界基于熊彼特的创新思想,从不同学科领域对创新进行了广泛的研究,形成了跨学科、跨领域、多视角的特点。主要的学派有古典学派、新熊彼特学派、制度创新学派、国家创新系统学派等(白惠仁,2013),其研究对象不仅有对企业家创新、技术创新、商业组织创新等的研究,也有对政府管理(制度)创新、非营利组织创新的研究,并取得了大量成果。同时,在中观层面的区域创新系统和宏观层面的国家创新体系研究中也取得了丰富的成果。本节将基于创新范式演进角度对创新理论研究的主要历程进行简要回顾。

3.1.1 从创新范式变化看创新研究的路线图

创新范式 1.0 到创新范式 3.0 的演进是指企业从封闭式创新到开放式创新，以及开放共生创新的过程（李万，等，2014）。

创新研究路线如图 3-1 所示，列举了相关研究对象和研究内容。国家创新系统（图 3-1 的 B 部分）包括政府、企业、大学科研院所以及科技中介（Freeman，1987）等创新主体；它可以由一国之内不同区域的创新系统构成（图 3-1 中的 A 部分），区域创新系统（Cooke，1993）强调了企业与大学、研究机构、金融等相关主体的互动（图 3-1 中各个创新主体，用 C_1，…，C_n 表示）。

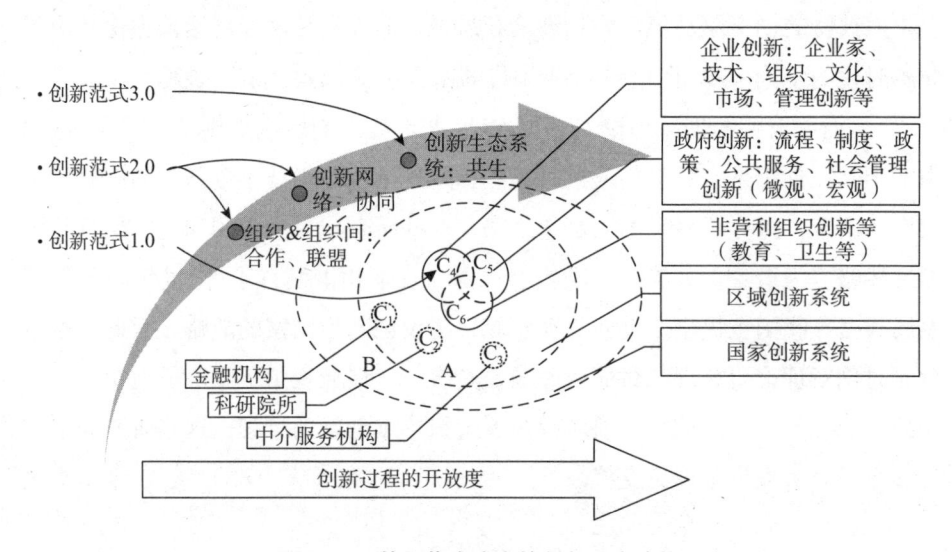

图 3-1 基于范式演进的创新研究脉络

注：图中虚线表示创新主体间边界是互相渗透的。

在图 3-1 的创新研究路线图中，创新的研究对象以组织类型划分，主要有企业（商业组织）创新、政府创新、非营利组织创新等。在创新研究的具体内容方面，如企业创新的研究内容主要包括企业家创新、技术创新（产品创新和工艺创新）、组织创新、文化创新、市场创新、管理创新等；而政府创新一般包括政府内部的流程创新、制度创新、政策创新，以及对外部的公共服务创新、社会管理创新、机制创新等。

在创新范式 1.0 时代，企业从研发到市场的过程由同一企业完成称为封闭式创新（Chesbrough，2003）。在这样的创新范式下，强调企业是创新主体，由于创新边界存在，科研院所的研发成果与企业需求往往脱节，转化率不高；政府的作用是提供创新政策。与封闭式创新相对应的创新政策则关注供给侧政策，此时政府的主要做法之一是为科研机构提供研究费用。

在创新范式2.0时代，随着信息经济到来，技术创新速度快、竞争复杂和不确定性高是这个时期外部环境的主要特点。在这种环境下，企业创新从研发到市场更注重对外部创新资源的获取和利用，是企业对内外创新资源有效整合的开放式创新（Chesbrough，2003）。Lichtenthaler（2011）也指出开放式创新就是利用、持有、开发组织内外部知识的活动过程，开放式创新是非线性的，被称为创新范式2.0。在创新范式2.0下，创新主体之间的边界是可以渗透的，加强了组织间合作，注重了构建联盟、创新网络以及产学研协同的三螺旋创新体系。在创新政策上，政府注重供给侧和环境侧的政策制订与实施，并推进开展产学研合作。

随着互联网迅猛发展、新业态不断产生以及工业革命4.0兴起，创新不仅是企业间的竞争，更是区域之间、国家之间的创新竞赛。因此，开放、合作将用户融入创新系统，进而共生共创价值、共同分享利益是创新的发展趋势。学者对创新范式3.0是从创新过程和创新主体之间关系进行定义的，将用户融入创新体系，创新主体在创新过程中跨越边界从而构成了"政府—企业—大学科研—用户"的四螺旋，形成合作共生关系（李万，等，2014）。正如Eric在《挑战新的创新范式》（2012）中指出：开放式创新很大程度上还是局限于企业和相关生产者之间的联系，而未来市场用户的深度参与将从根本上改变创新范式的内在结构（李万，2014）。创新的战略重点是创意设计与用户之间的关系，密切了用户和研发的关系，克服了创新成果转化率低的问题。创新范式3.0与以往的创新范式的另一个区别是不单单强调企业是创新主体，更强调政产学研用多主体的共同作用。政府创新政策制订也步入3.0时期，在实施供给侧政策和环境侧政策的同时，更注重加强需求侧政策的供给（见图3-1和表3-1）。

表3-1 不同创新范式下的政策工具（李万，等，2014）

政策工具	创新范式1.0	创新范式2.0	创新范式3.0
理论基础	新古典理论和内生增长理论	国家创新体系	演化经济学及其发展
创新主体（关系）	强调企业单体内部	产学研协同	产学研用"共生"
创新战略重点	自主研发	合作研发	创意设计与用户关系；非研发创新
价值实现载体	产品	"服务+产品"	"体验+服务+产品"
创新驱动模式	"需求+科研"双螺旋	"政府+企业+学研" "需求+科研+竞争" 三螺旋	"政府+企业+学研+用户" "需求+科研+竞争+共生" 四螺旋
创新环境	竞争	复杂、不确定性	高度复杂、高度不确定

综上所述，从创新研究的路线图看，由于外部环境变化的复杂性、不确定性不断增加，从创新范式1.0下强调企业是创新主体，到创新范式2.0和创新范式3.0下强调多主体协同的开放式创新体系以及演进到创新主体互相依赖、共生共享的创新生态系统，组织创新过程越来越开放，越来越强调创新主体间的协同合作、利益共享。同时，创新范式不断演进，创新政策也不断变化，创新政策工具组合与应用在不同范式下侧重点不同。随着创新范式3.0时代到来，各个创新主体的创新能力将得到不断提升，增强了组织参与全球竞争的能力。

3.1.2 不同时期我国创新管理研究的重点

从科技发展的宏观战略层面，创新管理在我国得到学术界关注始于1978年的全国科学大会。特别是到了1999年的全国技术创新大会召开，创新研究得到理论界和学术界广泛重视。2006年国家明确创新驱动、建设创新型国家的发展战略，理论研究者和实践者对创新管理的研究迎来了一个新时期。根据以"创新管理"为主题的CNKI文献搜索，在不同阶段的研究成果增长也与此观点相符。

由图3-2可知，自1996年起，我国关于"创新管理"的文献稳步增加；1999年，论文数突破两位数；在随后的10年间，创新管理领域的论文数量呈现较快增长，至2009年论文数达到1067篇，突破了四位数；2010—2013年，关于"创新管理"的论文增长率进一步提升，此后的2013—2015年该领域的

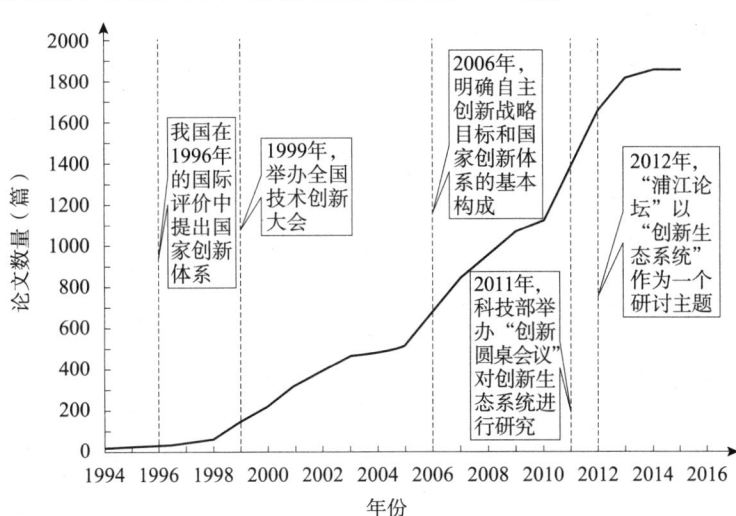

论文增长才趋于平缓，且年论文发表数均超过1800篇。

图 3-2　CNKI 数据库中主题为"创新管理"的文献数量（1994—2016 年）

从图 3-3 可以看出，"创新管理"研究的关键词主要集中在技术创新管理、战略性新兴产业、协同创新、科技创新管理、知识管理、科研管理等方面，反映了创新管理丰富的研究内容，以及创新研究与宏观经济、微观企业绩效的密切联系。

图 3-3　"创新管理"研究关键词共现图谱（1994—2016 年）

3.1.2.1 1994—2000 年的"创新管理"研究

以 1999 年举办全国技术创新大会为界限,用"创新管理"为关键词在 CNKI 数据库里共检索到 562 条数据,通过关键词共现分析"技术创新"出现频次为 34 次,其余关键词出现的频次均为个位数,对关键词进行重复合并及将不相关词剔除后共出现 270 种关键词(见图 3-4)。这期间的文献表明,我国实践界还处于创新范式 1.0 下,研究者关注点比较多的在微观领域,即对企业技术创新进行了比较系统的研究,如围绕着企业技术创新开展的研究内容主要有产品创新、工艺创新、管理创新、创新管理模式、新产品开发管理、创新人才、技术创新的过程等;同时,还围绕着知识经济对创新管理进行了广泛的研究。

图 3-4　1994—2000 年"创新管理"研究的关键词共现图谱

在对研究者和研究机构的统计中可以看到,主要研究团队来自我国著名创新管理专家浙江大学许庆瑞领导的团队,其中,主要研究者是许庆瑞、陈劲、吴晓波、魏江、郭斌等。在此期间,技术创新领域取得的重要研究成果是陈劲

（1994）通过对技术引进与自主创新的学习模式研究，首先提出了自主创新概念（CNKI，截至2016年6月30日，该文被引508次），和吴晓波提出的"二次创新"理论（1995）。其中，吴晓波的《二次创新的进化过程》一文被引用233次（CNKI，2016年6月30日），陈劲、吴晓波等人的研究为我国自主创新战略制订提供了理论基础。另外，通过关键词检索，这一时期创新管理的主要研究机构为浙江大学（频次为12次）和清华大学（频次为6次），其余的研究机构出现的频次都在2次以下，共有100个研究机构对该领域进行研究。这个词频检索结果与实际情况也比较相符，浙江大学创新与发展研究中心和清华大学创新与发展研究中心是这个时期我国技术创新领域研究的主要团队，并引领了该领域的发展方向（见图3-5）。

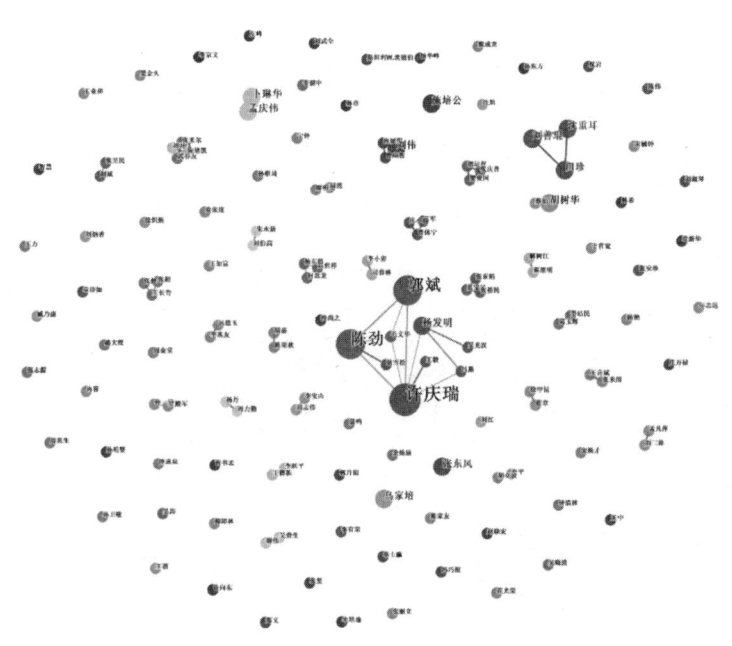

图3-5　1994—2000年"创新管理"主要研究者

3.1.2.2　2001—2012年的"创新管理"研究

随着21世纪的到来，全球化、信息化成为发展趋势，发达国家重新审视熊彼特创新理论对经济发展的作用，将创新作为国家发展战略，创新领域的研究也进入了开放式创新的创新范式2.0时代。在这个时期，创新研究在我国学术界和实践界也得到空前发展，特别是浙江大学许庆瑞及其团队提出的全面创新管理理论得到了国内外本领域研究者的认可，开创了本土创新管理研究的新篇章。

（一）2001—2005 年的"创新管理"研究

以 2006 年我国明确自主创新战略目标和国家创新体系的基本形成为分界线，2001—2005 年研究者对创新管理从多视角进行了广泛探索。以"创新管理"为关键词在 CNKI 数据库里共检索到 2167 条数据，约是 1994—2000 年的 4 倍。通过关键词共现分析（见图 3-6），"技术创新"出现频次为 60 次，"创新管理"出现 40 次，出现频次超过 10 次的有"管理创新"（17 次）、"创新管理机制"（17 次）、"管理模式"（15 次）、"知识经济"（13 次）、"制度创新"（12 次）、"人力资源"（10 次）、"企业管理"（10 次）。对关键词进行重复合并及剔除不相关词后共出现 194 种关键词，少于上一阶段的 270 种关键词，文献数量远远多于前期，但关键词数减少和相同关键词的频次增加，说明研究者们从一开始的分散走向相对集中的研究，有共识性的思想正在逐渐形成（见图 3-6）。

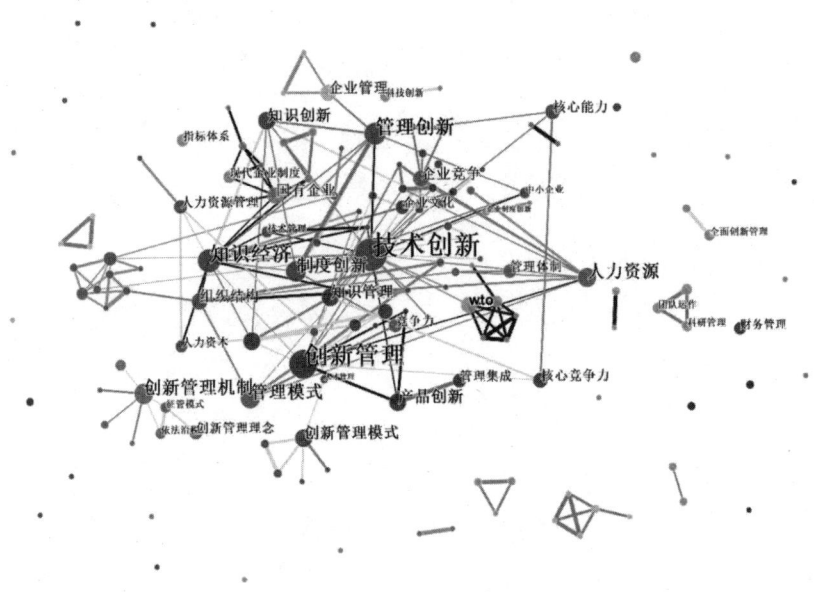

图 3-6　2001—2005 年"创新管理"研究的关键词共现图谱

这一时期主要的研究者是来自浙江大学的许庆瑞和陈劲等、清华大学吴贵生团队以及上海市经济管理干部学院的余长国，如图 3-7 所示。在此期间，创新管理研究的引领性成果是许庆瑞等（2003）通过对海尔集团的案例研究提出的全面创新管理理论，该理论的全员创新、全时创新、全过程创新的思想在我国学术界和实践界引起了强烈反响，并成为理论界的研究热点，为实践界广泛应用。仅《全面创新管理（TIM）：企业创新管理的新趋势——基于海尔集团的案例研究》论文就被引用246次（2016年6月30日 CNKI 数据）。这一阶段，创新研究从技术创新逐步扩展到对产学研及区域创新体系的研究，这一发展趋势也同创新范式2.0相符。

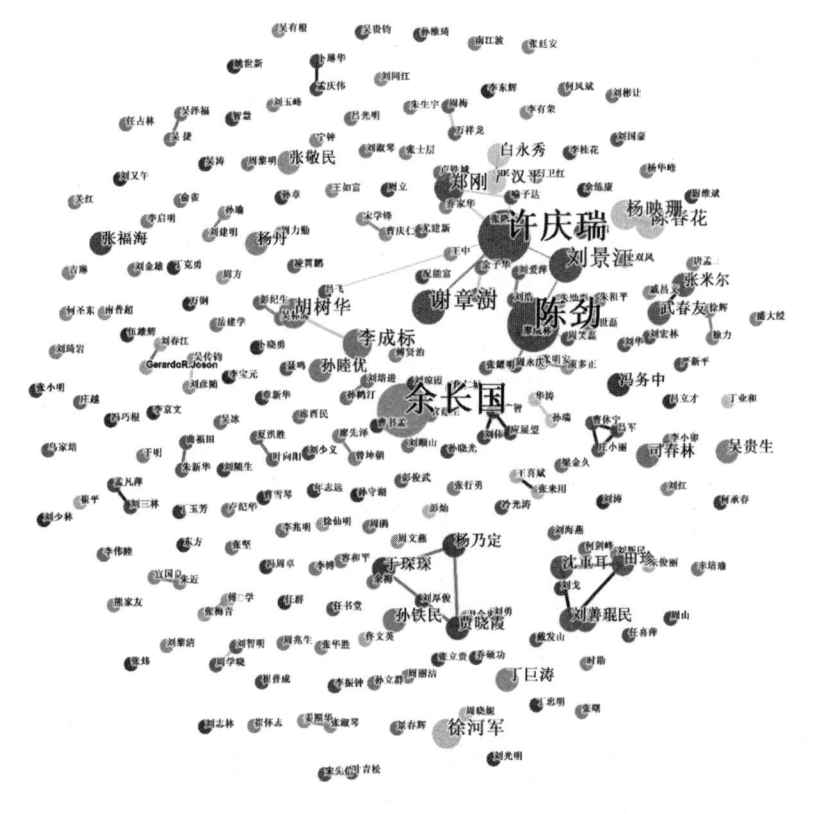

图3-7 2001—2005年"创新管理"主要研究者

（二）2006—2012年的"创新管理"研究

2006年我国制订了建设创新型国家的宏伟战略，创新理论研究得到了政府和学术界的高度重视。随着2011年科技部牵头举办的以创新生态系统为主题的"创新圆桌会议"及2012年的"浦江创新论坛"，国内外学者、政界、企业界人士共同探讨了创新管理的发展趋势。为此，这一时期以"创新管理"为关键词在 CNKI 数据库里共检索到8225条数据，比2001—2005年增加了近

4倍，通过关键词共现分析"创新管理"出现频次为130次，"技术创新"出现125次，出现频次超过20次的有"创新管理""管理模式""区域经济""创新管理体制""技术创新管理""全面创新管理""创新管理模式""中小企业""自主创新""创新能力"（见图3-8）。对关键词进行重复合并及不相关剔除后，共出现196种关键词，与2001—2005年的关键词数量相当，文献数依然呈倍数增长，共现关键词数进一步增加，并且出现了新的如"全面创新管理""自主创新"等高频的共现关键词。这一时期的研究机构达到257所，除了浙江大学（频次为36次）依然排在第一位，哈尔滨工程大学（频次为14次）、天津大学（频次为14次）、上海交通大学（频次为13次）、四川大学（频次为13次）、中国人民大学（频次为13次）等学校出现的频次均超过10次。创新管理研究机构数量剧增，表明创新理论研究成为不同学科和领域的研究热点并在本土广泛而深入开展。

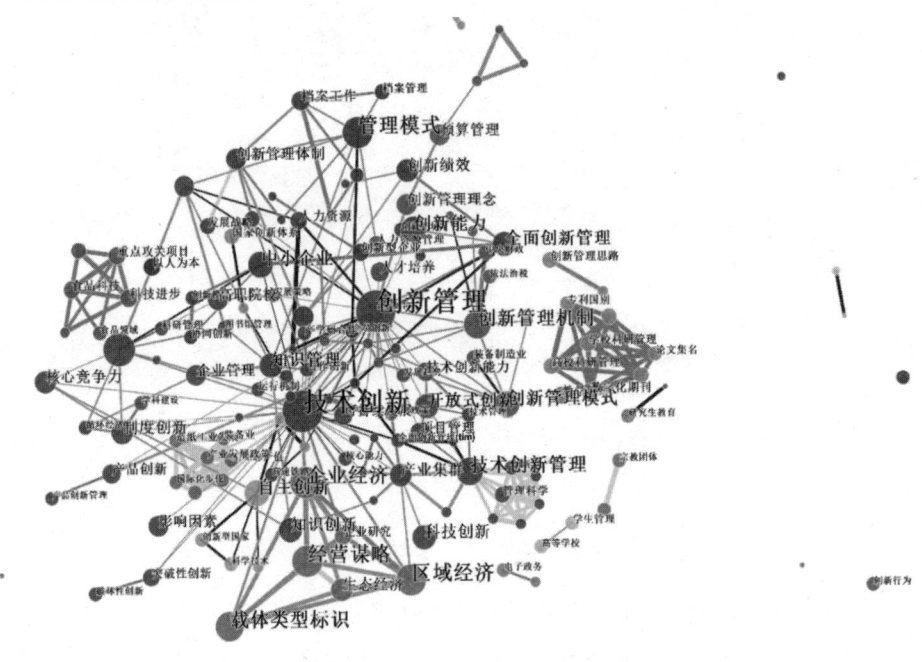

图3-8　2006—2012年"创新管理"研究的关键词共现图谱

综上，相比2000年前对创新管理的研究，这一时期创新管理的研究文献不仅在数量上快速增长，并且研究视角更为广阔、研究方法更为规范、研究系统性更强，本土的开创性研究成果丰富，如全面创新管理思想、产学研合作等。与此同时，研究者不仅关注企业内部创新管理研究，也开始转向对组织间的创新管理研究及创新网络的研究等，系统的、前瞻性的理论研究成果为本土创新管理实践提供了支撑。

3.1.2.2　2013—2015 年的"创新管理"研究

2013 年以后，"创新管理"的研究文献发表数量趋于稳定，不再像前期在数量上剧增。通过关键词共现图谱（见图 3-9）可以看出，出现了更多的新的共现关键词，"自主创新""协同创新""创新型企业""开放式创新""创新驱动""社会管理"等，创新管理还出现在"大数据""互联网+"等新兴的研究领域中。

图 3-9　2013—2015 年"创新管理"研究的关键词共现图谱

这一时期的研究是在前 10 年创新管理研究成果的基础上，将同期国外创新领域的研究热点与本土实践相结合，对本土有特色的创新管理理论体系的深化和扩展。在研究中关注组织间的协同创新，以及区域创新系统中的政策工具应用等。

总而言之，通过对不同创新范式下创新研究进展的回顾，以及通过主题词检索对共现词频的分析，国内创新领域研究经历了从对单个组织创新主体的研究到对多创新主体的研究的发展过程，即从对专业组织（如企业、政府、高校等创新主体的研究）到对合作（虚拟）创新、创新网络、区域创新体系、国家创新体系、创新生态系统的多主体的研究（见图3-10）。

```
                        ┌──────────┐
                        │ 组织创新  │
                        └────┬─────┘
            ┌────────────────┴────────────────┐
   ┌─────────────────┐              ┌─────────────────────────┐
   │ 企业、政府、高校、│              │ 创新网络、创新平台、国   │
   │ 医院、社会组织等 │              │ 家创新体系、区域创新体   │
   │                 │              │ 系、虚拟创新、网络创新；  │
   │                 │              │ 产学研合作"三螺旋"、     │
   │                 │              │ 官产学研用"四螺旋"等     │
   └─────────────────┘              └─────────────────────────┘
```

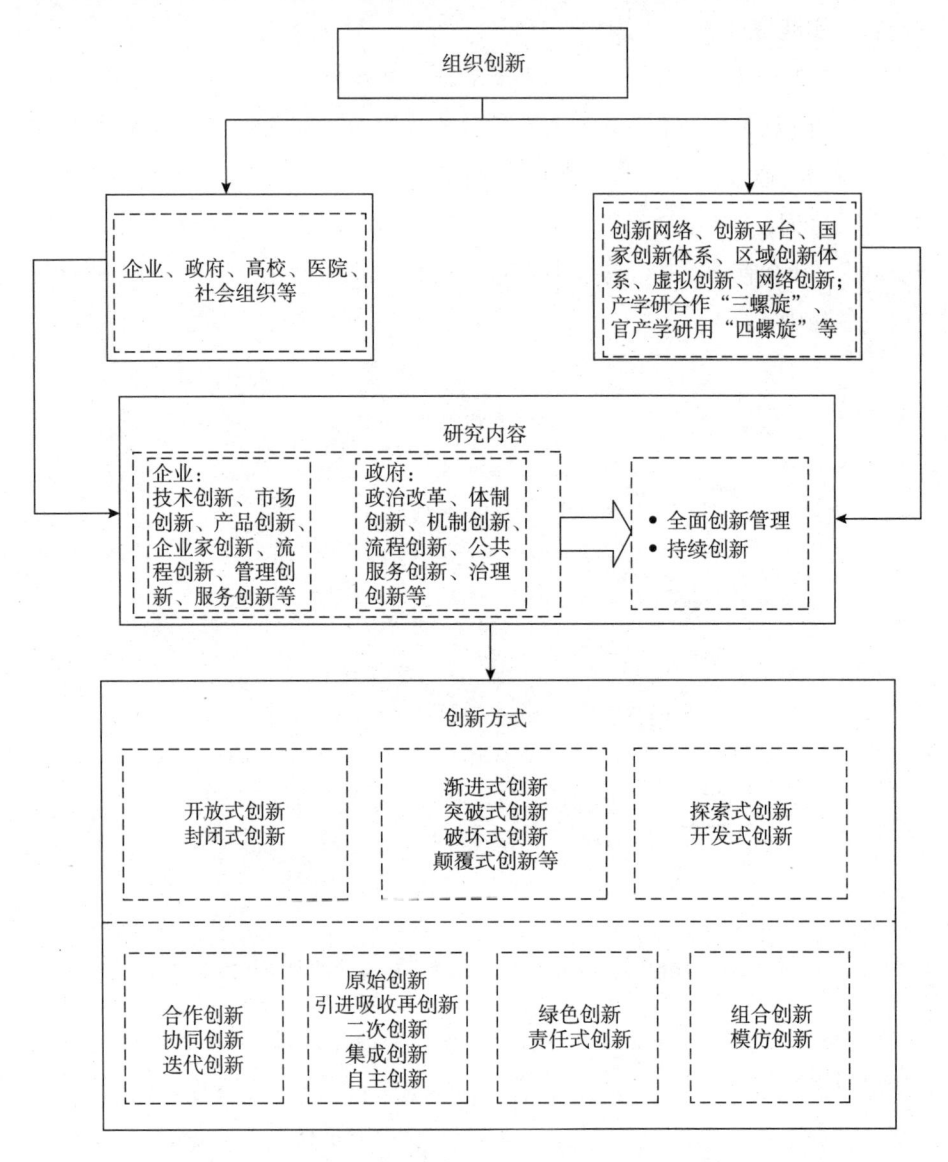

图 3-10 组织理论视角下国内创新管理主要研究议题

研究内容：
- 企业：技术创新、市场创新、产品创新、企业家创新、流程创新、管理创新、服务创新等
- 政府：政治改革、体制创新、机制创新、流程创新、公共服务创新、治理创新等
- 全面创新管理
- 持续创新

创新方式：
- 开放式创新、封闭式创新
- 渐进式创新、突破式创新、破坏式创新、颠覆式创新等
- 探索式创新、开发式创新
- 合作创新、协同创新、迭代创新
- 原始创新、引进吸收再创新、二次创新、集成创新、自主创新
- 绿色创新、责任式创新
- 组合创新、模仿创新

在研究内容上，对企业创新主体的研究主要包括技术创新、市场创新、产品创新、企业家创新、流程创新、管理创新、服务创新等；对政府创新的研究主要有政治改革、体制创新、机制创新、流程创新、公共服务创新、治理创新等。

在创新方式上，主要有对开放式创新、封闭式创新、原始创新、引进吸收再创新、集成创新、模仿创新、自主创新、二次创新、组合创新、渐进式创新、突破式创新、破坏式创新、颠覆式创新、探索式创新、开发式创新、合作创新、协同创新、迭代创新以及绿色创新和责任式创新等的研究。

从系统理论上看，主要有国家创新体系、区域创新体系、产业创新体系及创新生态系统等。

从组织形式上，主要有创新网络、创新平台、虚拟创新等；产学研合作"三螺旋"、产学研用"四螺旋"的研究；在创新管理上有全面创新管理理论、持续创新理论等。

经过本土学者近30年在创新领域坚持不懈的研究，创新管理研究逐步走向繁荣，研究队伍不断扩大，产生了大量的、丰富的研究成果，使本土创新管理理论不断深入系统发展。不仅如此，学术界还在构建"创新管理学"以及"创新政策学"等学科发展层面做出了努力和推进（陈凯华，等，2015）。

3.1.3 国内外对持续创新的相关研究

3.1.3.1 持续创新研究的共现词谱

在对国内持续创新的文献分析中，研究中主要运用CNKI对1998—2015年的CSSCI期刊文献进行了检索，主题词分别选择了"持续创新""探索式创新"和"开发式创新"，并对共现词和主要研究机构进行了分析。

从"持续创新"研究的关键词共现图谱（见图3-11）来看，该领域研究主要集中在持续创新能力（频次为13次）、企业持续创新（频次为13次）、创新型企业（频次为10次）以及可持续创新（频次为9次），与之相关的研究有对评价指标体系、持续创新绩效、创新能力、自主创新、技术创新、协同创新、双重学习、技术创新核心刚性、探索式学习、持续创新链、绿色持续创新等的研究。

从对研究机构的检索来看，关于"持续创新"的研究主要集中在高等院校，如昆明理工大学、哈尔滨工程大学、云南财经大学、浙江大学、大连理工大学、复旦大学等。其中，在持续创新研究中取得较多成果的主要有来自昆明理工大学的向刚教授等（见图3-12）。

图 3-11 "持续创新"研究关键词共现图谱（1998—2015）

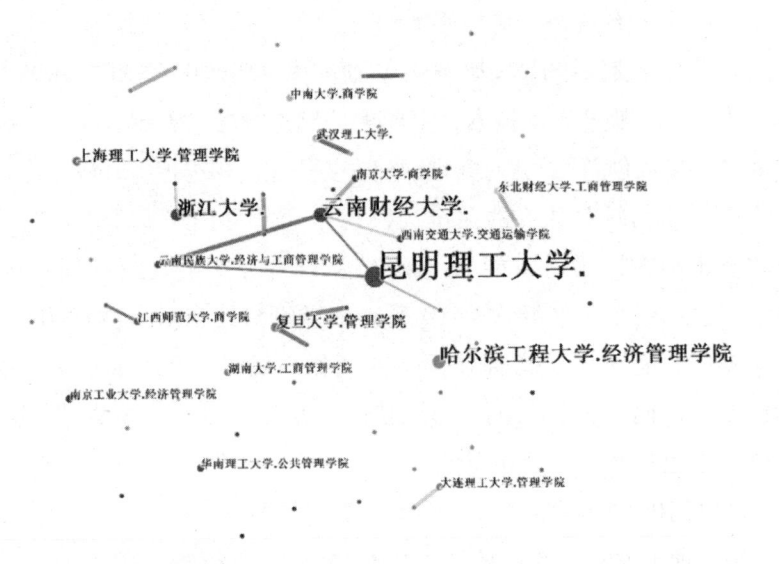

图 3-12 "持续创新"研究的国内主要研究机构（1998—2015）

3.1.3.2 文献综述

从既有文献看，国内外学者将重点落在企业层面的持续创新研究上，对企业持续创新的内涵、持续创新能力的影响因素、持续创新的实现途径等做了多方面探讨，因此，从目前的研究内容上分析可以概括为以下三个方面。

第一，学术界对持续创新的内涵进行多方面探讨，但目前还没有统一的定义。持续创新国际组织（CINet）认为，持续创新是一种正在发生的方法，这种方法旨在创造一些新的产品、市场、技术、组织的组合，而这些组合对于个人、工作小组、企业、某个特定市场甚至是整个社会都是全新的。持续创新是企业不断在组织中运用新的观点和方法的过程，包括企业的所有方面，如产品、技术、设施、生产过程、工作方法等。持续创新需要一套系统的、程序性的、渐进性的或突破性的能贯穿企业所有员工和企业所有层面的组织的方法（Chapman，Soosay，Kandampully，2003），这些研究从持续创新是一种方法的角度对持续创新进行了诠释。还有的学者从过程角度界定持续创新，如持续创新是一个能够创造新产品和服务并改进企业流程的创新系统（Rodriguez，2003）。布尔（Boer，2006）指出持续创新既能提高企业的运行效率又具有灵活的战略，从过程上看，成功地将开发式创新和探索式创新结合，在运营中，将渐进性改进与学习和突破性创新的持续有效相互作用与结合。国内学者也从过程角度给出了持续创新的定义，如"持续创新并不是一个自动在企业产生的过程，而是需要员工的持续参与和不断的、主动的管理，并且能够一直积极保持创新动力的创新过程，创新可能在企业的任何部门和不同的时间产生，持续创新能力是一种企业发展的潜在的持续动力"（周珊珊，赵玉林，2007）。也有的学者从比较持续改进与持续创新的差异研究持续创新（Davenport，1993；Robert，2002）。由此可见，学者根据自己的研究需要，从方法、过程等不同角度界定了持续创新的定义，反映了当前学术界对持续创新研究的多样性。

第二，对企业持续创新能力的影响因素进行研究是学术界关注的重要内容。学者从组织学习、知识管理、战略、领导、员工参与、组织形式、企业文化等方面对持续创新的影响进行了广泛的研究和探讨（March，1991；Buckler，1996；Hargadon，1998；Baker，2004；Petersen，Boer，Gertsen，2004，2006；孟庆伟，2005；Bartel，Garud，2008；Fang，2011），对这些影响因素的研究是在组织学习理论、知识管理理论、战略管理、组织理论基础上展开的。值得指出的是，越来越多的学者开始关注知识管理对企业持续创新的影响。布尔（Boer et al.，2001）以 CIMA（Euro – Australian Cooperation Center for Continuous Improvement and Innovation Management）的知识管理为案例，研究了企业组织间知识转移和学习对持续创新的影响。英国期刊《Knowledge and Process Management》曾在 2004 年和 2006 年两次发表编辑的综述文章，介绍了多位学者在知识管理、组织学习对持续创新的研究进展。徐和豪森等（Xu, Houssin et al.，2011）探索了知识管理在持续创新中的宏观过程，并建立了知识管理系统；基安托（Kianto, 2011）选取了 54 个中小企业案例，研究了知识管理视角下的持续创新，指出持续创新是包括个体创造、知识实施和知识商业化与组织灵活战略结合的过程。

不仅如此，学者还聚焦于影响企业持续创新的障碍因素。如汉南、费里曼（Hanna, Freeman, 1984）在研究组织结构性惯性（Structural Inertia）时，就指出了结构性惯性对创新的影响，"好企业变坏的根本原因不在于企业不能根据市场变化采取措施，而在于企业不能根据市场变化采取正确的措施。企业不能采取正确措施的原因固然是多方面的，但最通常的原因却是来自于企业的行为惯性"（孟庆伟，2005）。又有一些学者从"成功陷阱"分析了企业不能持续创新的原因，认为"创新之后是惰性的企业发展模式即被在自增强理论的作用下，企业由于'路径依赖'（Path Dependence）导致了一种'锁定'（Lock – in）效应，由于局部正反馈作用，最终使成功企业走向低谷甚至是破产的一个发展怪圈"（张军，等，2002）。巴特尔等（Bartel, Garud, 2008）也指出，过去的知识经验和未来的方法影响当前的创新。

由此可见，影响开展持续创新的因素大致可分为两类，一类为促进持续创新的积极因素，如组织学习、员工参与、组织形式、企业文化等；另一类则是影响持续创新的障碍因素，如企业惯性、路径依赖等。

第三，探寻持续创新的过程及实现持续创新途径的研究也有了新进展。①从创新方式上探索持续创新的途径，如布尔（Boer, 2006）提出在二元组织中实现企业持续创新，而国内的学者林昭文和张刚（2004）提出渐进式的系统创新是企业持续技术创新的途径；②麦尔斯（Miles et al.，2005）提出了组织间协作创新的持续创新途径；③安德鲁（Andrew, 1998）研究了知识经纪公司对推动持续创新的作用；④一些学者也从网络型组织角度对企业持续创新途径进行研究（Miles et al.，2006；Soosay et al.，2008；Maggio, Gloor, Passiante,2009),这类研究主张利用外部资源增加企业持续创新能力。

此外,自20世纪90年代就开始对企业持续创新进行研究的中国学者向刚等,在其多年来对企业持续创新有着广泛研究的基础上,近年研究了创新型企业持续创新绩效评价问题,为企业持续创新能力量化评价提供了研究基础(向刚,等,2011)。

3.1.3.3 既有研究评述

第一,既有持续创新研究较偏重静态研究,动态研究略显不足。如对持续创新的内涵和影响因素研究比较丰富,而对持续创新过程研究关注不多,无法回答持续创新的"两难问题"。第二,目前的研究更多的是基于宏观创新过程理论开展的,而对微观层面基于知识管理的持续创新过程考虑不多,这将导致研究结论适用性不足等问题。第三,利用创新网络增强企业持续创新能力则强调了对外部资源的利用,忽略了对企业潜在能力的运用,也忽视了企业以网络组织形式利用外部资源仍然是通过其内因起作用的问题(Verona,Ravasi,2003;吴松龄,2007)。因此,企业持续创新能力的提升应注意对企业潜能的培育与运用、注意内外资源的融合,这对于我国自主创新能力薄弱的企业尤为重要。因此,选择组织惯域角度从微观层面对持续创新过程进行研究,阐释创新实践中的问题将会弥补既有研究的不足。第四,从既有研究方法上,国外研究者采用了案例研究(Verona,Ravasi,2003;Bessant,2007;Soosay et al.,2008),国内的学者主要是实证研究,而我国企业持续创新的案例研究和实证研究较少,难以满足我国企业在持续创新实践中对理论的需求。

惯域理论已初步运用到持续创新研究中。一方面,从文献上看,基于企业惯域角度对创新进行研究已经开展多年,取得了许多研究成果,且研究者基于惯域对持续创新的研究也有涉及,如基于案例对技术惯域与持续创新动态过程的研究(马蕾,陈劲,2005;马蕾,阎立,等,2011),叶心薇等(2016)对技术惯域与二元创新选择的研究等。另一方面,从技术惯域角度对持续创新研究,也符合国外开展的从知识管理理论视角下研究持续创新的新趋势,如学者提出了二元组织结构解决持续创新中的两难问题,其实质也是从克服组织内部的企业惯性和路径依赖角度去研究,为我们选择组织惯域视角研究持续创新提供了借鉴。

既有研究为我们提供了研究基础,其研究不足之处又为我们提供了思考的空间。综上所述，针对持续创新实践中面临的两难问题及现有理论研究的不足，本书主要运用中国企业、政府案例，从多视角、多领域研究组织惯域在持续创新过程中的角色和作用，分析其对持续创新的影响机制及其在复杂的持续创新过程中的转变模式。

3.1.4 当代创新理论研究趋势

通过前面对创新范式演进和本土创新理论研究的回顾，可以看到学术界的研究从关注企业家创新到对企业创新的研究、从对企业间合作创新研究到对组织间创新网络的研究，其开放度、合作协同是不断增加的，其目的是提升组织在复杂不确定性竞争环境中以及全球化背景下参与全球竞争的持续创新能力。

创新领域研究的趋势包括：从传统的重视科技管理，到重视创新管理；在政府政策上，从基于政策的证据研究转向基于证据的政策研究，从注重科技创新政策到制订科学、技术与创新政策的组合；从显性的创新到无形的创新；随着全球化不断深入，资源在全球内配置，全球创新系统将取代国家和区域创新系统；从合作创新到共生共享创新；从以追求高利润为目的的创新，到组织生态、可持续、健康绿色的创新，即开展以面向社会可持续发展的负责任的创新为宗旨的研究（陈凯华，寇明婷，2015）。

综上，创新研究领域的这些新变化和新议题，更符合工业革命4.0发展的需要，创新研究者只有将时代发展为己任，才能为社会各领域的创新实践提供前瞻性的理论支撑。

3.2 组织持续创新研究现状及过程模型

既有研究对持续创新开展了多视角的研究，为本研究提供了基础。本节首先从多主体视角对组织创新内涵进行了分析，指出基于惯域对组织创新的理解；其次，对持续创新从研究内容、创新方式等角度进行了划分，并指出本书重点探索组织惯域与探索式创新和开发式创新的作用机制；再次，研究了组织压力集的分类；最后，介绍了学者们从不同视角开展对持续创新过程的研究情况。

3.2.1 组织的被动式创新和主动式创新

组织创新研究有广义和狭义之分，微观层次上组织创新指组织形式、结构、流程、制度创新（连燕华，1992；张钢，2001），而广义层次上泛指以各类组织为研究对象的创新。从 3.1.1 节对创新管理研究的回顾可以看到，不同学科对创新展开了广泛深入的研究。例如，企业创新研究的内容常包括技术创新、流程创新、组织创新、制度创新、文化创新、产品创新、战略创新、管理创新、服务创新等。而公共组织和非营利组织的创新研究，莱特（1998）认为，政府组织和非营利性组织的创新是创造共同价值，同时对主流思想形成挑战的行为。谢庆奎（2005）认为政府创新的内涵包括理论创新、体制创新、人员创新、流程创新，政府创新的目标是建立政治、经济、社会、文化协调与可持续发展的服务型政府，政府创新的动力来自国内外形势的压力、政治精英的努力以及社会发展的需求，政府创新的途径主要是政治改革、行政改革、执政党执政方式的转变。何增科（2010）将政府创新分为政治改革类、行政改革类、公共服务类、社会管理类。有关政府创新类型的内涵如图 3-13 所示。

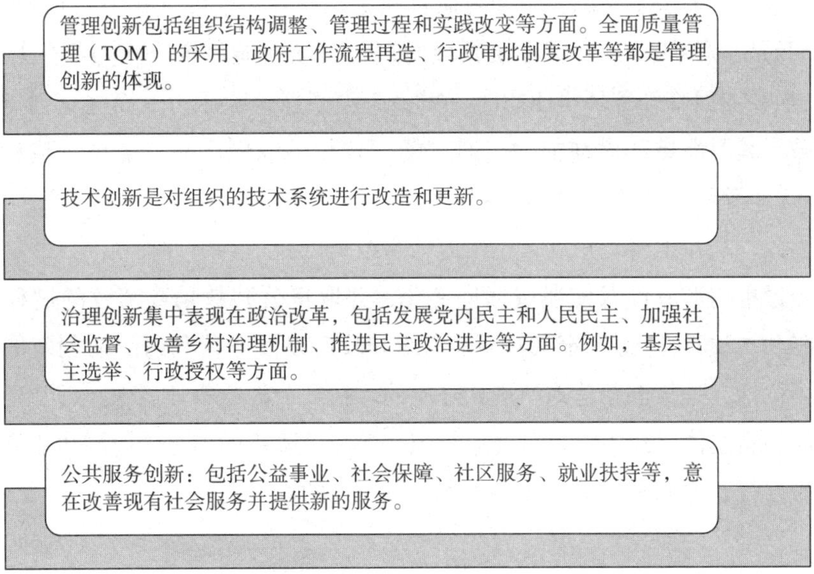

管理创新包括组织结构调整、管理过程和实践改变等方面。全面质量管理（TQM）的采用、政府工作流程再造、行政审批制度改革等都是管理创新的体现。

技术创新是对组织的技术系统进行改造和更新。

治理创新集中表现在政治改革，包括发展党内民主和人民民主、加强社会监督、改善乡村治理机制、推进民主政治进步等方面。例如，基层民主选举、行政授权等方面。

公共服务创新：包括公益事业、社会保障、社区服务、就业扶持等，意在改善现有社会服务并提供新的服务。

图 3-13 政府创新主要类型的内涵（吴建南，等，2011；韩福国，2012）

在对不同类型的组织创新研究中，研究者也常从过程角度界定组织创新。梅耶、格斯（Meyer, Goes, 1988）指出，创新作为一种产出并试图决定组织创新所处的环境条件、结构条件以及过程条件；创新作为一个过程并试图理解变革是如何产生、发展，并成为组织生活的一部分（Dean, 1987; Andrew et al., 1989）。在技术创新研究中，罗思韦尔、罗伊（Rothwell, Roy, 1994）提出了经典的五代创新过程模式。

梅茨亚斯、格林（Mezias, Glynn, 1993）认为，组织创新的数量和类型与学习的过程相关，而科恩、利文索尔（Cohen, Levinthal, 1990）的研究证明了组织创新需要基于组织的知识基础，并指出组织认知理论认为组织学习、组织记忆和组织意义构建是智力行为，如果没有智力行为一个实体就不能够有效地进行学习、记忆和信息处理。格林（Glynn, 1996）也曾经从组织智力角度研究创新，并指出组织智力的概念与创新相关，个体和组织智力被抽象为其功能相似（例如，有目的的信息处理，使结果满足环境的要求），组织创新是基于个体和组织的智力，而其智力受到情境因素的调节。既有研究者基于组织学习理论、组织记忆理论、组织智力理论从微观层次上对组织创新的广泛研究，为本研究提供了基础。正如习惯域理论研究者吴松龄（2007）所指出的，"创新乃是一种突破与扩展习惯领域的过程，创新能力来自于习惯领域的扩充"，当企业面临外部环境压力时，需要产生创意解除压力，而这个创意的点子突破了其习惯域的潜在能力，通过能力转化形成新产品（服务、流程、概念等），解除组织压力（见图3-14）。

因此，从知识管理角度，本研究认为组织创新是组织吸收内部或外部的信元，经过重构形成创意使惯域发生变化，并取得公共效果或绩效的过程（马蕾，陈劲，2005）。这个定义对商业组织和政府以及非营利组织的创新的共性进行了概括，是与创新范式演进相呼应的。在复杂的竞争环境中，创新生态系统中的创新主体已经不单单是商业组织，政产学研用的多主体协同才能推动创新不断进行，这也是本书选择多主体进行研究的原因之一。

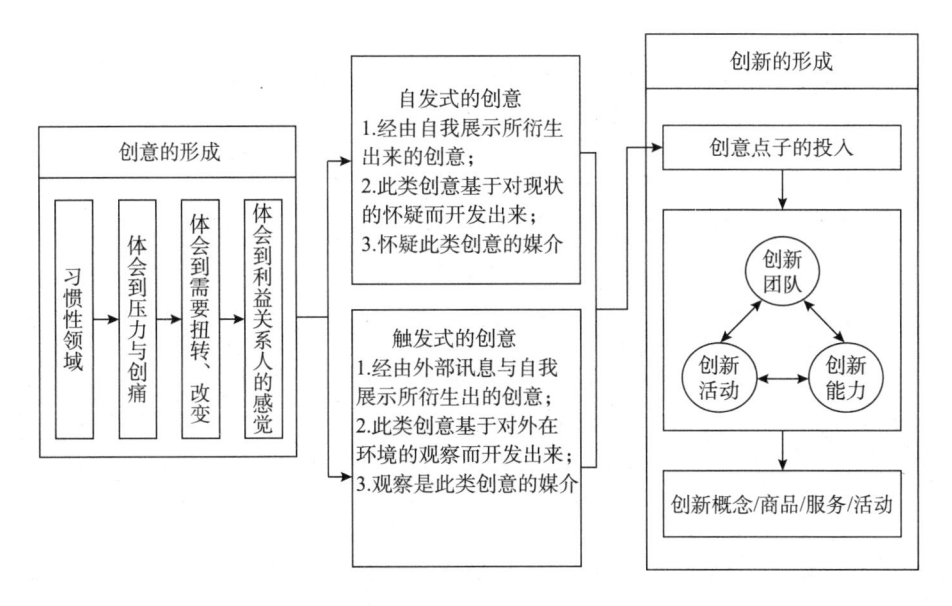

图 3-14　企业组织从创意到创新的形成（吴松龄，2007）

在创新过程中，组织惯域在压力集作用下被动改变，称为被动式创新或压力式创新。而组织能够培育创新习惯开展主动创新，保持在行业或地区的领先地位，称为主动式创新或前瞻式创新。

3.2.2　持续创新的类型

既有学者对持续创新的研究，有的是从制度、流程、技术创新等具体内容展开，也有的是从创新方式上展开，如二元创新和渐进性创新等。因此，本研究基于既有文献对持续创新划分如下类型。

3.2.2.1　基于研究内容的划分

从创新的内容看，可以分为多元式持续创新和一元式持续创新。多元式持续创新是指组织内技术创新、市场创新、文化创新、流程创新、制度创新协同交替进行，如海尔在全面创新管理理论指导下，技术创新、组织创新与文化创新交替发生使企业持续创新不断进行。一元式持续创新一般指对技术创新或制度创新或流程创新等某项具体内容持续创新的研究，如某厂商的移动通信技术从模拟到数字、从2G到3G技术的持续创新过程的研究等，或对某地方政府的职能部门公共服务持续创新的研究等。

3.2.2.2 基于创新方式的划分

从创新方式层面划分，持续创新类型主要有开发式创新和探索式创新（二元创新）、渐进性创新、迭代创新等。

（一）开发式创新和探索式创新（二元创新）

布尔（Boer，2001）提出持续创新是在二元组织中通过灵活运用开发式和探索式的创新战略，以渐进性改善和突破性创新提升企业运营效率为目标的过程。由此可见，布尔明确了持续创新是开发式创新与探索式创新的结合。

二元创新方式源于玛驰（March，1991）对探索式学习和开发式学习的研究。他指出探索包括搜索、变异、冒险、实验、游戏、灵活性、发现、创新等，而开发包括细化、选择、生产产品、效率、实现、执行等，因此，在开发式创新和探索式创新之间保持适当的平衡是一个系统能够生存和繁荣的关键。

国内学者也从战略管理和创新管理以及组织学习领域对开发式创新和探索式创新展开了研究。本书分析了 CNKI 2007—2015 年文献，发现探索式创新和开发式（也有学者翻译为"利用式"）创新从 2007 年起呈上升趋势，尤其是在 2013 年至 2014 年出现较大的增长，至 2015 年探索式创新的论文数为 25 篇，开发式/利用式创新的论文数为 19 篇（见图 3-15）。

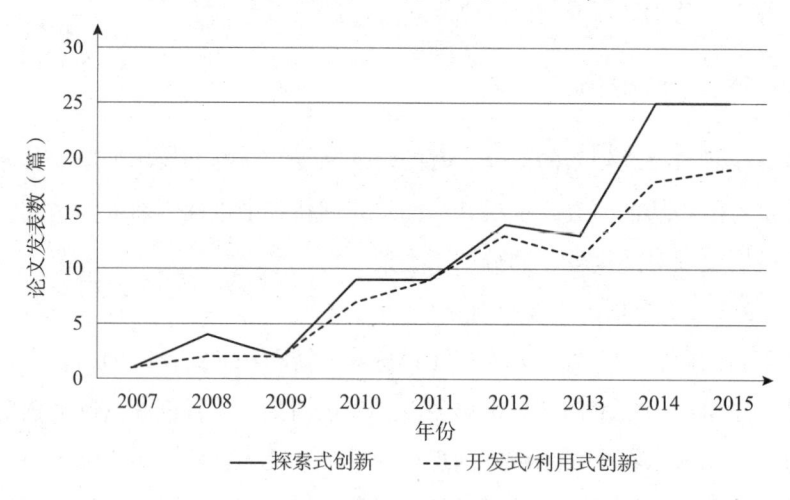

图 3-15 探索式创新与开发式/利用式创新论文发表数（2007—2015 年）

由此可见，国内外研究者对于持续创新是开发式创新和探索式创新相结合的战略达成了共识。

(二) 渐进性创新

在对持续创新的研究过程中，国内学者林昭文和张钢（2004）提出渐进式的系统创新是企业持续技术创新的途径。以微软的 Windows 产品为例，随着微软在该产品上的知识、经验越来越丰富，Windows 产品不断创新，渐进式创新使微软在个人终端操作系统上处于领先地位。

作为不同的创新方式，渐进性创新、突破性创新与探索式创新、开发式创新既有联系又有区别。以技术创新为例，一般而言，渐进性创新、突破性创新是创新成果针对行业（产业）的技术变化而言，而探索式创新、开发式创新是指相对某企业（或其他组织）内部采取的创新方式，其在创新成果的变化程度上，探索式创新的成果有可能是渐进性创新也有可能是突破性创新（见表3-2）。

表3-2 四种创新类型对比

创新类型	主要研究对象	创新成果	实例
渐进性创新/突破性创新	针对行业的技术、产品创新程度	新颖性（相对同类技术）	从晶体管到电子管到半导体技术，突破式创新；Windows 产品的不断升级，渐进式创新
探索式创新/开发式创新	针对企业自身的创新程度	新颖性（相对本企业）	某企业原有 LCD 六代线产品，后来又引进八代线，对该企业是一个探索式创新；而对行业而言，没有创新

(三) 迭代创新

迭代是一个重复反馈过程的活动，每一次迭代的结果都会作为下一次迭代的初始值，从而不断逼近目标或结果（孙黎，杨晓明，2014），迭代创新产生于创新实践中。目前，学术界对迭代创新的定义尚未有统一的定义。孙黎、杨晓明（2014）认为互联网的开发模式就是迭代，他们比较了循环迭代式的开发流程与传统的计划-瀑布式开发流程，借鉴了进化、淘汰的观点，并列举了谷歌邮箱 Gmail 及其开发的安卓操作系统、苹果手机、腾讯微信和小米手机的案例，认为迭代开发是在市场不确定的环境下并且需求还没被完整地确定之前就开始进行一种循环迭代的开发过程，通过用户的反馈来进一步细化需求，从而进入新一轮的迭代，通过不断获取用户需求来完善产品。这种循环迭代式的开发适用于高度不确定性、高度竞争性的环境，也适合分布在全球的不同企业、不同开发小组之间的合作，其本质是一种高效、并行、全局的开发方法。罗仲伟、任国良等人（2014）从动态能力的视角构建了一个基于动态能力、技术范式和创新战略行为之间半交互影响的理论框架，用以分析技术范式转变时期企业动态能力对其创新战略行为的支撑机制和作用机理，运用这一框架对腾讯微信的"整合"与"迭代"微创新战略进行深度纵向案例研究。他们所认为的微创新战略是一个"整合"与"迭代"的过程，"整合"是将微创新活动建立在功能、技术、定位、模式、外观、服务、渠道等多个层面，兼顾各方面用户体验的持续改善；"迭代"是将微创新活动始终置于一种开放的、协同的状态，在充分利用已有的创新成果、追踪潜在适用技术、分析客户需求的基础上反复按照一定的步骤进行重复执行、开放操作、迭代升级。黄艳、陶秋燕（2015）通过研究腾讯微信的迭代开发过程，将迭代创新定义为：以加快创新速度为目标，以持续创新为导向，通过充分授权的小型创新团队，以最小成本和最低风险采用多次迭代方式进行创新的创新模式。惠怀海等（2008）则是在综合各种创新模式的基础上，运用迭代法提出了创新 EIP - ED - ESD（Enterprise Process, EIP; Enterprise Development, ED; Economy Society Development, ESD）模型以及模型迭代和流程迭代双重迭代创新模型，并认为迭代创新是以加快创新速度为目标，以培育和增强创新活力、提高创新质量为中心，以持续创新为导向，综合各种创新模式（开放式创新、二次创新、集成创新和全面创新），通过模型迭代和流程迭代双重迭代方式，达到开放、持续和加速创新的目的。

由此，根据学者们对于迭代创新的研究和定义可以看出，迭代创新是一种更为开放、更加快速的创新方式，这种创新方式更加注重用户在创新过程中的作用，将用户需求作为研发的导向，逐步完成大系统下各个小模块的开发任务（孙黎，杨晓明，2014）。因此，迭代创新是持续创新的一种，这一观点得到了研究者的共识。

此外，虽然迭代创新体现了开放式创新的理念，但是它们之间有联系也有区别。在研发过程中，都有用户参与创新；迭代创新的过程运用了开放式创新的理念，迭代创新一般应用在软件产业；开放式创新是针对组织和系统内部与外部的互动过程而言，可以应用在任何类型组织和产业的创新过程中。

综上，探索式创新和开发式创新是组织持续创新的重要途径，是研究者从组织内部角度以采用的创新战略对组织持续创新影响的探讨,而组织惯域的演进也是从组织内部对组织创新开展研究。因此,本书重点研究组织惯域与探索式创新和开发式创新的关系,进而打开持续创新的"黑箱"。

3.2.3 组织的压力集

组织惯域形成后,不仅面临外部压力,而且面临来自组织内部的压力,来自内外部的压力共同构成组织的压力集。

具体而言,外部压力中有宏观层面的因素,如全球化、国际关系、地区冲突等,或者来自国内的行业标准变化、政策变化、制度变迁等;以及组织微观层面的压力因素,以企业为例,如供应商、竞争对手、合作伙伴、客户需求等(见表3-3)。组织内部的压力因素,如领导人更替、人才流失、资金短缺、突发事件等。然而在不同环境下,影响组织惯域的压力集的关键压力因素是不同的,寻求关键压力因素的解决方案往往是组织摆脱压力的重要途径。

表3-3 构成组织外部压力集的主要因素

主要因素	说 明
政策变化	政策变化对企业带来的压力包括政府相关部门发布的对企业支持的科技、税收、财政、人才等方面政策及发布的环境保护、能源等政策
行业标准变化	行业标准变化包括新标准发布和旧标准废除等
竞争对手	包括市场上竞争对手数量和规模的增加或减少,以及竞争对手战略的变化等
客户需求	包括客户对产品质量、性能等的新需求,以及新产品的需求等
供应商	包括供应商质量、时间的保障,以及供应商自身战略的改变及面临的危机等
合作伙伴	包括合作伙伴战略的改变,合作伙伴的新进或退出等
全球化	全球化为企业提供宏观环境,企业利用全球性资源,如市场、资金、人才等开展经营活动。全球化是"双刃剑",在有利于企业在全球配置资源的同时,也增加了企业运作的复杂性和不确定性

因此,根据内外部环境变化程度,压力集可以分为平稳型压力集、波动型压力集、突变型压力集(见图3-16,图中的曲线表示波动程度)。

(1)平稳型压力集:组织惯域保持稳变适度状态时内外部环境因素相对稳定。

(2)波动型压力集:内部或外部环境因素逐渐变化,也有波动,但波动

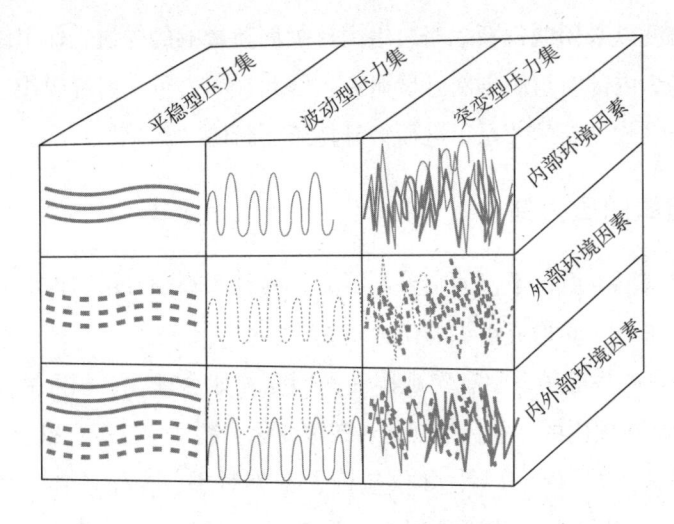

图 3-16 组织压力集类型示意

的振幅不大,是组织可以预测范围内的波动;其中包括由内部环境因素引起的波动型压力集、由外部环境因素引起的波动型压力集、由内外部环境因素共同引起的波动型压力集。

(3) 突变型压力集:内外部环境因素突发性剧变,也分为由内部环境因素引起的突变型压力集、由外部环境因素引起的突变型压力集、由内外部环境因素共同引起的突变型压力集。

3.2.4 不同视角下的组织持续创新过程模型

本节主要介绍海兰（Hyland）、布尔（Boer）研究的持续创新的"凳子"（Stool）模型,面向多主体的组织惯域螺旋式变化的持续创新概念框架（马蕾,陈劲,2005）、面向多空间的创新动力概念框架（游伯龙,等,2004）及面向过程的持续创新管理分析模型（吴松龄,2007）。

3.2.4.1 持续创新的"凳子"模型

在组织运营中,其各种运作机制是互相影响并长期存在的,而研究这种交互作用是困难的,在实践中,组织将通过战略平衡的运营效率和创新活动实现组织发展。海兰、布尔（Hyland, Boer, 2006）的研究从整合能力视角建立了组织能力相互作用的多交互的持续创新模型,解决了持续创新研究过程中的难题,并指出持续创新是创新能力、运营能力和战略能力的良好结合,通过公司

3 组织持续创新的相关研究及习惯域视角下的分析框架

将运营、战略和创新有效结合实现可持续的商业绩效（见图 3-17）。

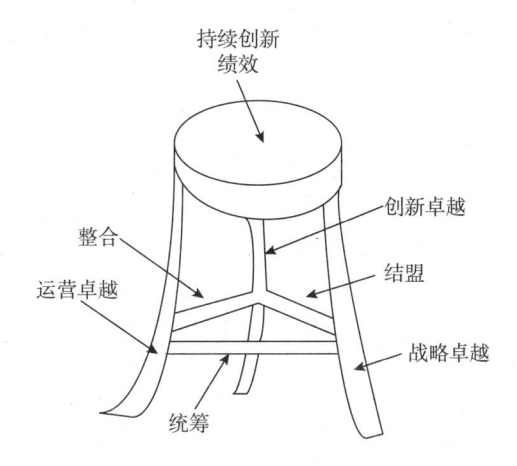

图 3-17 持续创新的"凳子"模型（Hyland, Boer, 2006）

海兰、布尔认为持续创新要求组织不仅具有破坏式和持续式的创新能力，同时还要专注于运营效率。"凳子"模型提供了一个组织能力相互作用的框架。它将组织中的各种能力归结为三个关键的能力，即运营、创新和战略能力，这三种能力需要实现运营、创新和战略上的卓越并取得商业绩效。在模型中，组织相互作用的机制是从整合、统筹到联盟，整合是将各个不同部分联结起来的最弱形式，联盟是最强形式。

海兰、布尔（Hyland, Boer, 2006）的研究采用了提斯、皮萨诺（Teece, Pisano, 1994）的观点，认为持续创新是"及时响应和快速的产品创新，并通过管理能力有效地协调和调动内部和外部竞争力"。企业更好地协调好战略、运营和创新的三个关键能力，就能更好地提升公司的经营业绩。

3.2.4.2 面向多主体的组织惯域螺旋式变化的持续创新概念框架

在对持续创新过程的研究中，马蕾和陈劲（2005）基于惯域的演化观建立了组织创新动态过程的分析框架，指出组织创新是采用内部或外部的创意（图 3-18 中的虚线椭圆表示组织在创新过程中与外界的边界是可渗透的），使既有的惯域发生变化（图 3-18 的 OHD_0），并取得公共效益或绩效，经历一段时间后形成新的惯域 OHD_1，再开始新一次创新的过程（见图 3-18）。在组织惯域与创新变化循环过程中，组织惯域呈现螺旋式扩展。

模型从过程角度对创意的产生到采用及组织惯域变化的过程进行了分析，

对于相关概念做了界定和解释（见图3-19）。新的OHD_1随着创新扩散，经历了一段时间，已被组织成员广泛接受，并在工作中又形成了组织的运行效率，此时标志着新的组织惯域形成，组织又要以这个新的惯域为起点（OHD_1）开始又一次的创新过程。

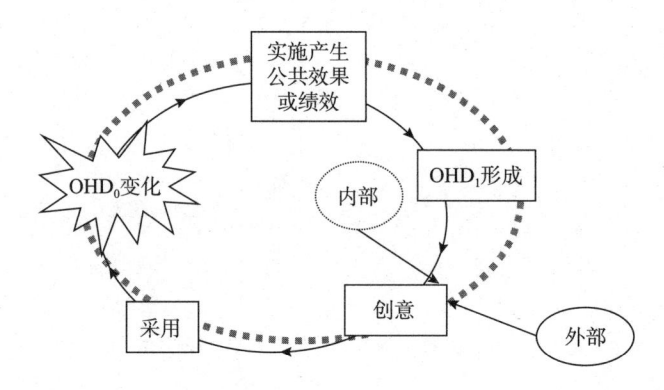

图3-18 组织创新的一般动态过程分析框架（马蕾，陈劲，2005）

创意是创新的解决方案，可以来自组织内部，也可以来自组织外部环境。来自内部的创意是从信元库系统产生，由信元重构形成解决方案，或是来自外界的信息与已有信元重构为新的解决方案；而来自外部的创意也可被描述为由其他组织或个体流出的创新的解决方案。

采用，是组织创新的重要环节，它选择了组织所需要的创意。

如果组织采用创意后，不能使组织惯域（OHD_0）发生变化，即模式的变化，则创新遇到阻力而夭折；反之，则成功。

创意的实施是取得公共效果或实现绩效的过程，其结果是对于营利组织表现为巨大利益的获得，对于非营利组织则是效率的提高。

图3-19 组织创新动态过程中的要点（马蕾，陈劲，2005）

该模型是一个面向多主体的分析框架，不仅适用于分析商业组织的创新过程，也适用于分析政府组织和非营利组织的创新过程；模型对组织惯域循环发展过程的研究，揭示了组织惯域的螺旋式变化是持续创新的过程。但是，该研究框架仅仅从创意及其引起组织惯域的变化角度进行了描述，忽视了研究过程中与内外部环境的联系，在分析框架的完整性、系统性等方面还存在缺陷。

3.2.4.3 面向多空间的创新动力概念框架

游伯龙（2004）从知识管理角度提出了创新是一个将现有的能力集转变为所需的产品或服务的过程。2010年，游伯龙与其合作者分析了任天堂案例，提出了面向多空间的创新动力分析框架（见图3-20）。

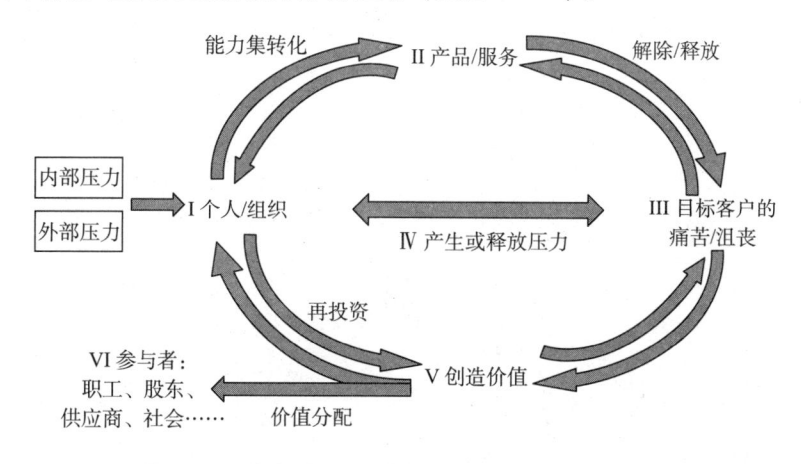

图3-20 创新动力分析框架（游伯龙，Lai，2004）

在对任天堂的创新过程分析中，游伯龙等认为虽然任天堂没有预先假设这样一个创新过程路线，但是在创新过程中遵循了这个创新动力分析框架。游伯龙等认为，如果一个公司意识到有这样的创新动力分析框架，就可以避免陷入决策陷阱。通过检查创新动力每个环节的业务，企业就能了解如果所有的环节都能适当变化，就可以不断升级产品或服务，通过释放潜在领域里客户的痛苦和挫折来最大限度地创造价值（顺时针和逆时针的过程，见图3-20）。

该研究框架说明能力集转化是持续创新的动力。在游伯龙等人的研究框架中，考虑了组织、组织成员、客户、股东、参与者、供应商以及合作者多方的利益与需求。游伯龙指出："一般而言，人与组织受到其内部与外部的变革、转型与竞争的压力之后，如果能利用这些压力进行驱动个人或组织能力集合之转化，则所发展出的创新能力将可创新开发出新的产品、服务、活动、管理模式与策略、流程等新的优质竞争力。"他还认为，由于创新可以减轻企业以及客户等的压力并为其带来价值，这些价值的分配也是个人和组织持续创新的最主要动力。

游伯龙等提出的创新动力分析框架应用的领域很广泛，如组织管理、财务管理、研发管理、投资管理、公共关系管理等。通过这个分析框架可以发现目标群体并探索它们在实际和潜在领域的需求进行创新，也可以释放目标客户的压力和创造价值，当能力集转变完成时，公司的内部和外部压力得到释放，通过创新实现了价值。例如，基于游伯龙的分析框架，技术创新是指当市场需求变动时，企业的技术惯域是能够提供新的解决方案来满足需求或提供超出需求的新产品。

3.2.4.4 面向过程的持续创新管理分析模型

2007 年，台湾学者吴松龄在游伯龙（2004）提出的创新动力分析框架的基础上，归纳总结了持续创新管理过程模型（见图 3-21）。

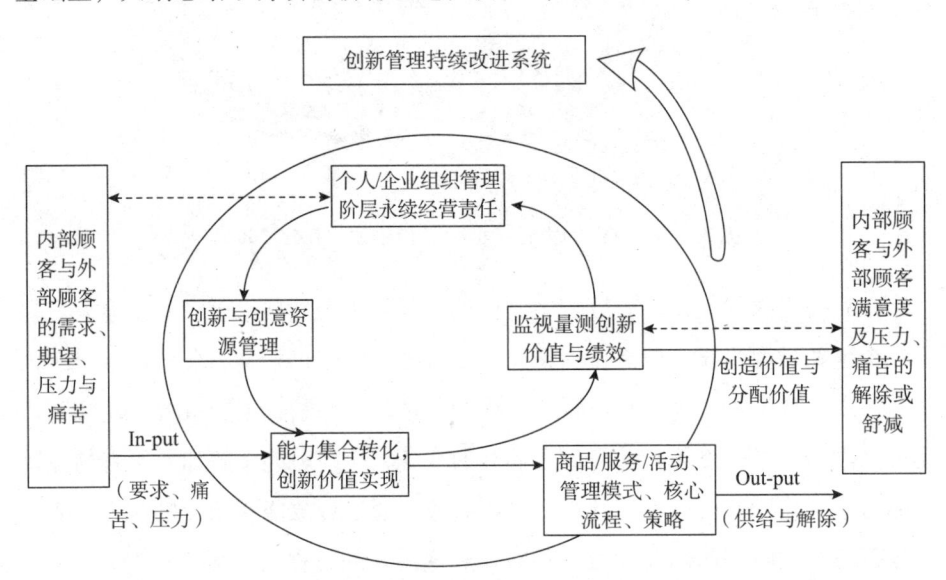

图 3-21 面向过程的创新管理（吴松龄，2007）

注：图中虚线箭头表示资讯活动，实线箭头表示增值活动。

在吴松龄的分析框架中，创新是对内外部用户需求的输入，通过能力转化和价值实现输出的是解除或减缓内外部顾客痛苦和压力的商品、服务、流程等的解决方案，这是一个持续改进的过程。他指出，创新是一种突破与拓展习惯域的过程，创新能力来自习惯域的扩充。在复杂不确定性的竞争环境中，个人与组织受到其内部与外部的各种压力后，如果能利用这些压力驱动个人或组织能力集合的转化，则可能开发出新的商品、服务、管理方式、策略、流程等。

3.3 组织技术惯域与技术范式、技术轨道比较

本书将采用多个技术创新案例开展研究，因此辨析技术惯域与技术轨道及技术范式的概念，也是本研究重要的基础工作之一。

技术惯域描述的是一个企业（组织）或企业运作过程中在一个时期内采用的技术规则（Technologic Regime）和潜在的改变技术的能力。技术惯域可以泛指，也可以特指。泛指是企业在一段时间内积累的知识、经验形成的潜在技术变化能力和目前使用的技术规则，研究对象是企业整体；当它作为特指的概念时，研究对象是针对具体的技术，即指企业对正在运用的具体的技术规则与之相关的知识、经验积累及改变技术规则的潜在能力，而与技术相关的知识、经验形成的潜在能力是外面观察不到的，外界可以观察到的是企业形成的技术特征（盛昭翰，蒋德鹏，2002）。

根据技术创新理论，技术惯域也可以分为与其相关的工艺惯域或产品惯域，或者分为决策层技术惯域、管理层技术惯域、操作层技术惯域。例如，南京熊猫液晶公司引进日本夏普 LCD 六代线技术，该公司可以学习掌握生产六代线的技术规则，但是，对技术出让方潜在的知识、经验却不能掌握。因此，在引进的初始阶段该公司只是根据学习的技术规则组织产品生产，而经过积累知识和经验后才有可能形成自己的技术惯域进行工艺创新或产品改进，进而提高产品性能。

众所周知，多西对发展熊彼特技术创新理论做出了重要贡献。多西（1982）在研究技术变迁的过程中提出了"技术轨道"（Technological Trajectory）的概念，明晰了技术在变迁过程中的发展方向和主要动力，阐述了进化机制下

技术创新所遵循的规则与过程（G. 多西，C. 弗里曼，R. 纳尔逊，1992）。柳卸林（1997）指出技术轨道是"在某一产业技术发展方向上所有可能的方向，一组解决某一问题的相关联的方法"。

技术轨道理论研究的对象是技术，一般是指某项技术形成或演变的路径。换句话说，是发展某项技术要遵循的技术发展的趋势，这个演化趋势是采用该技术规则的各个企业都认可并了解的。因此，技术轨道是研究技术变迁的基本概念。

技术范式（Technological Paradigm）从既有研究看，是指在一定时期内多个企业认同并要遵循的技术变化规则，是外部可以观察到且要遵守的规则。技术范式更多的是应用在产业发展变化趋势研究中。

库恩（1962）在其代表作《科学革命的结构》中首先对范式（Paradigm）进行了定义，认为"范式是指那些公认的科学成就，在一段时间里为实践共同体提供典型的问题和解答"。多西（1982）将"范式"引入技术创新之中，并提出了技术范式的概念，并将其定义为解决所选择的技术经济问题的一种模式，而这些解决问题的办法立足于自然科学的原理。多西开创性地将技术范式与技术的经济功能联系起来，并肯定了技术范式在产业经济发展中的重要作用。但是，正像任何事物的存在都有一个逐渐演进的过程一样，成为解决技术经济问题模式的技术范式，也是在相应的动力推动下逐渐演进而成的，而市场需求和产业技术竞争则是推动技术范式演进的两种主要力量。技术范式演进的三个阶段分别是技术范式产生、技术范式形成和技术范式转移。因此，技术惯域、技术轨道、技术范式的关系归纳如表3-4所示。

表3-4 技术惯域、技术轨道与技术范式的区别联系

项目	概念	研究视角	事例
技术范式	解决所选择的技术经济问题的一种模式，而这些解决问题的办法立足于自然科学的原理（G. 多西，1982）	1. 技术规则（各个企业认同的规则）：一种方法、方式； 2. 视角：经济学对技术创新的研究； 3. 重点强调了多主体不同时期的同一观（静态）	约在2005年前，中国移动、中国联通、中国电信普遍采用的是2G网络技术，经过10年的发展，三家运营商普遍采用了3G网络制式

续表

项 目	概 念	研究视角	事 例
技术轨道	技术轨道是在某一产业技术发展方向上所有可能的方向，一组解决某一问题的相关联的方法（柳卸林，1997）	1. 某项技术（行业技术的变化趋势）：几种方法、方式； 2. 强调多主体对同一技术的变化观（动态）； 3. 技术变迁的视角（宏观）	不同厂家的六代线技术是沿着同一技术轨道发展的
技术惯域	某企业在一段时期内掌握的技术规则及其对该技术改变的潜在知识经验和信息（潜在能力）	1. 针对某企业内的技术变化； 2. 潜在的几种方法（微观的、内生层次）； 3. 行为科学、知识管理跨学科对企业技术变化能力的研究视角（单个企业的技术）	某厂家掌握的3G技术及其潜在的能力

如对于 LCD 的六代线技术，全球各国厂家都遵循既有的六代线技术规则，它们形成了六代线的技术轨道。但是，每个厂家又有自己的六代线技术特征，如夏普、京东方等，每个厂家可以改变和发展自己的六代线技术，形成自己的六代线技术惯域，不同厂家的六代线技术惯域是不同的，但是它们关于六代线的技术轨道是相同的。

又如计算机领域的小型机采用的操作系统，在相当长的一个时期内各个厂家采用 Unix 封闭式操作系统，形成了行业的技术范式。而随着操作系统的发展，Linux 开放式操作系统的出现打破了行业的规则，新的范式出现形成了小型机操作系统发展的新阶段。

综上所述，技术惯域、技术轨道、技术范式有着不同的研究对象，技术轨道、技术范式是相对宏观的概念，研究的对象都是多主体，而技术惯域是相对微观层面的概念，研究的是单主体对技术及相关知识经验的掌握，并强调时间性。技术轨道强调技术演化趋势；技术范式强调不同时期多个主体遵循的同一技术规则；技术惯域理论强调在某阶段企业的技术规则利用自身潜在能力并结合外部资源，不断持续改进，进而达到企业的持续技术创新的能力。当某项技术的技术轨道变化而某厂家的技术惯域不变时，它将有可能滞后于该项技术；当技术轨道不变而某个厂家技术惯域突破性变化时，将形成一个新的技术，它将超越原有的技术轨道；而当它获得业界认可时可能会形成一个新的技术轨道，该厂家则形成一个新的技术惯域。三者虽然有不同的研究对象，但在研究中都采用演化的思想，在不同层次描述了不同主体的技术持有及变化能力。

3.4 组织惯域视角下的持续创新路径分析框架

近年来，研究者开始从知识治理视角研究二元创新即开发式创新和探索式创新（Boer et al.，2001；朱雪春，陈万明，2014），为持续创新研究提供了一个新方向。布尔（Boer，2006）指出持续创新是开发式创新和探索式创新相结合，在它们之间保持适当的平衡是一个组织能够生存和繁荣的关键因素。国内学者也对平衡开发式创新和探索式创新等问题进行了研究（李忆，司有和，2008；杨学儒，李新春，等，2011；王永伟，等，2011；张伟年，陈传明，2014），而二元创新平衡问题，实质上还是对组织知识是开发利用还是探索新知识的研究。那么，组织进行开发式创新和探索式创新的微观过程是什么？只有了解二元创新的过程机制，才能了解持续创新的两难问题是如何发生的。本研究通过从微观知识层面分析组织惯域变化与二元创新的关系，并构建了一个整合的持续创新路径的分析框架，为本研究后续的案例实证提供可操作的研究思路。

基于前面的研究可以看出，时间观和空间观是持续创新的重要维度。所谓时间观一般是指观察到的组织创新的频率，而空间观是指创新交替发生在组织内不同部门的技术、流程、制度等方面，如游伯龙（2004，2010）的多空间创新动力分析框架则反映了持续创新的空间观。因此，习惯域视角下的**持续创新是组织在时间或空间上与环境不断交互过程中，运用外部或内部信元重构形成新的方案解除来自环境的压力，使组织惯域发生启发式或突破式变化的过程**。在宏观上，持续创新表现为组织惯域螺旋式发展或跳跃式发展的过程。依据这个定义，下面通过压力集变化、组织惯域变化与开发式创新和探索式创新关系的分析，构建组织持续创新路径的分析框架。

3.4.1 组织惯域的启发式变化与开发式创新

组织惯域稳定后，当压力集发生波动或突变时，组织会感知其中的关键压力因素（KP_n），因此，将与外部环境互动，寻求新的方案改变组织行为状态。组织往往运用自身潜在领域的信元或将外部信元与自身信元相结合重构，形成新方案，解除组织感知的关键压力，从而使组织惯域发生启发式扩展，根据布尔等人对开发式创新的定义，是组织利用既有知识进行的创新，因此这个创新过程是开发式创新（见图3-22）。

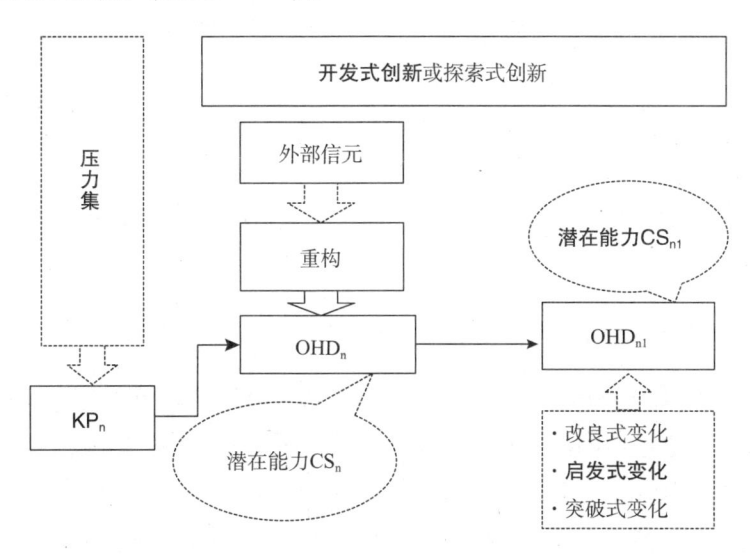

图 3-22 组织惯域启发式变化与开发式创新关系的概念框架

由分析框架可见，组织在感知外部压力（KP_n）后，通过信元重构（内部或外部），改变了 OHD_n 形成了新的组织惯域 OHD_{n1}，但是，它们是同质惯域，而组织惯域的潜在能力也得到了扩展，从 CS_n 扩展到 CS_{n1}，CS_{n1} 中的信元包括 CS_n 的原有信元。因此，开发式创新过程也是组织惯域的启发式变化过程。

3.4.2 组织惯域的突破式变化与探索式创新

与开发式创新不同，当组织惯域稳定后，压力集发生波动或突变时，组织利用外部信元进行重构形成新方案进而解除感知的关键压力，而这个新方案不在组织惯域的既有信元库中，由新的知识产生。根据布尔（Boer，2006）等对探索式创新的定义，这个创新过程是探索式创新（见图3-23）。

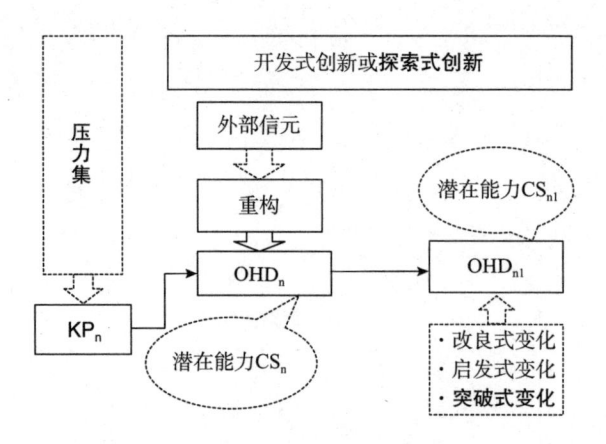

图 3-23　组织惯域突破式变化与探索式创新关系的概念框架

由图 3-23 的分析框架可见，组织在感知外部压力（KP_n）后，通过对外部信元重构，改变了 OHD_n，形成了新的组织惯域 OHD_{n1}。OHD_{n1} 对于 OHD_n 是异质惯域，也是突破式的变化，而组织惯域的潜在能力也得到了扩展，从 CS_n 扩展到 CS_{n1}，CS_{n1} 中的信元有可能是全新的，而不包括 CS_n 的原有信元。因此，探索式创新过程也是组织惯域的突破式变化过程。

3.4.3　平稳态压力集下组织惯域变化与二元创新

在压力集波动或突变情况下，组织惯域变化与二元创新的关系一般是组织发生了被动式创新，当压力集处于平稳态时，组织也能够主动寻求外部信元或运用内部潜在信元改变组织行为状态，进行开发式创新或探索式创新，反映了组织能够开展主动式创新。例如，开发 Windows 操作系统的微软公司，当它处于行业领导地位，虽然没有外来竞争（指个人计算机操作系统发展初期阶段），还不断开发升级 Windows 操作系统，进行开发式创新。

在平稳型压力集下，往往是一些行业的领先者或拥有原始性创新成果的企业，主动实施开发式创新或探索式创新扩展其技术惯域，进行创新的前瞻性选择。

3.4.4　整合的持续创新路径分析概念框架

基于不同压力集形态下组织惯域的变化形式与开发式创新及探索式创新关

系的研究，构建习惯域视角下组织持续创新路径分析概念框架（见图3-24）。

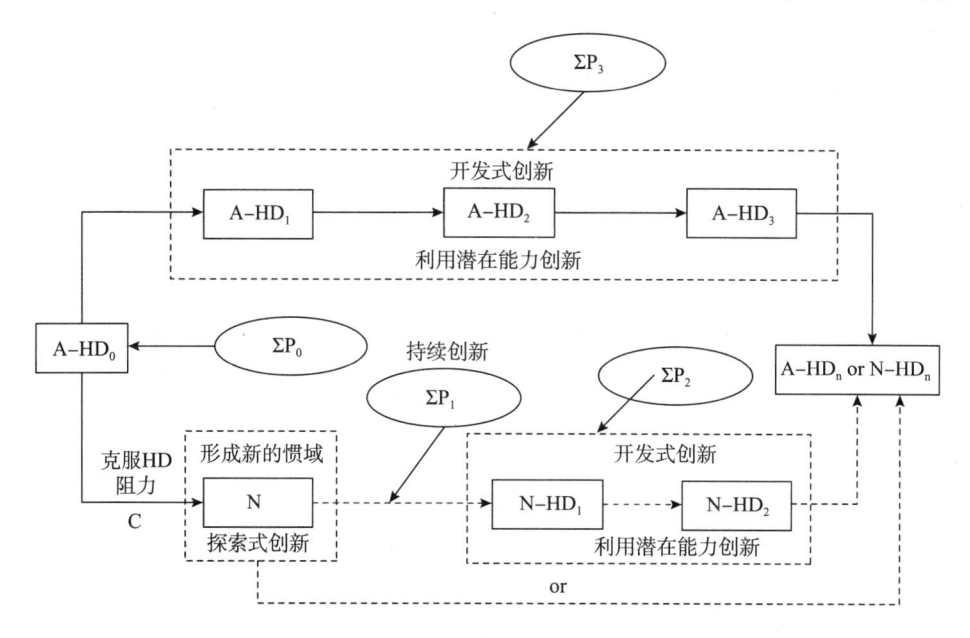

图3-24 基于组织惯域的持续创新路径分析概念框架

注：ΣP表示压力集。

组织运行过程中，一方面会运用其潜在的知识、经验、信息（潜在能力），重构新的方案，解除感知的关键压力，这是对原有习惯域的扩展（从$A-HD_0$，…，$A-HD_n$）进行开发式创新；或者组织克服既有的知识、经验信息（潜在信元），寻求外部知识、经验信息重构为新的信元，使组织脱离原有的行为模式，形成新的习惯域（$A-HD_0$，…，$N-HD_1$），再利用新的潜在能力进行创新的过程（$N-HD_1$，…，$N-HD_n$）。组织开发式和探索式创新交替发生，使组织惯域不断螺旋式或跃迁式扩展，反映了组织持续创新的动态过程。

此外，持续创新组织的习惯域的一般特征有：第一，持续创新的组织惯域有适度的弹性；第二，持续创新的组织能够培育其创新惯域；第三，持续创新的组织不断地主动改善自己的习惯域，进行前瞻式创新。

第二部分

组织惯域：持续创新中的"桥"与"山"

4 平稳型压力集下熊猫 LCD 技术持续创新研究

作为一个引进国外 LCD 技术生产线的企业,熊猫 LCD 仅用了两年的时间就建立了自己的研发体系,并取得了丰富的创新成果(2009—2015 年申请发明专利 340 项),获得发明专利授权 102 项(见表 4-1 和表 4-2),又在 2012 年获得江苏省高新技术企业称号。熊猫 LCD 能够在短短的时间内通过学习积累六代线产品技术的知识经验形成技术惯域,并利用自有的研发团队在工艺、设备等方面开展自主创新,降低成本、提升产品性能、使公司快速发展,值得我们思考和研究。熊猫 LCD 持续创新的案例研究对其他技术引进型企业吸收知识经验形成技术惯域,开展探索式创新和开发式创新具有典型的借鉴意义。在此以该公司的工艺创新为例,分析其在开发六代线产品时工艺惯域的形成以及演进与持续创新的关系。

表 4-1 熊猫 LCD 创新成果[1]

年份	申请量(项)	发明专利申请(项)	发明专利授权(项)	实用新型专利授权(项)
2009	9	9	9	0
2010	9	9	2	0
2011	90	71	19	18
2012	83	69	46	14
2013	87	72	25	15
2014	79	64	1	15
2015	57	46	—	11

[1] 资料来源:国家知识产权局网站。

表4－2 熊猫 LCD 授权的发明专利[1]

序 号	名　称	时 间
1	背光模组	2009
2	多畴垂直配向模式型液晶显示装置	2009
3	三维立体显示装置	2009
4	数据缓冲器及使用该缓冲器的液晶显示装置驱动方法	2009
5	液晶显示器的驱动方法	2009
6	液晶显示器的栅极线驱动装置及其修复方法	2009
7	液晶显示器的制造方法	2009
8	液态树脂印刷版的制造方法	2009
9	栅极驱动器	2009
10	液晶显示器的制造方法	2010
11	利用功能掩膜板制造封接胶固化用掩膜基板的方法	2010
12	半穿透半反射透明显示器的显示面板	2011
13	薄膜晶体管液晶显示器的像素结构	2011
14	薄型平板显示装置	2011
15	多畴垂直配向型液晶显示面板及其子像素结构	2011
16	多域紫外光配向模式的液晶显示器	2011
17	改善阶调曲线变动的自我补偿储存电容像素结构（102243406）	2011
18	显示装置	2011
19	液晶显示器的存储电极连接架构	2011
20	液晶显示器面板用光配向设备	2011
21	液晶显示装置（102262320）	2011
22	液晶显示装置（102253536）	2011
23	液晶显示装置（102346331）	2011
24	液晶显示装置（102289114）	2011
25	液晶显示装置（102298230）	2011
26	一种蓝相液晶显示器的像素结构	2011
27	一种液晶显示器断线修复方法	2011
28	一种用于侧光式背光源模组的 LED 光源	2011
29	有源驱动 OLED 器件	2011

[1] 资料来源：国家知识产权局网站。

续表

序 号	名 称	时 间
30	自动阶调调整电路	2011
31	OLED 双镜面显示器	2012
32	电阻式触控显示装置	2012
33	立体液晶显示器	2012
34	太阳能液晶面板及其制作方法	2012
35	位相差膜和含有该位相差膜的偏光式立体显示器	2012
36	液晶显示器背光自动调节系统用光强检测器	2012
37	液晶显示装置（102749760）	2012
38	液晶显示装置（102636899）	2012
39	一种 3D 显示设备的对准方法	2012
40	一种 OLED 金属氧化物及其制造方法	2012
41	一种 OLED 显示器及其制造方法	2012
42	一种背光模组	2012
43	一种侧入式背光模组	2012
44	一种带光扩散组件的背光源模组	2012
45	一种改善扫描式背光不均的方法	2012
46	一种高透光率透明显示装置	2012
47	一种横向电场电极及其制造方法	2012
48	一种灰阶电压的调节方法	2012
49	一种金属氧化物薄膜晶体基板及其制造方法和液晶显示器	2012
50	一种金属氧化物边缘场开关型液晶显示面板及其制造方法（102854684）	2012
51	一种金属氧化物边缘场开关型液晶显示面板及其制造方法（102854687）	2012
52	一种金属氧化物平面开关型液晶显示面板及其制造方法（102854686）	2012
53	一种金属氧化物的显示装置及其制造方法	2012
54	一种金属氧化物平面开关型液晶显示面板及其制造方法（102854683）	2012
55	一种金属氧化物平面开关型液晶显示面板及其制造方法（102866552）	2012
56	一种金属氧化物平面开关型液晶显示面板及其制造方法（102866553）	2012
57	一种金属氧化物平面开关型液晶显示面板及其制造方法（102854686）	2012
58	一种金属氧化物有机发光二极管显示装置及其制造方法	2012
59	一种镜面显示基板及其制造方法和液晶镜面显示基板	2012
60	一种内置触控的液晶显示装置	2012

续表

序号	名称	时间
61	一种透明显示装置	2012
62	一种液晶面板的线缺陷修复方法	2012
63	一种液晶面板修复方法	2012
64	一种液晶显示基板及其制造方法（102799030）	2012
65	一种液晶显示基板及其制造方法（102759832）	2012
66	一种液晶显示面板	2012
67	一种液晶显示面板及其制造方法	2012
68	一种液晶显示器的驱动方法	2012
69	一种液晶显示阵列基板的线缺陷的修复方法	2012
70	一种液晶阵列基板及其制造方法、修复方法	2012
71	一种阵列基板及其制造方法和液晶显示器	2012
72	一种主动式OLED	2012
73	一种紫外光配向的液晶显示器的制造方法	2012
74	用于显示设备的阵列基板及其制造方法（102637684）	2012
75	用于显示设备的阵列基板及其制造方法（102683353）	2012
76	有机发光二极管显示器及其制造方法	2012
77	LED背光模组	2013
78	TFT–LCD阵列基板及其制造方法（103199094）	2013
79	TFT–LCD阵列基板及其制造方法（103235458）	2013
80	侧光源LED背光模组	2013
81	镜面液晶显示器及其制造方法	2013
82	液晶显示器的电压调整方法	2013
83	液晶显示器的驱动方法	2013
84	液晶显示器及其栅极信号的驱动方法	2013
85	液晶显示印刷设备	2013
86	一种3D液晶显示器及其防串扰的方法	2013
87	一种LED背光模组	2013
88	一种LED灯条及直下式LED背光模组	2013
89	一种OLED像素驱动电路、显示面板及驱动方法	2013
90	一种TFT阵列基板及其制造方法	2013
91	一种改善灰阶细纹的驱动方法	2013

续表

序 号	名 称	时 间
92	一种高开口光配向像素结构	2013
93	一种新型配向膜印刷机	2013
94	一种掩膜版及液晶显示器制造方法	2013
95	一种液晶 VA 模式的配向方法	2013
96	一种液晶面板传输设备	2013
97	一种液晶面板框胶修补方法	2013
98	一种液晶显示面板及其制造方法	2013
99	一种液晶显示器的像素配置方法	2013
100	一种液晶显示器开机残像改善方法及其电路	2013
101	一种液晶显示装置及其制造方法	2013
102	一种可移动支撑脚位置的预烘烤炉	2014

4.1 熊猫 LCD 概况[❶]

2009 年 8 月，南京中电熊猫液晶显示科技有限公司成立（以下简称熊猫 LCD），由中国电子信息产业集团有限公司（CEC）、中电熊猫信息产业集团有限公司（中电熊猫）、南京新港开发总公司、南京新型工业化投资（集团）有限公司等组成的投资方总投资 138 亿元（其股份结构见图 4-1），共同投资六代线项目。该项目是我国大陆引进的第一条电视用液晶面板生产线，也是迄今世界上技术最先进的六代液晶面板生产线，目的在于推动彩电业转型升级，也是促进产业结构调整的重要战略举措。熊猫 LCD 的六代线项目导入了夏普公司的世界最新技术 G8、G10，具有技术先进、专利保障、投资节约、产业链垂直整合、技术再创新等方面优势，保证了六代线项目的全球竞争力。项目于 2009 年 11 月 1 日正式进行桩基工程，2012 年实现了 80K 产能和良品率 93% 的目标，产能和良品率爬坡速度均达到国际一流水平。近年来，LCD 研发团队相继开发出 18.5 寸、21.5 寸、31.5 寸、64.5 寸显示器和 TV 系列产品，在广视

---

❶ 资料来源：熊猫 LCD 官网（www.cecpandalcd.com.cn）和课题组调研。

角、高画质动态影像处理、动态节能 LED 背光、面板薄型化、GOA（Gate Driver On Array）等先进技术上都有很好的积累。同时，熊猫 LCD 在技术引进的基础上积极开展自主创新，在光配向、3D、触控、金属氧化物半导体等代表平板显示技术未来发展方向的领域进行了专利布局。截至 2015 年年末，熊猫 LCD 已申请专利 414 件（其中，获得发明专利 102 项、实用新型专利 73 项），为公司的长远发展奠定了基础。

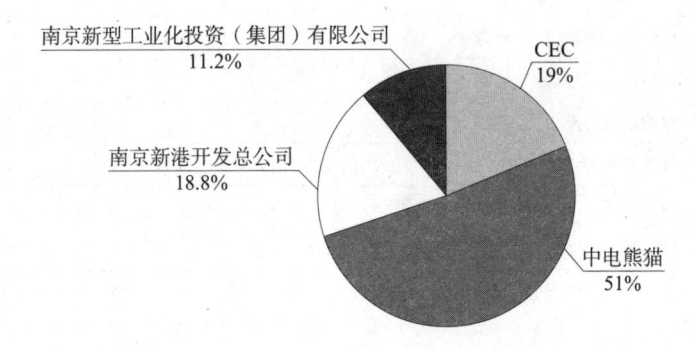

图 4-1　南京中电熊猫 LCD 的股份结构

熊猫 LCD 拥有研发中心、制造、产品技术、人力资源、市场、质量保障等 17 个技术、生产及管理部门（见图 4-2）。到 2015 年年末，熊猫 LCD 有员工 3200 余人，除了引进高端人才外，公司亦着力于人才的自主培养，建立起合理的人才梯队。熊猫 LCD 现有的各类研发人员中，博士、硕士占一半以上，"333 人才工程" 2 名、"紫金学者" 3 名、"中青年行业技术学科带头人" 2 名。

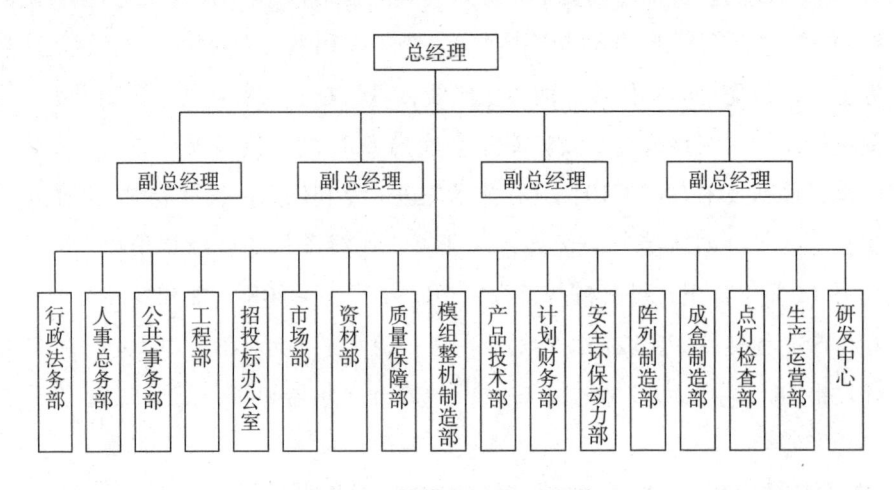

图 4-2　熊猫 LCD 组织架构

熊猫 LCD 的研发中心以产品的主要技术设计为模块架构,由设计整合部、模组设计部、面板设计部构成,其中设计整合部由产品整合科、产品评价科及应用工程科组成,模组设计部由机构设计科、电路设计科及模组技术开发科组成,面板设计部由阵列设计科、成盒设计科及面板技术开发科组成(见图 4-3)。

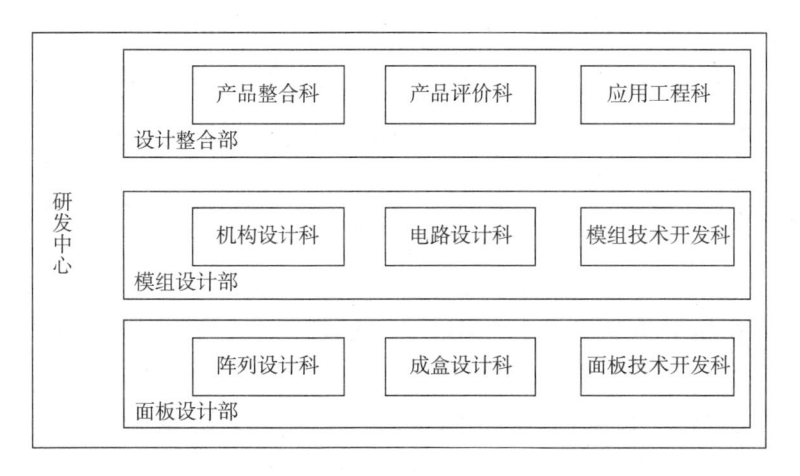

图 4-3 熊猫 LCD 研发中心组织结构

4.2 熊猫 LCD 主要发展历程和关键事件[1]

2010 年,熊猫 LCD 成立研发中心,公司总经理亲自抓研发团队的建设和项目实施,公司副总经理兼研发中心主任主持研发中心日常工作,引进日本、中国台湾和中国内地业内资深专家,迅速建立起国内领先的研发团队。夏普公司多年来作为液晶技术的倡导者与全球领先的面板制造商,在液晶面板领域有着强大的技术实力,为熊猫 LCD 的技术获取与实现提供了可靠来源。熊猫 LCD 与夏普公司签订专利许可、商标使用、技术支持等合同,进一步明确了专家引进、图纸提供、文件翻译等细则,促进了引进技术的消化与吸收,为技术创新奠定了扎实基础。2011 年 3 月,熊猫 LCD 生产基地建成投产;同年,六

---

[1] 资料来源:熊猫 LCD 官网(www.cecpandalcd.com.cn)和课题组调研。

代线项目所产 32 寸电视面板达到 60K 产能和 90% 良品率；2012 年，实现 80K 产能和良品率 93% 的目标，产能和良品率爬坡速度均达到国际一流水平。

2011 年，熊猫 LCD 获批组建南京市平板显示工程技术研究中心，同年，熊猫 LCD 还获批省级平板显示工程技术研究中心；2012 年，熊猫 LCD 与复旦大学成立了"中电熊猫—复旦大学平板显示技术研究中心"。熊猫 LCD 具有世界最先进的六代线生产设备，这些生产设备 10% 的产能用于新产品、新技术的研发和试制。工程中心所用开发评价设施配套完备，购置有 LCD 光学性质测试仪、光学显微镜、动画评价系统等全套设计与评价设备。

熊猫 LCD 为响应国家节能减排号召，提高公司六代线产品的竞争力，通过与夏普公司协商，导入在夏普十代线成功运用的世界最新 UV2A 技术，以及四道光罩技术、单板复屏技术、铜布线技术等其他关键技术。UV2A 技术的最大突破是通过新开发的高分子配向膜材料及制程优化，实现产品低功耗、高对比度、高速响应和低制造成本的优势，使产品主要性能高于业内竞争对手。夏普公司在应用 UV2A 等技术时采用喷墨印刷方式生成配向膜，为了在六代线上导入这些夏普最新的技术，公司技术人员创造性地完成了配向膜处理从喷墨印刷方式到凸版印刷方式的转变，首次将 UV2A 技术应用在 32 英寸液晶电视面板中。

2011 年，熊猫 LCD 与中电熊猫集团兄弟公司合作，在六代线上通过自主设计已实现部分专用设备国产化，具备了装备技术原始创新的能力。自主设计与制造的设备包括阵列工程和成盒工程中使用的 CASSETTE（卡匣）、阵列工程中的玻璃传输系统、成盒工程中的 ROBOT（机器人）周边设备等。这些自主研制的自动化设备不但应用于六代线项目，还用于国内同类项目企业中。

熊猫 LCD 采用的 POA 技术相较其他液晶厂采用的 VA（MVA、PVA、PSVA）广视角技术而言，具有高透过率、高对比度及快速响应等优势，且较 IPS 广视角技术具有高对比度的优点：高开口率有利于节能降耗；高对比度（POA 与 MVA 对比由原本的 3000∶1 提升至 6000∶1）；POA 技术实现了所有液晶分子全面均一的限制力，实现了高速反应，达到了 4ms，是过去技术的 2 倍；简化生产工艺，如图 4-4 所示；降低彩色滤光片（CF）成本，减少 CF 制造成本 20%，如图 4-5 所示。

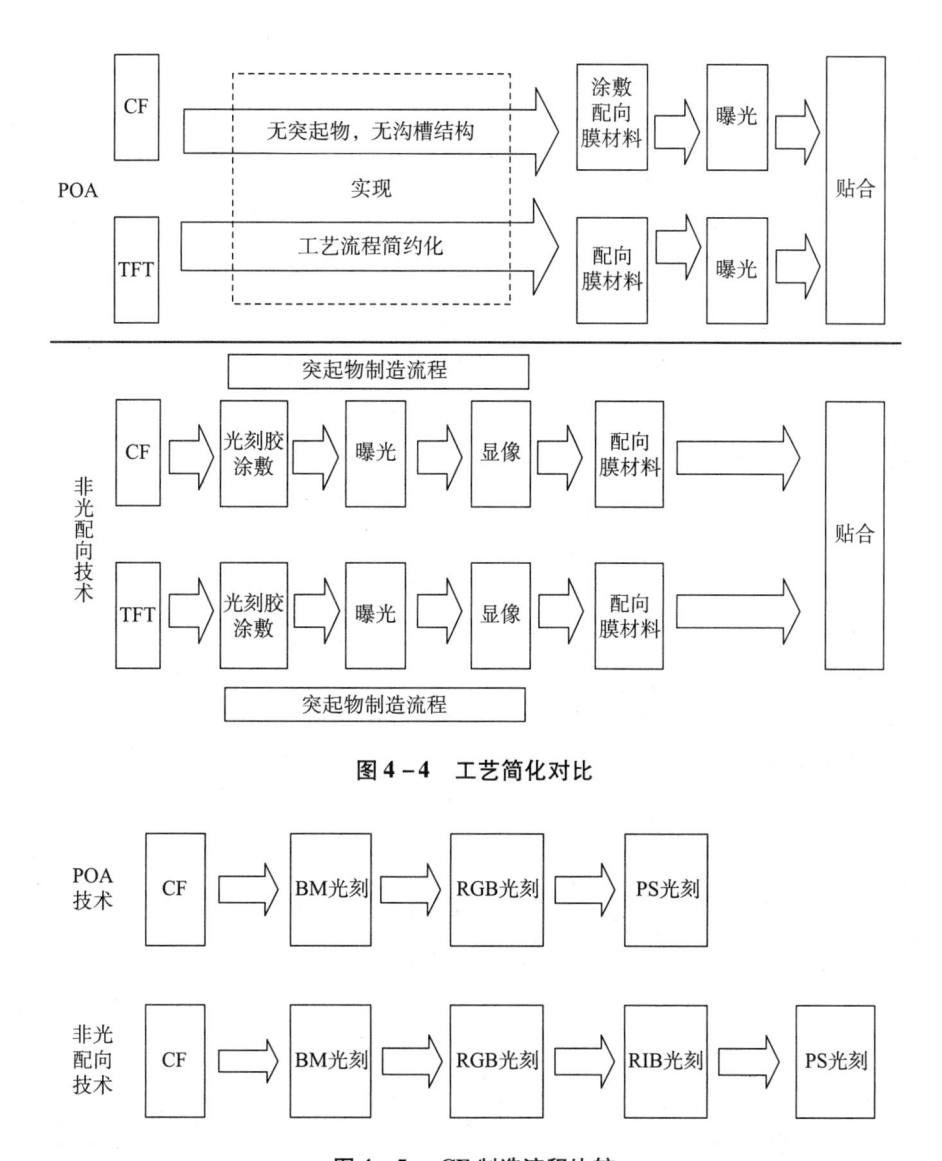

4 平稳型压力集下熊猫 LCD 技术持续创新研究

图 4-4　工艺简化对比

图 4-5　CF 制造流程比较

熊猫 LCD 正在进行或已完成的研发项目有基于光配向技术的大尺寸液晶面板的开发、窄边框液晶电视模组的开发、薄型化设计（导光板）技术的开发、高开口率像素结构的线缺陷修复技术、主动式 3D 技术的开发、偏光式 3D 技术的开发等 19 项，在光配向、背光源设计、3D 等领域掌握了大量核心技术。

熊猫 LCD 还进一步加强与国内液晶面板相关制造设备厂家的合作，研制适用于高世代液晶面板生产线的自动化生产设备、产品研发评价设备,并共同申请相关发明专利,确保拥有完全的自主知识产权。

4.3 熊猫 LCD 六代线工艺惯域演进过程

对于引进生产制造设备技术的企业,由于企业自身对引进技术的相关知识和经验存在空白,所以需要通过学习掌握引进的技术并积累相关知识经验形成信元库,进而形成企业技术惯域(工艺惯域和产品惯域),因此,其技术惯域形成的路线比较清晰。另外,由于企业形成技术惯域后,在宏观上可以观察到熊猫 LCD 能够组织科研团队对工艺设备进行自主创新,通过降低成本、提高产品性能、摆脱技术依赖等使公司快速发展,且易于数据收集,由此可以分析该公司通过发挥技术惯域正面效应,不断自主创新的过程。这也是选择此类型公司进行案例研究的主要原因。

本节主要通过案例研究熊猫 LCD 如何通过学习、吸收、消化引进的技术,形成六代线信元库系统,进而形成公司的工艺惯域不断创新的动态过程。

4.3.1 技术学习、积累与培育六代线工艺惯域

2009 年,熊猫 LCD 从夏普引进六代线时,生产六代线产品的主要厂商有京东方、台湾群创、友达等,并都采用非晶硅技术。而熊猫 LCD 不仅引进夏普六代线技术和设备,而且全面导入夏普八代线和十代线的技术,形成了自己的技术惯域,由于公司的技术发展受技术引进限制,因此熊猫 LCD 的外部环境变化相对平稳,本案例仅研究熊猫 LCD 六代线工艺惯域的形成与演进。

是否拥有稳定的信元总体是公司工艺惯域形成的重要特征。根据熊猫 LCD 的知识创新成果变化分析(见图 4 - 6),2009 年开始,熊猫 LCD 刚开始建厂和技术引进,并接触六代线的技术,处于对六代线知识经验接受、吸收时期,这一时期虽然有知识创新成果产生,但是没有形成稳定的信元总体(信元库),因此将熊猫 LCD 的工艺惯域培育演化过程概况为(用 GP6 - HD 表示工艺惯域):2009—2010 年 GP6 - HD 培育期、2011—2013 年 GP6 - HD_1 稳变期(趋向稳定)、2014—2016 年 GP6 - HD_2 新稳变期。

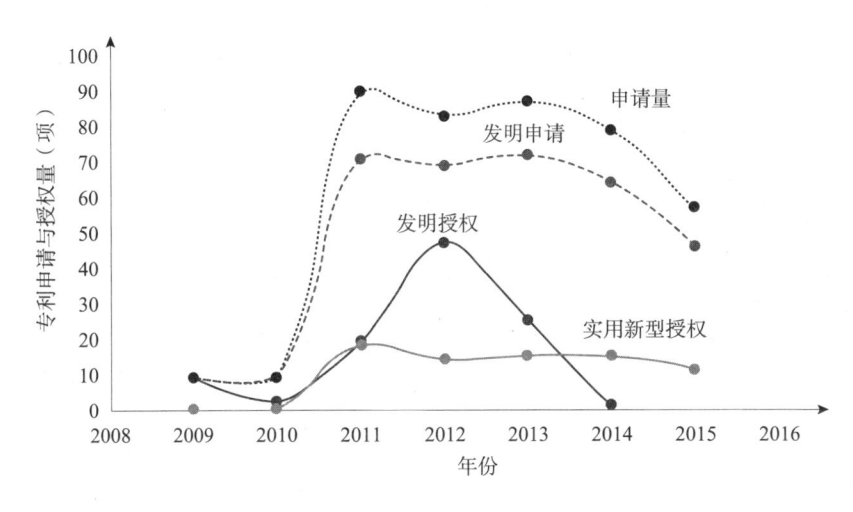

图 4-6 熊猫 LCD 专利申请与授权量（2008—2016 年）

（1）GP6-HD 培育期：2009—2010 年，这个时期是学习六代线技术积累知识经验阶段。熊猫 LCD 主要通过引进本领域六代线技术专家，如引进夏普参加过 G6、G8、G10 的专家、引进国内该领域的技术和管理专家，同时根据合同提供的技术文件对公司员工培训等途径进行技术学习，通过这些途径掌握六代线知识经验并积累形成公司的信元库系统（见图 4-7）。但是，此阶段熊猫 LCD 处于吸收六代线及其相关知识、经验的时期，尚未形成稳定的信元总体，工艺惯域尚未形成（图 4-8 中 A 部分边框为虚线），对外表现为公司有

熊猫 LCD 与夏普公司签订专利许可、商标使用、技术支持等合同，进一步明确了专家引进、图纸提供、文件翻译等细则，完善了引进技术的消化与吸收，为技术创新奠定了扎实基础。

引进的日本专家来自国际一流液晶面板供应商夏普公司。这些专家先后参与了世界首条 G6 生产线、G8 生产线和 G10 生产线的建厂、生产运营和产品研发工作。

引进的其他中国大陆专家，均是专门从事液晶技术研发、生产运营等工作的专家。这些本土专家具有 4.5 代厂和 5 代厂的建厂经验和工厂的运营管理经验。产品设计涵盖 26 寸以下的所有 TFT-LCD 产品，并具有 46 寸和 47 寸大尺寸液晶电视的研发经验。

图 4-7 熊猫 LCD 学习 LCD 六代线技术经验的途径

很强的技术学习能力,并有知识创新成果的产生,在此期间申请18项专利且获得11项发明专利授权。

(2) GP6-HD_1稳变期:2011—2013年,熊猫LCD掌握了六代线技术,且相关知识、经验稳定下来形成信元库,并对学习的知识、经验进行了消化吸收,积累了开展G6工艺设备创新的潜在能力。从公司行为可以观察到:熊猫LCD可以自行对工艺设备进行开发式创新,申请专利速度和数量大幅提升——其中,2011年申请专利90项,是2010年的10倍,2012年获得发明专利授权47项(见图4-6)。由此,熊猫LCD通过依靠自主创新降低了生产成本、提升了产品性能,而不是依赖于引进方进行工艺改造和技术创新(见图4-8中B部分)。

(3) GP6-HD_2新稳变期:2014—2016年,由于熊猫LCD掌握了六代线技术,形成了自己的工艺惯域,在既有技术基础上利用积累的六代线知识、经验和信息(潜在的能力)在工艺流程上继续进行创新,产生了新的信元,六代线技术惯域由GP6-HD_1扩展到GP6-HD_2,GP6-HD_1发生启发式扩展。这表明其GP6-HD_1的动态性良好,表现为知识创新成果仍然增长,能够突破工艺瓶颈提升六代线产品性能,满足市场新的产品型号的需求(见图4-8中C部分)。

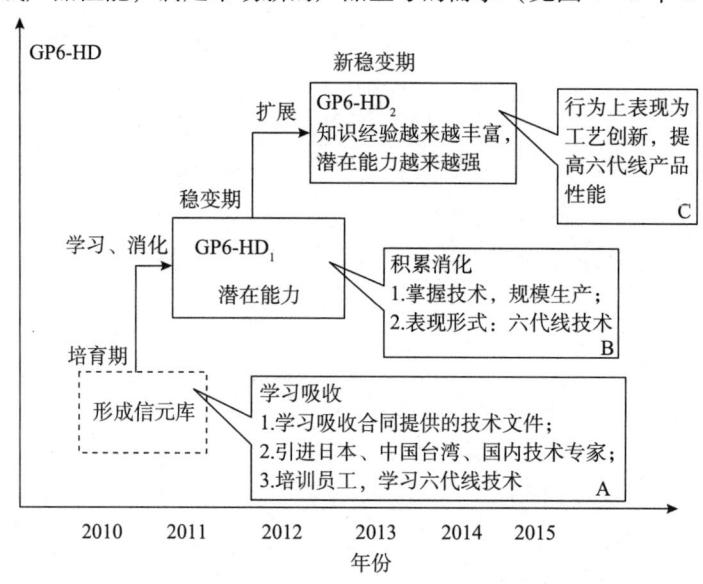

图4-8 熊猫LCD六代线GP6-HD演进示意

熊猫 LCD 压力集类型分析：2009—2015 年，作为技术引进的企业，形成技术惯域后，熊猫 LCD 的压力集主要来自合作方对引进技术的使用限制和自身内部发展的需求。其中，熊猫 LCD 无法获取合作方掌握的产品核心技术，这样为该公司在产品技术上创新形成了压力，而公司自身也需要降低产品成本、提高产品性能，因此其压力集确定性比较强，压力集相对稳定，此阶段为平稳型压力集。

由此，下面将用熊猫 LCD 六代线 POA 技术、阵列和成盒工程技术等具体工艺创新说明在平稳型压力集下工艺惯域变化与持续创新的关系。

4.3.2 GP6 – HD_1 的启发式扩展：以 POA 工艺创新为例

虽然熊猫 LCD 全部采用的是国外的技术设备，但是，他得到的是引进技术的显现知识、经验，却不能掌握获取夏普六代线技术的全部知识经验（对方惯域潜在能力：潜在的知识经验即信元），而在公司运营中要求熊猫 LCD 运用获取的技术实现绩效目标，因此该公司一面发挥吸收能力吸收六代线技术及相关知识，消化并运用于生产实践，实现六代线项目投产并获得效益；另一方面还组织研发团队对学习获取的技术进行消化、吸收、再创新，在新一代技术上进行专利布局，不断扩展工艺惯域（见图 4 – 9）。

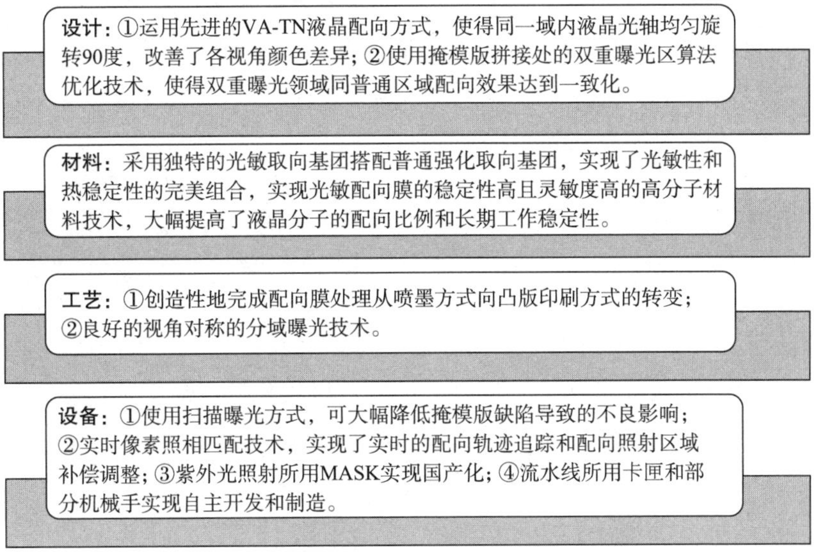

设计：①运用先进的VA-TN液晶配向方式，使得同一域内液晶光轴均匀旋转90度，改善了各视角颜色差异；②使用掩模版拼接处的双重曝光区算法优化技术，使得双重曝光领域同普通区域配向效果达到一致化。

材料：采用独特的光敏取向基团搭配普通强化取向基团，实现了光敏性和热稳定性的完美组合，实现光敏配向膜的稳定性高且灵敏度高的高分子材料技术，大幅提高了液晶分子的配向比例和长期工作稳定性。

工艺：①创造性地完成配向膜处理从喷墨方式向凸版印刷方式的转变；②良好的视角对称的分域曝光技术。

设备：①使用扫描曝光方式，可大幅降低掩模版缺陷导致的不良影响；②实时像素照相匹配技术，实现了实时的配向轨迹追踪和配向照射区域补偿调整；③紫外光照射所用MASK实现国产化；④流水线所用卡匣和部分机械手实现自主开发和制造。

图 4 – 9 熊猫 LCD 在 POA 的设计、材料、工艺、设备等方面的创新

如熊猫 LCD 开发的 POA 技术是在引进夏普的 UV2A 技术基础上，在设计、工艺、材料、设备等方面消化再创新（见图 4-10），不断积累形成自己的技术创新潜在能力，提升产品性能，获得竞争优势。

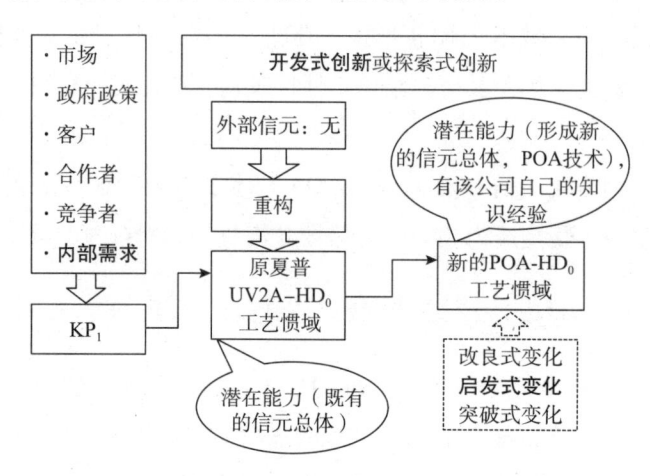

图 4-10　熊猫 LCD 的 POA 工艺创新

在平稳型压力集下，关键压力 KP_1 主要是公司内部发展需求，如成本、产品性能等，因此熊猫 LCD 对 POA 进行研发，在配向膜设计、配向膜处理工艺、配向膜材料及设备等方面，积累了由自身知识、经验所形成的信元总体，主动改善和学习引进的技术形成惯域（对于工艺惯域是启发式扩展），形成了公司自己的 POA 工艺惯域。新的 POA 工艺惯域与引进的夏普六代线的 UV2A 惯域潜在领域是不同的。因此，熊猫 LCD 能够主动消化吸收六代线技术，说明其工艺惯域稳定性变动性适度，并能够重构其自身信元库潜在的知识经验开发六代线产品新的制造工艺。

4.3.3　GP6-HD_1 的启发式扩展：以阵列工程技术原始性创新为例

根据技术引进合同规定，熊猫 LCD 可以继续使用夏普的阵列技术设备等方面，但是由于引进的夏普的阵列工程技术比较陈旧，无法满足新的工艺要求，为了企业长远发展考虑（公司发展的内部需求压力），熊猫 LCD 与"中电熊猫装备"合作开展原始创新，自主设计与制造的设备包括阵列工程使用的卡匣、阵列工程中的玻璃传输系统等（见图 4-11）。

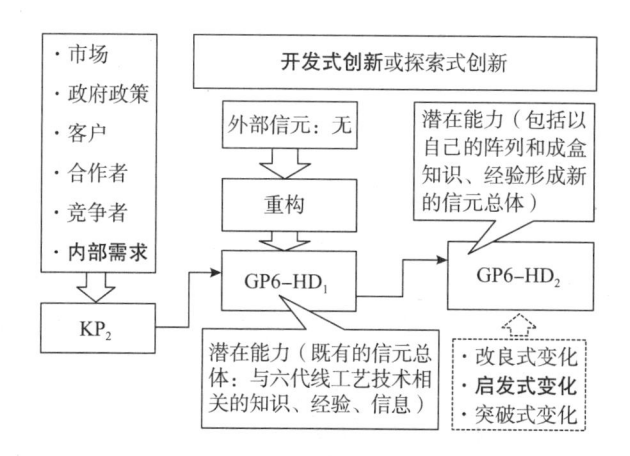

```
·市场
·政府政策              开发式创新或探索式创新
·客户
·合作者        外部信元：无    潜在能力（包括以
·竞争者                       自己的阵列和成盒
·内部需求        重构          知识、经验形成新
                              的信元总体）
    KP₂       GP6-HD₁   →   GP6-HD₂

         潜在能力（既有的信元总    ·改良式变化
         体：与六代线工艺技术相    ·启发式变化
         关的知识、经验、信息）    ·突破式变化
```

图 4-11　阵列工程技术惯域变化与开发式创新

熊猫 LCD 通过主动研发，形成了拥有自主知识产权的新阵列技术设备，如在缺陷检测技术上的创新，研发的阵列基板制造方法和液晶显示器以及修复方法等技术都取得了国家专利。目前金属氧化物半导体 TFT（薄膜晶体管）的制程跟现有的非晶硅制程类似，除传统的背通道刻蚀（Back Channel Etching，BCE）结构外，考量半导体特性会有刻蚀阻挡层（Etch Stop Layer，ESL）与 Co-planar 共面架构，所需的制程需要五道或是六道光罩，制程较为复杂，制造成本较高，因此熊猫 LCD 改进了阵列基板的制造方法，将流程简化为四道光罩，降低了制造成本（其申请的专利主要有 2012 年申请的"用于显示设备的阵列基板及其制造方法""一种阵列基板及其制造方法和液晶显示器"及"一种液晶阵列基板及其制造方法、修复方法"；2013 年申请的"一种 TFT 阵列基板及其制造方法"等），形成了由新的阵列的知识、经验构成的新信元总体，进而形成了新的阵列技术惯域。这个新的阵列技术惯域与引进的夏普六代线的阵列技术惯域的潜在领域不完全相同，对于原阵列的习惯域是一个突破性变化，而对于 LCD 的整体工艺惯域是一个扩展，因此熊猫 LCD 的工艺惯域发生启发式变化（由 GP6-HD₁ 扩展到 GP6-HD₂），对公司而言是开发式创新。

4.4　熊猫 LCD 工艺惯域演进与持续创新路线图

从熊猫 LCD 工艺惯域演进过程可以看到，由于是全套引进夏普的六代线技术设备，其核心技术专家也是来自引进方，熊猫 LCD 是通过吸收、消化形成了自己的工艺惯域。由于六代线的核心技术仍然由夏普公司掌握，熊猫 LCD 掌握的是对方提供的合同约定的技术文件和接受的培训学习，无法掌握对方的六代线的潜在技术能力，因此，在六代线产品技术上很难突破核心技术形成自主知识产权，所以熊猫 LCD 的产品惯域相对稳定，公司所处的环境相对稳定，形成的压力集也相对稳定。而技术发展的阻力源于对合作方既有核心技术难以突破的瓶颈，为摆脱依赖，熊猫 LCD 以工艺设备创新作为切入点，依靠自己的研发人员进行开发式创新，提高设备部件国产化率，从而形成自己的竞争优势。

综上，熊猫 LCD 通过引进吸收消化再创新，形成了稳定的信元总体，能够应对来自外部竞争压力和自我发展需要进行自主创新，其产品工艺惯域从无到有，并且不断变化、扩展。2009—2010 年是 GP6 – HD 培育期，与之相对应的知识创新也较少；2011—2013 年是其信元（关于六代线的知识经验）相对稳定阶段，这阶段其专利申请和授权较前期速度和数量的增长幅度，反映了其工艺惯域变动性很强，同时，其潜在的信元和重构能力为 G6 工艺创新提供了支撑；2014—2016 年是工艺惯域扩展期，熊猫 LCD 运用既有的工艺惯域 GP6 – HD_1 中的知识经验开展工艺设备的原始创新，使其工艺惯域得到扩展，形成了 GP6 – HD_2（见图 4 – 12）。

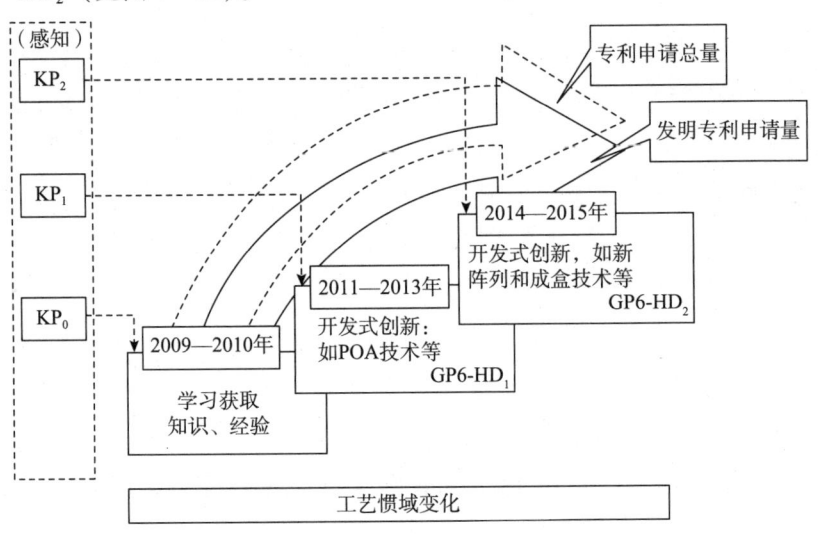

图 4 – 12　熊猫 LCD 工艺惯域演进与持续创新路线

该案例为引进技术形成工艺惯域的典型案例，由于公司产品惯域相对稳定，在工艺惯域的变动性及其正向效应作用下，熊猫 LCD 能够利用学习、吸收、消化的六代线知识经验不断对 G6 项目中部分工艺设备进行开发式创新，提高设备的国产化率，形成了公司的持续创新能力。

5 波动型压力集下恒立油缸技术持续创新研究

1999年，江苏恒立油缸有限公司成立（以下简称恒立）。2005年恒立在上海证券交易所上市，仅用了不到15年的时间从一个乡镇企业成长为全球领先的液压元件及系统制造商，其产品成为该领域国际知名品牌。该公司拥有全球领先的液压生产和检测设备，并建有亚洲最大的液压油缸研发中心，同时，该公司还掌握高压油缸生产的关键核心技术并拥有完全自主知识产权，这些成就是与恒立公司坚持持续创新分不开的。

本章主要选取恒立在2004—2014年持续的技术创新为案例进行研究，主要内容包括：该公司从拥有生产小型、中型挖掘机油缸的技术到开发高压油缸产品的技术；将高压油缸产品从传统的挖掘机油缸领域，扩展到船舶、太阳能热发电行业等大型特种设备用的非标准液压油缸领域；产品创新从液压油缸扩展到液压精密铸件领域。本章通过对案例深入具体的分析，回答这样的问题：在外部环境变化条件下（波动型压力集下），制造业企业的技术惯域的变化过程对持续创新的影响。

5.1 恒立概况[1]

江苏恒立高压油缸股份有限公司，其前身为无锡恒立液压气动有限公司，主要产品是气缸和气动阀。1999年起，恒立开发挖掘机专用油缸，为中小型挖掘机批量供货。2005年，成立江苏恒立高压油缸股份有限公司。目前，恒

---

[1] 资料来源：恒立官方网站（http://www.henglihydraulic.com/）和课题组调研。

立以高压油缸产品为支柱,建立了高压油缸、高压液压泵阀、高精密液压铸件三大生产基地,是集高压油缸、液压件、液压系统、高压柱塞泵及马达、高压液压阀、精密铸件研发和生产于一体的专业化企业,也是由全国液压气动标准化技术委员会和中国液压气动密封件工业协会共同制定的《液压传动 液压铸铁件技术条件》行业标准起草单位之一;恒立建有江苏省级工程技术研究中心、常州市级企业技术中心,是中国工信部"机械高端液压件及液压系统产业化协同工作平台"第一批成员单位。目前恒立是中国四大挖掘机专用油缸供应商之一,2013年公司市场份额已超过60%,且2010年到2012年新产品研发投入不断增加(见表5-1)。2012年,恒立员工总数为1300人,大专以上学历550人,占员工总数的42.31%(见表5-2),并有常年聘用的外籍专家7人;公司设有董事会、股东大会、监事会,并设有战略委员会等(见图5-1),在全球设有四个研发中心,分别是常州、上海、柏林、斯图加特研发中心,业务覆盖全球20多个国家,并为1200多个知名企业服务。

表5-1 2010—2012年恒立的新产品销售收入与开发经费[1]

年度	新产品销售收入(万元)	集团收入(万元)	员工人数	新产品开发数	当年开发新产品名称	开发新产品的方式	新产品开发经费投入(万元)
2010	63735	81699	1150	4	30-85T小型履带挖掘机高压缓冲动臂、斗杆、铲斗油缸,盾构机械用推进油缸	自主研发	2703
2011	81604	113339	1200	5	小型履带挖掘机高压缓冲动臂、斗杆、铲斗油缸,小型履带挖掘机超高压缓冲动臂、斗杆油缸	自主研发	3708
2012	71900	102707	1300	5	盾构机用超高压铰接油缸、紧凑型缸体进油多级油缸、水泥泵车配套用轻量化变幅油缸、旋挖钻机配套用高抗震桅杆油缸、高空作业车配套用长行程高抗弯伸缩油缸	自主研发	4383

[1] 资料来源:公司调研及江苏恒立高压油缸股份有限公司2010—2012年年度报告。

表5-2 恒立研发人员与专利申请状况[1]

年度	研发人员人数（人）	大专以上人数（人）	研究生以上人数（人）	专利申请数（件）	专利受理数（件）	已获得专利数（件）
2010	120	320	5	5	5	5
2011	150	380	5	5	5	5
2012	220	550	5	25	25	18
2013	220	500	7	7	7	2

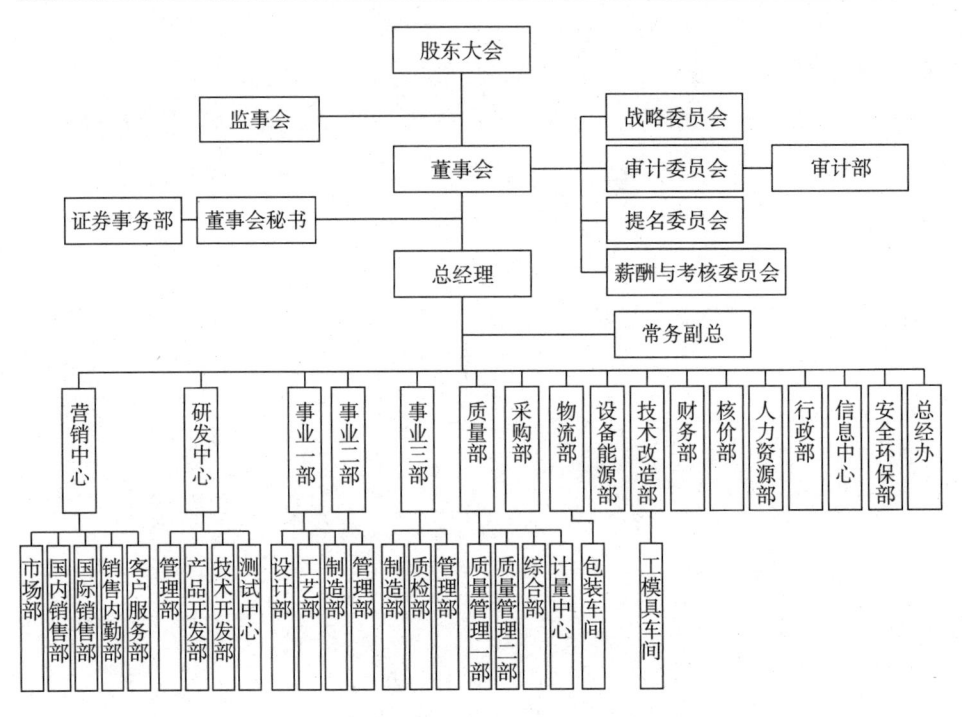

图5-1 江苏恒立高压油缸股份有限公司组织结构

近年来，恒立的技术创新成果已获得发明专利3项，实用新型专利31项，还有多项专利申请在审核中（见表5-3、表5-4）。恒立自1999年起，从一个生产气压油缸及中低压油缸的中小企业，快速发展成为拥有全球规模最大高压油缸生产基地的中国液压行业的领导者。本书之所以选择恒立2004—2014年的持续技术创新为案例进行研究，是因为该公司由生产小型、中型油缸的企业，通过自主创新发展成为能够生产大型高压油缸、特种非标准油缸的企业，

[1] 资料来源：公司调研。

也是国内唯一能够规模化生产挖掘机油缸的自主品牌企业。特别是近年来恒立已经从液压元件制造向液压控制技术研发生产领域进军，成为国际一流的液压成套方案供应商，反映了该公司在此期间虽然处于（内部和外部）环境波动中，但仍然能应对环境变化快速成长，其技术发展路线清晰，其技术、知识经验积累易于观察、数据易于获得，并具有典型性。

表5-3 恒立2009—2015年申请的发明专利❶

申请时间	发明专利名称
2009-06-17	浮动式缓冲油缸
2012-11-29	非均质阀体型芯芯骨
2013-01-17	基于合流控制方式的液压装置
2013-03-22	具有压力补偿功能的液压阀系统
2014-03-25	一种铸件清理线自转运系统
2014-10-20	自动化铸造生产线砂件分离及碎砂装置
2015-09-14	缓冲套表面掺氮的方法
2015-09-14	挖掘机铲斗油缸
2015-09-14	液压油缸活塞平面自密封结构
2015-10-12	全可靠井架举升多级缸
2015-10-12	破碎机油缸
2015-10-12	撑靴油缸
2015-10-12	紧凑型高可靠性双作用多级油缸
2015-10-12	吊机细长伸缩油缸
2015-10-13	铣铸件生产系统
2015-10-13	喷丸机
2015-10-13	烘包器及其控制过程
2015-11-09	铸型用易分离模块
2015-11-09	可提高高压油缸端盖铸件质量和工艺出品率的铸型套件

表5-4 恒立拥有的专利❷

序号	类型	专利名称	专利号	申请时间
一		已授权专利		
1	实用新型	一种螺纹锁紧装置	ZL200820032809.2	2008-03-07
2	实用新型	缓冲高压油缸	ZL200820032813.9	2008-03-07

❶❷ 资料来源：国家知识产权局网站。

续表

序号	类型	专利名称	专利号	申请时间
3	发明	浮动式缓冲油缸	ZL200910032481.3	2009-06-17
4		一种电动直线驱动器	ZL200910032499.3	
5	实用新型	油缸试验装置	ZL200920046615.2	
6		电动直线驱动器	ZL200920046616.7	
7		油缸导向套防松装置	ZL200920046634.5	
8		浮动式缓冲液压油缸	ZL200920046635.X	
9		机械自锁油缸	ZL200920046636.4	
10		机械式无杆气缸	ZL200920049282.9	2009-10-26
11		带插装液压锁的液压油缸	ZL201020500350.1	2010-08-19
12		大速比型液压油缸	ZL201020500339.5	
13		风电系统用变浆油缸	ZL201020500347.X	
14		矿用车辆用悬挂油缸	ZL201020500337.6	
15		小型液压挖掘机用缓冲式油缸	ZL201220223572.2	2012-05-17
16		中高压液压挖掘机油缸的缸筒缸体焊接结构	ZL201220223630.1	
17		一种铁水球化炉前除尘集气装置	ZL201220640476.8	2012-10-05
18		一种阀体流道内窥检测装置	ZL201220642440.3	
19		一种非均质阀体芯芯骨	ZL201220643035.3	
20		工矿车辆用前悬架油缸	ZL201220644892.5	
21		重型工矿车辆所用后悬架油缸	ZL201220644631.3	
22		机械式自锁液压油缸	ZL201220651211.8	2012-11-30
23		自锁油缸的缓冲式锁定结构	ZL201220651550.6	
24		一种搅拌机	ZL201220741312.4	2012-12-28
25		一种砂芯修整装置	ZL201220738872.4	
26		一种铸造热芯盒温控装置	ZL201220738920.X	2012-12-28
27		盾构机推进油缸	ZL201220739369.0	
28		盾构机用铰接油缸	ZL201220741596.7	
29		太阳能举升油缸	ZL201220739368.6	
30		抓钢机抓斗油缸	ZL201220739366.7	
31		液压挖掘机用斗杆油缸	ZL201220745852.X	2012-12-29
32		挖掘机用铲斗油缸	ZL201220745734.9	
33		基于合流控制方式的液压装置	ZL201320024318.4	

续表

序号	类型	专利名称	专利号	申请时间
二		正在审核的专利		
1	PCT	非均质阀体型芯芯骨	PCT/CN2013/071242	2012-02-01
2		阀体流道内窥检测装置	PCT/CN2013/071296	
3	发明	非均质阀体型芯芯骨	ZL201210497433.3	2012-11-29
4		阀体流道内窥检测装置	ZL201210497109.1	
5		工矿车辆用前悬架油缸	ZL201210498898.0	
6		重型工矿车辆所用后悬架油缸	ZL201210500480.9	
7		基于合流控制方式的液压装置	ZL201310017907.4	2013-01-17
8	实用新型	太阳能转向油缸	ZL201220735397.5	2012-12-28

5.2 恒立主要发展历程与关键事件❶

恒立早期的产品主要是气缸和气动阀，从1999年开始开发挖掘机专用油缸，而当时同行业的一些厂家已经开始开发高压油缸，但是产量都很小，市场需求量也不大，如2001年中国市场挖掘机的总产量不到两百台。恒立首先将小型和中型挖掘机专用油缸作为研发重点和突破口。2004年，恒立成为中国油缸企业中第一家为广西柳工批量配套小挖和中挖油缸的企业。随后，恒立逐步将研发重点转移到技术难度大的高压油缸领域，不断地投入资金开展高压油缸技术研发，并逐步掌握了核心技术。2005年，恒立将高压油缸推向市场，并在经过了用户使用和市场考验后获得客户的认可。

2008年，恒立注意到单一的产品难以适应复杂的市场竞争，因此开展市场调查，经研究发现市场对工业设备用油缸和大型特种设备用的高压油缸有极大的需求，如各类海洋工程油缸、盾构机油缸、矿车油缸等（见图5-2）。由此，恒立面向不同用户需求开发了各种专用高压油缸，并推向市场，到2012年，恒立获得12项油缸技术实用新型专利授权。

---

❶ 资料来源：恒立官方网站（http://www.henglihydraulic.com/）和课题组调研。

图 5-2　恒立为船舶、钻井平台等特殊用户提供的液压油缸定制服务图例

与此同时，恒立发现在工程机械四大液压元件油泵、液压阀、马达和油缸中，除了油缸对进口的依赖程度为 68% 外，高端油泵、液压阀和马达产品都 100% 依赖进口，对行业的发展产生一定的影响。2011 年，恒立投资 13 亿元，建成全球最大的挖掘机油缸及特种高压油缸生产基地，成为中国唯一能够规模化生产挖掘机油缸的自主品牌企业，形成年产挖掘机专用高压油缸 45 万只、特种油缸 15 万只的生产能力，并于同年 10 月 28 日在上海证券交易所上市。与此同时，又投资 1 亿美元新建国际一流的高精密液压铸件生产基地。2012 年成功并购国内最著名的液压元件生产企业之一——上海立新液压有限公司。恒立以液压元件中最关键的铸造零部件为突破口，从德国引进世界先进的精密液压铸造生产线，聘请德国专家组成研发制造团队负责生产工艺流程，利用自主研发的先进技术和高端装备，研制出 HL - PV80、D100 - d55 - h126、HL-CV180B 等油缸端盖、导向套、多路阀阀体、片式阀阀体。2012 年 11 月，高精密液压元件投入生产并推向市场。到 2013 年为止，恒立研发的高精密液压铸件在技术与工艺上取得了重大突破，获得了 10 余项实用新型专利授权。2015 年，恒立又获得 13 项发明专利授权，自主创新取得丰硕成果。恒立通过

持续不断地创新带动了中国高精密液压件行业的发展，与此同时，恒立的产品也填补了中国液压铸件生产领域的空白。

5.3 产品惯域变化与持续创新

本节将根据恒立高压油缸的发展历程和关键事件，分析恒立2004—2014年企业面临的压力集变化趋势，研究该公司通过感知关键压力，改变产品惯域进行持续创新的过程并总结其规律与启示。

在研究过程中，将该案例分为由低压油缸技术到高压油缸技术及升级到高端产品创新、由挖掘机高压油缸到特种设备高压油缸的非标准产品创新、精密液压铸件"填补空白"的产品创新三个阶段进行讨论（见图5-3）。其中，公司在2004—2014年不同阶段的产品分别表示为LC_{m1}、H_nC_{m2}、SC_{m3}、HPC_n，而不同阶段产品惯域用$LC_{m1}-HD_0$、$H_nC_{m2}-HD_1$、$SC_{m3}-HD_2$、HPC_n-HD_n表示。由于从低压油缸到高压油缸产品采用不同技术标准，是探索式创新；高压油缸产品到特种油缸产品的技术标准也不同，因此也为探索式创新（Benner, Tushman, 2002）。

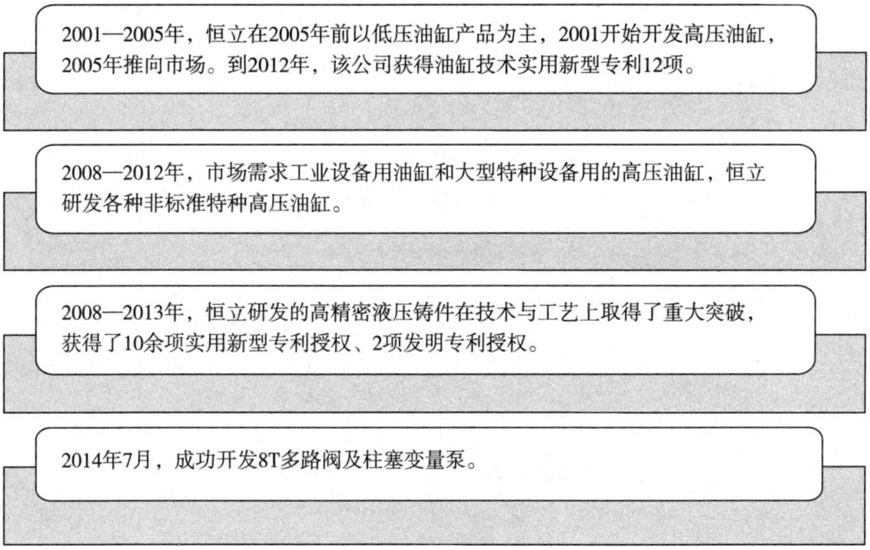

> 2001—2005年，恒立在2005年前以低压油缸产品为主，2001开始开发高压油缸，2005年推向市场。到2012年，该公司获得油缸技术实用新型专利12项。

> 2008—2012年，市场需求工业设备用油缸和大型特种设备用的高压油缸，恒立研发各种非标准特种高压油缸。

> 2008—2013年，恒立研发的高精密液压铸件在技术与工艺上取得了重大突破，获得了10余项实用新型专利授权、2项发明专利授权。

> 2014年7月，成功开发8T多路阀及柱塞变量泵。

图5-3 恒立2004—2014年主要的产品创新

恒立的产品惯域界定为在一段时间内，公司所掌握的油缸技术、知识、经验在内外部环境没有重大变化时相对稳定，对外表现为有稳定的产品，而其稳定的知识和经验是能够根据环境变化进行产品创新的潜在能力。

5.3.1 恒立 2004—2014 年的环境压力分析

恒立的外部环境主要是国内外市场竞争、政府政策、行业发展、用户需求及合作方需求等，而其内部环境压力来自公司战略发展的需求、人员变动、投资方的压力等（内部需求），内外部环境因素变动共同构成了恒立的压力集。本案例选取 2004—2014 年恒立关键压力（KP）进行分析。

5.3.1.1 产业链与技术发展

高压油缸产业链的上游行业一般是钢材原材料及其他配件，下游行业是挖掘机等大型基建设备、船舶、海洋工程设备和冶金、风电设备等，高压油缸属于中间产品，因此本产业与上游产业原材料供应商和下游产业中相关设备制造商具有较强的关联性（见图 5-4）。

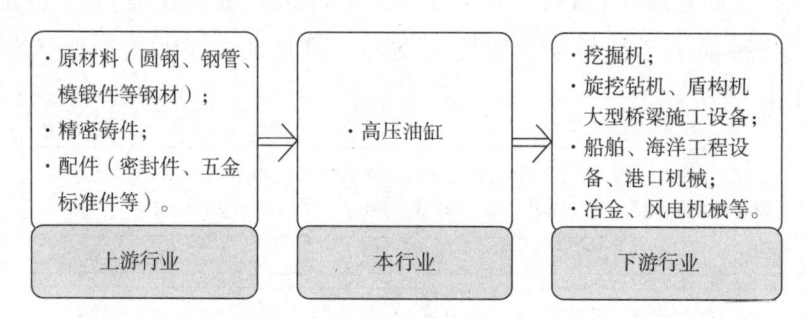

图 5-4 液压油缸行业产业链❶

在 2004—2014 年，国内外厂商在发展高压油缸产品技术上没有突破性进展，比较注重与高新技术的结合，高压油缸产品向高性能、环保节能等方向发展。

5.3.1.2 政府政策

油缸是液压系统的重要部件之一。我国从 20 世纪六七十年代开始，经过 50 多年的发展，在低压油缸领域已经实现国产化，高压油缸属于装备制造业，

---

❶ 资料来源：恒立上市招股说明书。

是我国政府重点支持的行业。2004—2015 年，国家政策加大力度对制造装备业进行政策指导，政策从零部件到整机都做了规定（见表 5-5）。特别是我国的"十二五"发展规划其关键内容是大力支持装备制造业发展。总之，政府相关部委和协会政策导向对装备制造业的支持和影响是积极的。

表 5-5　2005—2015 年国家（省部及协会）有关装备制造业的指导性政策、规划等

时　间	文件名	相关内容
国务院（2015 年 5 月）（国发〔2015〕28 号）	《中国制造 2025》	瞄准新一代信息技术、高端装备、新材料、生物医药等战略重点，引导社会各类资源集聚，推动优势和战略产业快速发展。明确支持战略性重大项目和高端装备实施技术改造的政策方向，稳定中央技术改造引导资金规模，通过贴息等方式，建立支持企业技术改造的长效机制。提高制造业国际化发展水平
工信部（2012 年 5 月）	《智能制造装备产业"十二五"发展规划》（执行期：2011—2015 年）	重点围绕智能基础共性技术、智能测控装置与部件、重大智能制造成套装备等智能制造装备产业核心环节
中国共产党第十七届中央委员会第五次全体会议（2010 年 10 月 18 日）	《中共中央关于制定国民经济和社会发展第十二个五年规划的建议》	发展现代产业体系，提高产业核心竞争力，发展先进装备制造业，完善依托国家重点工程发展重大技术装备政策，提高基础元器件研发
国务院（2010 年 10 月）	《国务院关于加快培育和发展战略性新兴产业的决定》	对高端装备制造，提出"强化基础配套能力，积极发展以数字化、柔性化及系统集成技术为核心的智能制造装备"
工业和信息化部（2010 年 10 月）	《机械基础零部件产业振兴实施方案》	强调培育具有国际竞争力的基础零部件企业及知名品牌
国务院（2009 年 5 月）	《装备制造业调整和振兴规划》	明确提出装备制造业是国家战略性产业，并且首次将基础配套件从政策层面提升到战略高度，从主机带动配套件发展转变为两者相辅相成、共同发展的模式

续表

时间	文件名	相关内容
工业和信息化部（2009年5月）	《装备制造业技术进步和技术改造投资方向（2009—2011年）》	工作压力≥20MPa的高压液压缸和工作压力≥25MPa的数字液压缸符合装备制造业技术进步和技术改造投资的方向
江苏省人民政府（2009年5月13日）	《江苏省装备制造业调整和振兴规划》	提出加快九个重点领域发展，其中工程机械领域，重点加强对液压控制系统、关键部件、配套动力等的研发配套，同时提出优化装备制造业布局，打造以徐州、常州等工程机械生产企业为主体的工程装备制造产业集群
国务院（2006年2月）（国发〔2006〕8号）	《国务院关于加快振兴装备制造业的若干意见》	明确指出提高装备的自主制造比例。为鼓励企业增加研发投入，该意见还提出将加大企业研发投入税前扣除等激励政策的力度
中国液压气动密封件工业协会（2005年）	《液压气动密封行业"十一五"发展规划》	液压行业发展重点产品有高压液压缸、数字液压缸和比例伺服液压缸
中国工程机械工业协会（2005年）	《工程机械行业"十一五"发展规划》	支持国内市场短缺、进口量大的产品，支持关键配套零部件的发展，提升整机国产化的水平。有关"行业发展战略与指导思想"部分明确指出：加快零部件的技术发展，培育重点企业，开展国内外技术合作

5.3.1.3 标准油缸市场

2005年之前，我国油缸行业自主品牌主要在低压油缸领域，当时的油缸行业中低端产品竞争激烈；而高端液压油缸属于技术密集型行业，自主创新能力较弱，行业缺乏掌握液压和机械自动化技术的复合型人才，因此2000年年初的高端油缸市场缺少国产自主品牌，市场上主要是KYB、小松液压、东洋机电等外资品牌。但是，由于当时我国基础设施投资猛增，高压油缸领域相关机械设备市场存在供不应求的局面。

在标准高压油缸市场，挖掘机油缸技术要求最高，市场需求也高，根据对国内主要挖掘机厂商数据调查，挖掘机2006—2010年复合增长率为33.76%（见图5-5）。在油缸匹配上，一个挖掘机配四个油缸，因此，2006—2010年，

5 波动型压力集下恒立油缸技术持续创新研究

我国挖掘机专用油缸市场需求从 20.72 万只增长到 66.32 万只。

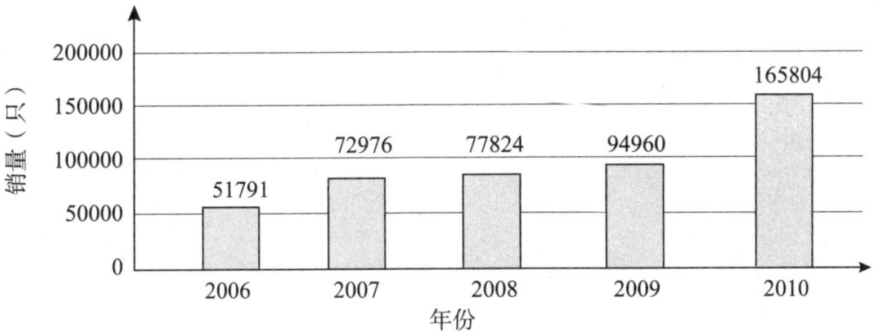

图 5-5　2006—2010 年国内主要挖掘机厂商挖掘机销量❶

2008 年，全球金融危机对下游挖掘机行业带来了冲击，导致市场对高压油缸需求减少，整个产业链内外发展艰难。与此同时，2008 年我国政府推出投资拉动的"4 万亿"政策，随之，房地产行业景气指数上升及城镇化比率逐步提高，公路、铁路、城市轨道交通的大发展，区域振兴规划、西部大开发及灾后重建等，对挖掘机等大型基建设备行业有所带动。

5.3.1.4　非标准油缸市场

在技术上，非标准油缸与高压油缸相比技术跨度大，主要表现在：①大型特种设备用油缸材料上一般选择锻件，比普通的特轧钢组织致密性能更高；工件尺寸多样化，大型液压油缸的零件加工需要大型加工设备；②生产组织方式不同，非标准液压油缸的生产属于小批量和多样化生产；③焊接工艺上有变化，一般采用埋弧焊接；连接形式上有变化，采用法兰连接结构；④工艺上根据工件的尺寸变化而变化，如小尺寸缸筒加工采用刮削滚光，大尺寸缸筒加工采用镗孔 + 珩磨工艺。由于技术要求高、结构设计复杂、长行程、高压力等原因，国内能够规模化生产大缸径的重型装备用非标准油缸的企业不多。当年，国内品牌主要有四川长江液压件有限责任公司和徐州徐工液压件有限公司，部分产品仍依赖进口。

随着全球金融危机及我国投资拉动政策的推出，一些重型装备用非标准油缸市场需求快速提升。我国大型基建项目和船舶、航运行业的复苏，导致船

---

❶ 资料来源：2011 年恒立油缸招股说明书。

舶、海洋工程设备及港口机械和大型工业设备领域对重型装备用非标准油缸需求增加，风力发电市场对发电油缸需求也在增加（见表5-6）。

表5-6 2007—2010年非标准油缸市场需求情况

背 景	市场需求
到2020年我国地铁总里程将超过六千公里，总投资额超过八千亿元	2007—2009年，盾构机销量从48台增加到100台，将成为全球最大盾构机市场
2009年我国造船完工量4243万载重吨，同比增长47%，国内船舶工业快速发展、海事工程建设力度加大	国内船舶、海洋工程及港口机械用油缸市场需求快速提高
风电快速增长需要大量风力发电设备供应	国内风力发电设备用油缸市场需求增加

5.3.1.5 行业地位

2010年，恒立成为国内"四大"（KYB、小松液压、东洋机电、恒立）中唯一的自主品牌挖掘机专用油缸供应商。2010年，恒立在国内挖掘机专用油缸市场占有率达20%，2011年其挖掘机油缸市场占有率60%以上，快速成长为该行业的领先者。

总之，通过对2004—2014年恒立面临的环境，如产业链与技术、政府政策、市场竞争、行业地位等的分析，恒立所处的压力集没有突发式变化，即使2008年金融危机对下游挖掘机等产品产生一定的冲击，高压油缸市场的变化和行业竞争所形成的各种压力也在预期范围内。因此，在该阶段恒立的压力集是波动型压力集。那么，恒立如何在波动型压力集下开发新产品、扩展新市场，又是如何进行开发式创新和探索式创新，进而保持了行业的领先地位是本研究的关键。

5.3.2 恒立信元库构成

2004—2014年，恒立的技术创新主要有：从生产小型、中型油缸到大型高压油缸的高端产品创新，从挖掘机专用油缸到非标准高压油缸等的产品创新，在引进生产线和外部专家基础上研发精密液压铸件来填补行业空白的技术创新等。

与之相对应的各个产品形成了自己的信元库，即中低压油缸信元库（LMH）、高压油缸信元库（HHC）、非标准油缸信元库（SHC）、精密液压铸

5 波动型压力集下恒立油缸技术持续创新研究

件信元库（HPC）。公司的产品信元库系统（FIS）变化是：从 FIS_{OA}（中低压油缸惯域：小挖和中挖油缸）扩展到 FIS_{AB}（高压油缸惯域：规模生产挖掘机油缸），扩展到新的 FIS_{AC}（含高压油缸和非标准高压油缸知识经验），再扩展到 $FIS_{ACEDC1A1}$（含液压油缸和液压精密铸件知识经验）（见图 5-6）。

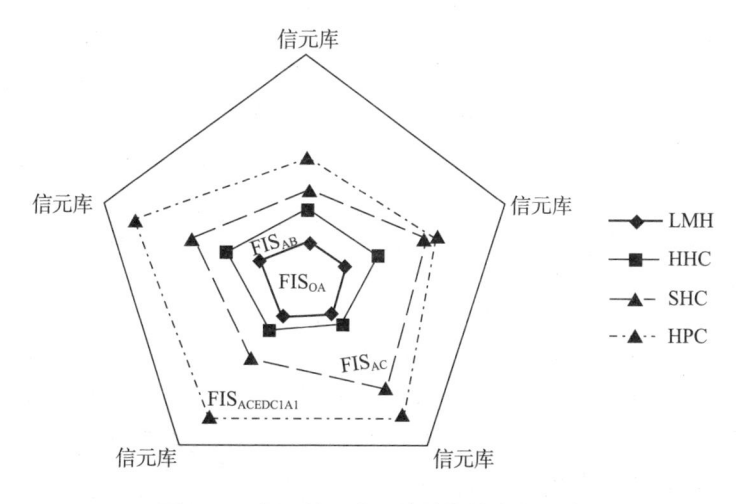

图 5-6 恒立信元库系统结构的变化示意

5.3.3 低压油缸产品惯域突破式变化：对高压油缸的探索式创新

感知的关键压力因素（KP_1）：2004—2005 年，恒立感知的关键压力因素来自市场竞争（低压油缸市场竞争激烈）和用户需求（高压油缸市场没有国产品牌，且供不应求），以及政府政策（支持装备制造业的民族品牌）。

恒立主动抓住了这个市场机会，并开始逐步将研发重点转移到高压油缸领域，即技术难度高的挖掘机专用油缸。对于油缸制造企业，虽然从生产低压油缸到生产高压油缸，在生产工序流程上无重大差别，但是，由于高压油缸的材质要选用高性能的材料来提高液压油缸整体的耐压性能，这就与低压油缸形成了本质的区别；另外，生产制造高压油缸技术跨度大，如焊接工艺、材料检测、材料热处理、性能检测等技术要求比低压油缸更高，因此探索高压油缸的生产制造对于恒立充满了挑战。2005 年，恒立掌握了高压油缸的核心技术和生产制造工艺，并将新产品高压油缸推向市场，年产达到五千多套，公司在高压油缸产品上形成了惯域（$HC_{m2} - HD_1$）。与之相应的公司液压油缸产品惯域

$LC_{m1}-HD_0$ 发生了突破性变化形成 $HC_{m2}-HD_1$，在这个阶段，恒立开展的是探索式创新（见图5-7）。

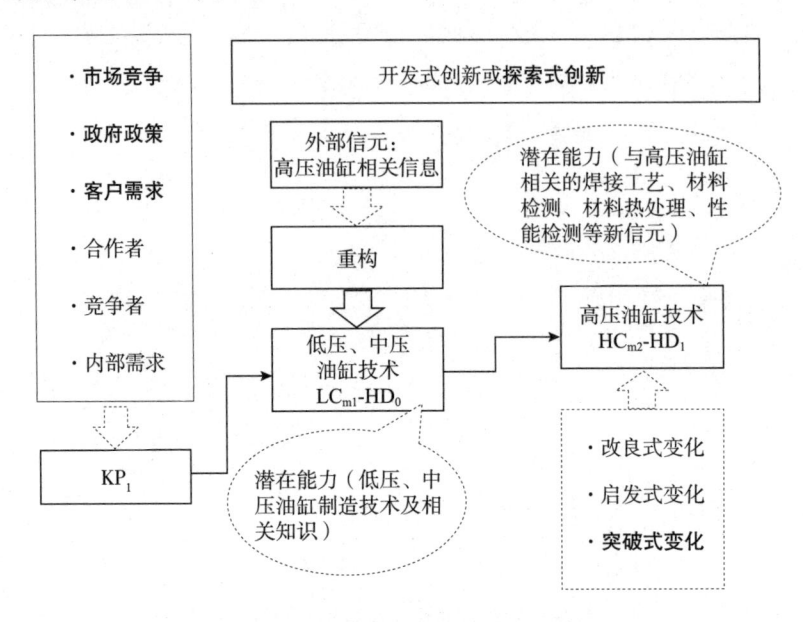

图5-7 油缸产品从低端到高端：产品惯域突破式变化（$HC_{m2}-HD_1$）

随着恒立对高压油缸技术的掌握和不断的工艺创新，从批量生产到规模生产，2010年挖掘机专用油缸销量达到13.53万只，销售额达到6.08亿元（见表5-7）。2011年，恒立成为国内首个规模化生产挖掘机油缸的企业，是中国唯一能够规模化生产挖掘机油缸的自主品牌企业，也是国内四大挖掘机专用油缸供应商之一。

表5-7 2008—2011年恒立挖掘机专用油缸市场占有率❶

年份	专用油缸销售量（万只）	可配套挖掘机量（万台）	国内挖掘机销量（万台）	在全部品牌挖掘机中市场占有率
2008	4.22	1.06	7.7824	13.62%
2009	5.06	1.27	9.4960	13.37%
2010	13.53	3.38	16.5804	20.39%
2011年1—6月	11.55	2.89	12.4700	23.18%

---

❶ 资料来源：2011年恒立油缸招股说明书。

随着恒立高压油缸规模生产，形成了由自我知识积累的 $H_1C_{m2}-HD_1$。恒立感知的关键压力因素（KP_{11}）主要是用户需求减少（恒立的下游挖掘机行业受到金融危机冲击产量降低，导致市场对挖掘机高压油缸需求减少）、政策没有大的波动、拉动内需政策将对冲需求减少（见图 5-8）。因此根据市场变化，恒立主动针对外资品牌挖掘机等开发配套高压油缸。

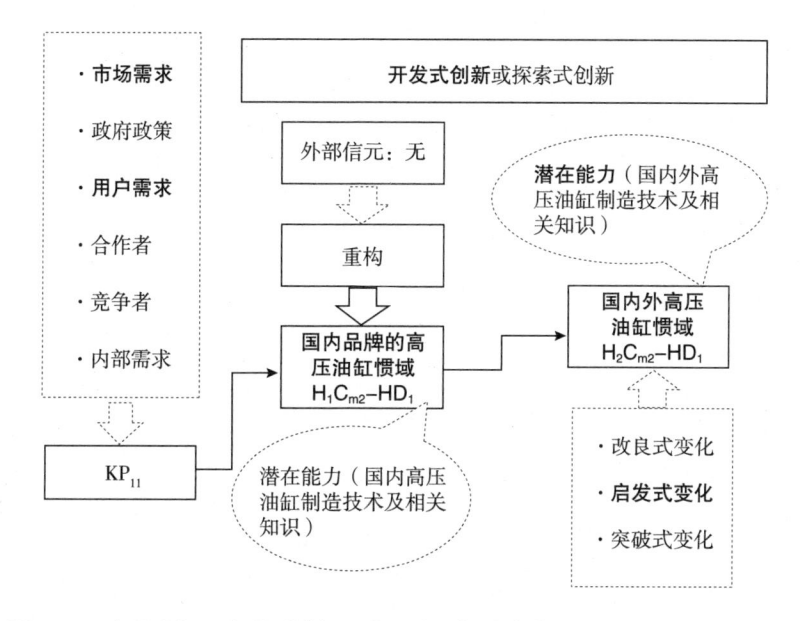

图 5-8　高压油缸配套类型增加：高压油缸惯域启发式扩展（$H_2C_{m2}-HD_1$）

可见，恒立能够运用 $H_1C_{m2}-HD_1$ 的潜在能力应对市场变化自主开发新品种，高压油缸不仅能够满足国内挖掘机厂家（原有配套厂家主要是徐工集团、三一重工等国内品牌），还扩展到国外挖掘机品牌（形成新的 $H_2C_{m2}-HD_1$）。如 2013 年，在挖掘机油缸产品研发方面，恒立成功开发了日本的住友、加藤、卡特、洋马、久保田、日立的部分机型在内的 12 种外资品牌样品机型。在油缸技术创新方面，2010 年恒立获得了 12 项实用新型专利授权、1 项发明专利授权。恒立自主研发新产品扩展了公司的信元库，其高压油缸产品惯域发生了启发式变化，可见，该公司运用产品惯域潜在能力有效率地进行了开发式创新。

5.3.4 高压油缸产品惯域突破式变化：对非标准油缸的探索式创新

感知关键压力因素（KP_2）：2008年，恒立注意到仅生产挖掘机用的高压油缸产品比较单一，难以适应复杂的市场竞争和用户的需求变化，特别是金融危机带来的下游产品需求量降低的现状（用户需求）。由于政策支持和确保公司要保持行业的领先者地位（内部需求），因此，恒立选择对技术难度和跨度大的非标准高压油缸进行研发，进而开拓新市场。

此时，恒立产品惯域也由稳变态转为变动态，在互动能力、重构能力、感知压力结构能力、资源调配能力等共同作用下，产品惯域发生了突破式扩展，达到新的稳定态，并形成非标准油缸惯域（$SC_{m3} - HD_2$）。在非标准油缸产品创新上表现为恒立运用形成的 $SC_{m3} - HD_2$ 的潜在能力，不断开发出适应不同领域的非标准高压油缸，增强了市场的竞争力，保持了行业领先地位（见图5-9）。

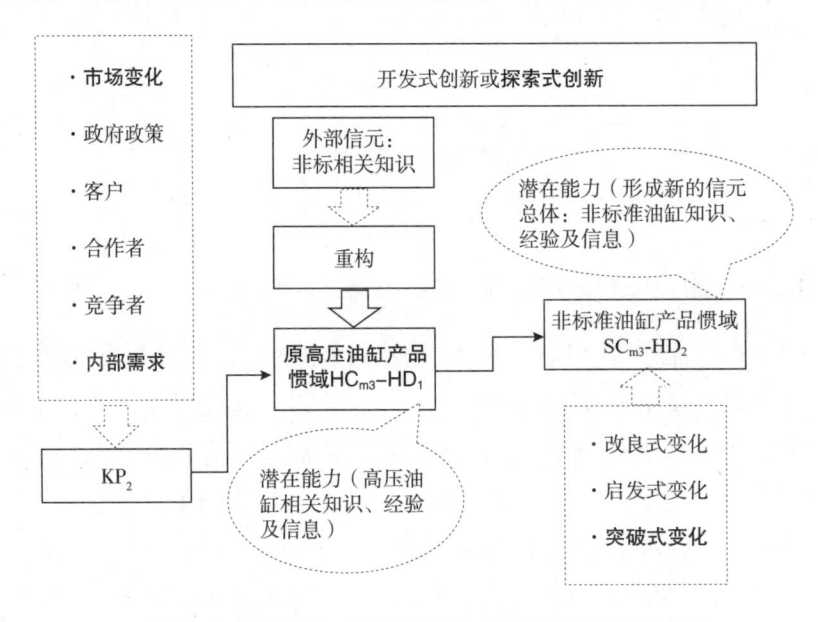

图5-9 高压油缸产品惯域突破式变化与探索式创新

虽然受国内工程装备制造业不景气的影响，但恒立创新效益表现为2011年的重型装备用非标准油缸新产品营业收入比2010年增加21.52%，2012年度虽然挖掘机油缸销售量下降了9.81%，但是恒立开发重型装备用非标准油缸销售数量较同期上升3.76%。同时，恒立运用非标准油缸形成的习惯域的知识、经验，在2008—2014年研发了涉及多个领域的供应大型工业设备用油缸和大型特种设备用高压油缸。例如，2013年，恒立共设计特种油缸新图纸1881套、新方案2501份，新图总张数达18931张，开发的新产品有代表性的11M的金属剪切机用超长油缸，500米口径的球面射电望远镜用液压油缸等。2014年，恒立的特种油缸市场扩展到盾构机、海事、汽车吊等行业。恒立仍然保持了行业的领先地位。

5.3.5 高压油缸产品惯域突破式变化：对液压精密铸件的探索式创新

关键压力因素（KP_2）：2008—2012年，由于下游行业不景气导致高压油缸市场需求减少，但是，恒立调研发现我国在液压精密铸件行业存在空白，即产品需要进口。因此，高压油缸需求减少、液压精密铸件行业存在对国有产品技术的需求以及恒立自身保持行业领先者的需要等构成了这个期间恒立感知的关键压力因素。

2010年，恒立开始开发高精密液压铸件技术和产品，2011年恒立通过并购液压元件企业弥补自己在生产其他液压元件技术上的不足（信元），同时，对自己缺乏的工艺技术，公司还聘请德国专家组成研发制造团队负责生产工艺流程（新的信元），并利用自主研发的先进技术和高端装备，生产工程机械关键零部件高精度液压铸件，研制出 HL－PV80、D100－d55－h126、HLCV180B等，填补了我国液压精密铸件行业空白，并于2012年11月投产。2012年液压阀及总成的营业收入达到1809.87万元，且目前已经拥有7项授权实用新型专利。精密铸件方面，2013年恒立累计开发试制精密铸件新品（含改模产品）几十种（见表5-8）。

表5-8 恒立2013年研发的精密铸件新产品❶

新产品种类	完成试制数量	获批产许可数量
端盖类	48种产品完成试制	其中41种已获得批产许可
导向类（含隔套缓冲套）	68种产品完成试制	其中64种已获得批产许可
泵、阀类	35种产品完成试制	—

❶ 资料来源：江苏恒立高压油缸股份有限公司2013年年度报告。

续表

新产品种类	完成试制数量	获批产许可数量
球铁棒类	总计18种规格已批量供货	—
非标准产品：类球座、球支、导套等	36种产品已完成供货	—

此时，恒立不仅掌握了高压油缸生产技术，还掌握了精密液压铸件技术。由于生产精密液压铸件的技术（新的信元）不在公司原有的产品惯域之内，因此，恒立的产品惯域发生了突破式变化（见图5-10），而公司在新产品开发上进行了探索式创新。

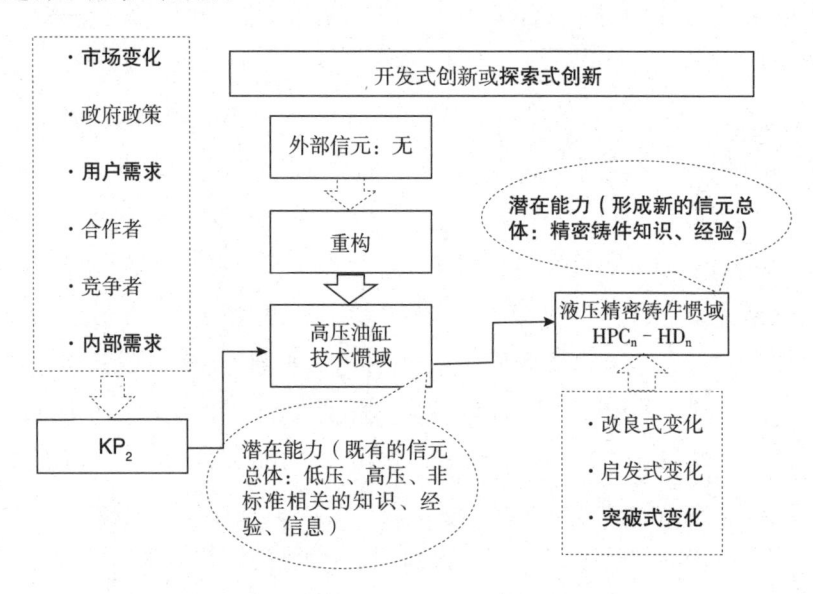

图5-10 高压油缸惯域突破式变化与液压精密铸件产品创新

5.4 恒立产品惯域演进与持续创新的路线图

上一节初步讨论了在2004—2014年的产品惯域变化和相应的技术创新，即恒立的产品惯域变化经历了四个阶段（FHD_A、FHD_B、FHD_{BC}、FHD_{BCD}），即从低压油缸到高压油缸的探索式创新、从高压标准油缸到非标准油缸的探索式创新、从单一的高压油缸产品到高精密液压铸件的探索式创新。本节将对前文中案例分析的产品惯域演化路径进行讨论，描述恒立产品惯域与持续创新的路线图（见图5-11）。

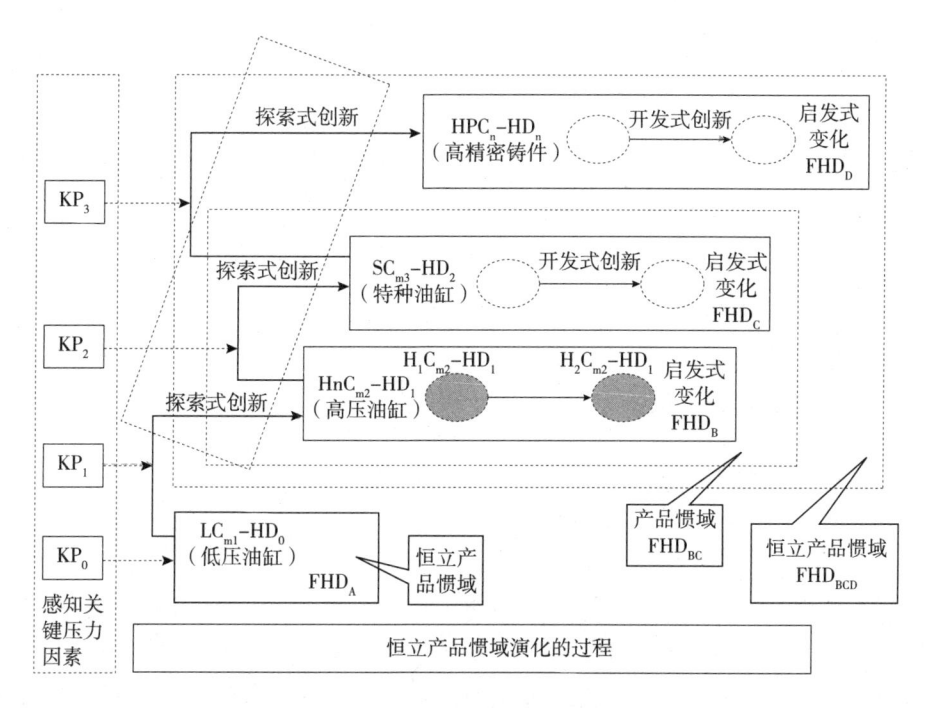

图 5-11 恒立产品惯域演化与持续创新路线

5.4.1 产品惯域变动性与探索式创新和开发式创新

产品惯域的变动性表现为产品惯域的扩展与对环境变化的反应,发生在产品惯域演进过程中的变动态和渐稳态。恒立高压油缸技术创新发生在 $LC_{m1}-HD_0$ 的变动态和形成 $H_nC_{m2}-HD_1$ 的渐稳态(见图 5-11),产生新产品的思想(信元)超出了 $LC_{m1}-HD_0$ 的潜在领域,因此从 $LC_{m1}-HD_0$ 到 $H_nC_{m2}-HD_1$ 发生的是突破式变化,发生了探索式创新。公司产品惯域也从 FHD_A 突破性扩展到 FHD_B。

恒立在开发面向不同领域的非标准高压油缸的技术创新阶段,其信元来自外界知识与 $H_nC_{m2}-HD_1$ 的潜在领域的信元重构,从 $H_nC_{m2}-HD_1$ 到 $SC_{m3}-HD_2$ 是突破性变化,$SC_{m3}-HD_2$ 形成后,又运用形成的潜在能力进行开发式创新,不断扩展非标准油缸惯域;恒立的产品惯域也从 FHD_B 突破性扩展到 FHD_{BC}(见图 5-11)。

恒立的高精密液压铸件技术创新,形成的新信元超出了原有的高压油缸惯域,高压油缸惯域发生了突破式变化,且由于 HPC_n-HD_n 还没有完全形成,正处于渐稳期,高精密液压铸件的各项产品创新产生在 $HPC_n - HD_n$ 的渐稳态过程中(见图 5-11)。恒立的产品惯域也从 FHD_{BC} 突破性扩展到 FHD_{BCD}。

2004—2014 年,恒立从拥有低端产品技术发展到拥有高端产品技术以及高精密液压铸件技术,产品惯域的信元不断丰富,技术能力不断增强。由此,还可以看到由于产品惯域存在的潜在能力,推进了恒立的创新速度和效率的提升,并由于其习惯域良好的变动性能够吸取外部信息不断进行创新(马蕾,2011)。这一结论在林春培(2011)的研究中也得到了证实,他认为企业能利用既有知识资产推动持续性创新和应对外部相似类型的创新挑战。可见技术惯域不断扩展和变化在持续创新中发挥积极的作用。

5.4.2 产品惯域的稳变期与开发式创新

当 $H_nC_{m2} - HD_1$、$SC_{m3} - HD_2$ 处于稳变态时,也是产品开发式创新阶段,在此期间恒立将运用已形成的产品惯域的潜在能力,进行高效率、快速的开发式创新应对市场的变化,这个期间的新产品也给公司带来可观的效益。

5.4.3 产品惯域刚性是持续创新的阻力

路径依赖、企业惯性、既有知识经验阻碍了企业的持续创新(林春培,等,2011),对于产品惯域,其存在的既有信元是持续创新潜在的障碍,特别是当企业不能产生新的信元,又不能吸收外界信元进行重构时,产品惯域会产生刚性,阻碍企业进行持续创新。例如本案例中,在变化的压力环境下,恒立为了将持续创新进行下去,通过突破既有高压油缸惯域,克服既有信元对创新的影响,即不继续沿着高压油缸技术路线,而是转换到精密液压铸件的技术创新中,填补行业空白形成新的竞争力。

综上,本章通过对恒立 2004—2014 年技术创新案例的分析,从信元变化的微观层次研究了波动型压力集下公司产品惯域变化与开发式创新和探索式创新的关系,建立了恒立油缸产品惯域螺旋式扩展与持续创新路线图,研究表明:由于恒立对不同阶段压力集的关键压力要素感知不同,因此应对环境变化的创新战略也不同,公司产品惯域良好的动态性是选择创新战略的基础;同时,在恒立的产品惯域演进中,突破性变化往往带来探索式创新,而一旦形成惯域,又能运用惯域的潜在能力进行开发式创新;产品惯域的启发式变化往往与开发式创新相对应;恒立产品惯域通过启发式变化和突破式变化不断扩展,

5 波动型压力集下恒立油缸技术持续创新研究

与此同时，交织着企业的探索式创新和开发式创新，使持续创新不断进行。由此，惯域的不断变化与创新的交替演进过程，使恒立保持了行业领先地位并开启了国际化之旅（见图5-12）。

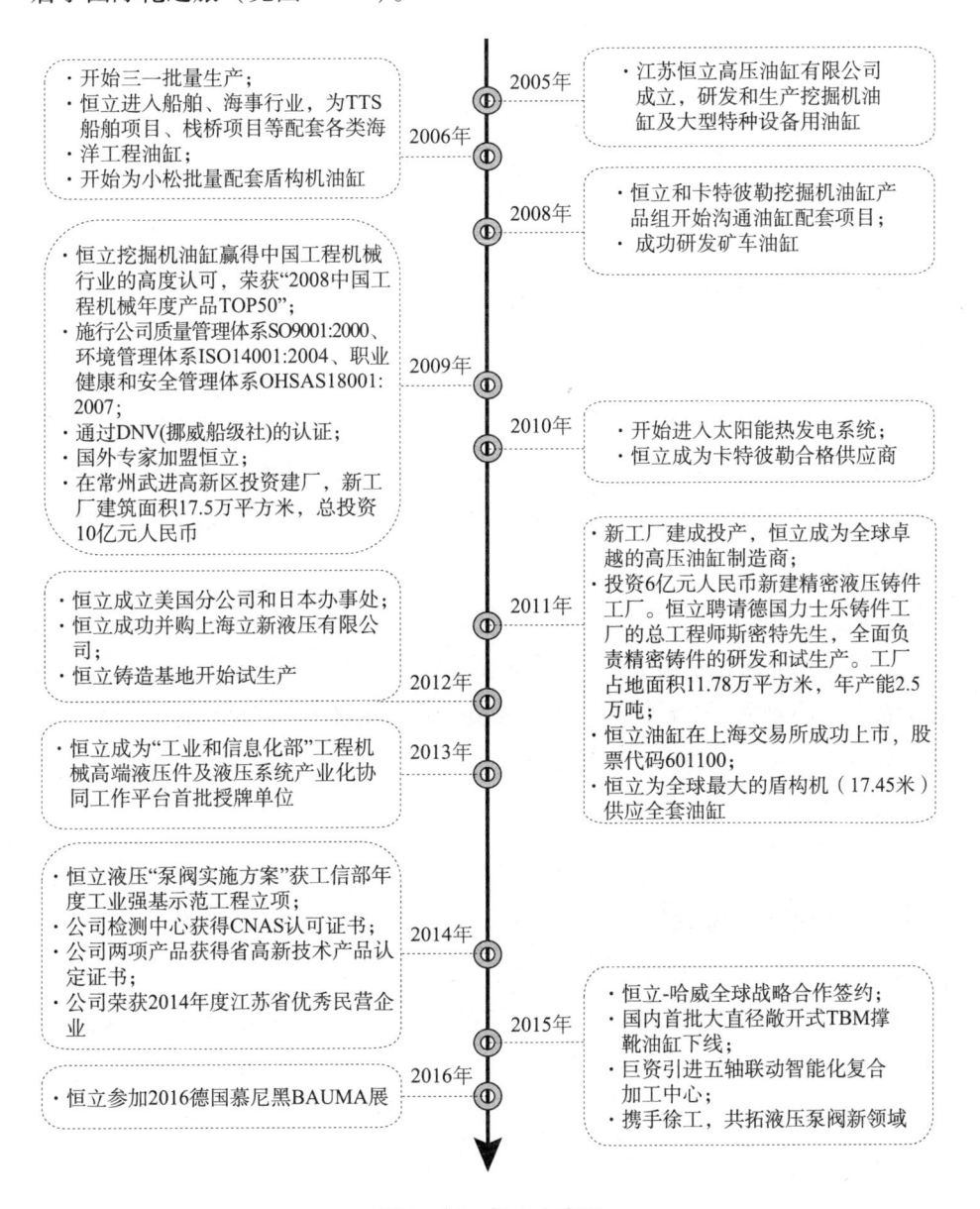

2005年
- 江苏恒立高压油缸有限公司成立，研发和生产挖掘机油缸及大型特种设备用油缸

2006年
- 开始三一批量生产；
- 恒立进入船舶、海事行业，为TTS船舶项目、栈桥项目等配套各类海洋工程油缸；
- 开始为小松批量配套盾构机油缸

2008年
- 恒立和卡特彼勒挖掘机油缸产品组开始沟通油缸配套项目；
- 成功研发矿车油缸

2009年
- 恒立挖掘机油缸赢得中国工程机械行业的高度认可，荣获"2008中国工程机械年度产品TOP50"；
- 施行公司质量管理体系SO9001:2000、环境管理体系ISO14001:2004、职业健康和安全管理体系OHSAS18001:2007；
- 通过DNV(挪威船级社)的认证；
- 国外专家加盟恒立；
- 在常州武进高新区投资建厂，新工厂建筑面积17.5万平方米，总投资10亿元人民币

2010年
- 开始进入太阳能热发电系统；
- 恒立成为卡特彼勒合格供应商

2011年
- 新工厂建成投产，恒立成为全球卓越的高压油缸制造商；
- 投资6亿元人民币新建精密液压铸件工厂。恒立聘请德国力士乐铸件工厂的总工程师斯密特先生，全面负责精密铸件的研发和试生产。工厂占地面积11.78万平方米，年产能2.5万吨；

2012年
- 恒立成立美国分公司和日本办事处；
- 恒立成功并购上海立新液压有限公司；
- 恒立铸造基地开始试生产

2013年
- 恒立成为"工业和信息化部"工程机械高端液压件及液压系统产业化协同工作平台首批授牌单位
- 恒立油缸在上海交易所成功上市，股票代码601100；
- 恒立为全球最大的盾构机（17.45米）供应全套油缸

2014年
- 恒立液压"泵阀实施方案"获工信部年度工业强基示范工程立项；
- 公司检测中心获得CNAS认可证书；
- 公司两项产品获得省高新技术产品认定证书；
- 公司荣获2014年度江苏省优秀民营企业

2015年
- 恒立-哈威全球战略合作签约；
- 国内首批大直径敞开式TBM撑靴油缸下线；
- 巨资引进五轴联动智能化复合加工中心；
- 携手徐工，共拓液压泵阀新领域

2016年
- 恒立参加2016德国慕尼黑BAUMA展

图5-12 恒立大事记

6 不同形态压力集下凯特尔持续创新研究

组织常常运行在多种形态压力集下,在不同形态压力集下如何改善习惯域也是我们关注的重点。本章的特点是在案例设计中分析了波动型压力集和突变型压力集下技术惯域演化对持续创新的影响;同时,还分析了企业不同维度的习惯域演化及协同作用与持续创新的关系,为从微观层面了解企业持续创新过程提供了一个全景图。本章选取了江苏凯特尔(Kaiteer)工业炉有限公司(以下简称凯特尔)为案例,围绕着该公司2001—2013年发展的关键事件开展研究。民营企业凯特尔用十余年的时间成为国内冶金用全氢罩式退火炉生产的龙头企业和国家重点高新技术企业。凯特尔能够随着外界环境变化,不断改善公司的技术惯域、市场惯域、管理惯域,通过持续创新保持了行业的领先者地位,对本研究具有典型意义。

6.1 凯特尔概况[1]

江苏凯特尔工业炉有限公司位于江苏省靖江市新桥工业园区内,成立于2001年,注册资金1128万元、总资产2亿元,是集设计、制造、安装、调试为一体的工业炉专业生产企业,是国内冶金用全氢罩式退火炉生产的龙头企业,也是国家重点高新技术企业和江苏省高新技术企业。凯特尔是AAA级重

---

[1] 资料来源:凯特尔官方网站(http://www.jskter.com/)和课题组调研。

合同守信用企业，并连续多年获得最佳供应商称号。该公司作为《冶金用全氢罩式退火炉》行业标准的第一起草单位，拥有行业领先的产品。与国内其他用电加热的锅炉相比，全氢罩式工业锅炉以氢气作为能源，属国内首创，填补了国内市场空白。该产品是在消化吸收国外最新技术的基础上，针对我国国情组织相关专家、教授进行技术攻关研制的最新技术成果，被国家评为重点新产品，并获两项专利。该产品价格仅为国外同类产品的二分之一，而性能及质量与国外同类产品相当。工业炉的主要产品有高效余热回收智能化全氢炉、XQL型系列新型强循环光亮退火炉，连续式光亮退火炉以及常压容器设备等。凯特尔的主要产品系列有工业锅炉、建筑装饰管、低烟防火电缆料、自动化软件（控制系统软件）等（见图6-1）。产品主要配套国内武汉钢铁、河北钢铁、唐山钢铁、济南钢铁等大中型知名钢铁公司以及俄罗斯JSC、土耳其GOKTAS和南非SOURNEL等国际知名钢铁集团。

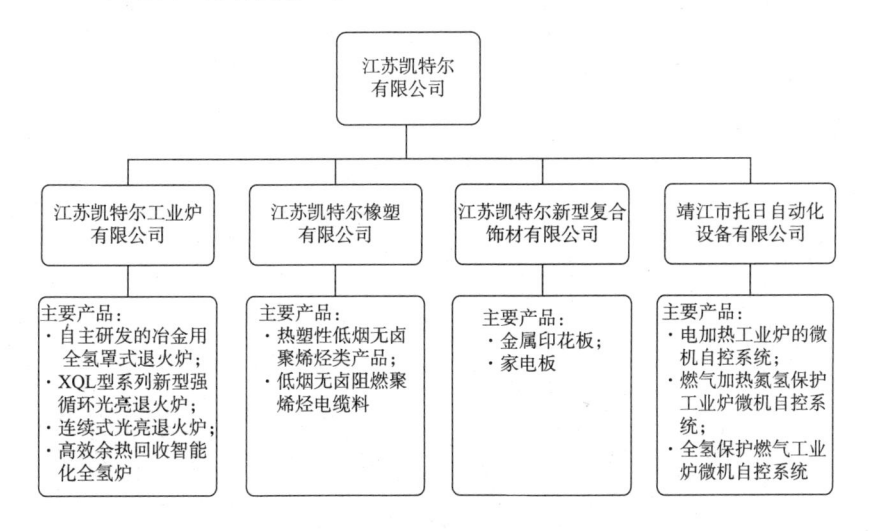

图6-1 凯特尔的主要产品

凯特尔在国内与宝钢、武钢、鞍钢等特大型钢企保持良好的伙伴关系，综合实力居国内同行前列。凯特尔现有正式员工182人，其中：大专以上科技人员59人，占职工总数的32.4%；研发人员23人，占职工总数的12.6%；具有中高级职称人员25人。另外凯特尔常年高薪聘请国内外专家，其中包括中科院院士等，为公司新技术新产品提供咨询服务（见表6-1）。凯特尔设有一个专业从事工业炉设计、开发的技术研发中心（见图6-2），并与上海钢铁研究院、上海化工研究院、武汉钢铁研究院等建立了紧密合作关系。2012年凯特尔销售收入达到35800万元,是公司成立初期的40多倍(见图6-3)。公司每年将销售收入的4%进行新技术、新产品研发,目前,凯特尔拥有25项实用新型专利和2项软件著作权(见图6-4)。

表6-1 各类研发人员与专利授权数❶

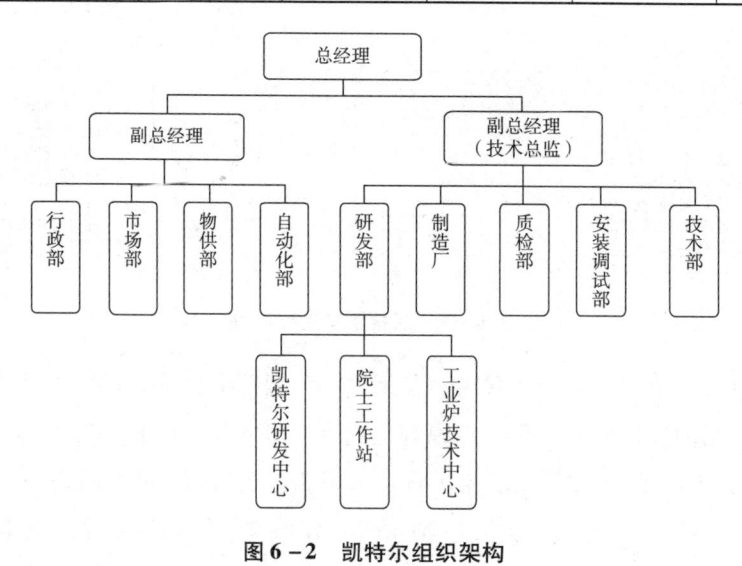

年度	研发人员数(人)	大专以上人数(人)	研究生以上人数(人)	专利申请数(件)	专利受理数(件)	已获得专利数(件)
2001	2	8	0	—	—	—
2002	5	12	1	2	2	2
2003	6	13	1	1	2	1
2004	7	15	2	1	1	1
2005	7	15	2	2	2	1
2006	8	18	2	2	2	1
2007	9	22	2	2	2	1
2008	10	24	2	2	2	1
2009	11	30	2	7	7	5
2010	12	33	2	3	3	2
2011	12	33	2	6	6	2
2012	20	42	4	9	9	9
2013	20	42	4	5	5	5

图6-2 凯特尔组织架构

---

❶ 数据来自国家知识产权局网站。

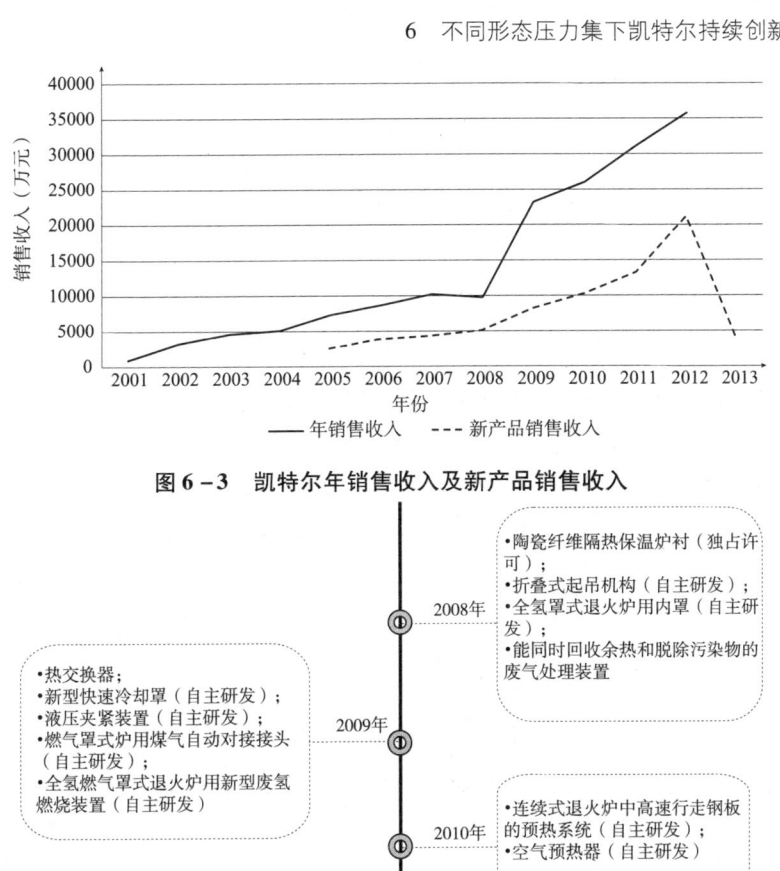

6 不同形态压力集下凯特尔持续创新研究

图 6-3　凯特尔年销售收入及新产品销售收入

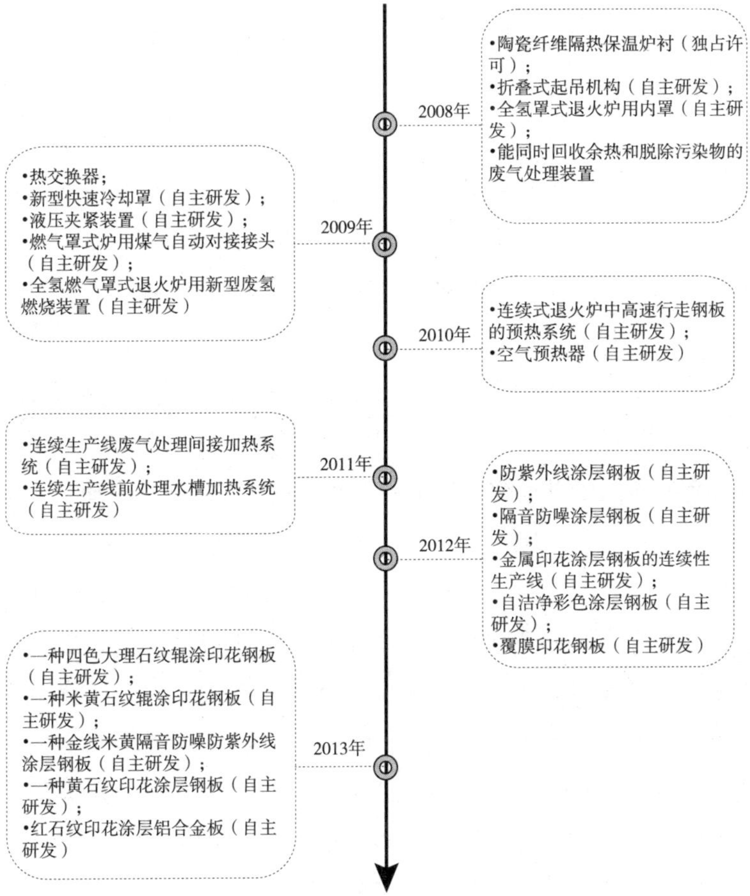

2008年
- 陶瓷纤维隔热保温炉衬（独占许可）；
- 折叠式起吊机构（自主研发）；
- 全氢罩式退火炉用内罩（自主研发）；
- 能同时回收余热和脱除污染物的废气处理装置

2009年
- 热交换器；
- 新型快速冷却罩（自主研发）；
- 液压夹紧装置（自主研发）；
- 燃气罩式炉用煤气自动对接接头（自主研发）；
- 全氢燃气罩式退火炉用新型废氢燃烧装置（自主研发）

2010年
- 连续式退火炉中高速行走钢板的预热系统（自主研发）；
- 空气预热器（自主研发）

2011年
- 连续生产线废气处理间接加热系统（自主研发）；
- 连续生产线前处理水槽加热系统（自主研发）

2012年
- 防紫外线涂层钢板（自主研发）；
- 隔音防噪涂层钢板（自主研发）；
- 金属印花涂层钢板的连续性生产线（自主研发）；
- 自洁净彩色涂层钢板（自主研发）；
- 覆膜印花涂层钢板（自主研发）

2013年
- 一种四色大理石纹辊涂印花钢板（自主研发）；
- 一种米黄石纹辊涂印花钢板（自主研发）；
- 一种金线米黄隔音防噪防紫外线涂层钢板（自主研发）；
- 一种黄石纹印花涂层钢板（自主研发）；
- 红石纹印花涂层铝合金板（自主研发）

图 6-4　凯特尔 2008—2013 年授权专利❶

---

❶ 资料来源：国家知识产权局网站。

6.2 凯特尔主要发展历程与关键事件[1]

2001年以来,凯特尔在积极吸收人才、不断开发新品的基础上,与国外知名工业炉公司开展了多种方式合作,使公司的工业炉等产品在制造和控制技术方面始终处于国内前列。全氢罩式炉的行业领导地位,以民族制造、自主品牌与国际同行同平台竞争,并多次折桂。2008年,凯特尔通过了ISO 9001质量体系认证,完善质量保证体系和售后服务体系。同时公司积极推行5S管理,并成立执行委员会对其进行有效监督。凯特尔不仅开发国内市场,还将产品出口至国外。如2006年工业炉就远销越南、印度尼西亚,于2012年出口至俄罗斯,海外市场的销售额以每年10%的比例增长。面对复杂的市场竞争环境,凯特尔坚持扩展海外市场,增强企业竞争力。凯特尔的市场优势体现在:公司自成立以来,在上海、广东、武汉、重庆、沈阳、北京、厦门、邯郸等地设立了销售机构,与宝钢、武钢、邯钢、济钢、攀钢、唐山建龙等知名企业建立了业务合作关系,这些关系和销售网点的建立使公司产品在销售方面具有了优势。2007年5月,凯特尔与美国URT公司签订了全氢罩式炉独家代理协定,期限为15年。

凯特尔拥有科技研发机构、华中科技大学院士工作站和南理工-凯特尔工业炉工程技术研究中心,建立了精干高效的管理模式,并不断加强技术创新,形成工业炉设计、新材料开发、模块化生产的技术能力。基于开放式创新理念,2008年凯特尔与南京理工大学成立南理工-凯特尔工业炉工程技术研究中心,2010年与华中科技大学合作成立了华中科技大学院士工作站,形成全氢强对流罩式炉退火工艺智能控制系统开发的技术项目。在管理上,凯特尔全面导入ISO 9001质量管理体系,提升标准化管理水平,组织制订了Q/321282JLR01—2008《RB系列罩式电阻炉》、Q/321282JLR03—2008《高效能全氢罩式炉》标准。"RBG/Q型微机自控全氢燃气强对流罩式退火炉"被列入2005年江苏省科技攻关计划和国家中小企业技术创新基金。"微机自控全氢燃气

---

[1] 资料来源:凯特尔官方网站(http://www.jskter.com/)和课题组调研。

罩式炉扩产项目"被列为国家 2009 年资源节约和环境保护备选项目,并获得专项资金的支持。

在研发管理中,凯特尔针对各关键技术课题,由各小组分工负责,并与各研发小组签订了绩效考核合同,且建立了研发投入核算和跟踪检查措施,做到专款专用。2008—2010 年,凯特尔共开展研发项目 14 项,三年投入研发经费 894.1 万元,占总收入的 5.48%。凯特尔推行新产品研发项目承包制,将科技人员的薪资收入与项目开发挂钩,有效激励科技人员自主创新。2010 年凯特尔在研发方面投入总额达 700 余万元,取得了明显成绩。

凯特尔从 2001 年自主研发全氢罩式工业锅炉起,至今先后多次承担省部级科技攻关计划项目,并围绕 RB 型微机自控全氢强对流罩式炉在产品及工艺等方面不断创新。

全氢罩式工业锅炉能根据规定的要求,将薄板冶炼成指定厚度。2006 年,公司高管去德国、美国的同行企业考察,引进了机器人焊接工艺技术,不仅提高了工业炉的生产效率,还提高了集团劳动生产率。

2008 年,随着我国汽车业、家电业的飞速发展,对黑色金属和有色金属光亮退火的板材、带材需求量不断增加。这些板材、带材在生产工序中常以成卷的形式传递,而热处理长期以来主要以罩式退火炉为主,无法满足其所要求的物理性能。于是,凯特尔成立项目开发组,开发"RB 型微机自控全氢强对流罩式炉用内罩",历时 10 个月,在原有技术的基础上,继续研发全氢强对流罩式炉用内罩,并利用风机形成上下气流的对流循环,使整个内罩形成一个气体对流通道,保证炉内温度均匀。

与此同时,随着能源越来越紧张,用户节约能源的意识越来越高,当时市场上使用的保温炉衬一般是采用硅酸铝耐火材料来提高全氢罩式退火炉的隔热性能,减少热量损坏,降低能源低耗,提高炉衬的使用寿命。凯特尔针对科研人员实际应用过程中发现的蓄热损失大、散热率高等缺陷,提出新课题研究开发新炉衬组合,既可提高产品质量,又能达到很好的保温效果,既节约能源,又可降低生产成本。同年年底,凯特尔完成了"RB 型微机自控全氢强对流罩式炉用陶瓷纤维隔热保温炉衬、液压夹紧装置"。随着生产工艺的创新,经江苏省工业炉委员会检测,每炉热损失降低了 5%,提高了 3% 的产能,节约了 3% 的燃气,实现了罩式炉自动化锁紧功能,降低了工人劳动程度,并与计算机进行安全联锁控制，确保安全可靠。

仅在 2009 年，凯特尔在"RB 型微机自控全氢强对流罩式炉"产品及工艺等方面完成了六项研发工作，并申请了五项专利。

（1）凯特尔在提升设备环保方面，也取得了新进展，成功研制了"RB 型微机自控全氢强对流罩式炉用新型废氢燃烧装置"，该项技术可以将废氢气及污染物回收到加热罩中进行燃烧，既给炉内增添热能，又减少了对环境的污染。烧嘴燃烧前采用氮气进行吹扫，确保高温废氢气在传输过程中的安全性，同时采取计算机自动控制，确保废氢气的燃烧安全。该技术在某特种薄板有限公司的全氢强对流罩式退火炉上应用，减少 60% 废气排放、节约 2% 能源消耗。

（2）"RB 型微机自控全氢强对流罩式炉新型快速冷却内罩"：随着市场对黑色金属和有色金属退火板材、带材需求量的不断增加，市场对冷却工艺要求越来越高。2008 年市场上的冷却罩均采用风冷的形式进行冷却。即在冷却罩的顶部安装至少两台抽风机不断向外抽热气，冷空气从炉台的底部进入冷却材料，这种冷却方式虽然结构简单，但是冷却效率低，严重影响了热处理的功效。因此，凯特尔成立了研究小组，对其结构进行了重点研究，研发了"RB 型微机自控全氢强对流罩式炉新型快速冷却内罩"，提高了冷却速度，达到行业领先水平。

（3）研制折叠式起吊机构、空气预热器和煤气自动对接接头：随着全氢罩式炉含炉量的不断增加，装料高度也在不断增高，罩式炉群的高度也随之提高，为消除罩式炉操作的安全隐患，折叠式起吊机构同时配有起吊指示标志，能确保起吊安全可靠。同年，为了减轻工人劳动强度，确保安全可靠，凯特尔组织研发人员优化了罩式炉设计，实现了煤气自动检漏，提高了设备自动化水平。

（4）随着市场对高性能、高精度冷轧薄板（如家电板、汽车板等）产品的需求不断增大，开始采用连续式退火炉。当时，采用高温氮氢保护气体喷吹方法对钢板进行预热，而保护气体的加热采用一套独立的加热系统，该加热系统存在能耗高的缺点，同时这种加热方式不符合国家所提倡的建设节约型社会的产业政策，再者退火炉中产生的大量高温烟气直接排放到空气中，会产生温室效应污染环境。因此，凯特尔成立了项目组，经过五个月的研制，设计了利用废烟气的热量来加热保护气装置——"连续式退火炉中高速行走钢板的预热系统",不仅节约了能源,而且提高了生产效率和产品品质。该项技术当年就实现销售收入1192万元。

(5) 研制热交换器:为了降低能源消耗、节约能源,凯特尔开始研制热交换器,在全氢强对流罩式炉内使用。该项技术,当年实现销售收入800多万元。

(6) 全氢强对流罩式退火炉工艺智能控制系统:通过对全氢炉、氮氢炉两种罩式退火工艺过程的温度场、应力场的研究,凯特尔获得不同产品退火过程的优化曲线,得出优化方案,开发出国内自主知识产权的罩式炉自适应控制技术。2009年,为提高板卷加热质量、降低炉能耗,自主地为新产品确定优化退火过程提供科学依据和实际指导,凯特尔开发了全氢强对流罩式退火炉工艺智能控制系统。2009年1月,凯特尔与南京理工大学合作成立项目开发组,仅用半年时间就完成了该项目。

为确保精密薄板的板型质量等功效,自2010年起,经过联合研发团队一年半的共同努力,凯特尔完成了大型全自动高精冷轧薄板连续退火机组的开发。该项目达到了整条机组实现从碱液清洗、退火到精整的"五合一"新工艺,并于2009年列入江苏省科技支撑计划项目。

随着罩式炉装载量的不断加大,且需在750℃的高温下使用,以往炉台的结构形式及用材已不能满足需求。凯特尔借助华中科技大学的技术人才和先进的实验设备,通过建立模型模拟仿真来进行钢卷退火过程中的温度场显示,准确判断钢卷在退火传热过程、对流传热过程中罩式炉结构存在的缺陷,以便罩式炉小组进行修正、优化,达到最佳效果。

2010年,为节能减排、降低工业炉的能源消耗,凯特尔成立了项目研究小组,借助华中科技大学的高技术人才和先进的实验设备,研究带有表面活性剂的小孔结构的载热体的传热传质问题,完成富氧高温全辐射低排放工业炉的开发。以此为合作开发项目成立了江苏省工业炉(凯特尔)工程技术研究中心,并与华中科技大学能源与动力工程学院热能利用新技术研究中心联合研发。

2011年,凯特尔进行全氢罩式炉模拟计算和测试。随着计算机的飞速发展,原有全氢罩式炉自动化控制技术及测试技术已不能适应当前的技术需要。

为提高全氢罩式炉自动化控制技术及测试技术，提升产品的整体性能，凯特尔成立项目研究小组，与华中科技大学共建了江苏凯特尔工业炉有限公司华中科技大学院士工作站，并借助大专院校的科技人才和实验设备，对全氢罩式炉自动化控制技术及测试技术开展了影响因素敏感性测试研究。通过对自动化控制技术的升级更改及测试实验，大大提升了全氢罩式炉的自动化控制水平，使全氢罩式炉产品更具可操作性、安全性和可靠性。

2006年以前，国内众多的制造厂家对罩式炉的控制仍采用智能仪表加小型PLC的控制方式，这种单个独立式的控制系统已经不能满足用户的使用要求，尤其是大的炉群控制严重制约了罩式炉的生产效率，在安全使用和日常维护方面也存在诸多隐患。随着自动化控制技术的不断进步，特别是现场总线技术和工业以太网技术的飞速发展，给控制技术带来了近乎革命性的变化。凯特尔集团托日自动化控制系统于2006年开始先后研制成功电加热工业炉的微机自控系统、燃气加热氮氢保护工业炉微机自控系统、全氢保护燃气工业炉微机自控系统，主要配套武汉钢铁、河北钢铁、唐山钢铁、济南钢铁等国内知名钢铁企业。2008年，该系统获得了软件著作权。这一套控制系统为工业炉的配套而建，为工业炉的高效生产提供了支撑。

低烟无卤阻燃电缆料是于2009年10月在PVC这类低端产品的基础上进行自主研发的，此电缆料为电缆外套，与普通电缆料不同，它防火、防腐、耐高温，不会排放出有毒气体。低烟无卤阻燃聚烯烃电缆料与无锡远东等企业合作，广泛应用于人口密集及重要场所的绝缘及护套，如核电站、高层建筑、机场、隧道、地铁、船舰和各种电力电缆及通讯光电缆的室内架空线。

2008年，在全球金融危机的影响下，凯特尔也受到了影响，其产品销量较往年下降20%~30%。在这种情况下，凯特尔实施多元化战略，广泛调研海内外市场，将考察获得的韩国、日本钢铁材料印花术引进回国，研发了新型建筑装饰材料，公司的业绩大幅上升。建筑装饰板是2009年开始研发的新产品，属于绿色环保产品，用于建筑装饰业。凯特尔在目前国内市场是唯一一家用金属镀金原料做建筑装饰板的企业，这是钢铁行业以及装饰行业的新市场、新技术、新工艺。在目前建筑装饰行业中，大理石、木板、钢材等是建筑装饰的大众产品，而将铝单板辊涂印花作为装饰材料的一种，是建筑装饰材料产品中的一项重大创新。我国每年需要大量从国外进口此类材料，广泛使用在建筑装饰行业等。为了满足国内外市场对印花板的强劲需求,凯特尔充分利用多年来与有色金属行业上下游的配套网络关系,同时利用已具备的生产经验和技术力量,大力投入应用彩涂印花板技术。该技术不仅可以丰富彩涂板的花色品种、提高产品档次,而且对整个建材、装饰业等具有较大的促进作用。凯特尔引进德国、韩国的先进技术和设备,专业从事系列铝单板辊涂印花的生产。建筑装饰印花板是一种基板在涂层工序后经过表面印花处理,获得各种不同图案和花纹的产品,其外观更美观、刚性更高、性能更优越。凯特尔就印花设计申请了10项专利。随着彩板行业的产品结构优化,彩涂印花技术将成为彩板生产领域的又一主流产品,掀起了装饰材料行业的新革命,同时为国家节约大量木材、石材等资源。

2010年,凯特尔完成了"彩色印花钢板连续生产关键技术"的研发。该项技术可以使现有的一涂一烘技术升级为二涂二烘,增加了对基板的保护,对后续的油墨印花有更好的附着力和抗腐蚀性能,同时增强了表现力;同一型号产品生产长时间不间断高效运行,不同型号产品生产可不停机转换,提高了生产效率,节约了能源消耗;便于控制前处理水槽液体温度,达到设定温度后可自动切断废烟气管路,让其直排车间外,完全自动化控制。目前凯特尔可生产的印花板有木纹、石纹、砖瓦纹、纤维织物纹、皮革纹、迷彩纹等多种色彩鲜艳、生动逼真的图案和纹理,凡采用铝(钢)板饰面及相关产品均可使用。2012年8月,产品获得了中国建筑标准设计研究院的城乡建设产品认证,同年12月年圆满通过住建部科技成果推广中心科技成果鉴定,并于次年6月取得全国推广证书,成为住建部全国建筑市场重点推广产品。同时由凯特尔牵头与中国建筑标准设计研究院共同起草的《凯特尔建筑用印花金属板》标准图集已经出版发行。

凯特尔研制的XQL型系列新型强循环退火炉产品被列为江苏省2001年星火计划,已实施完毕并通过验收。新研制开发的"RB型微机自控全氢强对流罩式炉",结合国内外市场需求,是集自行设计、制造及安装调试为一体的新产品,该产品已获"2005年省高新技术产品"称号,先后开发了1项"国家级重点新产品"、2项"省高新技术产品",获得10项实用新型专利,1项国家发明专利正处实质性审查阶段,并先后承担了1项"星火计划"、1项"火炬计划"。RB型微机自控全氢燃气罩式炉被列入2005年江苏省科技攻关计划,通过了江苏省工业炉检测站的检测,性能完全达到了国外产品的先进水平,是进口设备的理想替代品。

随着公司的不断发展,为解决人才短缺问题,凯特尔常年高薪聘请国内外行业专家和科研院所、著名高校教授担任技术顾问,及时掌握工业炉行业的最前沿动态和市场发展趋势。通过外部引进、内部培养、横向联合等多种途径,凯特尔建立了精干高效的科技开发队伍,积极引进各类技术骨干,引进、消化吸收先进的技术水平,建立健全人才引进、选拔与激励机制,通过基层锻炼、专家辅导、外送培训、项目带动等多种方式进行选拔和培养人才。如2006年起,凯特尔分批选送数批骨干人员进入南京理工大学、华中科技大学机械制造、设计专业深造学习,并取得相关学历、技能证书。

2008年12月,公司项目被国家发改委列入全国十大重点节能工程、循环经济和重点流域工业污染治理工程;2009年,"大型全自动高精冷轧薄板连续退火机组项目开发"列入省科技支撑计划项目。2008—2010年,凯特尔共取得10项实用新型专利,有4项实用新型专利获得受理(见表6-2)。

表6-2 凯特尔主要的产品技术创新

创新类型	2001—2005年	2006—2010年	2011—2014年
技术创新	工业炉	2006年从美国引进机器人焊接工艺; 2008年获得电加热工业炉的微机自控系统、燃气加热氮氢保护工业炉微机自控系统、全氢保护燃气工业炉微机自控系统等软件著作权; 2009年,RB型微机自控全氢强对流罩式炉实现产品及工艺创新; 2009年,自主研发低烟无卤阻燃电缆料; 2010年,工业炉产品系列完成3项专利; 2010年,彩色印花钢板获得10项实用新型专利	
管理创新		2008年起,实行5S管理; 通过ISO 9001质量体系认证	
市场创新	工业炉主要在国内市场实现销售	2006年工业炉产品销往越南、印度尼西亚; 2007年工业炉产品销往美国	2012年工业炉产品销往俄罗斯

6.3 凯特尔的习惯域

凯特尔经历了十几年的发展，在技术、管理、市场等方面积累了知识、经验和信息，形成了习惯域，为不断的技术创新和市场创新及管理创新提供潜在能力。同时，由于其在运营过程中会受到来自内外部环境变化的影响，如市场竞争者数量、规模等变化，供应商、客户需求、政府政策、全球化等各方面变化带来的压力，其习惯域也在不断变化。

纵观凯特尔2001—2013年发展历程，公司在发展过程中形成了自己的发展思路和运作模式，如在产品生产开发和管理中分别形成了技术惯域、市场惯域、管理惯域等，使公司高效运行并在各个方面开展创新。对凯特尔持续创新的研究主要从多维惯域相互影响角度进行，因此对凯特尔的技术、生产、管理惯域界定如下：

（1）凯特尔的**多元技术惯域**：凯特尔在一段时间内，外界环境没有重大变化，有关产品技术的知识、经验形成的信元总体保持相对稳定，并能够对内外部变化做出快速反应。当凯特尔仅有工业炉产品时，其知识经验形成的技术惯域称为一元技术惯域，随着外部环境变化该公司不仅拥有工业炉产品，还发展到彩色印花板、低阻燃电缆技术时，其知识、经验形成的习惯域为多元技术惯域。

（2）凯特尔的**市场惯域**：指在一段时间内，凯特尔所处环境没有重大变化时，在产品开发市场过程中形成的方式方法及潜在的知识经验。

（3）凯特尔的**管理惯域**：指在一段时间内，凯特尔所处环境没有重大变化时，在公司内部管理过程中形成的思路、方式方法及潜在的知识经验。

6.4 凯特尔的技术惯域变化与创新

根据凯特尔2001—2013年发展历程，可以看到公司产品经历了一元到多元的发展过程，即从初始的全氢罩式退火炉产品，发展到拥有低阻燃电缆技术、彩色印花板技术等多元化产品（见图6-5）。

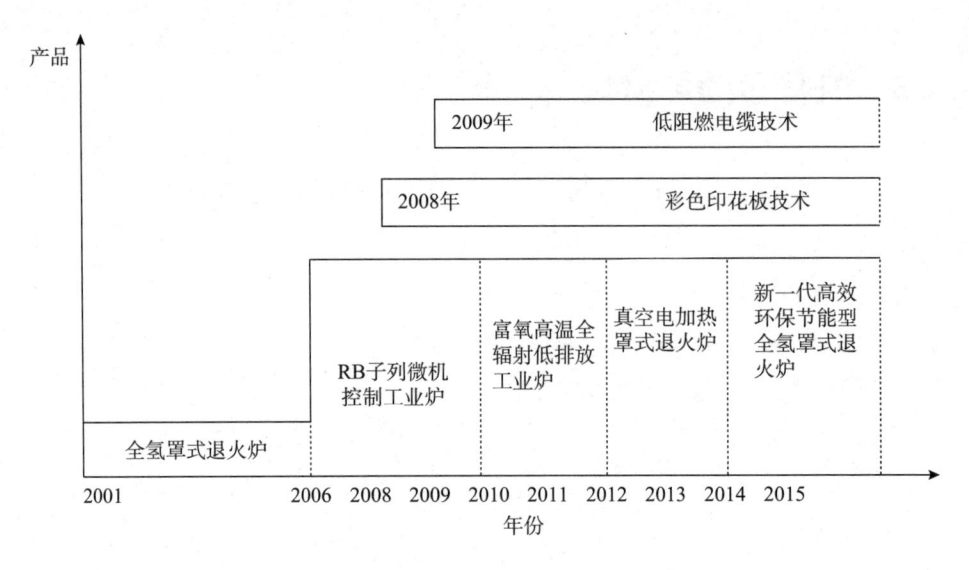

图6-5 凯特尔2001—2015年产品技术变化路线

在这个过程中,凯特尔从单一的工业炉技术发展到目前的彩色印花钢板技术及低阻燃电缆技术产品,公司的知识经验组成的信元库系统也在不断变化,且信元库系统由相关的工业炉知识经验、彩色印花板的知识经验及低阻燃电缆知识经验和信息构成。且其中每一项技术都形成了自己的子信元库,为公司的工艺创新、产品创新提供了潜在能力。

根据信元库系统所包含的信元内容分类,凯特尔信元库系统(SIE-N)主要由三个子信元库组成(见图6-6)。

(1) 2006—2008年,形成了全氢罩式工业炉知识、经验、方法、思路、信息等构成的信元库,它包括与全氢罩式工业炉制造相关的多项专利、相关知识、经验及信息,为凯特尔在冶金用全氢罩式工业炉领域不断创新提供潜在能力。

(2) 2009—2010年,形成了与低阻燃电缆相关的知识、经验、方法、思路、信息等构成的信元库,它是凯特尔在低阻燃电缆产品上不断创新的潜在能力。

(3) 2010—2013年,形成了与彩色印花板相关的知识、经验、方法、思路、信息等构成的信元库,为凯特尔在彩色印花板领域不断创新提供潜在能力。

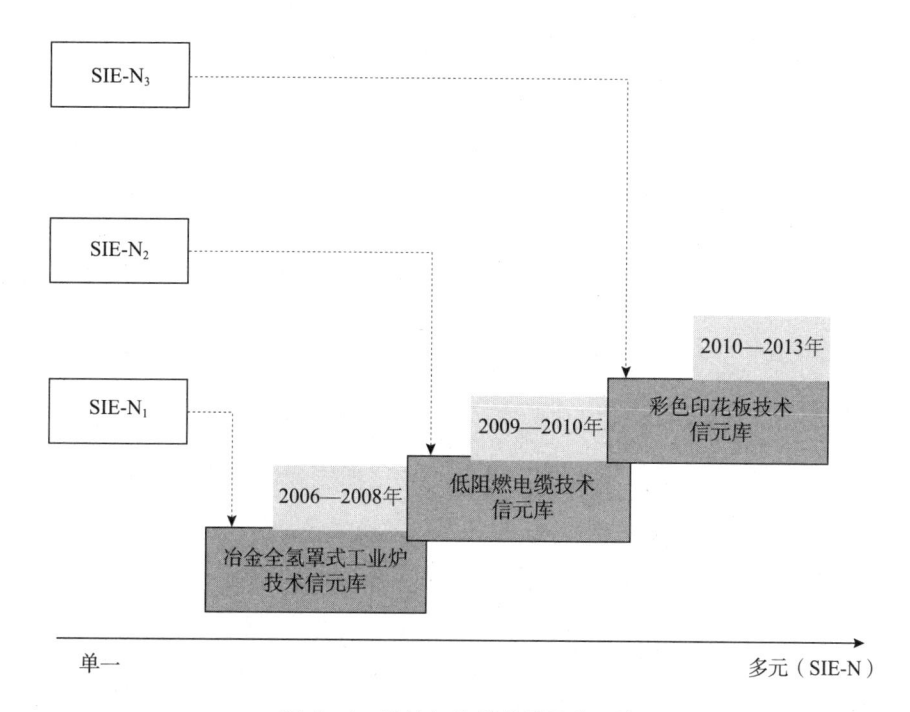

图 6-6 凯特尔的技术信元库系统

注：凯特尔技术信元库系统（SIE-N）；冶金全氢罩式工业炉技术信元库（SIE-N_1）；低阻燃电缆技术信元库（SIE-N_2）；彩色印花板技术信元库（SIE-N_3）。

2006—2013年，随着凯特尔持续不断的技术创新，公司信元库不断丰富和扩展，由冶金用全氢罩式工业炉技术产品知识经验等单一信元库，扩展到含有彩色印花板、低阻燃电缆等相关知识经验信息的多元信元库。信元库中丰富的信元（知识、经验、信息等），为凯特尔应对环境不确定性的变化、参与复杂的市场竞争、开展产品技术创新提供了基础。

本节选取产品惯域、工艺惯域变化的典型案例，研究在环境压力集变化下，技术惯域改良式变化、启发式变化和突破式变化对企业开发式创新和探索式创新的影响。

6.4.1 波动型压力集下工业炉产品惯域的启发式变化

随着汽车业、家电业的发展，市场对生产汽车和家电的板材、带材需求量增加，而这些板材、带材在物理性能上有着较高要求。对于这些特殊性能，既有工业炉生产的板材和带材难以满足客户的要求，同时，政府对环境保护也提出了新要求。因此，凯特尔与南京理工大学和华中科技大学分别成立了项目开发组，于2008—2010年在原有全氢罩式工业锅炉（用B型表示）技术的基础上进行研发，利用产品惯域中已经存在的信元解决了多项技术难题（见图6-7）。

原有产品在实际应用中存在蓄热损失大、散热率高等缺陷

研发完成了"RB型微机自控全氢强对流罩式炉用陶瓷纤维隔热保温炉衬、液压夹紧装置"，这项专利既可提高产品质量、节约能源，又能降低生产成本

现有产品废气排放超标

研制成功了"RB型微机自控全氢强对流罩式炉用新型废氢燃烧装置"，减少废气排放

目前冷却工艺不能满足黑色金属和有色金属退火的板材对冷却的较高要求

研发了"RB型微机自控全氢强对流罩式炉新型快速冷却内罩"，以提高冷却速度

现有的技术人工劳动强度高，安全性差

研制了"折叠式起吊机构、空气预热器和煤气自动对接接头"，优化了罩式炉设计，实现了煤气自动检漏，以提高设备自动化水平来减轻劳动强度，确保工人安全

退火炉中生产的大量高温烟气直接排放到空气中，产生温室效应污染环境

设计了利用废烟气的热量来加热保护气装置，即"连续式退火炉中高速行走钢板的预热系统"，解决了废气问题

能源消耗高

研制"热交换器"在全氢强对流罩式炉内使用，节省能源

图6-7 2008—2010年凯特尔工业炉产品存在的问题和解决方案

由凯特尔工业炉面临的问题可知，随着时间的变化，公司原有的B型工业炉已经不能满足客户、市场、环保等的新需求，客户的新材料对工艺要求、政

府对企业废气及节能环保的要求及客户自身对节能降低成本等的需要,对凯特尔目前的产品技术形成了"关键压力"。为此,为解决来自客户、市场、政府政策等带来的压力,凯特尔与南京理工大学、华中科技大学开展合作,利用已有与工业炉相关的知识经验(已有信元),通过与外界互动和信元重构,形成了解决压力结构的新解决方案(新信元),即保温炉衬技术、冷却技术、新的起吊技术、热交换器、空气预热技术和煤气自动对接技术。这些新的信元与原有的信元形成了凯特尔工业炉新的信元库(见图6-8),为凯特尔持续创新提供潜在能力,进而凯特尔工业炉的产品惯域也发生了启发式变化,形成了新的产品惯域。新的产品惯域的信元是在B型产品开发基础上形成,对凯特尔而言是利用自身潜在能力进行的开发式创新。

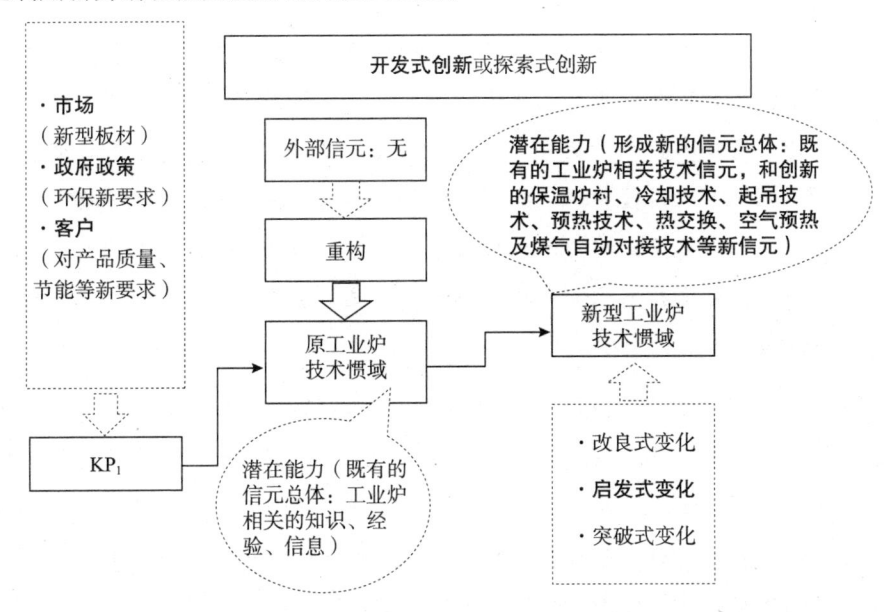

图6-8 产品从B型到RB型:产品技术惯域启发式变化与开发式创新

凯特尔通过持续的产品创新和工艺创新,成功开发了RB型微机自控全氢强对流罩式炉。这项产品解决了原有产品的不足,满足了用户对产品质量、节约能源及政府对环保的需求(新方案解决了环境变化带来的压力)。

6.4.2 波动型压力集下工业炉工艺惯域的启发式变化

凯特尔工艺惯域的启发式变化进行开发式创新有两个典型案例,一个是通过学习国外先进技术进行工艺创新,另一个是通过运用跨领域的新技术进行产品创新提高产品性能。

全氢罩式工业锅炉要根据不同客户的要求,将薄板冶炼成不同规定的厚度,客户的这项要求对焊接工艺有较高要求。2006年,公司高管去德国、美国的同行企业考察时,发现国外同行已经在制造中利用机器人焊接。于是,回国后公司引进机器人焊接工艺,不仅提高了工业炉的产品质量,还提高了企业的劳动生产率。

在解决工业炉控制问题上,目前国内众多的制造厂家对于罩式炉的控制仍采用智能仪表加小型 PLC 的控制方式。这种单个独立式的控制方式已经不能满足用户的使用要求,尤其是对大的炉群控制,严重制约了罩式炉的生产效率,在安全使用和日常维护方面也存在诸多的隐患。随着自动化控制技术的不断进步,尤其是现场总线技术和工业以太网技术的飞速发展,给控制技术带来了近乎革命性的变化。2009年起,凯特尔集团托日自动化控制系统通过对现场总线技术和工业以太网技术的二次开发,先后成功研制电加热工业炉的微机自控系统、燃气加热氮氢保护工业炉微机自控系统、全氢保护燃气工业炉微机自控系统,为工业炉的高效生产提供了有效保障。

图 6-9 描述了凯特尔开发新工艺的过程:凯特尔工业炉现有的焊接技术不能满足客户需求,因此形成感知的关键压力(KP_2);其工艺惯域既有的信元库里也没有能够解决客户需求的潜在信元;通过到国外考察,获得来自外部的机器人焊接启示(外部信元),结合既有的生产工艺进行创新,采用机器人焊接,新的焊接方式能够满足客户的不同需求。外部信元和潜在的信元进行重构,形成了新的焊接解决方案,改变了已有的焊接方式,关于焊接工艺的工艺惯域发生了启发式变化,实现了开发式创新。

原有罩式炉的控制技术是采用智能仪表加小型 PLC,是行业内普遍采用的控制方式,而这样的控制方式已经不能满足大型炉群控制以及生产安全和设备维护的需求,形成了感知的关键压力(KP_3);凯特尔受到新的控制计算机通信控制技术的启发(外部信元),率先在行业内开发了微机自控系统,改变了原有的控制方式,为工业炉提高生产效率、安全及日常维护提供了支撑。工艺惯域得到扩展,发生了启发式变化,实现了开发式创新(见图 6-10)。

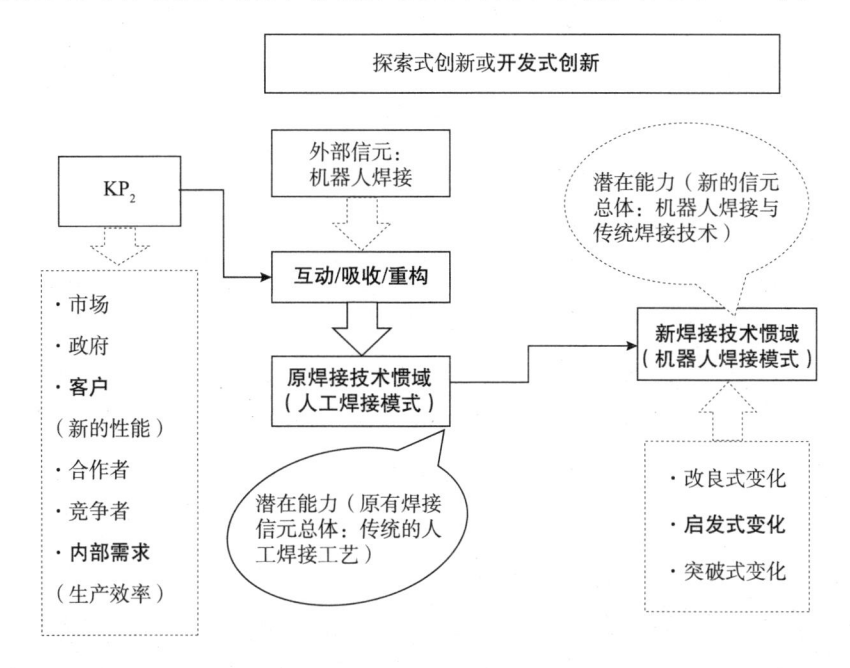

图 6-9 凯特尔开发机器人焊接新工艺:工艺惯域启发式变化与开发式创新

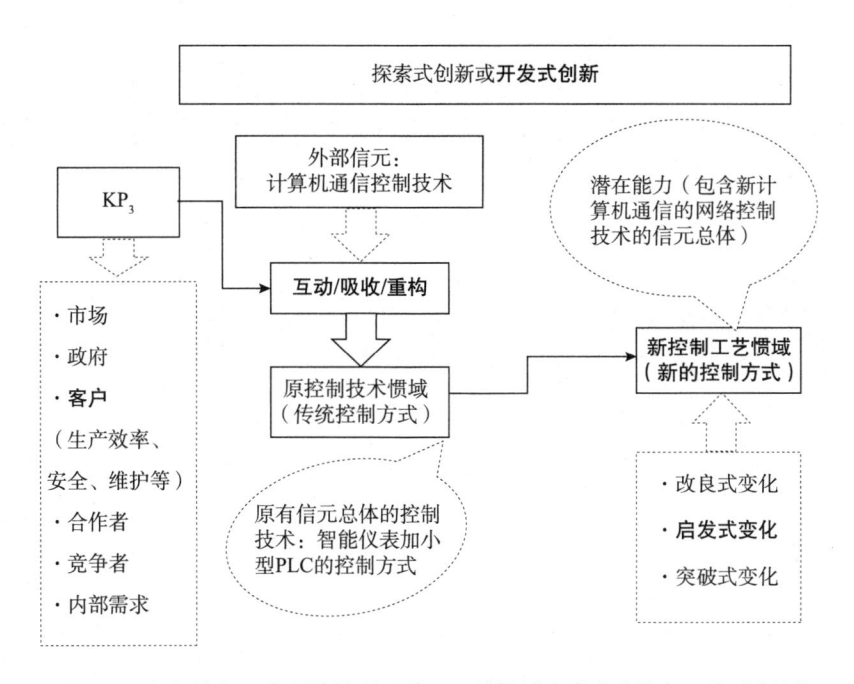

图 6-10 凯特尔开发新的控制系统:工艺惯域启发式变化与开发式创新

6.4.3 突变型压力集下凯特尔产品惯域的突破式变化

2008年的全球金融危机使钢铁行业萎缩，凯特尔产品销量较往年下降20%~30%，给公司发展带来压力。在这种情况下，凯特尔将韩国、日本考察的钢铁材料印花术引进回国，2009年研发了彩涂印花板技术，制造了新型建筑装饰材料。2010年，凯特尔研究人员完成了彩色印花钢板连续生产关键技术的研发，该项技术可以使现有的一涂一烘技术升级为二涂二烘，增加了对基板的保护，使后续的油墨印花有更好的附着力和抗腐蚀性能，同时增强了表现力。另外，这项技术还可以使同一型号产品生产长时间不间断高效运行，不同型号产品生产可不停机转换，提高了生产效率，有效节约能源消耗；也便于控制前处理水槽液体温度，达到设定温度后可自动切断废烟气管路，让其直排车间外，完全自动化控制。到2012年，新产品彩色印花钢板实现了产业化，并在彩色印花钢板技术印花设计方面申请了10项专利。

全球金融危机导致的市场萎缩、客户需求减少为凯特尔的发展带来压力，形成感知关键压力（KP_4）。凯特尔通过到国外学习，发现新的装饰材料在中国建筑装饰有广泛的前景，于是引进生产线开发研究（外部信元）。这项彩色印花钢板技术是凯特尔信元库系统没有的（$SIE-N_1$），超出了其产品惯域的潜在部分，彩色印花板技术对于该公司是全新的，相对原有产品惯域发生了突破式变化。凯特尔又研发了"彩色印花钢板连续生产关键技术"，并申请了10项设计专利，逐步形成了关于彩色印花板的技术惯域（新的信元总体 $SIE-N_2$），凯特尔实现了探索式创新（见图6-11）。

根据感知不同关键压力，凯特尔工业炉产品惯域启发式变化、工艺惯域启发式变化和引入彩色印花板技术使凯特尔产品惯域突破式变化形成多元产品惯域三个典型案例的分析，将其与探索式创新和开放式创新整合在同一分析框架中（见图6-12）。

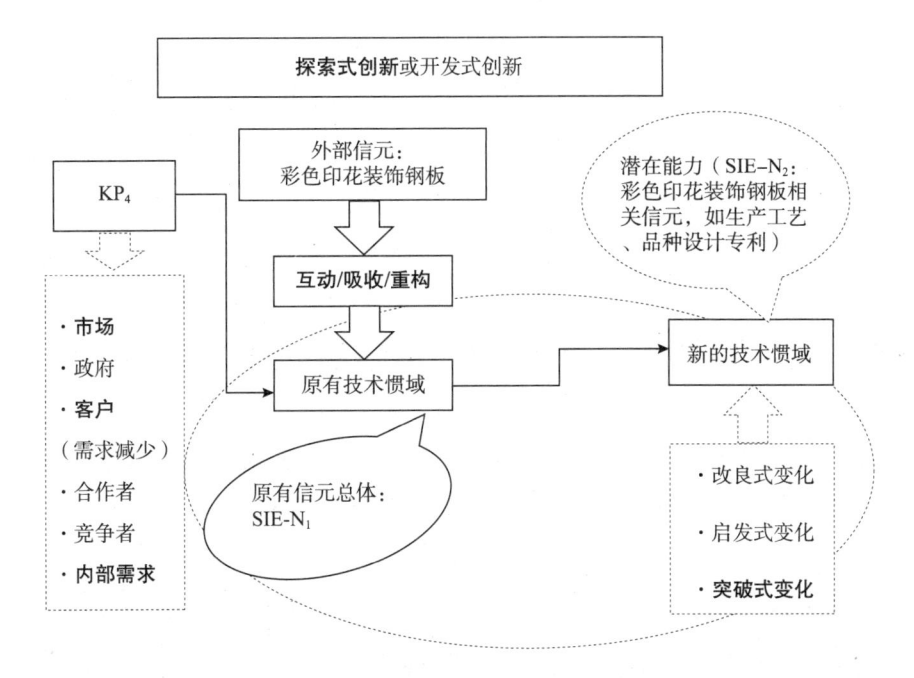

图 6-11 突变型压力集下凯特尔产品惯域的突破式变化与探索式创新

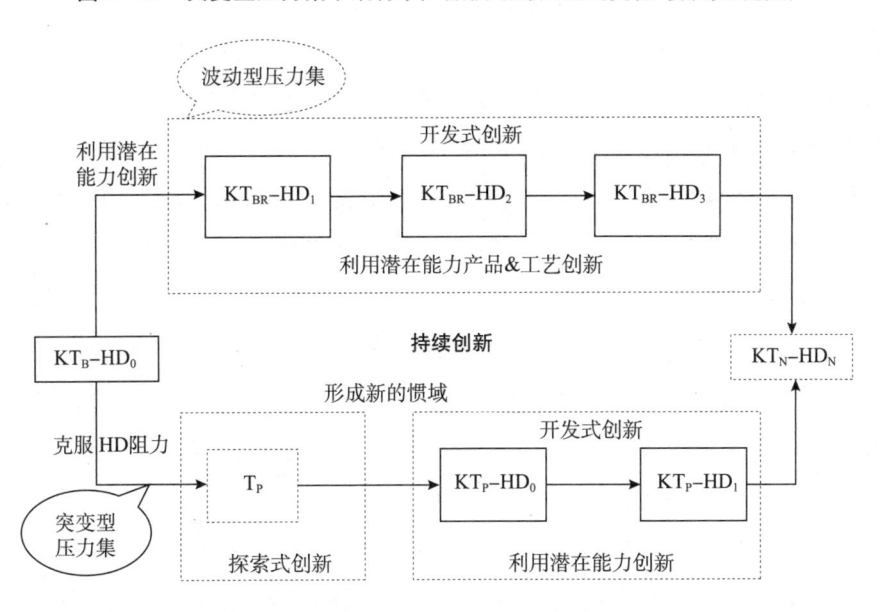

图 6-12 突变型压力集下凯特尔技术惯域从一元到多元演变与持续创新过程

注：K 表示凯特尔；T-HD 表示技术惯域；KT-HD 表示凯特尔技术惯域；T_B 表示工业炉技术；T_P 表示彩色印花板技术；T_{BR} 表示 RB 型微机自控全氢对流罩式炉；KT_N-HD_N 表示凯特尔多元技术惯域。

从凯特尔一元技术惯域到多元技术惯域演变，可以看出：第一，能够运用既有的知识经验进行开发式创新，其技术惯域有良好的稳变性，能够高效率地创新；第二，能够克服原有信元带来的阻力，吸收外部信息进入，并重构新的信元总体；第三，技术惯域的启发式变化往往发生在开发式创新过程中，而技术惯域的突破式变化往往会使凯特尔发生探索式创新。

6.5 凯特尔多维惯域相互作用与持续创新的路线图

2008年的全球金融危机使经济遭遇寒冬，工业炉制造行业也深陷其中，宏观环境突变、行业衰退、用户需求减少等形成了突变型压力集。凯特尔不断改善技术惯域、市场惯域、管理惯域，推动了公司的持续创新活动。

2008—2013年，随着公司规模发展以及工业炉产品、工艺不断创新，产品制造的复杂性增加，凯特尔意识到在内部管理过程中，要用先进的科学的现代管理方法保障技术创新的实施。2008年，凯特尔在生产管理中采用5S管理方法，并成立执行委员会，对新的管理方式进行有效实施并监督。另外，凯特尔又在产品质量和售后服务管理中实施国际标准，通过了ISO 9000认证，完善了质量保证体系和售后服务体系。凯特尔在多个方面运用的现代管理方法形成了科学的管理方法和体系（管理惯域HDM_2），提高了公司运营效率，并持续创新。

与此同时，凯特尔在市场开发上知识经验不断丰富，形成了市场惯域（MD-HD），在开发国内市场的同时还注重开拓国际市场，由市场创新带动了技术创新，并推动了公司产品从国内市场打入国外。如2006年工业炉就远销至越南、印度尼西亚，于2012年出口至俄罗斯，海外市场的销售以每年10%的比例增长；2007年还与美国URT公司签定了全氢罩式炉独家代理协定（见图6-13）。

凯特尔2001—2007年，THD_1对应的是管理惯域（HDM_1），2008—2013年，当THD_1变化到THD_2时，管理惯域也变化到HDM_2，期间发生了工艺创新和产品创新，及采用新的管理方式的管理创新；凯特尔在开拓国内外市场中积累了稳定的知识经验，形成了市场惯域（MD-HD），使凯特尔在开拓市场上效率更高，而新客户、新需求也推动了产品创新。由此可见，凯特尔的管理惯域、市场惯域、技术惯域之间相互作用及动态变化，是与技术创新、管理创新、市场创新相关联的，技术、市场、管理等多维度、不同空间的习惯域协同作用推动了凯特尔的持续创新实践不断发展（见图 6-13）。

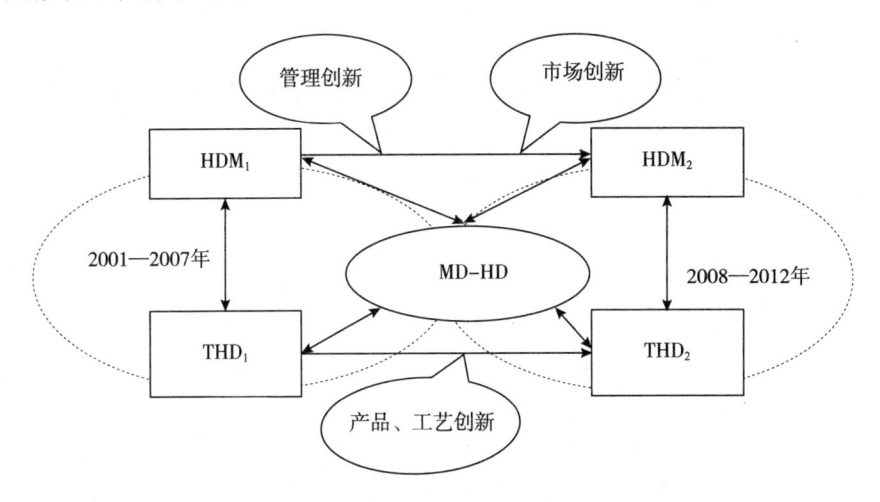

图 6-13 凯特尔多维惯域协同作用与持续创新

7 波动型压力集下常州产学研合作管理持续创新

近年来,科技资源贫乏的常州探索产学研合作推动区域经济转型升级形成了特色,引起了学术界广泛关注。一些学者从政府创新能力、产学研合作发展等层面对常州的经验进行了归纳和总结,为实践界提供了理论支撑。本章以常州市科技局在管理产学研工作中形成的习惯域(简称"产学研合作管理惯域")为研究对象,从内生角度研究常州科技局在科技管理工作中持续创新的动因。本章主要回顾了2000—2015年常州科技局在产学研管理工作中不断探索新方法的主要历程和关键事件;分析了在外部环境高度不确定性的压力及内部发展目标压力下其管理惯域的变化;勾画了科技局在产学研合作管理中形成的习惯域与创新关系的路线图。在研究过程中,将常州产学研合作发展阶段分为:2001—2005年,由民间发起产学研合作的初期,以企业找省内科技资源、科技管理部门主要构建区域技术创新体系为特点;2006—2010年,构建产学研"常州模式"(经科教联动、产学研结合、校所企共赢),期间以政府为主导聚集全国科技资源为主要特点;2011—2015年,"常州模式"不断丰富,并形成了产学研国际化、聚集全球资源、努力培育产学研用政金中介的创新生态系统等特点。

7.1 案例背景概述[1]

常州位于长三角中心地带,处于沪宁之间,与苏州、无锡联袂构成苏锡常

---

[1] 本节案例资料参照常州科技局提供的资料及参考文献修改。

都市圈。她是有着3200多年历史的文化古城。改革开放以来，常州经济取得了长足发展，然而随着全球化不断深入，粗放型经济已经不可持续，创新驱动发展成为新时期发展战略。常州民营经济相对发达，产业结构中制造业比重较大，但科教资源相对匮乏，2001年常州仅有普通高校5所。为了弥补本地科研力量的不足，常州认为其发展科技不能照搬其他地区的做法，要探索适合常州实际的方法与途径。常州大力引进知名高校院所，借助外来科研资源对接产业发展需求，为产学研合作提供有力支撑，形成了"常州无名校，名校聚常州"的独特格局。2011年，中科院和国家"985""211"高校在常州共联合建立了59个研发机构，入驻常州科教城的机构总数达到422家。2013年，国务院通过了建设苏南自主创新示范区的决定，在这样的历史机遇下，常州不断完善区域创新体系，围绕提升产业创新能力的目标，以产学研合作为突破口，引进、整合国内外创新资源，着力提高科技综合实力，加快高新技术产业发展，为经济转型升级提供了科技支撑。常州2005年R&D投入占GDP的比重为1.6%，2015年则达2.65%，而随着R&D投入不断增加，科技进步率达到了60%（见图7-1）。

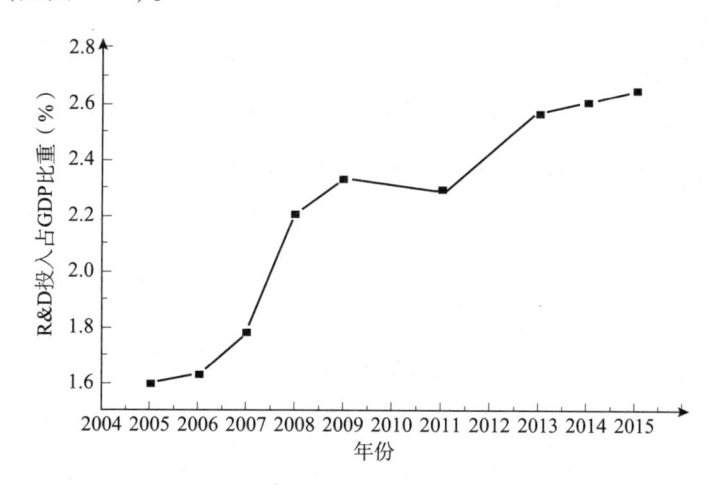

图7-1 常州2004—2015年R&D投入占GDP比重❶

近些年，常州的科技管理工作取得了新飞跃，使常州不仅摆脱了科技资源

---

❶ 资料来源：常州统计局. 常州市国民经济和社会发展统计公报[R]. 常州统计局，2000—2016。由于数据统计口径不同，因此有数据缺失。

匮乏的局面，而且发展成为全国的科技名城。2010年国家科技部批准常州建设国家创新型试点城市和国家创新型科技园区，并打造了被誉为"中国智慧谷"的"常州科教城"。2012年，常州成为国家级苏南自主示范区成员之一，创新成为区域经济发展的驱动力。

7.2 关键事件描述[①]

本节主要对2000—2015年常州科技局在产学研合作管理方面的关键事件——主要的政策工具、举措、组织机构变革、实施效果等进行描述，包括：2001—2005年，寻求资源构建区域技术创新体系；2006—2010年，在完善区域创新体系基础上，聚集资源打造具有常州特点的"经科教联动、产学研结合、校所企共赢"产学研合作模式；2011—2015年，优化资源培育区域创新生态系统等。

7.2.1 寻求资源构建区域技术创新体系（2001—2005年）

21世纪初期，随着新一轮技术革命的挑战，产品更新换代速度越来越快加剧了市场竞争，同时全球化带来制造业国际大转移，国际产业和资本向长三角地区转移为该地区带来了发展机遇。与此同时，我国政府提出构建长三角都市圈，常州正处于其中。然而当时的常州也是"苏南经济模式"的典型代表之一，乡镇集体企业占GDP的2/3，粗放型经济、人才技术匮乏成为该地区发展的障碍。另外，长期以来常州以技术引进为主，而技术壁垒、某些领域的技术供给瓶颈、日益严峻的知识产权保护态势等使常州的企业遭遇了技术供给的障碍。同时，常州本地科研院校少，如1999年全日制高等学校中仅有三所本科院校和一所专科院校，导致其缺乏可产业化的科技成果。常州市民营企业大多是从乡镇集体企业改制而来，民营企业受小农意识影响，缺乏科技创新与做大做强的愿望，也缺乏与高校、科研院所开展联合研发的主动性。不少民营企业业每年投入的研发费用少，设施简陋，创新能力低。这些不利因素严重影响了

[①] 本节案例资料参照常州科技局提供的资料及参考文献修改。

常州的经济转型。

2000年后，常州的私营企业数达到1.43万家，经过"二次改制"，常州民营经济进入了加速发展时期，逐渐成了常州经济发展的主体，在新的竞争环境下，科技驱动发展成为共识。一些企业为了寻找技术，提升乡镇企业的技术水平，主动到上海等地聘请"星期日工程师"。然而，常州在产学研合作上相关政策法规和配套措施还不够完善，知识产权保护缺失，严重制约着产学研联合体的培育和发展。鉴于此，常州科技局从抓小企业技术创新试点工作入手，形成了一批具有竞争力的新型支柱产业、有自主知识产权的重点产品、有明显技术优势的有一定规模的科技型中小企业群体。同时，开展常州区域科技创新体系建设工作，培育和建立了企业技术中心、工程技术研究中心、科研院所等。到2005年年底，该市中小企业获得国家科技型中小企业技术创新基金项目累计99项，支持金额达到7184万元，带动地方政府和企业投入9.6亿元，促进了中小企业技术创新水平的提高。

常州科技局还通过举办大型产学研洽谈会，与院校（清华大学、北京大学、东南大学、西安交通大学、浙江大学、中科院等）合作，为企业对科技成果的需求提供来源。2000—2005年，全市共组织开展各类产学研交流对接活动400多场次，达成合作项目2000项，为企业提供了科技成果对接、交流孵化的平台，完成技术贸易额31.3亿元。同时还发展科技中介机构、建设各类科技服务机构112个，科技创业投资及担保机构、农业科技咨询推广机构成为常州科技创新体系的重要组成部分。科技局相继出台了加快国际科技合作、民营科技发展、科技中介机构建设、特色产业基地建设等八个文件，如《常州市制造业信息化工程试点工作实施意见》《关于加快技术创新、促进科技进步的决定》《常州市科学技术奖励办法》等，为科技创新创业营造了良好的政策环境。2003年4月10日，常州成立了知识产权局，并确立了96家市知识产权工作试点企业。常州科技局还利用科技管理部门大力开展各类科普宣传活动，与此同时，为了激发科技人员的创新热情，对各类科技人员的研究成果实施奖励，营造了尊重创新、尊重人才的创新文化。

7.2.2 聚集资源打造常州产学研合作模式（2006—2010年）

尽管在"十五"期间，常州科技局制订的政策措施为区域科技发展起到了积极作用，但是在科技创新源头、平台、环境等方面还存在不足，同时由于科技供给不足与科技成果转化不力、创新机制不完善、外资引进困难等问题，造成常州科技成果内源性供给不足并形成了在短期内难以改变的格局。因此，在经济转型的新态势下要求常州科技局有科技发展战略决策机制的能力，并形成科技资源宏观调控决策机制及科技竞争决策机制等。面对宏观环境的复杂变化和微观层面存在的问题，常州科技局在产学研管理上形成了有特色的"常州模式"。

"常州模式"的主要内涵是"经科教联动、产学研结合、校所企共赢"新机制，具体内容如下。

(1) 经科教联动。经科教联动本质是经科教一体化的战略，以经济发展、产业发展为最终目的，结合本地的需求与实际抓教育、抓科技。立足本地院校培养和输送企业所需要的生产和管理人才。根据常州缺少高校资源的实际情况，集中打造一个闻名遐迩的高职教育园区，培养应用型技术人才形成了常州的特色。常州集中规划和建设了高等职业技术教育园区，园区有五所高职院校，每年输送技术人才2万名。常州既有的四所本科院校，也集中力量发展应用性学科，培养企业适用人才。以常州工学院和常州天华新能源科技有限公司共建的常州新能源学院为例，该学院成为常州新能源产业培养本科层次人才的教育基地、提高员工素质的继续教育基地和地方高校与企业开展产学研合作的创新基地。2006—2010年，每年常州高校都有30%的毕业生留在常州工作。常州市从2007年开始大力实施千名海外人才集聚工程，已经引进海外人才2000多人、领军型海归创业团队415个。其中，常州科教城实施"金凤凰"计划，大力引进高层次研发人才，给予工作和购房补贴，三年内以企业为主体引进了近10万名各类专业技术和经营管理人才。在科技创新的链条中，常州选择在中下游突破，重点关注科技成果的转化和产业化，也就是"把知识变成钱"。

(2) 政府推动的"产学研结合"，是一个以产业创新为先导、政府创新为推力、市场为导向、企业为主体的政、产、学、研、用、资、介等创新要素紧密结合的技术创新和区域创新体系。

(3) 构建"校所企共赢"新机制。经科教联动和产学研结合，关键要有机制作保障，这个机制就是"校所企共赢"。为了实现"校所企共赢"，常州还建立和完善了产学研合作的五大机制，即用项目筛选培育机制、中介服务机制、长效合作机制、诚信管理机制和利益共享机制来保证多方共赢、长期合作。常州三家民营企业出资与中科院山西煤化所合作成立了中简科技发展有限公司就是校企所合作共赢的一例。

2006—2010年，随着地方政府及常州市本级政府对科技投入的逐年增加（见图7-2），常州科技局制订了鼓励创新的40条实施意见和27项具体操作细则，并在全省率先建立科技创新政策落实联席会议制度，以及创新的"五大工程"、高新技术产业"515"计划、新一轮高新技术产业倍增计划、振兴五大产业行动计划等；与此同时，还指导企业和科研机构争取省（部）、国家以上立项项目，使立项项目数逐年增加（见图7-3），提升了区域创新能力。2006—2010年，常州共实施国家级科技计划项目534项（获得国家科技经费4.13亿元），实施省级项目774项（获得省科技经费9.56亿元），实施市级项目2514项，这些项目中80%以上有着产学研合作背景。在此期间，常州还实施了创新创业平台建设工程、科教城建设工程，启动了国家创新型科技园区和创新型城市建设工作，全市90%以上的研发机构和研发投入、80%的专业技术人才、60%以上的发明专利申请来自企业。2006—2010年以来，常州市专利申请平均年增长率达45.6%（见图7-4）；常州市连续十年荣获"全国科技进步考核先进市"称号，获得的全国、省部级、市级科技进步奖励连年增加（见图7-5）。

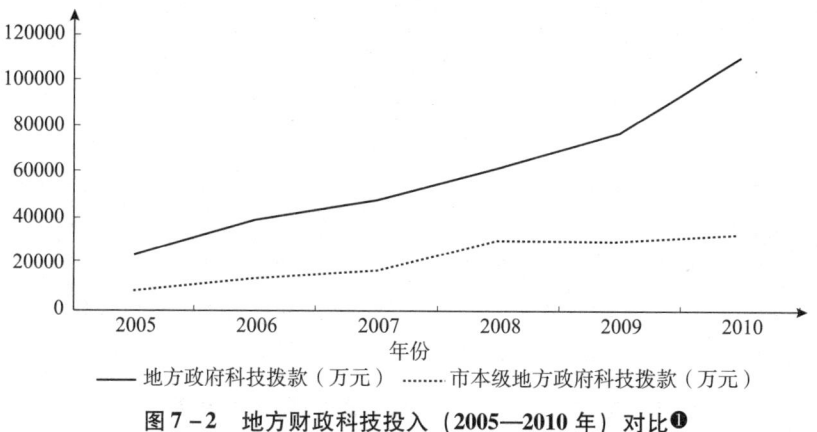

图7-2 地方财政科技投入（2005—2010年）对比❶

---

❶ 常州市档案局.科技长征：常州创新型城市建设探索与实践[M].南京：南京大学出版社，2011：247.

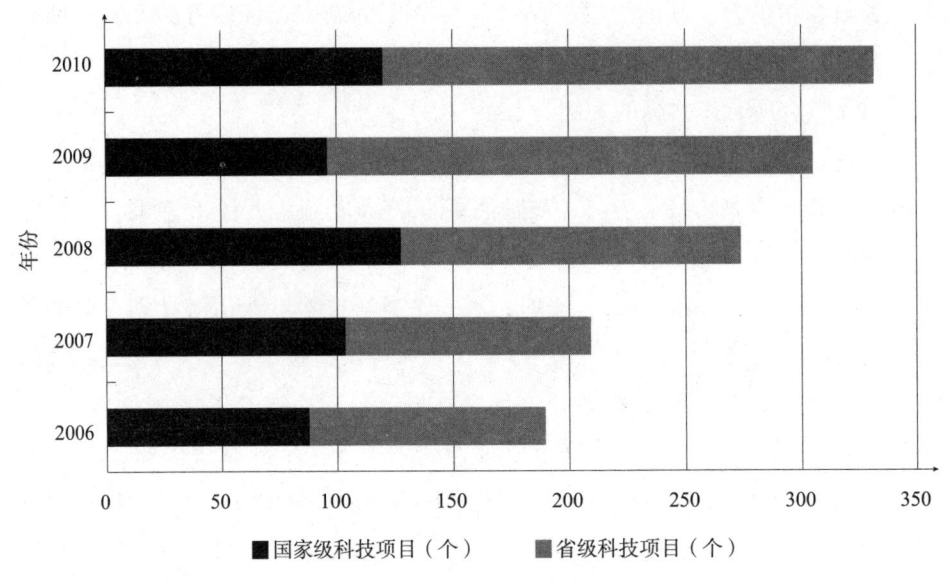

图 7-3　2006—2010 年上级项目立项数❶

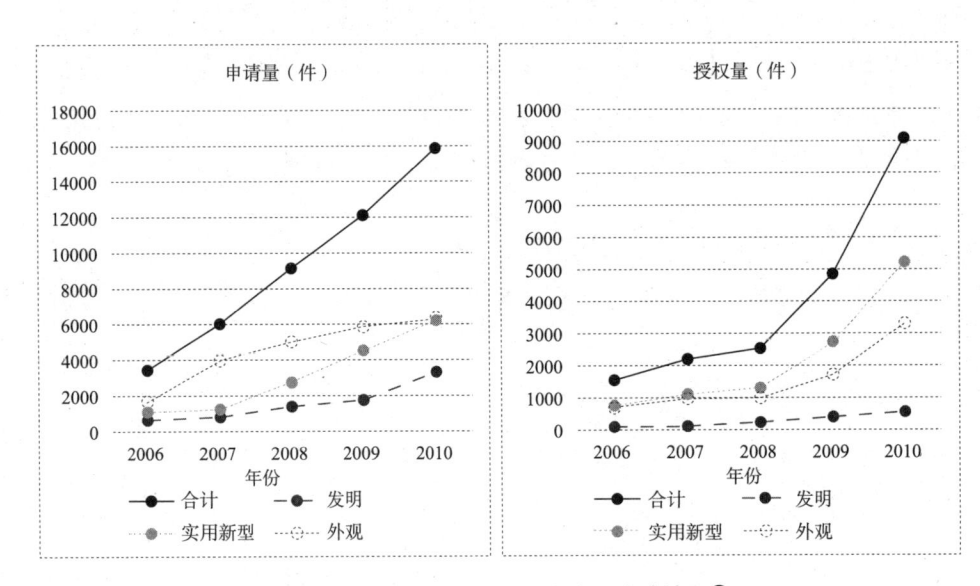

图 7-4　"十一五"常州市专利申请情况❷

---

❶ 常州市档案局. 科技长征：常州创新型城市建设探索与实践［M］. 南京：南京大学出版社，2011：248.

❷ 常州市档案局. 科技长征：常州创新型城市建设探索与实践［M］. 南京：南京大学出版社，2011：271.

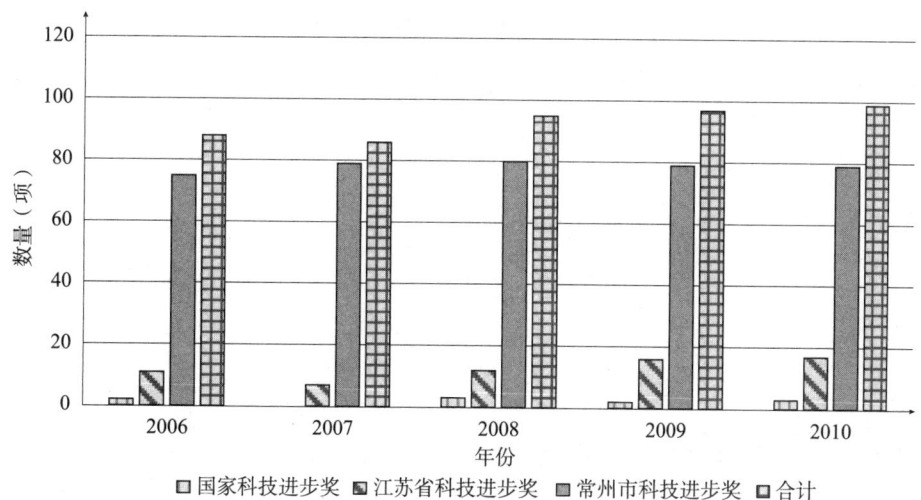

图 7-5 科技进步奖历年对比（2006—2010 年）❶

7.2.3 优化资源培育区域创新生态系统（2011—2015 年）

随着新兴战略产业兴起以及区域间科技与经济竞争的白热化，要求常州的科技发展与各类科技工作切实解决产业发展中的层次低、关联度低、技术含量低、自主知识产权产品少、品牌产品少、高附加值产品少等问题，较大幅度提高科技产出水平。总之，国内外的新形势和新变化及常州经济转型发展的需求，对常州科技局的产学研管理工作提出了新要求和新挑战，常州科技局这一时期的主要做法如下。

围绕加快形成以创新型企业为主力军、创新型园区为主战场、新兴产业为主攻方向的创新发展一体化格局，突出"转型升级、自主创新、体制改革"三位一体的科技工作主线。

构建产业链。围绕十大产业链发展需求，实施智能制造、碳材料、新医药、智慧城市、文化与科技融合、服务科教城六大科技专项计划。仅 2014 年，科技局组织市科技项目 300 余项，带动投入近 10 亿元；突破关键技术 70 多项，授权专利 1000 多件；推进重大项目，招科引智。打造创新链，编制了 100

---

❶ 常州市档案局. 科技长征：常州创新型城市建设探索与实践 [M]. 南京：南京大学出版社，2011：273.

家重点企业专利状况分析，抓好建链、补链和强链工作。

建设创新型园区，打造全市科技产业园区的"升级版"。深化完善"一核两区三园多基地"，进一步促进创新要素向园区集中、高端产业向园区集聚、重大政策向园区集成，并进一步扩大园区职能权限。"一核两区三园多基地"中的"一核"是常州科教城，"两区"是南、北两个国家级高新技术开发区，"三园"是江苏中关村科技产业园、常州西太湖科技产业园、金坛华罗庚科技产业园，"多基地"是全市13个省级科技产业园（见表7-1）。

表7-1 2014年常州创新型园区措施与成效

项目	措施	成效
建设创新之核科教城	新增专利申请1622件，其中发明专利申请1007件，新引进高层次创新创业人才51个；新增入驻机构和孵化企业198家；科技人才累计达到1.6万人	全年实现营业收入61亿元
做强创新两翼，两个国家高新区成为新兴产业的主要载体	53%以上的"十百千"创新型企业、55%以上的企业研发机构集中在两个高新区；52%以上的孵化器、80%以上的产业创新平台、60%的领军型创新创业人才、41%的发明专利落户在两个高新区	连续14年荣获"全国科技进步先进市"称号
特色园区建设	常州西太湖科技产业园重点发展"以先进碳材料为代表的新材料产业"，重点发展石墨烯、碳纤维、碳纳米管等先进碳材料及纳米材料、高端金属材料、先进功能高分子材料、高性能复合材料等新材料产业；江苏中关村科技产业园重点承接北京中关村的人才、成果、资金等创新资源的溢出，发展高端装备制造及通用航空、软件、健康、绿色能源、电子信息等产业；金坛华罗庚科技产业园重点围绕智能装备制造、新能源、新材料、高档纺织服装等产业，打造生产性科技服务业集聚区	西太湖科技产业园引进上海交通大学、四川大学等五所大学的研究院或技术转移机构入驻，落户"千人计划"16个；高端装备及通用航空产业、健康产业、绿色能源产业加快集聚，上海交通大学节能环保研究院测试实验平台入驻；3D打印纳米科技产业园公共研发平台启动建设，国家纳米检测中心、纳米电子中心实验室签约，中科博益、烨科光电、易控电子、业际光电、大利根等项目入驻

通过优化科技服务，引导和帮助企业整合集聚更多的国内外创新资源，提升自主创新能力。围绕培育和发展战略性新兴产业，强化产业技术创新的前瞻部署和研发攻关，2014年，组织创新型企业争取省级以上科技项目529项，列全省

第三（见图7-6）；加强培训指导和政策落实，支持企业研发机构建设，到2014年，累计建成"两站三中心"1052个，新增研发投入15.5亿元；首次组织专家开展绩效评估，择优支持推动公共创新平台与产业、企业的合作；在科技企业孵化器建设方面，引导各类主体加大投资力度，推进孵化器物理空间等基础形态建设，民营资本投资和合作建设的市级以上孵化器达45家；设立"市科技创业平台项目"，支持市级以上孵化器建设"一平台三中心"，提升创业孵化服务能力。

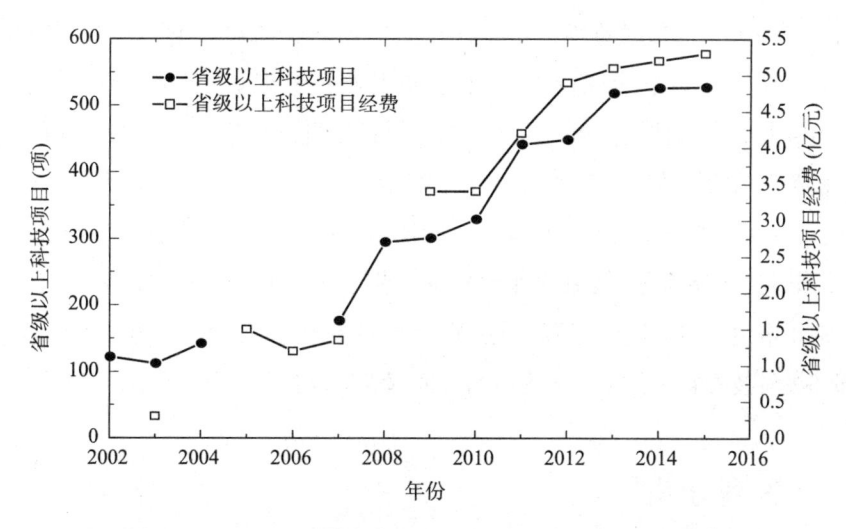

图7-6 2002—2015年争取省（部）级以上项目和经费❶

科技局围绕创新型园区建设和新兴产业培育，搜集不同产业领域的企业技术需求，每年组织专题对接活动百余场，邀请高校院所的对口科研团队来常州对接；不断创新活动组织形式，加强市区联动，完善项目筛选机制，对征集到的最新成果进一步遴选，对成功对接的重大项目继续跟踪、全程服务。在科技国际化方面，重点开展与以色列、英国、德国、芬兰等国的科技合作交流，举办生物医药、新能源、输变电、智能制造等技术领域的重大会议和活动。2014年，争取省国际科技合作项目12项，列全省第三。在引育创新创业人才方面，科技部首批领军人才创新驱动中心落户常州。其中，通过"龙城英才计划推介会"引进创新人才，全市累计签约落户领军人才项目2049名，包括国家"千人计划"342名、省"双创人才"194名，常州还启动实施杰出创新人才

---

❶ 资料来源：2000—2015年常州市国民经济和社会发展统计公报。

引育的"云计划"。

科技局还重点推进了"十百千"创新型企业实施知识产权战略。常州大学知识产权研究中心揭牌成立,获批组建江苏省机器人及智能装备制造产业知识产权联盟。专利质押总数125件,为7家企业授信、发放贷款1.31亿元。

为了激发企业创新活力,常州不断完善科技与金融相结合的机制。围绕创新链完善资金链,构建多元化、多层次的科技投融资体系。针对中小科技型企业创业启动难、信贷融资难、建厂扩产难的"三难"制约,创新科技金融服务。2014年,组织39个投资项目获省天使投资引导资金风险准备金支持,列全省第二。2014年,完成协同推进的125个重大科技项目;征集企业需求53项,通过市各相关部门协同推进,已解决项目资金匹配7项;开放共享科技服务平台,如"常州市大型仪器设备协作共享网"入网仪器1148台套,服务收入3543.7万元。"常州市科技文献信息共享服务平台建设"获得2014年江苏省科技情报成果一等奖,常州市生产力促进中心第三次获得全国"生产力促进奖",常州大学获批教育部部级科技查新工作站,成为常州首家部级科技公共服务平台。

7.3 案例分析[1]

本章首先定义了常州科技局产学研合作创新的管理惯域内涵,分析了科技局所处的压力集类型,并提出了本案例分析的概念框架;其次,根据案例提供的关键事件,分析了常州产学研合作管理惯域的形成过程;最后,根据常州科技局在不同阶段管理惯域变化与开发式创新和探索式创新关系的分析,总结归纳了常州产学研合作管理惯域演进与持续创新的路线图。

7.3.1 产学研合作管理惯域分析框架

从2000—2015年常州的发展历程看,科技人才、科技成果匮乏等问题是常州升级转型以创新驱动经济发展的障碍,因此,如何通过产学研合作增强区域创新能力成为常州科技局需要解决的难题。常州科技局为了解决产学研合作

---

[1] 资料来源:2000—2015年常州市国民经济和社会发展统计公报。

等问题，经历了寻找资源（2001—2005年）、留住资源（2006—2010年）、优化资源（2011—2015年）三个阶段，在此期间积累了产学研合作管理的知识和经验，探索了有常州特色的产学研合作管理模式，并形成了习惯域。因此，常州科技局产学研合作管理惯域主要指2001—2015年，常州科技局在管理产学研合作创新过程中，为解决科技资源匮乏等问题学习和积累的知识经验而形成的信元总体及常用的方法或形成的模式。

因此，根据本案例的关键事件描述及对常州产学研管理惯域概念的定义，从感知关键压力（KP_n）、不同阶段的方法集（S_n）、实施的效果等构建了常州产学研管理惯域分析框架（见图7-7）。

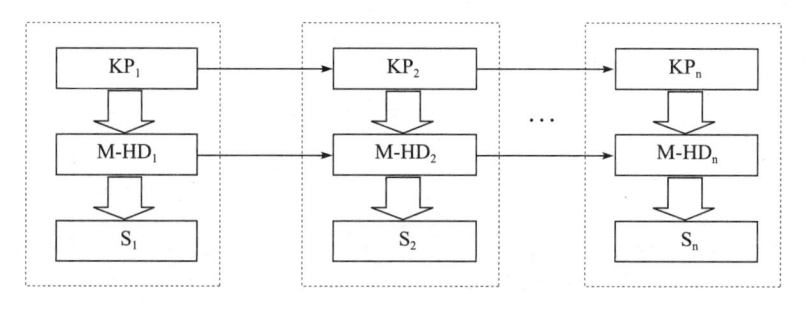

注：KP为科技局压力集；M-HD为管理惯域；S为解决方案集。

图7-7 产学研合作管理惯域分析概念框架

选取2000—2015年对科技局展开研究，时间跨度虽然比较大，但是，研究中主要参照当地政府经济发展五年规划进行分析，在总目标下，作为执行部门的系统工作环境相对稳定，而同期国内外宏观环境前期比较平稳，2008年全球金融危机带来的环境波动更加强了创新驱动经济发展的需求。这种需求符合2006年起实施的创新型国家战略，因此，从15年的时间跨度看，其压力集是渐变中有波动的波动型压力集，而不同时期感知的关键压力主要来自系统内的发展目标、面临的问题和区域间的竞争压力等，这些压力将在不同时期的分析中具体描述。

7.3.2 产学研合作管理惯域的形成过程及变化

本节将基于案例中的关键事件分析产学研管理惯域形成的过程及不同压力集下产学研管理惯域的变化与创新（包括组织创新、机制创新、制度创新、政策创新），可分为三个阶段：第一，用多种方式探寻增加科技人才、科技成果供给的途径和方法，该阶段积累开展产学研合作的知识经验；第二，政府搭台主导形成产学研合作创新的"常州模式"，即形成了产学研合作管理惯域；第三，在"常州模式"基础上优化各项措施和政策，不断扩展产学研合作管理惯域，具体分析如图7-8所示。

2001—2005年 A-HD_0	2006—2010年 M-HD_0	2011—2015年 M-HD_1
KP_1：科技资源匮乏，包括缺科技人才、缺技术、缺资金、缺乏创新意识	KP_2：政府在区域创新体系中作用显现不足，要素缺乏，政策缺失，科技投入不足，企业未成为创新主体，经济结构不合理，传统产业转型提升慢	KP_3：区域科技、经济竞争加剧，本市产业发展层次低、自主知识产权技术、品牌少、高附加值产品少
寻求如何实施产学研合作的方法、途径	形成政产学研合作新的"常州模式"（集成主导：经科教联动、校所企共赢）	丰富"常州模式"（优化资源、提升科技局服务能力）
特点及主要做法	特点及主要做法	特点及主要做法
聚集省内资源为主，建设区域技术创新体系、引进技术成果为主 1.科技基础设施建设：企业技术中心、工程技术中心、博士后工作站等； 2.中小企业技术创新试点； 3.建立科技论坛会议机制； 4.出台《常州市制造业信息化工程试点工作实施意见》《关于加快技术创新、促进科技进步的决定》《常州市科学技术奖励办法》； 5.建立知识产权局； 6.开展学习型城市建设； 7.开展科普教育； 8.建立"院地"合作机制	聚集国内资源为主；创新联系机制，完善区域创新体系，举办5·18展洽会、"科技新长征"；构建三级创新平台；创新"校企所共赢"机制 1.建立高职教育园区，产学结合培养人才； 2.成果转移转化选择"中下游突破"； 3.大学城转型"科教城"； 4.出台鼓励创新40条实施意见、27项细则； 5."千名海外人才"工程、"金凤凰计划"； 6.建设"一核八园"； 7.产业升级转型：发展科技型企业、高端装备制造业，形成光伏产业链； 8.围绕产业需求，出台政策开展"院地结合"； 9.政府采购支持或补贴支持自主创新产品； 10.发展VC和PE支持担保公司，为科技中小企业提供担保贷款，支持成立企业小额贷款公司，设立中小科技企业贷款风险补偿资金，鼓励科技企业进行债券融资，推进高科技企业IPO；建立专业化的科技金融中心； 11.发展科技服务业	聚集全球资源为主，开启产学研国际化：优化平台资源，提升服务能力 1.提升园区层次，搞"十百千工程""3211"计划、"一平台三中心"、"4+1"科技专项、"小升高"计划，重大科技项目计划，"一核两区三园多基地"； 2.国际化：中美科技园、中德创新中心、中英科技桥、中芬科技园、《APEC常州宣言2014》； 3.创新型领军企业、创新型园区计划、创新型乡镇、创新型城市建设； 4.建立创新型科技园区评价办法，出台专利推进战略，开展银企对接； 5.构建"5·18"互联网+平台； 6.围绕十大产业链制订创新路线图，引进国家级中字头科研机构，举办科技政策落实专题会； 7.优化人才规划："323"企业家培训计划、杰出创新人才"云计划"、高端人才"龙城英才计划"3.0版

图7-8 常州科技局产学研合作管理惯域的形成与动态变化过程

7.3.2.1 积累产学研管理的知识经验

2001—2005年,全球处于信息技术高速发展期,新知识、新技术不断涌现,长三角地区也面临经济转型,而经济转型又急需大批技术人才和科研成果。常州处于区域间高度竞争的环境中,又有乡镇企业发达、科技资源匮乏、高等教育不发达等现状。面对这样的困境,乡镇企业开始自己找科技资源、主动开展技术合作。而作为地方政府科技管理部门的常州科技局则遵循技术创新理论结合本土的科技发展现状这一原则,在这个时期主要以构建全市的技术创新体系为主,其主要做法包括:制订新的人才政策吸引科技人才、引进科技成果及科研项目,制订激励政策、建立保护知识产权的组织、建设科技基础设施等。科技局经过几年努力和探索,使全市的科技人才、科技成果匮乏的现状得到了改善,取得了初步成效。到2005年年底,建立78家企业技术中心、19家科研院所,2005年引进各类人才1.4万人,这些创新基础设施建设、引进人才为常州发展创新型经济提供了基础。

在此阶段,科技局主要是探索如何开展产学研工作,并从基础设施建设、政策环境入手,工作重点在提升中小企业技术创新能力,这是在传统科技管理方式上开展的工作。在产学研管理中以项目合作和高校及科研机构个人的合作(洪银兴,范燕青,2011)为主要形式,聚集省内的科技资源进行组织创新,设立知识产权保护机构。在科技成果方面主要以引进技术成果为主。可见,该部门开始探索和积累开展产学研合作的知识、经验,在如何实施产学研合作问题上尚未形成固定的方法或模式,没有形成产学研管理惯域。

7.3.2.2 形成产学研合作管理惯域:"常州模式"

尽管2001—2005年常州的科技管理工作取得了一些成效,建立了区域技术创新体系和政策环境体系,并在经济转型升级中起到了积极的作用。但是,科技资源匮乏的局面仍然没有彻底解决,同时又面临着全球高新技术快速发展、产品技术生命周期越来越短的问题,必须探索一条适合常州的产学研结合之路,才能从根本上解决人才不足、科技成果供给不足、企业自主创新能力不强等问题。为此,科技局从"招商引资"中受到启示,由市领导带队组团开展走出去、请进来的"招学引知",聚集国内高层次人才到常州创新创业,引进著名高校的研究机构到常州落户。科技局还主动协助举办"5·18"展洽会活动,给常州科技成果供给带来了惊人的效果。仅2009年就举办各类产学研专题对接 76 场次，引进各类科研机构、高新技术企业和科技中介服务机构 118 家，签订产学研合作项目 620 项（洪银兴，范燕青，2011），为企业提供了科技成果对接、交流、孵化的平台。

但是，外地的研究机构、人才并不能留在常州，要留住科技资源就要提供平台给他们施展能力的空间。因此，建设以园区为代表的载体，配套人才、资金、项目政策，聚集高校、科研机构到常州落户是科技局探索的留住科技资源的又一途径。自 2007 年常州启动实施常州市"千名海外人才聚集工程"，实施"领军型海归企业人才引进计划"，围绕重点产业、重点平台、重点企业、重点项目引进高层次创新创业人才，启动实施"金凤凰高层次人才引进计划"。到 2010 年年末，有 300 个领军创业团队落户常州，8500 多名硕士研究生学历以上的科技人才在常州创新创业。2011 年接收引进各类专业技术人才 3.7 万人，比 2005 年的 1.7 万人增长了一倍多（见图 7-9）。

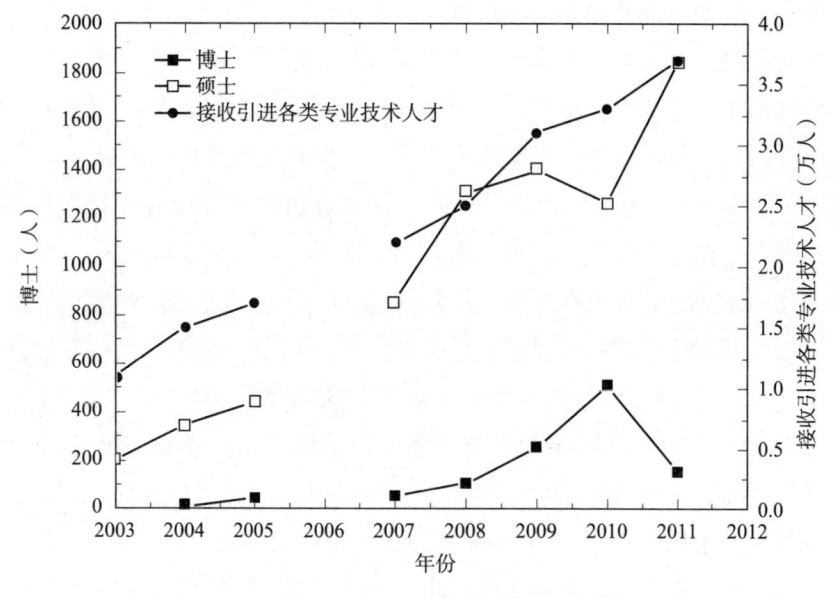

图 7-9　2003—2012 年各类人才数量❶

常州科技局在产学研管理中，形成了"政府主导、经科教联动、校所企共赢"的政产学研用合作模式，其主要内涵是：面向需求开展高等教育，通

---

❶ 资料来源：2000—2015 年常州市国民经济和社会发展统计公报。因为统计口径不同，数据有缺失。

过科技成果洽谈会、"新长征""科教城""孵化器"等载体,解决常州科技资源匮乏等问题,使常州的科技发展有了新飞跃。"常州模式"的特点在于政府参与并主导产学研合作,同时创新机制使过去区域创新系统建设中注重要素配置向创新生态系统注重系统内研究、开发、应用三大群落平衡发展,共享资源、共创价值转化。例如,将常州"大学城"转型为"科教城",按照需求培养人才,在本地消化,提升了人力资本素质,满足了高科技企业的需求。在"常州模式"中,其创新的"校所企共赢"机制是各方相互依存、共生的基因(见表7-2)。

表7-2 "校所企共赢"机制主要内容

对象	内容	备注
校	高校的优势在人才培养和科学研究。科技成果的转化和产业化,要由企业来实施,进而回报学校	除了技术转让和技术服务收益外,销售提成、定期研发投入、技术入股、期股股权等都是常用的方式。如果创办公司,鼓励学校参股不控股,让科技人员控股,鼓励科技人员创业;更好的股权设计是技术人员也参股但不控股,让投资人控股
所	按照市场导向开展与研究所的合作,引进中科院研究所和高校到常州建立研发机构,进行技术转移、成果转化和孵化企业	这些研发机构主要从市场上获得研发收入,同时政府给予实验室建设和人才补贴,对重大研发项目给予适当的经费支持,保证研发机构的可持续发展
企	通过财税政策鼓励企业进行产学研合作,同时也帮助企业遴选合作项目,让企业尝到创新的甜头而不是苦头,促进企业通过创新做大做强	科技局帮助企业争取国家级、省级的科技项目,并争取项目经费

以"校所企共赢"机制创新为例,科技局在传统的产学研管理中注重的是基于创新体系对人才、资金投入、成果等的要素配置（$G-HD_1$）,而对各个合作主体间联系机制关注不足。但是常州不仅需要科技资源,更需要科技资源发挥效率,提升本土自主创新能力,因此打破了原有的要素配置方式,构建"校所企共赢"机制（$G-HD_2$）,使各个创新主体共享资源、共生共赢（见图7-10）。由此,科技局突破了既有惯域,进行了联系机制的探索式创新,

扩展了"常州模式"的内涵。

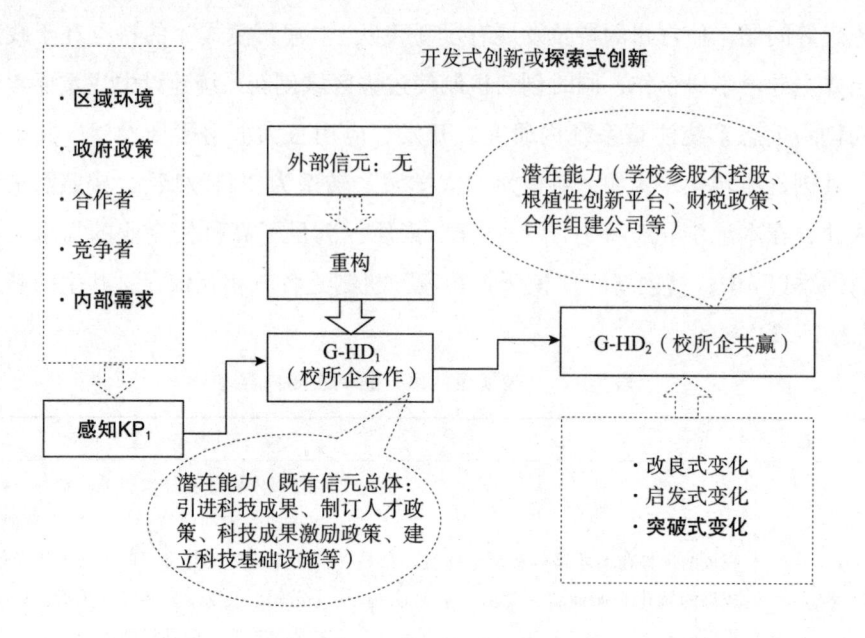

图 7-10 "校企研"探索式创新

2006—2010年,常州科技局在产学研合作管理中,从前期的以构建区域技术创新体系为主转向培育创新生态系统,由产学研结合转向政产学研用结合,由引进成果转向建立根植性创新平台留住研发机构及创新创业人才,由被动寻求人才转向政府主动走出去引入,将全国性技术成果洽谈平台固定在常州形成常态机制。由此可见,科技局在前期的经验积累和对产学研方法、途径的探索中形成了固定的方法("常州模式"),其积累的管理产学研合作的知识经验形成了科技局应对环境变化的潜在能力。在此阶段,形成了常州政产学研管理惯域（$M-HD_0$）。

7.3.2.3 管理惯域扩展:丰富"常州模式"内涵

经过前10年的努力探索,产学研结合的"常州模式"为常州创新发展提供了驱动力。2011—2015年,从常州所处的外部环境看,工业革命4.0将带来全球性产业变革,我国提出的创新驱动战略以及国家对建设苏南自主示范区的批复将使长三角各个城市对科技人才、项目的竞争趋于白热化。而对于常州内部环境,科技资源聚集刚有起色,存在产业发展层次低、未能形成有机联系，产品技术含量不高、自主知识产权产品少、品牌和高附加值产品少等方面的问题，企业自主创新能力还有待提升。为了解决这些难题和困境，常州科技局在成功运用"常州模式"的同时，根据外部环境变化和内部需求，保持习惯域动态性，在产学研管理中突出了政府公共服务的意识，通过为人才、科研机构等提供高质量的服务，聚集国内外资源到常州落户，增强本土自主创新能力，开启了产学研合作的国际化之路（见图7-11）。

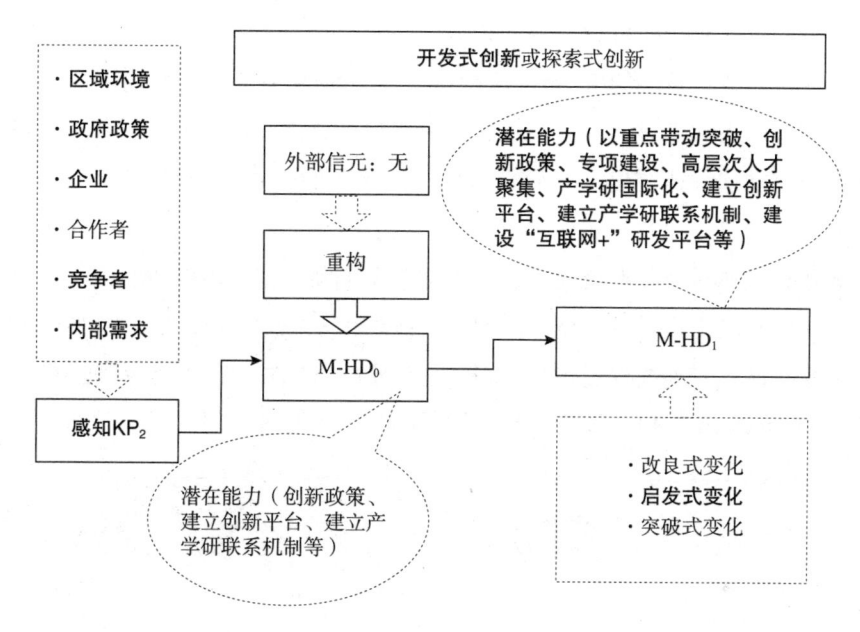

图7-11 管理惯域启发式变化与开发式创新

常州科技局2006—2010年在产学研管理工作中形成的管理惯域（M-HD_0），能够根据外部环境变化和内部需求，利用潜在能力（已经掌握的知识经验）改变管理方法以适应新形势和新环境。过去5年是以聚集科技资源为主，而2011—2015年的"常州模式"是以提升政府服务质量及优化科技资源为主，其主要做法是：提升平台层次、实行政策创新、提升人才层次、建设国际产业园区，使产学研国际化以掌握国际前沿技术和产品，培育创新型企业群体、创新型园区，打造创新型城市，提升本土自主创新能力。由此，管理惯域发生了启发式变化，丰富了其管理惯域内涵，扩展后的产学研管理惯域记作M-HD_1。

7.3.3 产学研合作管理惯域演进与持续创新路线图

目前,产学研合作理论应用在实践领域聚集资源、提升创新能力是各地政府实施的普遍做法。但是,不同实践主体有各自特点,科技资源禀赋不足地区开展产学研合作难度更大,能够形成一套有本土特色的方式方法尤为重要。常州科技局在探索产学研合作方式上注意知识经验积累形成习惯域,即构建了有常州特色的产学研合作模式"常州模式"。

纵观常州科技发展的 15 年,所处的外部环境发生了巨大变化。高科技竞争在全球范围内愈来愈激烈,产品更新换代愈来愈快,还经历了国家从经济转型到创新驱动的快速变化。复杂的外部环境要求常州的科技管理部门不再仅仅是开展技术引进,而是要提升本土的自主创新能力,不仅要开技术成果交流会,还要让这些科技资源留在本土,带动本土创新。他们的努力取得了丰硕成果。常州的专利申请量从 2000 年的 837 件(专利授权量 731 件)增加到 2014 年的 37833 件,专利授权量仅 2014 年就达到 18152 件,2014 年专利授权量是 2000 年的近 25 倍,本土知识创新成果大幅提升(见图 7-12)。

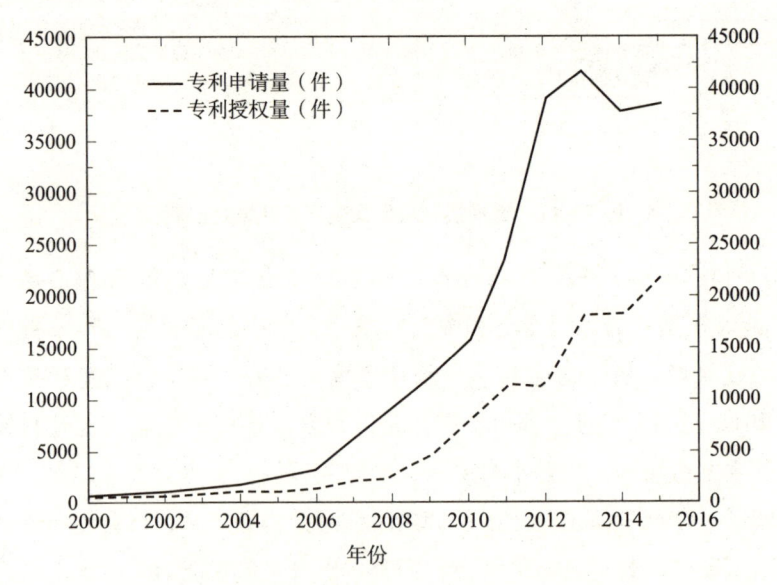

图 7-12　2000—2015 年常州市专利一览❶

---

❶ 资料来源:2000—2015 年常州市国民经济和社会发展统计公报。

7 波动型压力集下常州产学研合作管理持续创新

因此,在内外部环境的变化(波动型压力集)下,常州科技局在实践中不断探索新方法、新方式,保持管理惯域稳变性适度。在政策、制度、机制等方面不断创新,解决了本土科技资源匮乏的困境,融入了苏南自主示范区建设之中,提升了本土企业的自主创新能力。

从常州产学研合作管理惯域演进与持续创新路线图可以看到(见图7-13),2006年前,解决本土科技资源匮乏主要运用技术引进方法,针对企业培育技术创新体系,形成了科技局的管理惯域 $A-HD_0$,科技局在人才、成果引进等方面进行多途径探索,帮助企业寻找科技资源。2006—2010年,根据外部环境变化,克服传统管理方式束缚,形成了本土特色的产学研合作的"常州模式",为常州聚集外部科研机构、高校落户常州,解决科技资源匮乏带来了飞跃。此阶段形成产学研合作管理惯域 $M-HD_0$,科技局进行了探索式创新。与此同时,科技局在管理实践中积累了大量知识经验,随着常州经济发展的内外部环境变化,面对困境和难题,科技局又迅速调整管理方式,利用已有的产学研管理经验在政策、制度、机制等方面不断创新,管理惯域发生了启发式变化,形成了扩展的 $M-HD_1$,丰富了"常州模式"。

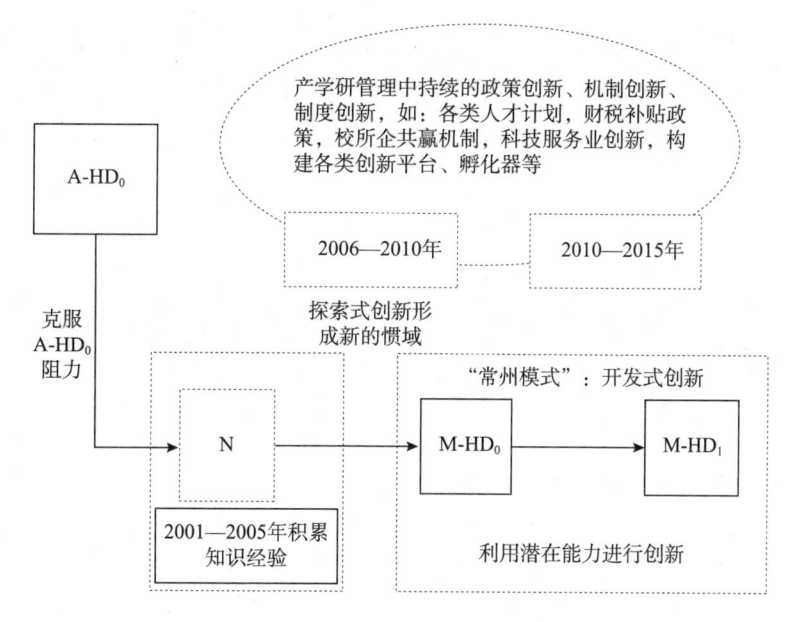

图7-13 常州产学研合作管理惯域的演进与持续创新路线

十几年来，常州科技局通过在实践中不断探索管理产学研的方法并积累知识经验形成"常州模式"（产学研管理惯域），"常州模式"又能够随着压力集变化而变动，进行制度创新、机制创新、政策创新，不断丰富"常州模式"的内涵，可见常州科技局产学研合作管理持续创新的奥秘在于其管理惯域稳变适度，能够对环境变化做出快速反应。

8 组织惯域弹性失灵与诺基亚手机业务衰落

在本部分的前几章，分析了凯特尔、恒立、熊猫 LCD、常州科技局等在发展中创新的案例，描述了探索式创新与开发式创新相结合的组织持续创新的路线图，而组织惯域在其中充当了"桥"的作用，其稳定性与变动性适度为持续创新提供了基础，使不同组织在惯域作用下高效率地进行开发式创新和探索式创新。因此，丰富的信元和良好的变动性为组织提供了创新所需要的知识经验即潜在的创新能力。然而，组织惯域这座"桥"也会因为过于稳定导致弹性失灵，让创新的思想难以逾越，成为阻碍组织持续创新过程中的"山"。本章以曾经连续多年位于手机业务之巅的诺基亚手机业务衰落为例，分析不同场景下组织惯域的负面效应是如何影响持续创新的。

8.1 案例背景

诺基亚（Nokia Corporation）是一家总部位于芬兰埃斯波，主要从事移动通信产品生产的跨国公司。诺基亚成立于 1865 年，当时以造纸为主业，后来逐步向胶鞋、轮胎、电缆等领域扩展。1969 年，诺基亚率先引进符合国家电报电话咨询委员会（CCITI）标准的 PCM 传输设备，提前进入数字时代，自此诺基亚的发展目标逐渐转向网络化的电信网络设备。

图 8-1 是 2008 年诺基亚围绕产品事业部构建的组织架构，主要有服务与软件部、手机终端部、诺基亚西门子通讯部、NVATEQ 以及作为支撑的市场运营部、企业发展部、支撑事业部，全球执行董事会是公司的最高领导机构。由

此可见，在 2008 年左右手机终端部还是诺基亚发展的重点。

```
┌─────────────────────────────────────────────┐
│              全球执行董事会                  │
├──────────────┬──────┬───────────────────────┤
│  服务与软件部 │ 市场 │    诺基亚西门         │
│              │ 运营 │    子通信部           │
├──────────────┤ 部   ├───────────────────────┤
│  手机终端部  │      │      NVATEQ           │
├──────────────┴──────┴───────────────────────┤
│              企业发展部                      │
├─────────────────────────────────────────────┤
│              支撑事业部                      │
└─────────────────────────────────────────────┘
```

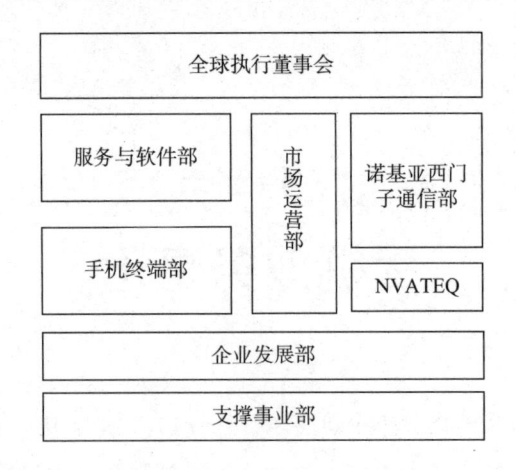

图 8-1　诺基亚 2008 年组织架构（赵剑峰，2008）

1982 年，诺基亚生产了第一台 NMT450 移动电话 Senator，并成了全球通信技术的主要开发商。1991 年诺基亚生产了第一台 GSM 手机，从这一时期起诺基亚将电信和移动作为战略重点及核心业务。1992 年，CEO 奥利拉与其管理层剥离诺基亚传统业务，使诺基亚转型为电子信息高科技集团，并建立了移动通信的 GSM 标准，在此之前，通信业务占诺基亚总营业额的 15%。1993 年，诺基亚作为多元化公司转型之前的利润是 20 亿美元，到 1999 年利润达到 100 亿美元（为国，2009）。自 1998 年以来，诺基亚手机连续 15 年市场份额第一。

在诺基亚发展过程中，有许多里程碑事件（见图 8-2）。例如，在手机产品开发中，诺基亚和对手展开了创新速度、设计、价格大赛，诺基亚手机平均每隔 35 天就推出一个新品种，并且带动手机价格在数年内一再下跌。它的 7110 系列手机，是世界上第一款支持 WAP 无线上网协议的手机；诺基亚还第一个推出手机换壳的概念，使手机从通信工具变为时尚消费品；1998 年，全球第一款金属质感手机 N8810，第一个支持推出了手机铃声下载和屏幕保护的新应用，不仅为运营商创造了新的增长点，而且培养了一批无线内容提供商；2001 年开发了第一款照相手机，到 2003 年年底全球带照相功能的手机比数码相机的销量还要高（赵剑峰，2008；为国，2009）。

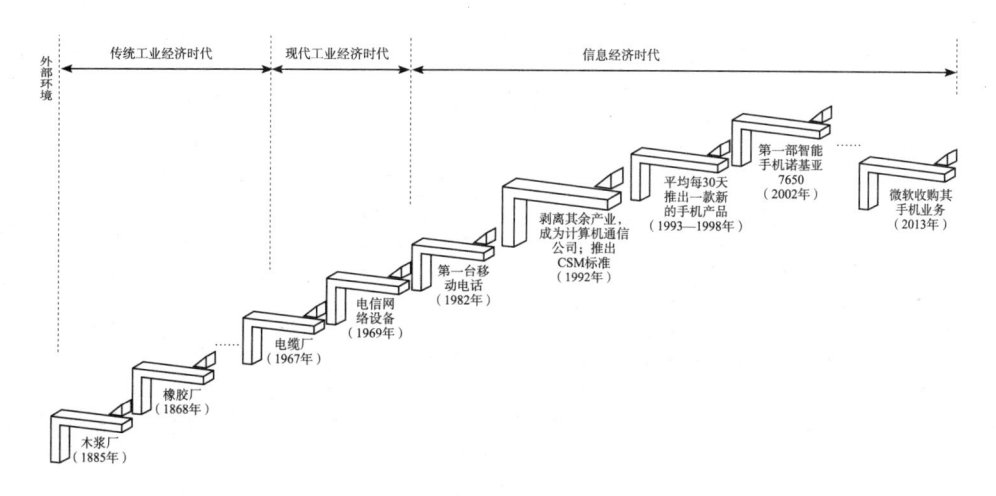

图 8-2 诺基亚发展大事件

1999 年，随着移动终端的快速发展，摩托罗拉公司推出 A6188 型号手机，首次提出"智能手机"的概念，同时，这也是全球第一部具有触摸功能的手机、第一部具有中文手写识别输入功能的手机，具有里程碑式的意义。摩托罗拉智能手机的出现打破了传统手机市场的平静。随之，2002 年诺基亚生产了其第一部智能手机诺基亚 7650。2004 年后，新操作系统的智能手机不断出现，智能手机市场发展迅速、竞争激烈。全球智能手机市场主要厂商从 2007 年由诺基亚、苹果、黑莓为主导，不到 7 年的时间发展到诺基亚、三星、苹果、黑莓、摩托罗拉、联想、华为 7 家。2007 年，智能手机市场主要厂商诺基亚、苹果、黑莓三家市场份额分别是 49.4%、2.7%、9.6%。随着竞争者不断增加，诺基亚连续 14 年全球手机销量第一的地位在 2011 年第二季被超越，到 2012 年诺基亚的市场份额下降到 6.4%，而智能手机后起之秀三星的市场份额却增加到 30.3%，苹果的市场份额增加到 19.1%。2014 年，主导智能手机市场的是三星、苹果、联想、华为等厂商，三星在智能手机市场占有率第一，而当年的行业领先者诺基亚和黑莓却都在排行榜上消失了（见图 8-3、图 8-4）（李萧然，2009；汪新波，2012；王维焕，2013）。

图 8-3 全球手机市场份额

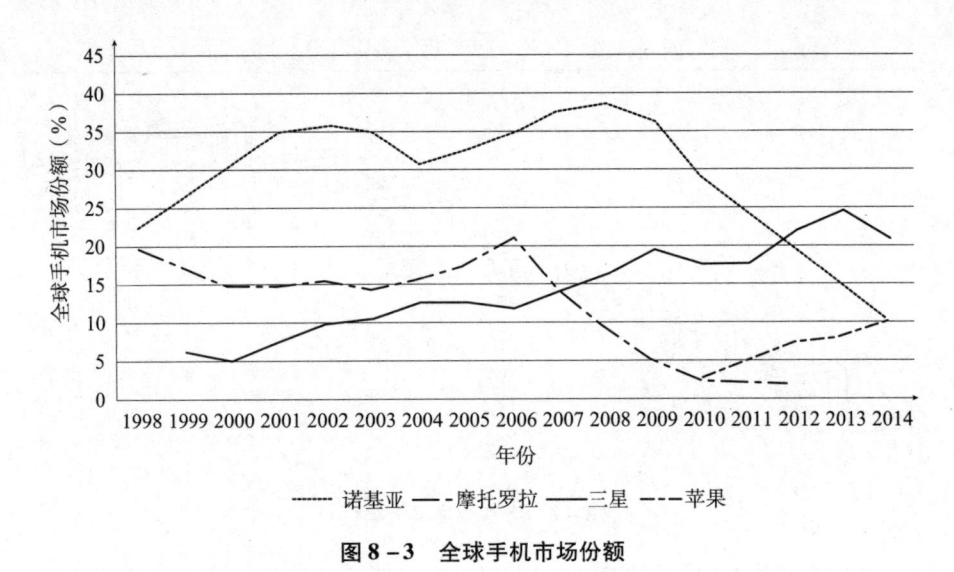

资料来源：Gartner 报告（1998—2014）。

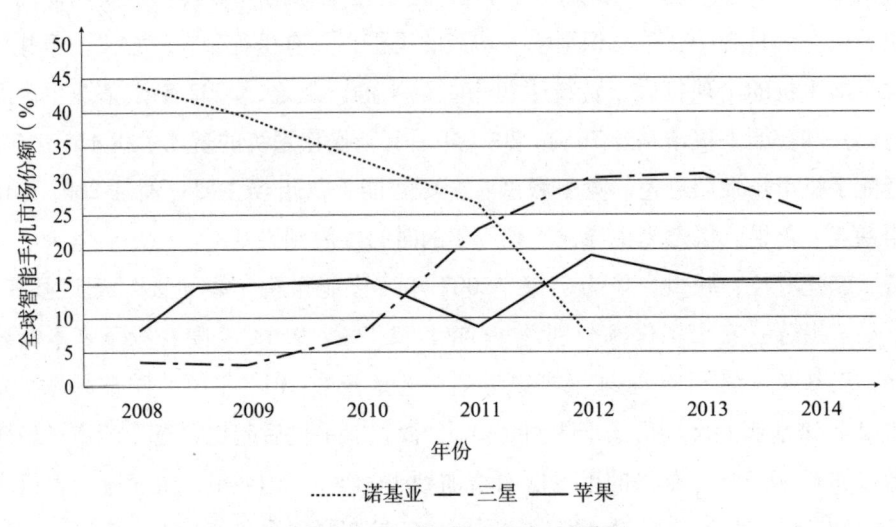

图 8-4 全球智能手机市场份额

资料来源：Gartner 报告（2008—2014）。

手机操作系统领域竞争异常激烈，以诺基亚手机为标志的 Symbian 操作系统，由于缺乏技术更新等原因逐渐衰败，而此时微软发布 Windows Phone 操作系统加入竞争。所以在 2011 年 2 月 11 日，诺基亚与微软正式宣布：双方达成全球战略同盟并进行深度合作，放弃诺基亚本来的 Symbian 和 MeeGo 操作系统,诺基亚的高端手机及智能手机将主要采用微软 Windows Phone 系统,并且将参与该系统的研发,而诺基亚地图服务(Nokia Here)将成为微软地图服务的核心组成部分。在 2011 年 10 月诺基亚世界大会上,诺基亚发布了它们的第一部 Windows Phone 手机 Lumia 800,这部手机运行 Windows Phone 系统,沿用了诺基亚 N9 的造型。2013 年 7 月 11 日 23 时,拥有 4100 万像素的诺基亚 Lumia 1020 正式在纽约发布亮相。2013 年 9 月 2 日晚间,微软宣布以约 37.9 亿欧元价格收购诺基亚旗下的大部分手机业务,另外再用 16.5 亿欧元的价格购买诺基亚的专利许可证。诺基亚将有 3.2 万员工加入微软,"诺基亚"品牌仍将保留,旗下"Lumia""Asha"等品牌和产品将继续运营。另外,诺基亚未来将主要拥有设备与服务、Here 地图和网络设备三大业务部门。2014 年 4 月 25 日,诺基亚宣布完成与微软的手机业务交易,正式退出手机市场(刘光宗,2014;殷丽萍,2013)。

8.2 诺基亚的持续创新与作为"桥"的组织惯域

纵观诺基亚 100 多年的发展历史,其首先从造纸业转向橡胶制造业及电缆制造,又随着电信技术的出现而转型到电信设备制造,成为全球最大的电信制造商。20 世纪 80 年代,诺基亚研制了第一台移动电话,随之在移动电话书写方式上突破原有的键盘,继续在业界领先。可见,诺基亚的决策层善于捕捉创新机会使诺基亚成为行业领先者,又在公司发展的关键时刻成功转型,成就了辉煌的诺基亚。从诺基亚转型里程碑中的大事件,可以分析公司决策层惯域在转型中的关键作用(见图 8-5)。

如前所述,组织惯域根据组织成员可划分为三个层次:决策层惯域(H-HD)、管理层惯域(E-HD)、操作层惯域(S-HD)。在此以诺基亚的决策层惯域变化为研究对象,分析公司决策层惯域在持续创新中的作用。在分析过程中,将选取诺基亚公司 1982—2008 年公司产品转型、组织转型过程中的里程碑事件为案例,即:以 1982 年研制出第一台移动电话为标志的产品转型(T_1),以 1992 年剥离传统制造业成为高科技公司的组织转型(T_2),以 2007 年年底发展互联网业务为标志的组织架构转型(T_3)(见图 8-5)。

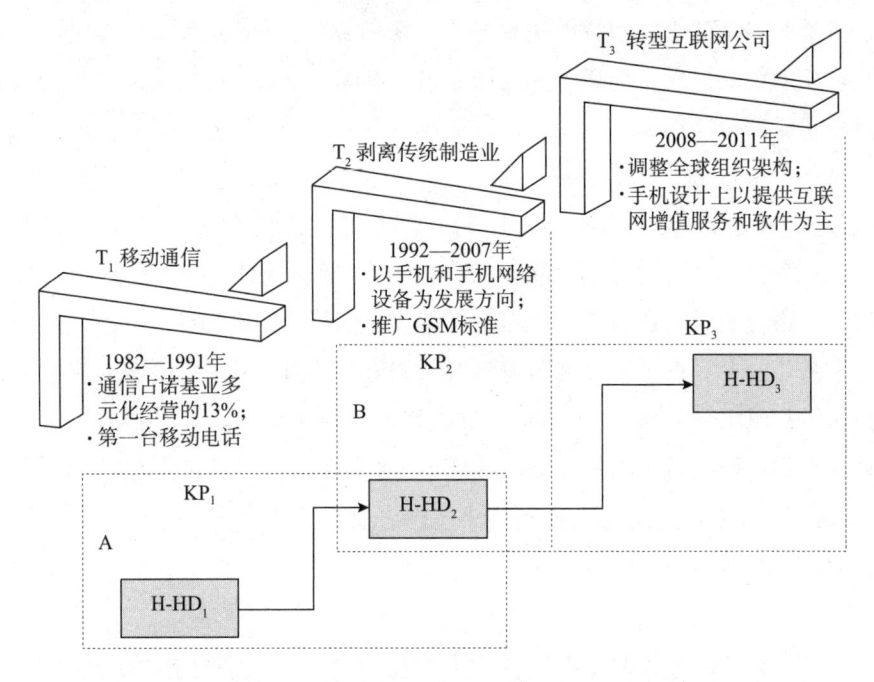

图 8-5 诺基亚决策层惯域与其创新的里程碑

第一个阶段是 1982—1991 年诺基亚转型实施多元化战略，由传统的制造业转型到新兴的电信领域，并探索移动通信技术。在这个阶段，计算机通信技术、产品由技术拥有国向全球迅速扩散，诺基亚经历了工业经济时代与信息经济时代交融时期，其外部环境变化不确定性增加。此时，诺基亚面临突变型压力集，感知的关键压力（KP_1）是新市场、新技术带来的竞争和转型到新领域面临的困难。

诺基亚从传统的制造业转型到新兴的电信领域后，于 1982 年发布了第一部移动电话。由此可见，诺基亚决策层对外部新的知识、信息吸收能力强，使决策层惯域能够随着外部环境变化而改变，并能够重组有效新决策，决定了该公司的技术、产品发展新方向即进军移动个人通信领域，此阶段决策层形成惯域 $H-HD_1$。

第二阶段是 1992—2007 年，此阶段诺基亚面临的是突变型压力集。在这个阶段诺基亚处于全球信息技术高速发展时期，市场竞争前所未有地激烈、通信产品技术创新快速，公司的外部环境变化高度复杂、高度不确定，而诺基亚内部多元化经营却陷入困境，因此，诺基亚剥离传统制造业的造纸、橡胶、电缆等部门，转型成为信息技术公司。

诺基亚决策层、管理层、操作层对通信计算机知识、信息的不断了解与掌握及知识积累，在移动电话业务的发展技术上形成了习惯域（决策层惯域从 $H-HD_1$ 突破性扩展到 $H-HD_2$），其中，知识经验形成的潜在能力是其不断创新的动力，进而形成公司开发手机新产品的效率。面对不断变化的竞争环境，该公司的手机产品技术不断创新，如第一部手机触摸屏技术、手机 Symbian 操作系统。诺基亚手机平均每隔 35 天就推出一个新品种，7110 系列手机是世界上第一款支持 WAP 无线上网协议的手机，首次推出手机换壳使手机从通信工具变为时尚消费品，第一个推出支撑手机铃声下载和屏幕保护的新应用等。

诺基亚很快成为移动终端行业的领先者，反映了决策层果断的决策对技术创新的支持，带来公司创新效率的提升。

第三阶段是 2008—2011 年，在此期间主要是互联网经济在全球蔓延，移动互联网业务兴起，手机智能化使终端市场竞争异常激烈，诺基亚处于突变型压力集，感知的关键压力（KP_3）是强大的市场压力和快速的技术创新。

诺基亚决策层感知到危机，并将外部产生的移动互联新业务信息知识与决策层惯域中既有的知识经验重构，形成新的决策即公司从以移动终端为主的业务转型到移动互联网公司，此时决策层的惯域 $H-HD_2$ 突破性扩展到 $H-HD_3$。

综上，诺基亚在不断创新过程中，新的知识不断产生，丰富了组织惯域，形成了应对外部环境变化的潜在能力。当转型后（T_1），决策层形成新的惯域是公司新技术新产品高速发展的关键之一。由于 $H-HD_2$ 是在 $H-HD_1$ 基础上产生突破性变化，1992—2007 年诺基亚产品、技术不断创新，这个时期表现为高效率发展。这是因为其潜在的知识经验能够应对外界的变化，使诺基亚持续创新成为行业的领先者。当外部环境剧烈变化，市场从对手机终端的热衷转向移动互联网时，决策层能够感知并吸收新知识 $H-HD_2$，发生突破性变化，形成转型互联网公司的新解决方案（T_3），并逐步形成 $H-HD_3$。由此可见，稳定性变动性适度的组织惯域 $H-HD_1$、$H-HD_2$、$H-HD_3$ 在公司不断创新过程中起着"桥"的作用（例如，图 8-5 中从 T_2 到 T_3 的"桥"是 $H-HD_2$），使公司创新效率高。因此，当新思想、新方案能够突破既有组织惯域中过去的知识经验时，就能克服其负面效应，进而使企业不断创新。

8.3 手机业务衰落与成为"山"的组织惯域

尽管诺基亚是较早拥有手机触摸屏技术的厂商,却没有开发出触摸屏产品;尽管手机 Symbian 操作系统技术也是诺基亚的,并以此组成了 Symbian 联盟,但是几年后,诺基亚的 Symbian 系统却被后起之秀谷歌的 Android 超越;尽管诺基亚曾经几次成功转型,拥有转型成功的经验,但是,21 世纪初却失败于向互联网公司转型。那么,造成这些失败的原因是什么?既有学者从战略管理、营销策略、CEO 的经验等不同视角对诺基亚发展手机业务的衰落进行了探究,指出原因主要是诺基亚战略选择的失败、CEO 经验的缺失等,这些研究结论给了我们有益的启示。那么,诺基亚的发展战略、CEO 经验来源于哪里?它又是如何阻碍诺基亚持续创新?本节以诺基亚手机业务在 2004—2013 年的关键事件为例,从其组织习惯域角度展开分析,研究习惯域对诺基亚持续创新的影响。

8.3.1 决策层感知关键压力失灵:错失触摸屏手机商机

2009 年,主导智能手机的厂商已经由 2007 年的诺基亚、苹果、黑莓三家,增加到包括三星在内的四家。此时,诺基亚的市场份额已经由 2007 年的 49.4% 下降到 39%,而苹果和黑莓的市场份额分别增长 5.5 个百分点和 10.3 个百分点。可见,2009 年诺基亚所处的竞争环境已经大不相同,厂商增加、市场份额下降给诺基亚发展手机业务埋下了危机。

当市场从功能型手机向智能手机演进的时候,诺基亚的生死考验来临了。2007 年,在诺基亚行进的前方,危机已经开始倒计时。在 iPhone 问世不久,各大厂商迎头赶上纷纷推出了自己的触屏手机。不过,诺基亚却显得很淡定。在它看来,iPhone 只是一款售价高昂、被疯狂的苹果粉丝追捧的、有些特别的手机而已。诺基亚在怀疑:触摸屏真是未来么?诺基亚自己的第一反应是:不。早在 2004 年,诺基亚就研制了第一款触摸屏手机诺基亚 7700,不过,最终诺基亚以时机不成熟为由放弃了。很快另一款产品 7710 问世,该款手机支持触控笔输入以及手指输入,而且具备完善的通信功能。然而，7710并没有带来很好的市场反响。基于三年前的教训，诺基亚坚定地相信自己的判断——触摸屏不会成为主流。就在诺基亚静观其变的时候，时间很快来到了2009年。在iPhone推出一年多后，诺基亚的触摸屏手机姗姗来迟，如业界所料，并未激起多少浪花。智能手机的第一次小浪潮，诺基亚错过了。事实证明，触摸屏果然是大势所趋，就连以全键盘著称的黑莓都加入了进来。❶

诺基亚决策层是如何对待开发智能手机新功能的问题呢？当2004年全球智能手机市场刚起步时，诺基亚的第一款触摸屏智能手机7700市场销售量不好，这个信息储存在决策层惯域的潜在领域中，此时，该公司的决策层惯域为$H-HD_1$；到2007年智能手机市场已经有很大发展，但是，此时诺基亚仍然是终端市场领先者，其决策层并没有感知到外界山雨欲来的竞争压力，用习惯域中既有的方法应对了动态的高度变化的竞争市场（$H-HD_1$），认为触摸屏手机市场不会有大发展，因此错失了机会；而到2009年触摸屏手机成为主流，面对巨大的竞争压力，诺基亚决策层才决定在智能手机上采用触摸屏技术（见图8-6）。

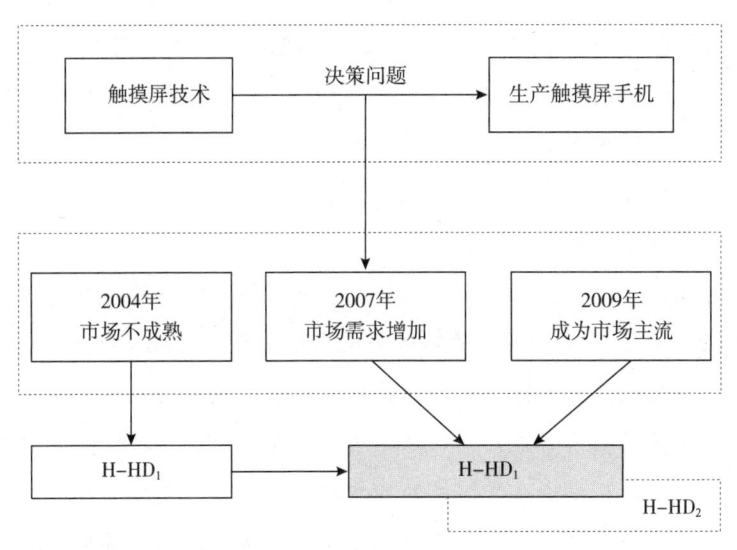

图8-6 诺基亚决策层惯域对开发触摸屏手机的影响

---

❶ 许小火. 兴衰诺基亚 [J]. 销售与市场：评论版，2012（8）：72-75.

可见，诺基亚决策层惯域既有的知识经验阻碍了对外部环境变化关键压力的感知，导致诺基亚没有及时做出开发新产品"触摸屏手机"的决策。

8.3.2 互动吸收能力失灵：丧失操作系统市场

21世纪初，随着移动互联网时代到来，智能手机的操作系统成为竞争的焦点。不同厂商采用的操作系统形成了智能手机的三大阵营，如Android操作系统以三星手机为标志，Symbian操作系统以诺基亚手机为标志、iOS操作系统以苹果手机为标志；2010年，微软也在Windows Mobile基础上发布了Windows Phone操作系统，使手机操作系统竞争愈发激烈。事实上，手机操作系统的竞争不仅是移动终端的竞争，更是移动互联网控制权的竞争，移动互联网控制权将主导基于移动互联网开发的各种新业务，其背后隐藏着巨大的市场。在这激烈的竞争中，尽管诺基亚错过了发布触摸屏的最佳时机，但还不至于使诺基亚衰落。最后是由于Symbian操作系统缺乏技术创新等原因导致诺基亚逐渐失去市场，其手机终端业务也从辉煌走向衰落。

诺基亚采用的操作系统叫Symbian，该系统平台由诺基亚、摩托罗拉、索尼爱立信等公司合资成立，诺基亚的股份为52%，其他非股东厂商也可以通过授权的方式使用。Symbian曾经一度是全球操作系统无可争议的老大，2007年其全球市场占有率一度高达72%。依托Symbian，诺基亚的智能手机也曾在全球称霸数年。然而手机操作系统和用户的使用体验直接相关，在这方面Symbian似乎有些落伍了：如对于许多多媒体格式并不支持，界面比较老旧，功能不够吸引人。独自坚守的诺基亚也意识到Symbian不再具备竞争力。在操作系统和用户体验之外，还有一个重要的领域，那便是应用软件。丰富多彩的软件是一款手机吸引用户购买的一个重要原因。自从苹果推出了应用商店AppStore，应用开发者的热情便被史无前例地调动起来。开发者称，苹果的开发界面友好，开发难度较低，而且最重要的是，有一套机制最大限度地保证了开发者的利益。反观Symbian却是另一番情境，开发者认为，其开发界面不够友好、门槛较高，而且由于多年积累了甚为庞大的代码量，新入门的开发者必须花费几倍于其他平台（如Android）的时间来学习，增加了开发的难度。此外，由于Symbian在设计之初就定位于中低端手机,功能上较为简单,已经无法满足市场对于智能手机的需求。

2005年,随着谷歌推出免费的操作系统Android后,过往的美好日子注定成为回忆。一直以来,由于诺基亚在Symbian中所占股份最高,其他厂商认为二者的关系似乎有点过于密切,本来就心存芥蒂,如今出来个免费的第三方操作系统平台,Symbian内部开始人心涣散。在第一批Android成员中,Symbian的共同发起人摩托罗拉赫然在列,此后,它成为Android的坚定追随者。随后,不断有原Symbian成员推出Android手机,固有的Symbian阵营开始瓦解。另外,自从谷歌将Android开源后,舆论上就有一种共同的声音:开放是必然,是未来,似乎如果再闭关下去,只能死路一条。或许是迫于舆论压力,或许是因为慌不择路,2008年诺基亚决定回购Symbian其余48%的股份,并宣布将其开源。然而,是寄居于竞争对手门下,还是选择一个纯粹第三方的产品,答案不言而喻。Symbian就这样被孤立了,诺基亚开始拥着Symbian孤独前行。诺基亚想要做的不是加入Android,而是杀死Android。2011年,不管是智能手机,还是非智能手机,市场份额排在第一的都是诺基亚。虽然Symbian销量依旧很好,但诺基亚已经意识到这个落后陈旧的系统无法适应未来的潮流。作为对抗Android以及iPhone的重要武器,2010年,诺基亚联合英特尔推出了操作系统MeeGo,试图自己革了Symbian的命,来一次凤凰涅槃。遗憾的是,MeeGo最终以失败告终,诺基亚只能无奈将之遗弃。❶

从案例事件描述可以看到,诺基亚智能手机操作系统衰落有三个关键的问题:第一,智能手机功能不足,导致定位在中低端消费者市场;第二,新进入厂商采用了新的商业模式,如开放的操作系统、让用户参与应用开发形成商业生态;第三,公司新产品开发错过时机。

针对上述问题,从诺基亚惯域的管理层进行分析,诺基亚在其手机操作系统是否创新问题上的惯域用 $SY-HD_0$ 表示,$SY-HD_0$,…,$SY-HD_n$ 表示变化的管理层惯域(见图8-7)。

---

❶ 许小火. 兴衰诺基亚[J]. 销售与市场:评论版,2012(8):72-75.

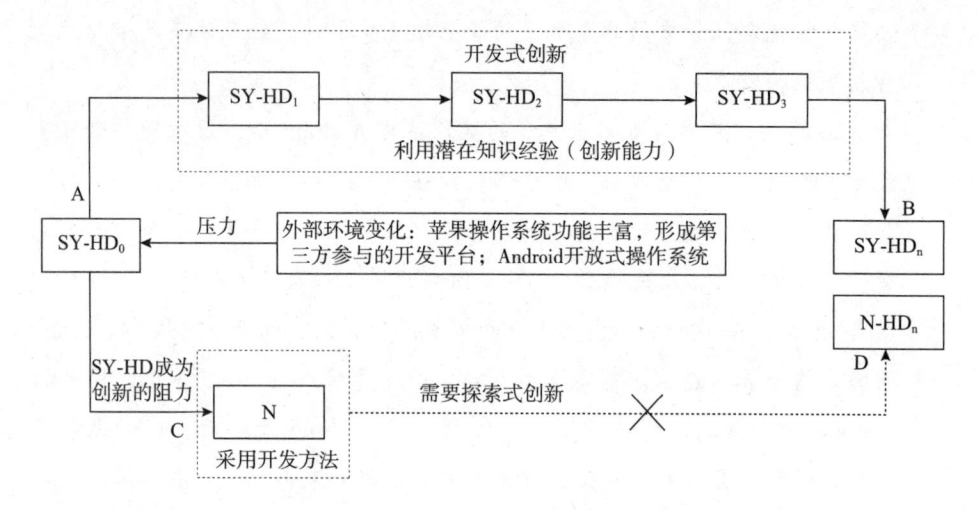

```
                              开发式创新
        ┌─────────────────────────────────────────────────┐
        │   ┌────────┐        ┌────────┐       ┌────────┐ │
        │   │ SY-HD₁ │──────▶│ SY-HD₂ │─────▶│ SY-HD₃ │ │
        │   └────────┘        └────────┘       └────────┘ │
        │          利用潜在知识经验（创新能力）              │
        └─────────────────────────────────────────────────┘
   A                                                         B
┌────────┐  压力   外部环境变化：苹果操作系统功能丰富，形成第  ┌────────┐
│ SY-HD₀ │◀──────  三方参与的开发平台；Android开放式操作系统  │ SY-HDₙ │
└────────┘                                                   └────────┘
                                                                │
                                                             ┌────────┐
  SY-HD成为                                                   │ N-HDₙ │
  创新的阻力         需要探索式创新          ✗                └────────┘
   ┌────┐                                                       ▲
   │ N  │─────────────────────────────────────────────────┘
   └────┘
    C
  采用开发方法
```

图 8-7 诺基亚组织惯域中的负面效应对开发手机操作系统的影响

（1）对外部信息感知不够。由于诺基亚手机自 1998 年到 2011 年一直在移动终端市场雄踞第一，从 2007 年起其智能手机也排第一位（其智能手机用户多来自其原有的非智能手机用户），外部市场出现的新厂商生产的"智能手机功能丰富"的信息没有引起公司管理层的足够重视，因为管理层惯域既有的经验"消费者不会对高端智能手机感兴趣"影响了其对外部信息的吸收和重构（其习惯域处于稳定状态），认为"智能手机功能丰富"是高端用户的需要，于是将诺基亚智能手机定位在中低端市场（图 8-7 中 $SY-HD_0$ 的变化路线 A-B）。

（2）重大信息刺激。在智能手机操作系统应用的商业模式上，谷歌的 Android 操作系统采用了开放的模式，无疑是智能手机操作系统商业模式的变革。面对外部环境突变，诺基亚的管理层依然选择继续封闭 Symbian 操作系统，可见，在操作系统商业模式创新问题上，诺基亚的管理层仍然以过去的知识经验面对变革，其习惯域产生了负面效应阻止了新方案（Symbian 操作系统应该采用新的商业模式，即开放式操作系统）产生，阻碍了创新（图 8-7 中 $SY-HD_0$ 的变化由 A-C 被阻断），加速了诺基亚手机业务走向衰落。

（3）用既有方法应对新环境。诺基亚决策层面对智能手机操作系统市场的巨变，意识到必须通过创新的方式改变手机业务的窘境，却根据过去的知识经验选择了联合英特尔推出新的操作系统 MeeGo 取代 Symbian 的战略，目的是扼杀 Android 操作系统。但是，当代的竞争方式已经改变：一方面，移动通信技术的快速变化使厂商之间的竞争已经从零和博弈到合作共创价值；另一方面，智能手机操作系统的市场格局已经发生了根本性变化，2012 年三星的 Android 操作系统已经占据智能手机市场的 30% 以上，而诺基亚智能手机市场份额却降低到 6.4%，诺基亚决策层面对有重大变化的市场（重大信息刺激）没有做出有效决策（决策层信元陈旧），导致诺基亚再次失去商机（图 8-7 中 $SY-HD_0$ 的变化由 A-C 被阻断）。

由此可见，当组织惯域不能及时对外部变化进行感知，或者用既有的知识经验应对外部变化，或者组织成员间新知识流动不畅时将带来组织惯域弹性失灵，影响组织惯域突破性变化，进而阻碍创新发生。因此，组织惯域也将从有利于创新的"桥"变成阻碍创新的"山"。

8.3.3 管理层信元重构失灵：转型互联网公司失败

随着智能手机用户迅猛发展，新的移动互联网业务引起了运营商、手机终端厂商的关注，诺基亚也在 2007 年发布了其互联网门户 Ovi，启动了移动互联网业务，向移动互联网内容与服务商转型。但是，诺基亚手机业务部门管理层在转型方式上却沿用了其在传统制造业转型中运用的成功经验和方法，即运用并购、转卖、重组等方式进行转型，向新兴的互联网行业转型也采用收购内容提供商来使自己抢先介入移动互联网、独占利益的方式。互联网经济是分享经济，注重价值分享而不是利益独占（许小火，2012）。错误的策略导致了诺基亚向互联网转型失败。

1995 年至 2006 年左右，诺基亚的经营和管理模式都比较稳定，没有什么大的变化，也没有什么并购或者合并的业务。分水岭是在 2006 年，由于 Android 系统和苹果系统的两面夹击，使得诺基亚龙头老大的牢固位置变得岌岌可危，诺基亚开始了一系列的并购、转卖和重组。2006 年 8 月，诺基亚收购德国电子导航软件开发商 Gate5；2006 年 10 月，诺基亚以 6000 万美元的价格收购了一个与苹果 iTunes 竞争的、全球最大的独立音乐销售平台 Loudeye；2007 年 7 月，收购了媒体共享网站 Twango；2007 年 9 月，收购全球领先的移动广告公司 Enpocket；2007 年 10 月，诺基亚以81亿美元的高价，收购全球最大的地图供应商Navteq；2008年1月，诺基亚还收购了提供跨平台软件开发架构和应用平台的挪威公司Trolltech。但这一连串收购来的公司和资源并没有为诺基亚带来更多的益处，尤其是在向移动互联网的转型过程中，由于一系列在操作系统、智能手机定位等决策上的失误，使得这个昔日的手机市场王者逐渐淡出了消费者的视线。诺基亚的思路是将内容提供商占为己有，然后再将其产品转卖给消费者，自己获利；收购的方式或许可以将许多核心应用据为己有，但是与此同时也伴随着巨大的风险。比如其81亿美元收购的地图，本指望以收费的方式卖给用户，殊不知用户却有免费的谷歌地图可选。自产自销的方式固然能够保证收益百分之百进自己的口袋，但是如若市场不买单，那么最后的结果只能是赔了夫人又折兵。❶

以下对诺基亚2006—2008年的并购方式，从外部环境、竞争对手的变化及诺基亚采用的策略进行分析。

（1）外部环境：智能手机用户迅猛增加，移动互联网兴起；用户参与新产品研发的新商业模式兴起。

（2）竞争对手的变化：苹果公司的操作系统为用户或其他企业提供开放式开发平台，并同开发者利益分成（新的商业模式）。

（3）诺基亚采用的策略：2006—2008年，收购德国电子导航软件Gate5、独立音乐销售平台Loudeye、多媒体共享网站Twango、全球领先的移动广告公司Enpocket、全球最大的地图供应商Navteq及提供跨平台软件开发架构和应用平台的Trolltech（见图8-8）。

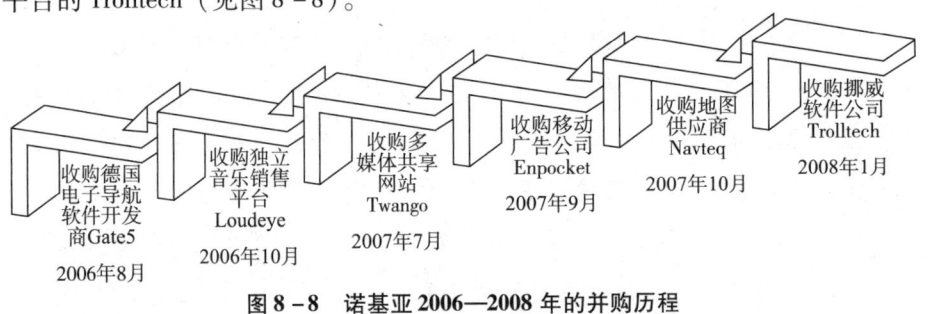

图8-8 诺基亚2006—2008年的并购历程

---

❶ 许小火. 兴衰诺基亚[J]. 销售与市场：评论版，2012（8）：72-75.

从其收购过程看，诺基亚的决策层在新的环境下做出了转型的决策。决策层在外部环境变动下，能够选择新的业务发展方向，说明决策层惯域有良好的变动性，在关键时刻选择了适合公司的发展方向。

但是，诺基亚转型的具体实施方法来自其管理层惯域，由于其稳定性过强，没有根据外部环境的变化选择新的转型方式，而继续沿用传统的在制造业成功的方法选择了并购重组。并购重组的结果是诺基亚独占利益，而移动互联网业务是快速创新，并购重组的步伐赶不上移动互联网创新的步伐。因此，利益独占的方式已经不适合互联网创新，曾经使诺基亚成功的并购经验，在新环境下却是使诺基亚转型失败的原因。

总之，诺基亚向互联网公司转型失败的原因之一是其管理层惯域在商业模式巨变的环境下，且在了解竞争对手已经采用新的方法发展市场的情况下，仍然用其惯域中既有的知识经验发展新业务（并购方法），对新的知识、信息重构失灵，阻碍了其选择新方法进行转型（采用业界新的商业模式培养自己的移动互联网商业生态），导致诺基亚向互联网公司转型失败。

8.4 结论与启示

在组织内决策层惯域、管理层惯域、操作层惯域相互影响，不同层次成员的习惯域在组织运营中的作用不同，决策层惯域稳变适度在组织生存发展中起着主导作用。在组织运行正常的情况下，组织不同层次的成员间即决策层、管理层、操作层之间的知识流和信息流是交互流动的，同时，组织与外部环境之间的信息流和知识流也是交互流动的，反映了组织惯域的弹性适度（见图 8 - 9）。

从案例中可以看到，组织惯域弹性失灵主要有关键压力感知失灵、互动吸收知识的能力失灵、知识信元重构失灵等。从诺基亚案例可以看出，具有百年历史的诺基亚是一个不断创新的公司，其组织惯域中的潜在知识经验在不断创新中起到了承接作用，特别是在企业开发式创新中，起到了"桥"的作用。工业时代，诺基亚的决策层在企业转型中也克服了组织惯域的负面效应——跨越了"山"，诺基亚的探索式创新使其成功地转型到信息行业，并成为行业领

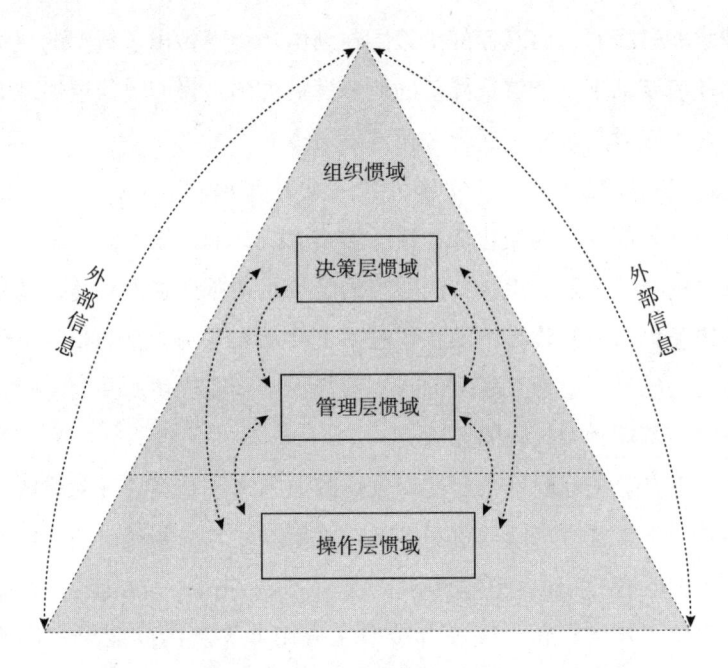

图 8-9 知识流和信息流在组织成员惯域中的流动

注：图中虚线箭头表示知识流、信息流。

先者。然而，面对信息时代的商业模式变革以及快速创新的态势，其既有的组织惯域却成为探索式创新的阻力，成了难以逾越的"山"。

美国学者唐纳德（2003）曾经从管理承诺角度研究了优秀企业失败的原因，指出了成功的经验虽然会形成"积极惯性"，但也会变成企业发展的负担（见图 8-10）。他提出的"成功方程式"既是组织形成的行为模式，也是组织惯域潜在的知识经验即潜在能力。当外部环境变化不大即确定性比较强时（图 8-10 中由 E_1 到 E'_1），企业由于形成了惯域能够迅速应对环境变化，处理问题效率高，这也是组织惯域的正面作用，即唐纳德的"积极惯性"（图 8-10 中虚线箭头部分）。而当外部环境震荡剧烈，如果组织惯域弹性失灵则不能产生新方案（新方法），组织惯域会成为创新的阻力（图 8-10 中 E_1 到 E_2）。因此，唐纳德（2004）从管理承诺角度的研究，也说明了组织惯域在创新中的"桥"与"山"的变化。

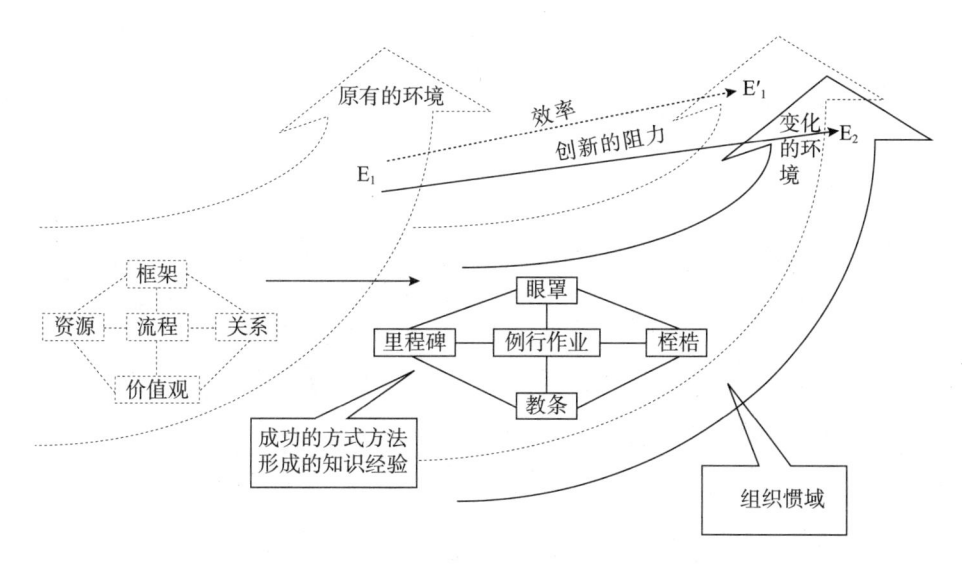

图 8-10 "积极惯性"与组织惯域的关系

注：本图参照唐纳德《优秀的承诺》（2003，P32）修改。

综上所述，创新的阻力可以来自决策层，也可以来自管理层和操作层的习惯域。因此，组织成员间惯域相互作用的影响、组织不同层面成员惯域的协同变化也是推动组织持续创新的重要因素之一。

第三部分

驾驭组织惯域：让组织驶入创新高速公路

9 常态中突破：领导惯域的关键作用

本书所指的组织常态有两层含义，一是组织处于一个相对稳定、确定性环境中，二是组织发展到一定规模，形成了使自己发展的方式并处于相对稳定的状态。因此，无论是商业组织还是政府组织，都需要其领导者能够在常态中寻找创新机会带领组织突破。既有研究也阐述了这一点，领导者是创新背后的根本指导力量（王飞绒，等，2012），德鲁克（1985）也指出企业家的核心职能是创新，企业家是以创新为主要手段的一类企业领导人（邢以群，1993）。学者的论述强调了企业家在创新中的作用，领导行为会影响组织创新的进程，个人的领导风格是创新的一个重要决定因素（Dess，2000），而领导风格是领导惯域的反映（马蕾，胡婉丽，等，2014）。由此，无论是企业家还是变革型领导（丁琳，等，2010；杨建君，等，2009），影响他们行为方式的是习惯域。正因为如此，本章选择了中国互联网行业领先者阿里巴巴集团主席马云和美国苹果公司前首席执行官乔布斯两个具有代表性的案例，分析了领导惯域在企业运营常态中不断突破自我开展持续创新的作用。

9.1 领导惯域的特征和类型

9.1.1 领导惯域

根据游伯龙对个人惯域的界定，领导惯域是指组织的领导者在一段时间内如果没有外界重大信息刺激，拥有的知识、经验相对稳定，形成一定的行为模式，而其知识、经验形成领导者应对环境变化的潜在能力（马蕾，等，

2014）。领导惯域可以通过领导个性、领导风格、领导方式等反映出来（游伯龙，1985）。

领导风格是一个整合的模式，该模式是由特定的领导行为与态度的密度或频数所指引形成的（Casimir，2001）。换言之，是领导者为了影响追随者完成组织有效目标采用的稳定行为方式（肖洪钧，苗晓燕，2009）。这种习惯化的方式是领导者在长期的个人经历、领导实践活动中逐步形成的，正如既有学者研究所指出的，领导风格理论偏重研究领导行为与下属的关系。由此可见，领导风格是领导的行为模式，由于它可以被观察到，因此也是了解领导惯域的途径之一。不同领导有不同的习惯领域，也决定了他们有不同的领导风格。虽然有的人领导风格相似，但是他们的习惯域潜在领域不同，所以领导惯域也不同（游伯龙，1985）。领导惯域是领导的自身属性，不仅反映领导处理问题的行为特点，还可以反映领导者处理外部环境变化的潜在能力，因此通过分析领导惯域能够更深入地了解领导者的领导能力（马蕾，等，2014）。

9.1.2 领导惯域的特征

领导的角色表明他在组织运行中不仅是管理者、促进者、教练、训练者、工作协调者和外部联络者等（Thomas，1996），还要能够引领团队解决外部危机和内部冲突（游伯龙，1987）。因此，领导惯域除了具备稳定性和变动性、简单性和复杂性、一致性和矛盾性以及吸收性和排斥性等个人惯域基本特征外，还具有灵活性、示范性、互适性等特征（马蕾，等，2014）。

领导惯域的灵活性是指当内部或者外部环境发生变化时，团队领导能够做出快速反应，并做出有效的决策以应对外界变化，但在变动后又恢复到惯域原有的稳定状态；领导惯域的示范性是指领导者的稳定行为方式常常被下属学习和模仿，其前瞻性行为对团队成员有导向性；领导惯域的互适性是指由于团队内部成员惯域的不同及外部环境的不确定性，领导从外部环境吸收知识、经验及与成员惯域相互影响、相互适应，不断改善惯域的过程（马蕾，等，2014）。

9.1.3 压力集与领导惯域变化的分析框架

领导作为组织中的重要成员，其在工作中形成的习惯域与自身的个人惯域不完全相同，其行为变化既遵循组织惯域的变化规律，又有个人惯域的变化特点，因此可基于组织惯域的变化规律并结合个人行为动态模式，构建压力集与领导惯域变化的分析框架（见图9－1）。

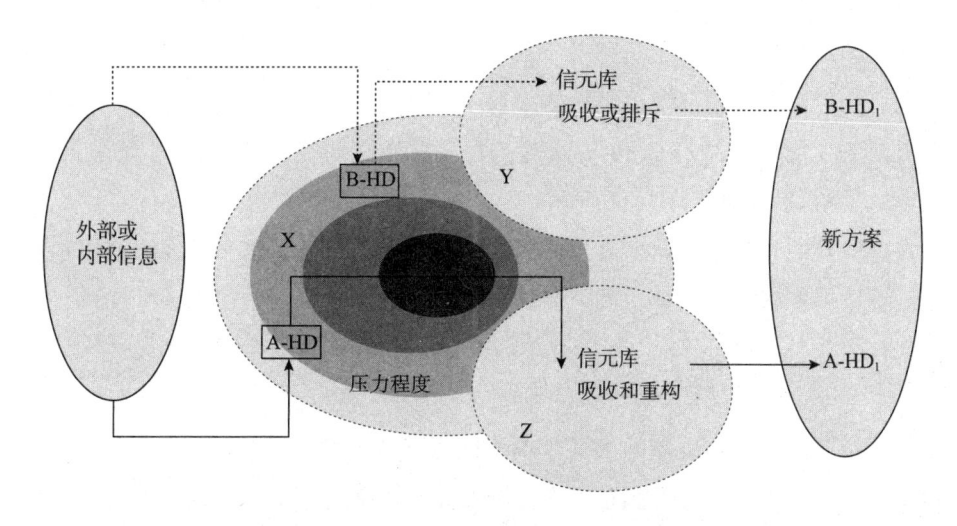

图 9－1 压力集与领导惯域变化的分析框架

注：图中 A、B 表示领导惯域（也可以表示企业家或非企业家），X 区域表示作用在领导者（或企业家、非企业家）的压力集（颜色深表示感知的压力大），Y 区表示 B 对信息的处理，Z 区表示 A 对信息的处理。

当领导位于不同压力集下，对感知的关键压力因素会有不同反应：①对外部（内部）信息吸收或排斥，其领导惯域进行了改良式扩展或不变（见图9－1中 Y 区）；②对外部（或内部）信息吸收和重构，形成新解决方案，领导惯域得到启发式变化或突破式变化（见图9－1中 Z 区）。

压力集与领导惯域变化模型是一个定性的、概念分析框架。该分析模型既可以用来进行企业家和非企业家惯域的比较，也可以用来分析同一领导在不同压力集下对环境信息的吸收与重构对其习惯域变化的影响等情形。

9.2 阿里巴巴的成长

阿里巴巴作为中国电商的开拓者之一，1999 年成立之初仅有 18 个员工，之后用了不到 10 年的时间成为上市公司、20 年的时间成为行业领袖，引起了学术界的高度关注。不同领域研究者对其展开了广泛深入的研究，如从电子商务到电子商务生态系统的研究（胡岗岚，等，2009）、新的商业模式、互联网金融、社会资本视角下阿里巴巴的发展（李海超，等，2015）、公司治理的合伙人制度（周珺，2014）、企业文化与公司的价值观管理方式（陈春花，等，2013）、平台型网络市场（汪旭晖，等，2015）等。既有研究取得的丰硕成果为高速成长的互联网企业发展提供了理论支撑。本研究将基于领导惯域视角分析阿里巴巴首席执行官马云的习惯域在公司创业、创新中的作用。

9.2.1 阿里巴巴里程碑简介

阿里巴巴集团主要创始人马云现担任阿里巴巴集团董事局主席、日本软银董事、大自然保护协会中国理事会主席兼全球董事会成员、华谊兄弟董事、生命科学突破奖基金会董事。1995 年，马云创办中国第一家互联网商业信息发布网站"中国黄页"；1999 年，在杭州与 17 个同事共同创办阿里巴巴公司，并担任阿里巴巴集团 CEO、董事局主席；2013 年 5 月，辞任阿里巴巴集团 CEO，继续担任阿里巴巴集团董事局主席；2015 年 6 月，马云当选全球互联网治理联盟理事会联合主席；2015 年 10 月，时任英国首相卡梅伦任命马云加入其商业顾问小组；2015 年年底，阿里巴巴集团及其关联公司经营着领先业界的批发平台和零售平台，以及其他多项基于互联网的业务，其中包括广告和营销服务、电子支付等互联网业务。阿里巴巴集团的主要业务架构如图 9-2 所示。

从其主要业务架构来看，阿里巴巴集团的业务包括：蚂蚁金融服务集团（包括支付、微贷、理财、在线保险四个子业务）、电子商务集团（包括 Alibaba.com、1688.com、Aliexpress、淘宝、天猫、聚划算六个子业务）、菜鸟智能物流网（包括天网、地网、人网三个子业务）、IOT 事业群（包括 YUNOS、

		蚂蚁金融服务集团	支付
			微贷
			理财
			在线保险
		电子商务集团	Alibaba.com
			1688.com
			Aliexpress
AIS基础设施	阿里云	大数据平台	淘宝

（以上为示意，实际为图示）

图 9-2　阿里巴巴集团的主要业务架构（截至 2015 年年底）

阿里通信、智能生活三个子业务）、移动及大文化娱乐（包括阿里健康、阿里影业、阿里音乐、UC 高德、优酷土豆五个子业务）。这些业务的数据均存储在大数据平台中，阿里云的云计算平台对数据进行处理，所有的硬件设备由 AIS 基础设施提供。

马云带领阿里巴巴，从最初的 18 个员工经历了成功和失败，才发展到今天的世界级互联网公司。该公司在发展过程中的里程碑事件主要包括 1999 年

打开持续创新的"黑箱"——基于组织惯域的思考

成立阿里巴巴集团、2002年阿里巴巴首次盈利、2003年建立淘宝网、2007年在香港证交所上市、2009年成立阿里云、2014年在纽交所上市等（见图9-3）。

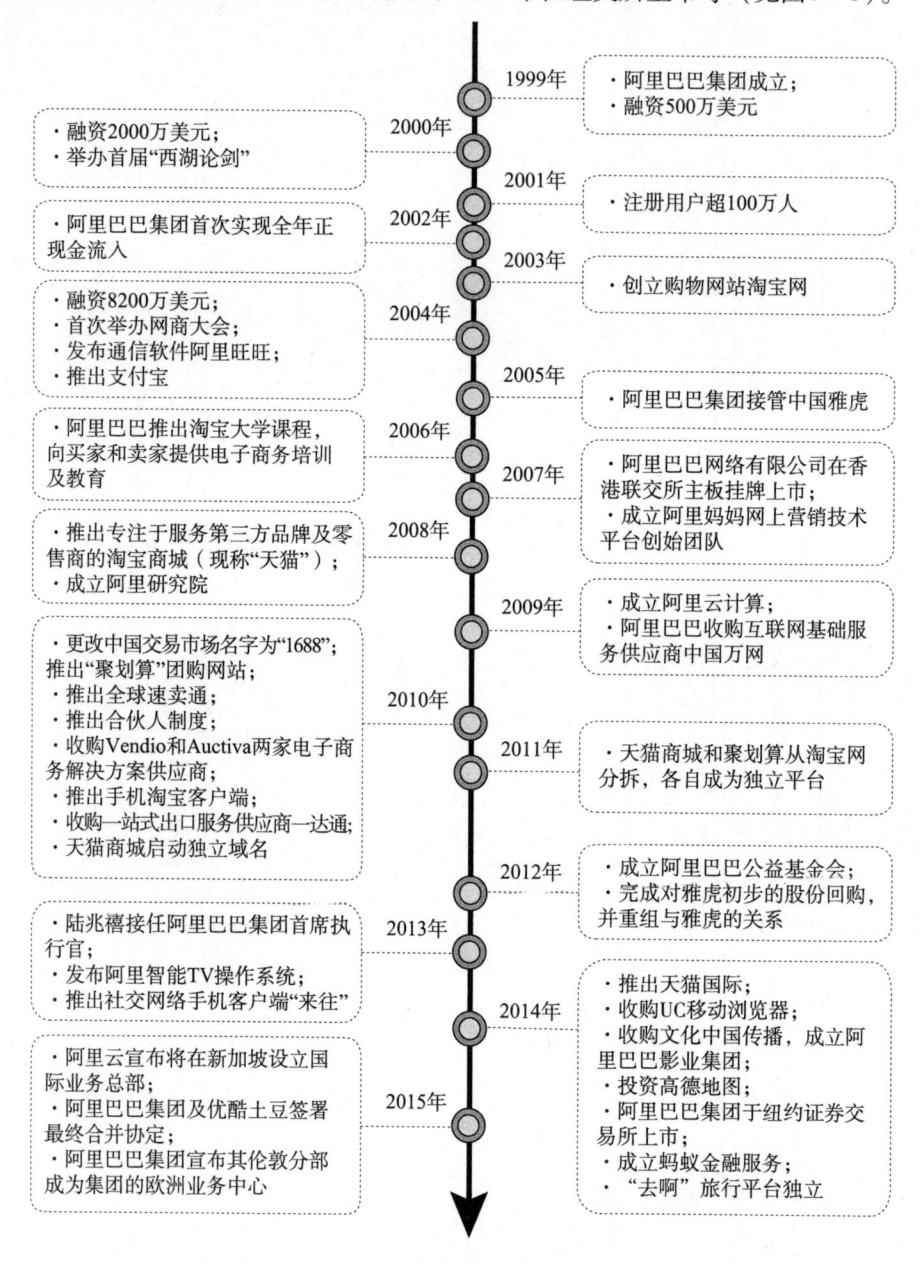

年份	事件
1999年	·阿里巴巴集团成立； ·融资500万美元
2000年	·融资2000万美元； ·举办首届"西湖论剑"
2001年	·注册用户超100万人
2002年	·阿里巴巴集团首次实现全年正现金流入
2003年	·创立购物网站淘宝网
2004年	·融资8200万美元； ·首次举办网商大会； ·发布通信软件阿里旺旺； ·推出支付宝
2005年	·阿里巴巴集团接管中国雅虎
2006年	·阿里巴巴推出淘宝大学课程，向买家和卖家提供电子商务培训及教育
2007年	·阿里巴巴网络有限公司在香港联交所主板挂牌上市； ·成立阿里妈妈网上营销技术平台创始团队
2008年	·推出专注于服务第三方品牌及零售商的淘宝商城（现称"天猫"）； ·成立阿里研究院
2009年	·成立阿里云计算； ·阿里巴巴收购互联网基础服务供应商中国万网
2010年	·更改中国交易市场名字为"1688"； ·推出"聚划算"团购网站； ·推出全球速卖通； ·推出合伙人制度； ·收购Vendio和Auctiva两家电子商务解决方案供应商； ·推出手机淘宝客户端； ·收购一站式出口服务供应商一达通； ·天猫商城启动独立域名
2011年	·天猫商城和聚划算从淘宝网分拆，各自成为独立平台
2012年	·成立阿里巴巴公益基金会； ·完成对雅虎初步的股份回购，并重组与雅虎的关系
2013年	·陆兆禧接任阿里巴巴集团首席执行官； ·发布阿里智能TV操作系统； ·推出社交网络手机客户端"来往"
2014年	·推出天猫国际； ·收购UC移动浏览器； ·收购文化中国传播，成立阿里巴巴影业集团； ·投资高德地图； ·阿里巴巴集团于纽约证券交易所上市； ·成立蚂蚁金融服务； ·"去啊"旅行平台独立
2015年	·阿里云宣布将在新加坡设立国际业务总部； ·阿里巴巴集团及优酷土豆签署最终合并协定； ·阿里巴巴集团宣布其伦敦分部成为集团的欧洲业务中心

图9-3 阿里巴巴集团重要里程碑

从阿里巴巴的成长史和里程碑事件可以看出，阿里巴巴从一个电商网站发展到今天的世界级公司与马云的企业家创新精神是分不开的。本研究将选取 1995—1999 年马云创立阿里巴巴的关键事件及阿里巴巴与 eBay 竞争的关键事件为案例，研究领导惯域在组织持续创新中的关键作用。

9.2.2 案例分析一：抓住电商的契机，创立阿里巴巴

从阿里巴巴网站的建立到淘宝的诞生所形成的新商业模式，再到以支付宝为主的互联网金融产品创新，阿里巴巴以持续不断的创新赢得了中国市场，而作为企业的领导者马云的习惯域是如何变化的呢？下面，通过一些关键事件分析 1995—1999 年马云的习惯域的变化。

关键事件之一

随着 20 世纪 80 年代中国改革开放的发展，马云除了在大学里担任英文教师外，还成立了一家翻译社。1995 年，马云获得了前往美国为一个项目做翻译的机会。然而，当马云抵达洛杉矶时，他发现他的美国伙伴是一个骗子，于是他到了西雅图的友人家里。在这里，马云第一次接触到互联网。马云的美国友人告诉马云："这就是互联网，你能在互联网上找到你要的一切。"当马云对互联网吃惊之余，他发现这个联通世界的互联网里没有中国："没有中国，没有数据。"马云好奇地向友人咨询，并制作了一个关于自己的翻译社的网页放在网上，结果出乎意料地收到了来自三个不同国家的邮件。这一切让马云十分激动，互联网为马云打开了一个全新世界的大门。马云回到国内之后，建立了中国第一个网络公司——中国黄页，为中国公司提供一个在线的英文目录。在网站建立并正式运行以后，马云开始寻找愿意在他的网站上打广告的公司。与此同时，马云逐渐意识到他需要和政府部门开展合作。于是，他来到北京，希望能和负责信息的政府机构开展合作，然而，马云发现政府人员似乎对合作没有任何兴趣。多次的碰壁使马云认识到，1995 年在中国发展互联网业务为时过早，消费者没有准备好，政府没有准备好，他自己也没有准备好。不久之后，他放弃了中国黄页。1999 年，网络热潮席卷了华尔街。每天都能看到新的公司在纳斯达克上市，出现了数以万计的新的百万富翁。在这些网络公

司中，电子商务公司成为市场的宠儿。除了 eBay 和亚马逊这样的消费者市场外，还很快出现了一些如 VerticalNet、Ariba、Commerce One 等 B2B 的商务市场。它们承诺将全球商务带到网上，在首次 IPO 后，它们的市值有了数十亿美元的飙升。它们的成功启发了数百家新的电子商务公司。当时的马云正在一个隶属于政府的电子商务部门工作，随着一些小企业开始连接互联网，马云决定开始第二次尝试。

马云带着他的 17 个朋友聚集在他的公寓里，做出了一个和美国网络巨头竞争的计划。他们创建了自己的全球市场，将其命名为阿里巴巴，希望小企业可以用这个网站对全球贸易说"芝麻开门"。从一开始，他就将阿里巴巴定位为国际站点而不是国内站点，竞争对手不在国内而是在美国硅谷。由此，阿里巴巴网站开始发展，并吸引了来自全世界的成员。建立初始，阿里巴巴虽然并没有获得任何收益，但是对于整个团队而言，创新带来的愉悦感激励着整个团队。❶

从马云第一次接触到互联网这个新事物到创建阿里巴巴，马云的习惯域（J-HD）经历了突破性扩展和启发式扩展的过程（见图 9-4）。

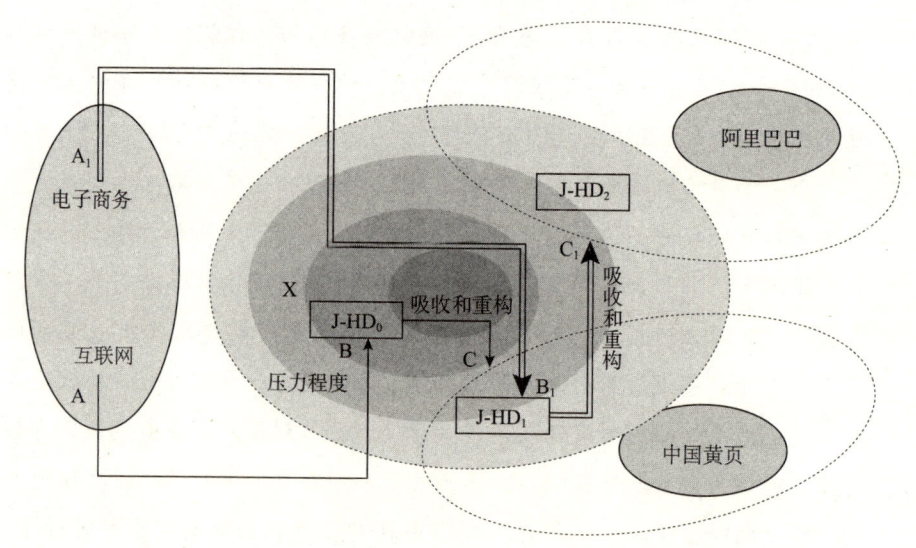

图 9-4 外界信息与 J-HD 动态变化过程

---

❶ 王利芬，李翔. 穿布鞋的马云 [M]. 北京：北京联合出版社，2014.

(1) 习惯域突破性扩展。马云到了美国后，承受着被商业欺骗和寻求工作等的压力，并第一次听到和见到互联网。他既有的知识信息中没有"互联网"的概念，"互联网"概念进入他的信息处理中心（其原有惯域用$J-HD_0$表示）后，在感知的关键压力及外部信元作用下他重构新的信元，形成新的想法，即建立中国第一个互联网公司——中国黄页。建立互联网网站的想法超出了他的潜在领域，使他的习惯域发生了突破性变化，与之对应形成新的习惯域$J-HD_1$（见图9-4）。1995年时，中国还没有电子商务网站，马云及同事建立的第一个电子商务网站（中国黄页）是探索式创新。

(2) 习惯域启发式扩展。1999年，电子商务成为华尔街投资者的热点。这个消息被马云关注到，他在有了互联网知识经验的基础上（$J-HD_1$），敏感地认识到电子商务市场在中国潜在的价值。新的信息（电子商务）与原有的信息重构，使马云形成了建立中国电子商务公司的新想法，并得到同事认可，共同建立了中国电子商务网站阿里巴巴。相应地，马云的习惯域发生了启发式变化，形成了$J-HD_2$。

由此，马云之所以不断产生新的思想，是因为其习惯域有良好的变动性，并且是主动式改变。特别是将电子商务引入中国的过程，并非是巨大压力迫使马云去创立公司，而是马云主动去创建新企业。这说明了1995—1999年马云的习惯域有前瞻性。

9.2.3 案例分析二：打破常规，战胜eBay

阿里巴巴创建后，其强大的竞争对手之一就是美国商人Pierre Omidyar创建的eBay公司。eBay是一个从小商品聚集的网站发展起来的当时全球最有价值的电子商务网络公司，在全球的33个市场设有电子商务业务，其中也包括中国。eBay作为虚拟运营公司承载着全球性的在线市场，包括服装、汽车、计算机等，比其他公司成长更快、为用户创造了更多的机会，因此用户对其忠诚度也高。在20世纪90年代的全球电子商务领域，eBay的强大似乎是不可战胜的。下面的事件叙述了阿里巴巴与eBay之间的竞争过程。

关键事件之二

2003年，eBay收购了易趣网的大量股份，而易趣网与阿里巴巴共享很多用户，尤其是那些将在网上销售产品的中小型企业。eBay 在中国的收购让马云开始担心。他认为，eBay 将会因为争夺客户而对阿里巴巴的核心业务造成重大威胁。为了化解威胁，马云派出了一个秘密团队到阿里巴巴最初办公的公寓里。当其余的阿里巴巴员工因为 SARS 被隔离时，这个团队日以继夜地工作，经过数月的努力发布了淘宝。一个月后，马云的担心成真，eBay 宣布收购其余的易趣网股份并对其投资 1.5 亿美元。eBay 的首席执行官 Meg Whitman 飞到中国庆祝 eBay 的收购。他们因为此次收购获得了 1000 万的中国用户和 95% 的市场占有率，为此，eBay 对主导中国市场信心十足。2003 年 7 月，马云宣布阿里巴巴公司向淘宝投资一个亿，他称淘宝将会成为一个为中国市场量身定制的消费者市场，并让客户免费使用 3 年。

在网站发展方面，两家公司秉承着完全不同的策略：eBay 把它的中国站点链接到了它的全球平台，中止了那些中国用户所欢迎的功能；淘宝建立了为中国市场量身定做的网站，新增设了一些功能以帮助用户建立信任和在线交友。淘宝网充满着人情味，吸引着中国的年轻人。对于西方的管理者而言，淘宝看起来可能过于可爱而华而不实，但是淘宝吸引了中国的新一代网络用户，网购者越来越快地加入淘宝，而 eBay 上的卖家也纷纷撤店关张并迁移到了淘宝。到了 2005 年，eBay 和淘宝在市场上已经平分秋色，于是，eBay 决定加大在中国的投资力度，宣布追加一亿美元的投资，并宣称他们在中国市场上是无可争辩的赢家。但是华尔街开始怀疑。随着投资者信心的崩溃，Meg 向 CNBC 解释他们所采取的战略，然而，eBay 的经营数据却越来越糟糕，投资方的恐惧也逐步加深。最后，马云收到一封来自 Meg 的邀请函，Meg 提出双方探讨是否有休战合作的可能，但是，这次会面和谈话以失败告终。马云觉得 Meg 只是想要买下中国市场来取悦华尔街的投资者，她并没有分享如何通过发展电子商务来促进中国的发展，这使得 eBay 与阿里巴巴之间竞争的火药味更浓。

2005 年 8 月，一笔交易引发了媒体的狂热报道：雅虎同意支付 10 亿美元现金，收购阿里巴巴的 40% 股份。成交之后，雅虎将成为阿里巴巴最大的股东，而阿里巴巴将接管雅虎中国地区的运营管理。一家中国网络公司接管了一家美国公司在中国本地的经营权，马云宣称阿里巴巴不仅成为中国的 eBay,还将成为中国的谷歌。eBay 一直在努力尝试建造一家成功的中国企业,而阿里巴巴有了雅虎的支持,eBay 在中国发展将受到真正巨大的挑战。淘宝用从雅虎筹集的资金在国内投放广告,淘宝的用户数首次超过了 eBay。此时,阿里巴巴计划对 eBay 实施最后一击。在华尔街的关注下,eBay 发布了财务报表,而阿里巴巴则宣布在未来的 3 年里淘宝用户可以继续免费使用,并呼吁 eBay 追随它的脚步。eBay 的股票应声下跌了 5%。应对淘宝的公告,eBay 的 Henry Goldman 发表回应称:"免费根本不是一种商业模式。"在接下来的一年里,淘宝继续从 eBay 那里获得市场份额。终于,eBay 妥协了,开始取消收费,但是这看起来已经太晚了。2006 年年底,eBay 宣布关闭它在中国的网站。至此,阿里巴巴与 eBay 的竞争以阿里巴巴的完胜而告一段落。

面对强大的竞争对手,知己知彼方能百战百胜。马云从 eBay 对易趣的收购看到了竞争对手潜在的战略意图,对方是想要将中国市场全部占有(eBay 扩张市场形成的习惯域的潜在领域),阿里巴巴也处于被收购的危险之中。

打造适合中国消费者消费模式的电子商务平台是马云与 eBay 竞争的策略之一。马云和他的团队分析竞争对手的潜在领域,提出超前的解决方案,化解竞争压力及被收购的危险。在收费模式上,马云认为中国的电子商务市场还处于萌芽阶段,需要大力发展,应该有自己的收费模式,向客户收费还为时过早,于是他选择让淘宝对客户免费开放 3 年的模式。这个商业模式的创新是淘宝与向客户收费的 eBay 区别的关键。现在,我们选取马云和 eBay 的 CEO Meg 对待"免费商业模式"这一信息的反应,对他们的习惯域变化过程进行比较分析(见图 9-5)。

在相同信息作用下(指免费商业模式),马云的习惯域(J-HD)和 Meg 的习惯域(M-HD)有着不同的变化路径。图 9-5 中 X 区域表示双方所受的压力。马云所受的压力是公司在现有规模下,有被收购危险,而 Meg 领导的 eBay 虽然强大,但是在一个不熟悉的市场也承受着巨大压力。在此,假设双方所受压力彼此相当,在新的信息刺激下,马云改变了同行采用的收费模式($J-HD_0$),在淘宝采用了免费的商业模式(新的方法,形成了 $J-HD_1$)。新

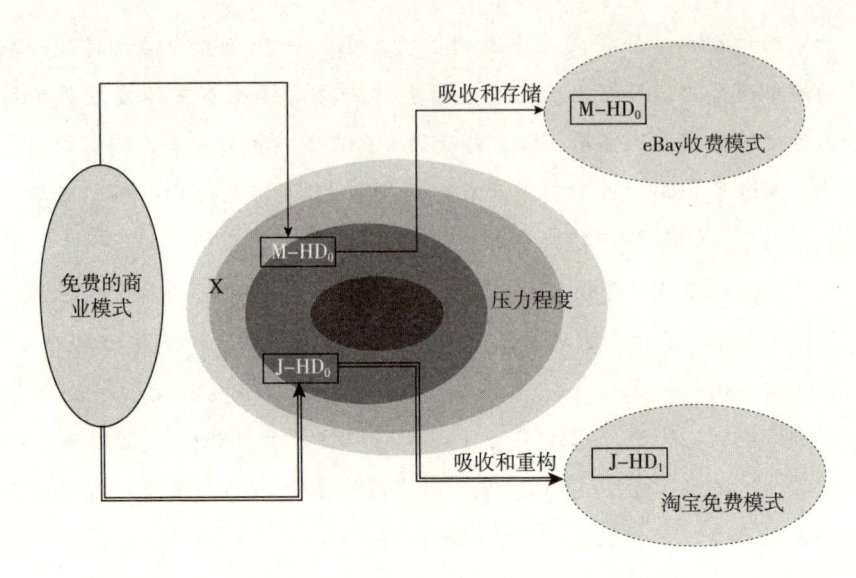

图 9-5　相同信息作用下马云和 Meg 的习惯域变化过程

的商业模式使淘宝获得市场和用户并超过了 eBay；而 Meg 虽然被动接受了免费商业模式信息，但只是将信息储存在信元库里，其原有的知识经验告诉她不能采用免费商业模式（稳定的 $M-HD_0$ 没有变化），并且阻碍对新信息的重构，面对变化的市场和新的环境，没有产生新的方法应对，结果不仅失去了用户，最终还失去了中国市场。可见，领导惯域在企业持续创新中的关键作用。

9.2.4　案例启示

当两家企业竞争时，eBay 是一个运行在成功模式下的企业，有其运行的常态，eBay 在中国市场失败的原因之一是领导者惯域过于稳定，面对新环境仍然按照过去自己是行业第一的知识、经验进行决策，而没有对商业模式进行创新；马云却能够采用免费商业模式打破行业商业模式的常态，让阿里巴巴从业界脱颖而出，因此，在复杂的竞争中领导者习惯域的变动性是企业突破自身常态创新发展的关键。

互联网是一个新兴的产业。马云能够在新知识、新信息的作用下，保持习惯域变动性，创建中国第一家电子商务网站，同时还能够主动改善自己的习惯域，通过了解竞争对手习惯域而做出有效决策。正如他所说："eBay 是海洋里的鲨鱼,阿里巴巴是扬子江里的鳄鱼,如果我们去大海中与 eBay 竞争,我们将失败,而我们在江河中与 eBay 竞争,我们一定会成功。"因此,领导者需要不断学习新知识、主动获取新信息,才能够清醒地认识自己,同时也了解对方的优势和劣势,做出适合竞争环境的有效策略,从而带领组织不断发展。

9.3 乔布斯与苹果的持续创新

乔布斯的创新在于使一个公司成了一个产业生态的主导者,开创了美国新制造业的模式,形成了公司主导型的创新生态系统,并运用创新生态系统使公司实现了持续创新。

9.3.1 案例背景

苹果公司是由史蒂夫·乔布斯、斯蒂夫·沃兹和罗·韦恩等于1976年创立的在美国上市的高科技公司,其核心业务为电子科技产品。截至2016年,苹果在全球的计算机市场占有率为7.96%,并在高科技企业中以创新而闻名。苹果公司主要研发的产品有 Macintosh 计算机、iPod 音乐播放器、iTunes 商店、iPhone 手机、iPad 平板电脑和 Apple Watch 智能手表等。截至2014年,苹果公司有员工98000人,并且在2015年财年投入81.5亿美元用于产品研发。

9.3.2 案例分析

纵观苹果公司发展历程,生产第一台个人计算机不仅是人类历史上的大事件,也是苹果公司发展史上的重要里程碑(见图9-6)。而乔布斯围绕 iPhone 平台与其供应商和用户构建的商业生态系统也开创了管理实践先河。下面描述其中几个关键事件。

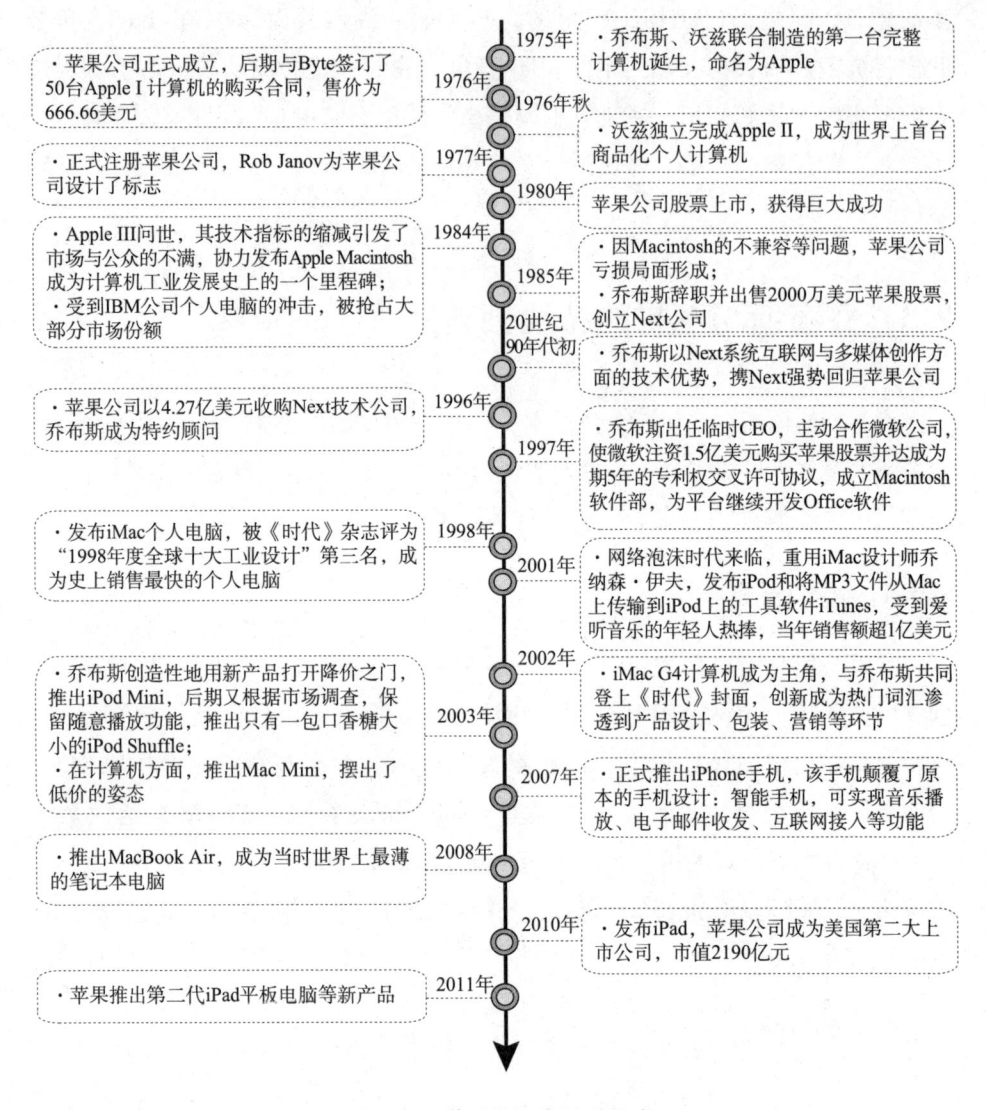

打开持续创新的"黑箱"——基于组织惯域的思考

左侧时间线条目（按时间顺序）：

- 1975年：乔布斯、沃兹联合制造的第一台完整计算机诞生，命名为Apple
- 1976年：苹果公司正式成立，后期与Byte签订了50台Apple I 计算机的购买合同，售价为666.66美元
- 1976年秋：沃兹独立完成Apple II，成为世界上首台商品化个人计算机
- 1977年：正式注册苹果公司，Rob Janov为苹果公司设计了标志
- 1980年：苹果公司股票上市，获得巨大成功
- 1984年：Apple III问世，其技术指标的缩减引发了市场与公众的不满，协力发布Apple Macintosh成为计算机工业发展史上的一个里程碑；受到IBM公司个人电脑的冲击，被抢占大部分市场份额
- 1985年：因Macintosh的不兼容等问题，苹果公司亏损局面形成；乔布斯辞职并出售2000万美元苹果股票，创立Next公司
- 20世纪90年代初：乔布斯以Next系统互联网与多媒体创作方面的技术优势，携Next强势回归苹果公司
- 1996年：苹果公司以4.27亿美元收购Next技术公司，乔布斯成为特约顾问
- 1997年：乔布斯出任临时CEO，主动合作微软公司，使微软注资1.5亿美元购买苹果股票并达成为期5年的专利权交叉许可协议，成立Macintosh软件部，为平台继续开发Office软件
- 1998年：发布iMac个人电脑，被《时代》杂志评为"1998年度全球十大工业设计"第三名，成为史上销售最快的个人电脑
- 2001年：网络泡沫时代来临，重用iMac设计师乔纳森·伊夫，发布iPod和将MP3文件从Mac上传输到iPod上的工具软件iTunes，受到爱听音乐的年轻人热捧，当年销售额超1亿美元
- 2002年：iMac G4计算机成为主角，与乔布斯共同登上《时代》封面，创新成为热门词汇渗透到产品设计、包装、营销等环节
- 2003年：乔布斯创造性地用新产品打开降价之门，推出iPod Mini，后期又根据市场调查，保留随意播放功能，推出只有一包口香糖大小的iPod Shuffle；在计算机方面，推出Mac Mini，摆脱了低价的姿态
- 2007年：正式推出iPhone手机，该手机颠覆了原本的手机设计：智能手机，可实现音乐播放、电子邮件收发、互联网接入等功能
- 2008年：推出MacBook Air，成为当时世界上最薄的笔记本电脑
- 2010年：发布iPad，苹果公司成为美国第二大上市公司，市值2190亿元
- 2011年：苹果推出第二代iPad平板电脑等新产品

图9-6 苹果公司发展里程碑

关键事件之一：乔布斯与商业生态系统

20世纪70年代中期，计算机正在从大型化向中小型化和微型化转变。与以前一台计算机需要上百工程师共同的努力才能制造出一台庞然大物完全不同，当时一个人只需要购买足够的电子元器件加上敏锐的思维，就可以造出一台只有电视机大小的个人计算机了。一次，无所事事的乔布

斯逛街时在一个报摊上随手翻阅一本名为《大众电子学》的杂志,从杂志的扉页上了解到世界上出现了一种新玩意——一个名为Altair的长方形盒子,据说是第一台"个人"计算机。乔布斯很快意识到,这个东西与沃兹一直以来在琢磨的那个东西非常相似。于是,乔布斯兴奋地跑进了沃兹宿舍,把《大众电子学》递给了他,而正在睡觉的沃兹也激动地跳起来。乔布斯与沃兹立刻驱车前往旧金山买回芯片,设计了一个电路板,将芯片及其他一些部件安装在上面,并通过接口将微处理机与键盘、视频显示器连接在一起。仅仅几个星期,一台其貌不扬的计算机就诞生了。1976年苹果计算机公司推出的Apple I 只是沃兹的"原创",此计算机只有电路板,没有键盘、电源、显示器等外设装置。但在与别人的交谈中,乔布斯却发现消费者期待的是一台完整的个人计算机,而不仅是一块电路板。于是,到他们研发Apple II 的时候,乔布斯决定为消费者提供完整的计算机。

在离开苹果公司掌管皮克斯公司时,乔布斯除了得到金钱,更学会了如何与产业链打交道。乔布斯通过皮克斯动画明白了即使独断专行、包揽一切也必须有个限度,在限度之外,要尊重产业链上的合作伙伴。这个认识让他在之后的管理及产品开发时受益匪浅。在开发iPhone和iPad时,乔布斯为他们配备了覆盖全世界的最复杂的产业链,与来自全球的数百个厂商打交道,互助互利,取得巨大成功。❶

由文献的描述可以看到,在20世纪70年代计算机大型化的外部环境下,苹果公司发明个人计算机,当时的业界在生产运作中实施的是制造链管理,而苹果却打造了自己的商业生态系统。乔布斯作为一个专家型领导者,其习惯域(J-HD)保持着稳定性和变动性适度,吸收外部新信息,并与自己的信元结合、重构,形成了打造商业系统的新方案,使苹果发展成为行业领导者。

在此,以背景材料中提取的乔布斯领导苹果公司进行技术创新和管理创新为例(见图9-7)进行分析。在20世纪70年代,计算机领域还是工业计算机的天下,乔布斯偶然看到了Altair计算机盒子,这个信息激发了他开发个人

---

❶ [美]艾萨克森.史蒂夫·乔布斯传[M].北京:中信出版社,2011.

计算机的想法。Altair 与乔布斯已有的工业计算机知识经验结合（见图 9-7 中 $J-HD_0$），重构形成制造个人计算机 Apple I（新信元），开创了个人计算机时代，其习惯域演进到 $J-HD_1$；乔布斯在皮克斯动画公司的经历和产生的知识经验启迪了他带领苹果公司开发智能手机的新制造方式，抛弃传统的制造方式（自己建立流水线的制造方式，见图 9-7 中的 $J-HD_1$），将所有的产品制造外包给合作伙伴，苹果只是负责研发和设计，与供应商、用户互相依赖、共创价值，构建了围绕苹果公司的商业生态系统。乔布斯不仅为世界带来了计算机的革命性突破，还开创了生产制造的新方式。

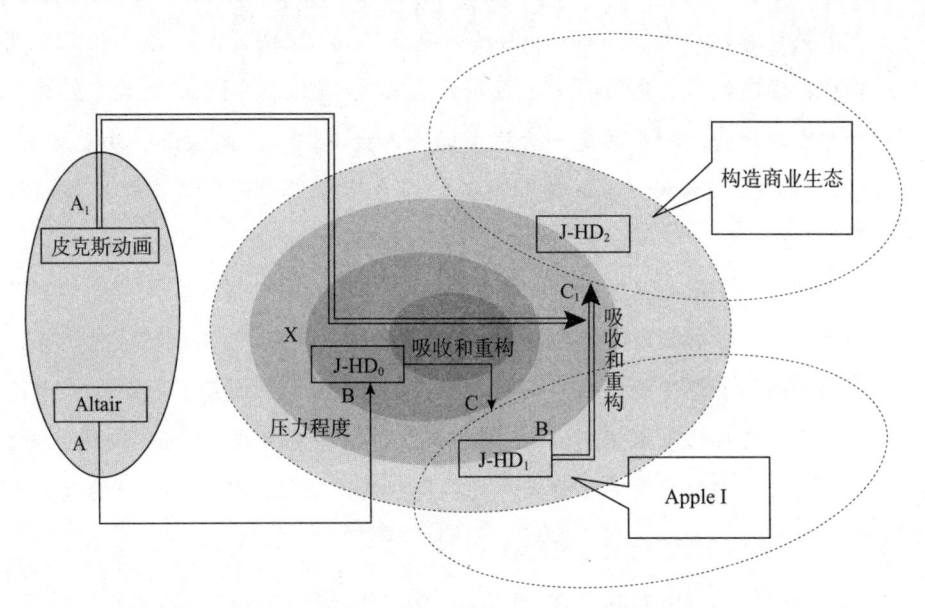

图 9-7 乔布斯与苹果公司的技术创新和管理创新

关键事件之二：乔布斯与 iPhone

21 世纪初，苹果尚未涉及手机市场，而此时智能手机市场有以诺基亚为代表的 Symbian、以多普达为代表的 Windows Mobile、以摩托罗拉为代表的 Linux 等品牌手机，还有流行的黑莓手机。早在 2001 年，苹果公司的设计师迈克尔·赵就曾劝乔布斯进军手机市场，研发苹果手机，但是乔布斯沉浸在 iPod 成功的喜悦中，对手机市场不以为然，认为他们不了解手机领域，并不能在其中有太大发展。但摩托罗拉的 CEO 爱德华·詹德的一句话"当你出门时，你会确定带齐三样东西，你的钥匙、钱包与手机，你的 iPod 不在这张清单内"击中了乔布斯的内心。2004 年，摩托罗拉手机处于艰难的转型期，业绩不好、股价暴跌，而此时的 iPod 却在美国的音乐播放器市场位于龙头老大的位置。摩托罗拉的 CEO 詹德找乔布斯合作，合作的内容就是将 iPod 的音乐播放功能整合在摩托罗拉的手机之中，研发摩托罗拉 Razr 型手机。其中，苹果负责提供全新的手机版 iTunes 播放软件，而摩托罗拉负责将该软件作为手机的标准播放器。Razr 型号手机推向市场后便取得了巨大成功，可是隔阂也渐渐在两个 CEO 中间产生了。摩托罗拉开始利用另一款已上市的音乐手机 E398 为基础，建造新的生产线来生产 Rokr 型号手机。这个做法改变了乔布斯的初衷。他的本意是想在新的手机产品上展现苹果公司的 iTunes 播放软件，结果却演变为为摩托罗拉的 Rokr 手机研发 iTunes 播放软件，而且此手机在一定程度上也影响了苹果 iPod 播放器的市场。所以在 Rokr 上，苹果想尽办法限制 iTunes 软件的功能，来减轻其对 iPod 的冲击，但是效果不佳。由此，乔布斯决定研发自己的智能手机。苹果当时已花费了一年以上的时间在研发用在平板电脑上的触控屏幕技术，乔布斯相信可以开发出类似的界面给手机使用。2007 年 1 月，苹果公司推出了 iPhone，带来了对手机的新理解，开始颠覆原来的手机世界。乔布斯自己对 iPhone 评价道："这是我们所做的最完美的 iPod。这真是一部精美绝伦的手机。这是互联网第一次真正坠入你的口袋之中。如果能做到以上三点中的任何一点，那便已经极其成功……但我们全做到了！"当年 11 月，iPhone 手机被美国《时代》周刊评为 2007 年最佳发明之一，评语写道："iPhone 改变了我们对移动媒体设备的一贯想法，包括它们的外观、手感和功能"，"触摸屏不是苹果发明的，但苹果在使用方面却是一个高手，它的工程师利用这种技术革新了过去的图形用户界面，进而创造了一个全新的界面"。❶

从苹果研发智能手机 iPhone 参与手机市场竞争的关键事件看，乔布斯曾经两次接收到研发智能手机的信息。第一次是其设计师对他的提醒，而他还沉浸在 iPod 的成功之中（既有的习惯域的知识经验阻碍了对新信息的重构，但

---

❶ 资料来源：http://www.edatop.com/mobile/120257.html。

是这个信息存储在乔布斯的习惯域中了）；第二次是摩托罗拉 CEO 对乔布斯进军智能手机市场的提醒，激活了乔布斯已经存在的信息。与此同时，在弥补与摩托罗拉合作出现的裂痕时，乔布斯运用"限制 iTunes 软件的功能，来减轻对 iPod 的冲击"的方法（乔布斯原有习惯域里既有的解决问题的方式），但是没有取得好的效果，于是决定生产智能手机（突破原有习惯领域）。由此可见，习惯领域的负面效应对创新的阻碍。

在乔布斯领导下，苹果公司不仅带给整个计算机产业革命性变化，还在产品设计创新、商业模式创新、集成创新等方面取得了丰硕的成果，也因此在智能手机领域一直处于领先地位。我们选择乔布斯在技术创新、市场开发、研发方式等方面的习惯域变化，来分析他带给苹果持续创新的影响（见图 9-8）。

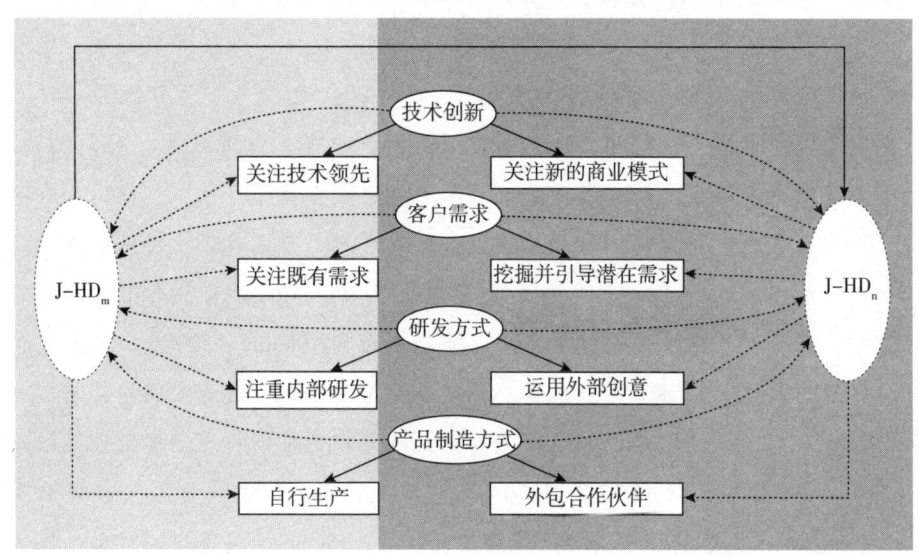

图 9-8 乔布斯习惯域变化图谱

图 9-8 中用 J-HD_m 表示其原有的习惯域，可表示为技术发展、对待客户需求问题、研发方式选择、产品制造方式等（图 9-8 中左侧浅色阴影部分是过去的做法，J-HD_m），用 J-HD_n 表示乔布斯在相应问题上变化扩展的习惯域（图 9-8 中右侧深色阴影部分是新的做法，J-HD_n）。

根据案例资料，我们建立了乔布斯在产品设计、研发、市场、管理等方面的习惯域图谱。从中可见，过去乔布斯在对待技术发展问题上强调的是领先技术，随着环境的变化，在现有的技术范式下，他更关注新的商业模式，与之相对应的产品创新是 iMac、iPod、iPhone、iPad 及 iPod + iTunes 模式和 iPhone + AppStore 模式（习惯域从 $J-HD_m$ 扩展到 $J-HD_n$）；在对待客户需求上，过去是关注客户现实需求，而乔布斯倡导的产品工业美学设计给客户带来了全新的产品享受，不仅挖掘了客户的潜在需求，还引导了客户的消费导向（习惯域从 $J-HD_m$ 扩展到 $J-HD_n$）；在对待研发方式上，从过去的封闭式内部研发发展到开放式运用外部创意的方式（习惯域从 $J-HD_m$ 扩展到 $J-HD_n$）；在对待生产制造方式上，从过去的建造流水线自行制造发展到培育商业生态系统，外包给合作者生产，苹果公司自己仅负责研发设计（习惯域从 $J-HD_m$ 扩展到 $J-HD_n$）（李宇，张雁鸣，2013）。由此可见，乔布斯在其产品、市场、管理等习惯域的动态变化，是该公司在产品、管理、市场上的突破式创新的关键。

9.3.3 案例启示

从熊彼特（1912）对企业家创新的论述到德鲁克（1985）对企业家精神的研究，学术界对企业家的研究一直是热点话题。赵文红、李垣（2004）也指出，所有的企业家研究者都认可企业家行为的机会敏感特征，如果不具有机会的敏感性，企业家的创新行为、承担不确定性、进行"判断性决策"等都无从谈起，而机会的感知、捕捉和利用的过程正是企业创新的过程。德鲁克（1985）基于资源禀赋视角指出，真正的企业家能挖掘潜在的市场不断创新，而较早提出企业家概念的米勒（Miller，1982）认为，企业家精神在整个公司的渗透主要体现在公司的创新与风险创业行为上。因此，学术界在企业家与企业创新是紧密相关的、企业家核心的职能是创新、创新的开展和有效实现离不开企业家的作用（邢以群，1993；赵永杰，2011）等方面达成了共识。既有学者基于领导理论、组织行为理论、资源理论、社会资本理论等视角，不仅对企业家的个性特征、社会网络、社会资本等展开了深入系统的研究，也对企业家心智模式、先验知识对创新机会的影响开展了研究（白少君，等，2014）。这些成果为本研究提供了基础，因此，企业家的习惯域变动性强及对外部信息感知能力强是识别潜在创新机会的基础，也是企业家与普通领导者的关键区别之一。企业家和领导者是如何处理同一外部（或内部）信息的，可以用领导惯域与外部信息、压力关系图来分析。

当企业家和企业普通领导者面对同一信息时，在既有环境下或环境波动时

（压力集），企业家不仅能够吸收来自外部（或内部）的信息，而且能够主动与自有信元集的知识经验进行重构，形成新的方案，这个新的方案超出其既有习惯域，其习惯域发生突破性变化；而非企业家惯域（也是企业的领导者）会排斥该信息或吸收该信息储存在信元库中，并不主动将信息进行重构。可见，企业家惯域与一般领导者惯域是有区别的。

乔布斯也曾经因其习惯域负面效应而影响了生产智能手机决策的产生，但是，他不断吸收新知识经验改善自身惯域，不仅研发了领先行业的产品，还开创了商业生态的新模式。乔布斯的案例不仅是对外部信息的吸收与运用，还表明作为领导者要在各个方面保持习惯域稳定性和变动性适当，才能带领公司突破常态不断创新。乔布斯对苹果公司产生的不仅是产品技术创新的影响，还有管理创新、市场创新及战略创新的影响，多元的持续创新使苹果公司在相当一段时期内处于行业领先地位。

案例还表明，不同时期领导惯域不同，随着时间的变化领导惯域也会发生改变，这也是领导成长性的体现。例如，随着创办阿里巴巴、开展与互联网国际巨头竞争、不断开发新产品，马云的习惯域不断丰富，良好的变动性使他能够带领他的团队战胜困难，不断创新，成为行业的领先者。

综上所述，领导惯域变动性越强，主动改变行为方式的意愿也越强，而不是迫于压力被动去改变；另外，在工作实践中领导惯域不是静止的，其习惯域不断变化。所以，在不同时期其习惯域表现出不同的特点，如有些企业家在创业时其习惯域往往有前瞻性，而随着企业规模扩大，其知识经验不断增加，其习惯域往往会变成效率型，甚至受习惯域负面效应影响在外部环境变化时变得保守僵化。因此，对领导惯域要根据实际情况灵活运用。

10　学习中改善：昆山民政局改善管理惯域的案例

随着20世纪80年代以来经济全球化进程的加快，面对经济全球化、科技信息化、政治多极化、社会多元化的新形势，世界各国都在探索推进政府改革、治理转型和管理方式的创新之道。在社区建设上，与西方国家相比，我国社区建设有着十分不同的历史背景，主要体现在中国政府具有全能主义的特点，对社会事务进行大包大揽，使得社区成为政府的附属物。这不仅给政府带来沉重负担，同时，政府提供的公共服务质量也不能满足社区居民的需要。在实践中，随着我国政府职能转变和服务型政府建设的开展、公共服务能力和服务效率的提升，民政部门更应在社区管理中打破传统的方法方式，积极探索新思路、新方法来提升服务效能。但是在多年来传统的单中心治理环境下，民政部门形成了与之相适应的社会管理方法即自身形成了惯域，而从传统的单中心社区治理到多中心治理理论的应用，则需要他们改变传统的工作方法、方式、制度流程以适应新的社区管理环境。在这样的宏观背景下，江苏省昆山市在社区建设过程中，从社区居民的需求出发，通过构建多层次的"三社联动"体系，较好地实现了为社区民众服务的目标。本章以昆山民政局在"三社联动"建设过程中，突破社区管理的传统方法、方式，在增加社区基础设施投入、改革社区服务职能、组建社区管理服务组织体系、转变服务方式和机制等方面进行的探索为案例，分析了组织学习在昆山民政局不断改善管理惯域、提升持续创新能力中的作用。

10.1　案例概述

昆山是我国百强县之一，东邻上海，西依苏州，市域面积864.9平方公里，交通便捷、国际化程度较高，流动人口多，截至2013年户籍人口75万人，流动人口163.7万人❶。作为典型的移民城市，目前昆山有着不同地域、不同国籍、不同层次的人群，对公共服务需求呈现出多元化、个性化的趋势。在昆山市政府的领导下，昆山的社区建设形成了明确的思路，在实践中也取得了成绩，跨入全国社区建设的先进行列。1994年，被命名为"省村民自治示范市"；1995年、1999年和2003年，三次被国家民政部命名为"全国村民自治模范市"；2007年，被民政部确定为"全国农村社区建设实验县"，同年，配合苏州成功承办全省城乡和谐社区建设论坛，社区建设工作受到各级领导好评；2009年，被全国村务公开协调小组评为"全国村务公开民主管理示范单位"，被民政部授予"全国和谐社区建设示范市（城区）"称号。近年来，昆山始终把推行村务公开和民主管理工作摆在重要位置，以全新的理念、务实的态度和扎实的工作，推进村务公开民主管理工作实现高标准新跨越。2011年年初，被民政部命名为"全国农村社区建设实验全覆盖示范单位"；2009年、2012年，两次被命名为"全国村务公开民主管理示范单位"；2013年，昆山当选中国"最具投资潜力中小城市百强县市"第一名。

良好的基础设施建设是改善社区服务的重要条件之一。昆山高度重视社区基础设施建设，自2008年以来，全面开展"社区服务中心提升工程"，市、区、镇财政先后拨付了3.4亿元资金用于新建、改扩建城乡200余个社区服务中心。通过"规划布点落实一批、加层扩建改造一批、房屋开发商提供一批、社区共建解决一批"的有效途径，城乡社区的办公、服务、活动用房标准大幅提高。155个城镇社区办公、服务、活动用房平均面积超过1315平方米，153个农村社区办公、服务、活动用房平均面积超1274平方米。2008年起，按照"条块共享，按块采集"的原则，投入120万元资金建设"昆山市社区

---

❶ 资料来源：苏州市公安局人口管理支队发布的2013年苏州人口数据信息。

服务网"。该网络纵向连接市、区镇、社区，横向连接公安、民政、司法、人社、计生、税务等相关部门，实现及时录入、实时更新、信息共享、动态管理的功能，为社区服务和"三社联动"服务的开展创造了有利条件。

10.2 关键事件描述❶

10.2.1 背景

社会管理创新是一项多路径的改革。尤其是我国正处于社会转型的关键期，社会问题及其衍生问题增多，民众需求日益多样化与个性化，而政府的社会治理方式仍在探索阶段，创新社会管理对拥有传统工作习惯和方式的政府是一个挑战。面对日益复杂的生活需求、利益诉求和价值取向，政府对社区如何改变工作方式和管理方式，提高管理和服务的水平、提高为居民群众服务的效率，如何通过大力发展社区服务等多种有效形式，不断满足人民群众日益增长的多样化需求，是需要积极探索社区服务社会化和市场化的关键所在。

10.2.2 压力和挑战

10.2.2.1 来自居民对多层次服务需求的压力

第一，随着外向型经济的蓬勃发展，昆山吸引了大量的外资，特别是经过20多年的台海两岸经贸合作交流，已经成为台商在大陆投资最密集的地区之一。台商、台胞、台属已经成为昆山大家庭不可分割的重要成员，许多台商、台胞、台属对昆山的感觉已经超越了商业意识和市场意识，产生了家园意识，希望能够全面融入昆山，由此使得昆山居住的台胞及外国公民对社区服务能力需求增加。第二，昆山市社区居民群体结构也发生了变化。老人家庭"空巢"化趋势明显，独居老人数量增幅较大，离退休人员社区养老人数达到高峰，然而，民政部门提供的既有服务还无法满足这一新情况和新变化。另外，"新昆山人"也需要尽快融入昆山社会。在昆山约200万总人口中，"新昆山人"及

---

❶ 资料来源：课题组调研及参考文献。

流动人口比重已经超过一半。社区生活是城市化的重要标志之一，如何通过改善社区服务，使"新昆山人"及流动人口能较快融入昆山，也是昆山要解决的问题之一。第三，社会阶层分化对社区建设有重大的影响。在生活水平普遍得到提高的同时，居民之间收入差距也在扩大，引起部分社会成员心理失衡甚至利益冲突，影响社会稳定。做好社会救济和社区救助等工作，保障失业人员、低收入阶层的生存权，促进社会公平正义与维护社区稳定是和谐社区的基础。以上三个方面构成了对多层次服务需求的压力。

10.2.2.2 居民民主参与意识发生的改变

随着经济发展，昆山社区居民的民主参与意识不断增强、政治觉悟明显提高、公民意识逐步深化，这也对社区工作提出了新的要求。而由于群众参与社会管理服务的载体平台的缺乏，昆山市还无法满足群众不断增长的参与社会管理服务的需求。

10.2.2.3 来自民政部门内部资源缺乏的压力

近年来，随着社区建设工作不断受到党和国家的重视，该项工作也变得越来越繁重。因此如何在人员编制有限的情况下做好越来越多的工作，是目前社区建设中必须解决的问题之一。然而，囿于机构编制等，民政部门的人员队伍和素质并没有得到相应的扩大和提升。现在的工作愈发趋向于多部门联合作业，因此，在社区工作中，如何运用其他部门的优势资源、如何鼓励社会组织来承接等都是急需解决的问题。

10.2.2.4 "三社联动"缺少外部资源的压力

伴随着外向型经济的快速发展，大量流动人口的涌入及外籍人士的增多，给城市资源、社会治理和公共服务都带来了巨大压力，急需更多的公益性社会组织参与公共服务的供给，来弥补现有公共服务供给的不足。但是，处于传统社会治理模式下的社会组织发展缓慢、数量较少、公益性程度低、能力不足，还难以承担供给公共服务的重任，无法满足政府大规模向社会购买服务的进程，导致居民之间的互助意愿不强，公益服务意识不强，"三社联动"的主体及运作机制还不完善等。

10.2.3 学习和举措

面对挑战和内外压力，在昆山市领导的高度重视与带动下，昆山市民政部门与政府其他各部门开展有力合作，在社区建设方面始终重视与先进社区建设经验相结合，广泛吸收国内外社区建设的成功经验，创建出适应昆山社区建设的较为独特的发展模式。概括起来，就是以社区居民的需要为导向，以理顺政社关系为基础，以社会组织的培育为重点，形成了社区、社工、社会组织的三层次"联动"的社区建设发展体系。"三社联动"是从传统的单中心治理到多中心治理的转变，是民政局社会管理工作的转型，需要转变管理理念、管理方式，是挑战也是机遇。面对这样复杂的系统工程，昆山民政局请专家、学者到局里举办服务型政府讲座，提升全体人员的理论水平。不仅如此，他们还派管理人员参加上级单位举办的各类培训，加深对现代治理理论、服务型政府职能的理解，弥补知识上的不足。除此之外，他们围绕"三社联动"在组织机构和工作机制、社会组织培育、社区职能转变、社区服务机制改革、社工人员培养等方面做了新的尝试。

10.2.3.1 建立组织机构和工作机制

2012年，昆山市委、市政府先后成立了村民自治工作领导小组、城乡社区建设管理指导委员会、农村社区公共服务体系建设领导小组、城乡社区公共服务体系建设工作领导小组、社区减负增能专项工程领导小组，明确各职能部门的工作职责，形成政府统一领导、民政部门牵头、有关职能部门分工负责、多方共同参与的工作格局。同时，制定落实考核细则，完善市、镇、社区（村）三级管理网络和全社会共同参与的工作机制，为城乡和谐社区建设提供了强有力的组织保障❶。自2005年起，先后出台《关于全面加强社区建设的管理意见》《关于新建住宅小区社区居委会用房建设和管理的意见》《昆山市社区专职工作者管理办法（试行）》《昆山市社区减负增能专项工程实施方案》等一系列文件，为推进城乡和谐社区建设提供了制度保障。

昆山结合农村社区特点，遵循"城镇联动、功能先行、逐步延伸、全面覆盖"的发展思路，以城市理念建设农村社区，突出重点，梯次推进，形成了市镇村三级联动的良好局面。2011年，全市开发建成昆山市村级信息公开系统和"三资"信息化网上监管平台，全面推行"网上村委会"工作，使昆山的基础设施建设在国内同类型城市中处于领先水平。

---

❶ 资料来源：http：//www.ksmzj.gov.cn/gnew.aspx?classId=845891194271&id=3839.

10.2.3.2 考察学习，构建层次分明的社会组织培育体系

面对日益增长的多样化、个性化的社会需求与社会组织自身力量不足、公益性程度较低、难以为社会提供公共服务的双重困境，社会组织的培育和管理成为和谐社区及"三社联动"机制展开的重要条件。昆山市运用公益创投培育和发展社会组织参与公共服务的供给，以推进社会管理与服务的创新、改善社会治理环境、创建"小政府大社会"的社会管理模式。昆山多次到上海、东莞、杭州、沈阳等地考察学习社会组织培育发展成功经验，在探索社会组织的培育发展方面走出了一条独特的路径，构建了一个层次分明、多渠道配合的社会组织生态体系，形成了国内具有鲜明特色的社会组织培育与发展体系。具体来说，昆山的社会组织培育体系由四个平台构成，即社会组织孵化器、公益创投、招投标、社会创新实践园。

（1）引进专业力量成立昆山市爱德社会组织培育中心。2011年，培育中心通过为社会组织提供办公场地、能力建设、专业咨询、项目支持等综合性孵化培育服务，推动昆山市社会组织数量和专业服务水平的全面提升。

（2）自2011年起，昆山市公益创投发起"一年一创"活动，至2013年已经连续举办了三届，吸纳了当地政府20个左右的职能部门参与，普及宣传了政府转移职能、购买服务的理念和途径。2012年昆山市民非组织共243家，到了2013年民非组织已达400家，资助了公益项目104个。

（3）招投标平台试点建立购买服务机制。制订发布《昆山市社区公益服务项目招投标试点工作》，将首届公益创投活动中的部分可复制且效益好的项目，以及部分职能部门提出的公益服务需求项目编制为"招标书"，供内部管理规范、服务能力强的社会组织投标，通过试点工作探索购买服务机制，引领全市政府职能转变和购买服务工作。

（4）社会创新实践园搭建跨界合作平台。园区主要设立展示推介、培育孵化、研发创新、实训提升、社会企业区等，吸引社会资本进入公共服务领域，培育孵化各类服务组织，开展服务项目研发创新，提供能力建设培训基地，引进相关企业组织开办社会企业，建立社会组织自我供血机制。

10.2.3.3 学习省内外经验，理顺"政社"关系，为"三社联动"的开展提供有利的制度条件

社区负担过重是我国各地方社区发展面临的一个共同问题。面对这一问

题，不同地方采取的措施也不同。学习广东地区经验在划定政府职能的基础上，实行"居社分离"制度，将居委会从行政工作中解放出来，使其成为完全自治性的居民自治组织。学习太仓经验"政社分离"，昆山是国内较早重视理清政社关系的地方，目前已经制定和实施了理清政社关系、实现社区自治的一系列制度机制。其主要内容包括：全面开展"社区减负增能专项工程"，通过理清《基层群众自治组织依法履行职责事项表》《基层群众自治组织协助政府工作事项表》"两份清单"，出台《昆山市社区减负增能专项工程实施方案》，全面推动"政社互动"工作。

10.2.3.4 创新和发展了多层次的社区服务机制

昆山十分重视社区居民服务机制建设。2013 年，全市 100% 的社区创设了"一站式"服务大厅，85% 的社区服务项目达 20 个以上。积极推行"一门式、一站式、一卡通"服务模式和"错时工作制"，打造"15 分钟社区服务圈"。探索设立有独立法人资格的民办非企业单位——社区民生综合服务中心，作为承接各项行政管理事务和公共服务的平台，落实政府面向社区居民的各项利民惠民政策。通过开展"和谐社区·精神家园"系列活动，探索外来人口融入社区新途径，逐步实现公共服务由户籍人口向常住人口全覆盖，构建公共服务均等化新格局。推行"6 + X"服务模式，发展社区志愿互助服务和特色品牌服务。成立昆山市住宅区物业服务管理工作领导小组，建立物业管理联席会议制度，统筹协调全市住宅区物业服务管理工作；出台并实施《关于进一步加强住宅区物业服务管理工作的意见（试行）》，按照"属地管理，分级负责"的原则，通过政府扶持、部门联动、业主参与，逐步形成了社区居委会、业主委员会、物业服务企业合作联动的管理模式。在社区建立"三位一体工作坊"，建立社区、物业、业委会事务共商、矛盾共调的良性互动机制，深化物业一体化管理激励机制试点，完善考核方式，进一步扩大物业一体化激励机制的覆盖面。

2014 年昆山市公益创投以当前社会公众急需的老年人服务类、残障人士服务类、青少年服务类、"新昆山人"服务类与社区综合服务类向社会征集公益项目，目的是为公众提供人性化、专业化的深层服务。

社区工作健全了社会公示、社会听证等制度，通过信息平台健全民意表达机制，畅通民意反映渠道，让人民群众更广泛地参与社区公共事务管理。

10.2.3.5 着力打造了专业社会工作人才队伍

在社工人才队伍建设中，出台了《昆山市社区专职工作人员管理办法》，创新社区干部队伍社工化、社区工作"社工+义工"双驱动模式，不断完善社区干部队伍用人机制，稳步提高社区干部待遇报酬，壮大社区专职工作者、社区志愿者、专业社工人才和社区建设专家团、社情民意观察团、社区信息通讯团"六支队伍"规模，全力打造高素质的社工服务专业化队伍。2013 年昆山拥有持证社工 318 人，其中初级 264 人、中级 54 人。2013 年起至 2015 年年底，昆山开展"三百社工人才培育工程"。该工程由"社会组织百名秘书长锻造计划""百名公益领袖铸造计划"和"百名持证社工深造计划"三大部分组成，针对公益组织核心人员进行公益团队能力建设和管理培训，针对持证社工尤其是社区社会工作者开展社会工作实操训练和专业社工机构体验式学习，针对社会团体秘书长开展非营利组织的内部治理和自我管理的培训❶。

10.3　案例分析

结合服务型政府建设的要求，以及昆山社区管理工作出现的新形势，探索多中心治理的"三社联动"成为昆山民政局的社区管理工作转型的重点。那么，如何开展"三社联动"，吸取第三方参与社区管理工作？如何解决"三社联动"中遇到的困难和阻力？昆山民政局通过政府间相互学习的方式探索了新的治理方式，通过组织内学习改善原有的工作方法、方式，解决了自身资源不足，以及不能满足不同层面社区居民对公共服务的需求等问题。

本章通过构建组织学习与管理惯域变化的分析框架对昆山民政局组织学习开展研究（见图 10-1）。通过案例我们可以了解到：对转型中的组织，组织学习改善了什么、如何开展组织学习、如何保持组织管理惯域的稳定性和变动性适度等问题。

---

❶ 资料来源：http://www.mzj.suzhou.gov.cn/szmz/InfoDetail/?InfoID=06c1f407-b9e7-472b-b995-242446447e36&CategoryNum=001008。

10 学习中改善：昆山民政局改善管理惯域的案例

图 10 - 1　组织学习与管理惯域变化分析框架

10.3.1　探索式学习：丰富组织惯域

原有的提供公共服务的"全能政府"模式，不仅使政府负担过重，而且公共服务难以满足不同层次的公民需求，昆山选择"三社联动"的目的是解决管理中的困境。而一直以来单中心治理形成的政府职能不清导致了居委会与社区工作不分、政府和社区不分的现状，影响了"三社联动"的顺利实施。因此，开展"三社联动"的多中心治理，首先要理顺机制和组织机构。昆山通过对广州"居社分离"和太仓"政社分离"的经验学习，清理了政社关系，转变了工作职能（见图 10 - 2）。

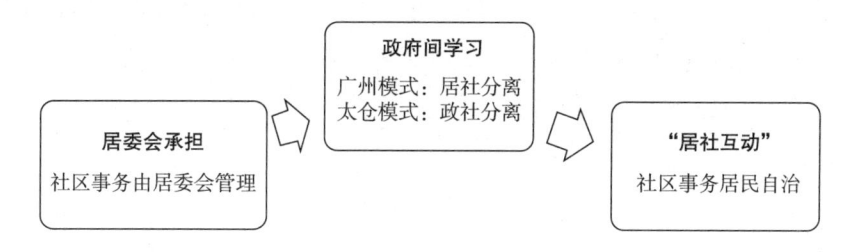

图 10 - 2　昆山民政局开展政府间组织学习

面对社区负担过重这一问题，不同地方采取的方式也不同。学习广东"居社分离"经验，在划定政府职能的基础上，将居委会从行政工作中解放出来，使其成为完全自治性的居民自治组织。学习太仓"政社分离"经验，制定和实施了社区自治的一系列制度机制，理清了政社关系。出台《昆山市社区减负增能专项工程实施方案》，结合昆山实际形成了昆山社区治理的"政社互动"模式，在社区管理工作上形成了新的习惯域，反映在组织行为变化上是围绕着职能改变出台的各种制度和联系机制（见图 10 - 3）。

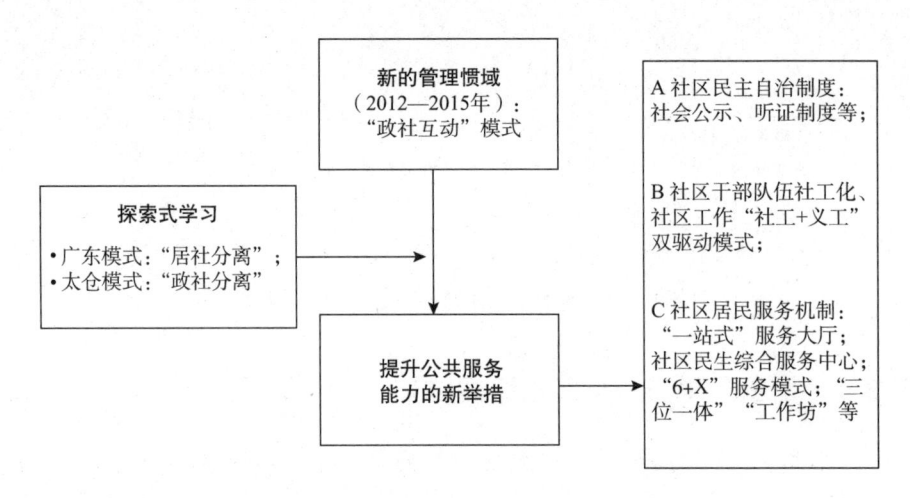

```
                    ┌─────────────────┐        A 社区民主自治制度：
                    │  新的管理惯域    │        社会公示、听证制度等；
                    │ （2012—2015年）： │
                    │  "政社互动"模式  │        B 社区干部队伍社工化、
                    └────────┬────────┘        社区工作"社工+义工"
  ┌──────────────┐           │                  双驱动模式；
  │  探索式学习   │           │
  │•广东模式："居社分离"；│──→│               C 社区居民服务机制：
  │•太仓模式："政社分离" │    ↓                "一站式"服务大厅；
  └──────────────┘  ┌─────────────────┐        社区民生综合服务中心；
                    │  提升公共服务    │───→    "6+X"服务模式；"三
                    │  能力的新举措    │        位一体""工作坊"等
                    └─────────────────┘
```

图 10 – 3　探索式学习与管理惯域变化

10.3.2　开发式学习：保持组织惯域变动性

在多中心治理背景下，昆山要为多层次居民提供多元的公共服务需要社会组织大量参与，而由于我国社会组织发展较晚及传统的双重管理体制，特别是政府相关部门在发展社会组织方面传统的做法（对体制内社会组织进行资助，体制外的社会组织往往是由社会组织自己发起建立）制约了社会组织发展，反映了民政主管部门培育社会组织的经验不足。

正因为如此，昆山民政局主管领导带队、相关部门参加，到上海、东莞、沈阳等地学习培育社会组织经验，通过交流、学习、知识共享外部信息，改善了决策层和管理层的习惯域，并将学习到的社会组织孵化器、公益创投、社会实践园、招投标等方法用到昆山社会组织培育中，消化吸收构建了具有昆山特色的、层次分明的、多渠道的昆山社会组织生态体系（见图 10 – 4）。

10.3.3　去组织学习：克服惯域阻力

由于多年的单中心治理，民政部门在社区管理问题上形成稳定的做法，其潜在的知识经验也是围绕单中心治理积累的，这样的管理惯域对新的多中心治理的"三社联动"工作产生了阻碍作用。

为此，昆山开展精简社区台账、实行工作准入、合并社区考评、建立四位

10 学习中改善：昆山民政局改善管理惯域的案例

开发式学习
- 请苏州大学、上海师范大学、南京大学的专家学者讲课；
- 上海、东莞、沈阳等各地经验：社会组织孵化器、公益创投、社会创新实践园、招投标

原有的管理惯域
2010年前单一的由政府主导培育和发展社会组织的方法

新的管理惯域
信元库包含昆山培育和发展社会组织既有的知识、经验、信息和学习的新的知识经验

新的管理办法
"综合的社会组织培育生态体系"
- 社会组织孵化器；
- 公益创投；
- 社会创新实践园；
- 招投标

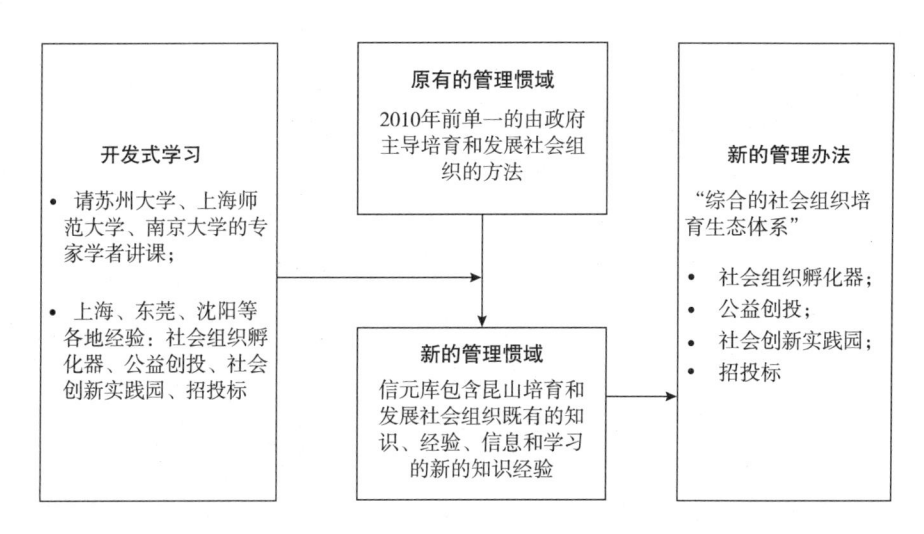

图 10-4　开发式学习与管理惯域变化

一体的社区管理等新的制度和流程（见图 10-5）。通过去组织学习，建立一系列新的工作制度，优化管理过程，克服了原来单中心治理的管理方法和理念带来的阻力，推动了社区多中心治理的"三社联动"工作顺利开展，带来了昆山社区管理工作的创新。

实行工作准入
- 对于各部门需要进入社区的组织机构、工作任务，以及各类检查、考核、评比、培训、挂牌、盖章、达标升级等事项，实行"准入制"。

精简社区台账
- 按照统一、合理、规范的标准科学设置社区台账种类。对社区台账能简化的一律简化、能合并的一律合并、能撤销的一律撤销。

合并社区考评
- 除全市性创建任务及国家、省委、省政府要求开展的和谐社区、平安社区评比创建活动外，其他创建活动根据社区自愿原则开展。所有考核考评以社区居民反馈意见为主。

四位一体社区管理
- 根据社区建设"四位一体"模式，社区只悬挂"社区党组织""社区居委会""社区服务中心""综治办"四块牌子及"江苏社区"标识。

部门联合推动
- 明确由市纪委、市民政局、市法制办共抓社区工作的准入，各部门对此项工作的落实情况已正式纳入2013年电子绩效评估体系进行考核。

图 10-5　去组织学习与管理变革

10.4 结论

通过对昆山社区管理创新的分析可以看到，昆山的社区建设与国内的其他县及县级市相比，存在一些独特方面。如昆山是一个经济上十分发达的县级市、来自其他地区外来人口众多、外国及台湾地区同胞也占据较大的比例等，如何协调本地人与外来人口间的关系是一个十分重要的建设难题。由于经济发达，社区居民的需求也层次多样，昆山民政局在社区建设过程中，始终从社区居民的需求出发，坚持探索式与开发式组织学习相结合，改善部门领导惯域，保持管理惯域稳定性和变动性适度，运用组织学习来克服管理惯域带来的负面效应，通过构建多层次的"三社联动"社会管理体系，较好地实现了为社区民众服务的目标，形成了国内较有影响力的"昆山社区建设模式"。

11 开放中融合：在创新生态系统中优化组织惯域

信息高速公路加快了知识和信息在全球的传播和共享，全球性的创新竞争愈演愈烈，如微软、英特尔、IBM等跨国公司在全球范围内进行知识资本配置加快了创新速度，其结果是缩短了产品技术创新周期；曾组织过技术创新领域内的世界首次72小时创新竞赛的瑞典麦拉德伦大学（Malardalen University）技术创新教授卡伊·米高博士（Kaj Mickos）说："如果瑞典想在国际竞争中存活，就必须更快地创造出更多的新产品。我们不能坐等创新。"在这种高度复杂的竞争中，技术发达国家固然希望保持自己的话语权，而赶超国也不示弱，各国创新战略为本国企业提供了宏观政策环境保障。世界各国共同参与创新、快速创新、持续创新构成了全球创新竞赛的主旋律。全球创新竞赛已经不是将来时，而是现在进行时，可见创新已经迈入了快速创新、全球创新竞赛的时代（阎立，2008）。在这场竞赛中，企业仍然是国家创新体系的重要环节，国家的创新战略是企业创新的重要保障，但是，单个企业或组织在创新速度、持续创新能力等方面已显不足，难以应对高度复杂、高度不确定性的竞争态势，正如马可·颜西提（Marco Iansiti）所指出："未来的企业竞争将由单个公司之间的技术竞赛，转化为生态系统之间的竞争或系统内部业务之间的竞争，竞争主题也将成为公司各自所培育并赖以生存的生态系统的整体健康状况。"（转引自：陈劲，2013）因此，形成创新网络、创新生态系统，开放、共享资源、共创价值已成为当今创新发展的趋势之一。

本章首先介绍了创新生态系统理论（Ecosystem Innovation）。其次，分析了互联网创新生态系统——创新高速公路（Superhighway Innovation）。最后，研究了两个案例：其一，以合肥市运管部门建立"互联网+"出租车管理平台为案例，通过服务行业上下游变化的影响推动了合肥运管部门快速创新，说明政府如何在创新生态系统中改善管理惯域，实施对行业监管创新和公共服务创新；其二，以小米科技为案例，说明小米科技基于互联网平台的创新生态系统，通过知识的集成创新和迭代创新培育和改善自己的技术惯域，面对复杂多变的市场快速创新、持续创新，迅速跻身电子消费行业并成为行业明星企业的过程。

11.1 创新生态系统与创新体系

21世纪的全球创新竞赛，不仅是企业而且关乎政府、大学、研究机构及相关利益者形成的创新生态系统。如在我国建设第三代移动（简称3G）通信设备的选型中，不仅业界巨头虎视眈眈希望用户能够采用自己的标准，学术界对此也争论激烈。当时的3G阵营有大唐电信为主导的TD-SCDMA、欧洲和日本主导的W-CDMA和美国高通主导的CDMA标准（见图11-1），每个标准都有自己的联盟形成的产业链，而产业链的完善与成熟度是竞争获胜的焦点之一（3G产业链包括网络设备提供商、芯片商、终端制造商以及集成服务商、电信运营商、应用软件提供商、CP/SP、测试提供商、监管机构、用户等），

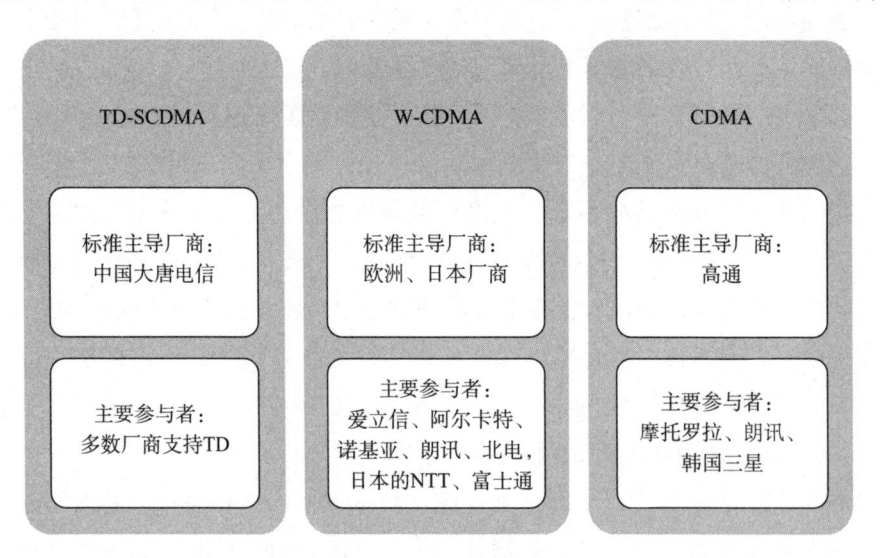

图 11-1　参与中国 3G 竞争的标准和厂商联盟（曲斌，2009）

在我国能够采用哪一家标准也就是以该标准为主导的全产业链的获胜。可见，3G通信技术标准竞争已经不是单纯的标准之争，而是由不同标准所形成的不同商业生态系统之间的竞争（李万，2014）。这不仅说明了标准联盟的重要性，更说明了以标准为主形成的生态系统的重要性，而英特尔、苹果等企业的成功也说明了这一点，企业不仅要关注自己的内部能力，而且还要关注生态圈的健康良性发展（陈劲，2013）。

因此，创新生态系统理论的提出对产业界有极其重要的意义。本节将对创新生态系统研究进展做个简单回顾，并对区域创新体系和创新生态系统的区别和联系进行分析。

11.1.1 创新生态系统的内涵与特征

一般而言，学术界对创新生态系统的研究源于摩尔（Moore，1993）对商业生态系统概念的提出，而"创新生态系统"概念被明确提出是在2004年美国竞争力委员会《创新美国：在挑战和变革的世界中实现繁荣》的报告里。该报告指出，进入21世纪以来，国际格局、创新主体、创新范式以及创新环境都出现了一些新的变化，国家之间和不同创新主体之间出现了新的竞合态势，因此"企业、政府、教育家和工人之间需要建立一种新的关系，形成一个21世纪的创新生态系统"（孙福全，2012）。随后，美国总统科技顾问委员会发表的《创新生态中的大学与私人部门研究伙伴关系》也指出："这个生态系统包括从学术界、产业界、基金会、科学和经济组织及各级政府的一系列的行动者。"（PCAST，2008）尽管如此，创新生态系统近年来才成为学术界研究的热点，虽然研究者已经对产业界进行一些实证研究，试图寻求创新生态系统形成的机制和发展规律，但在基本概念等相关问题上尚未形成共识。

对于创新生态系统的基本概念，不同学者根据自己的研究从不同角度进行了界定。主要有阿德纳（Adner，2006）从机制整合共享知识视角分析了创新生态系统，Luoma-aho等（2010）、柳卸林等（2015）基于开放视角界定了创新生态系统，扎赫拉等（Zahra，Nambisan，2011）从价值视角界定了创新生态系统概念，张运生（2008）、张利飞（2009）及郑小勇（2010）针对技术创新生态定义了创新生态系统，而李万等（2014）从开放合作共生视角界定了创新生态系统概念（见表11-1）。

表 11-1 部分研究者对创新生态系统概念的界定

研究视角	研究者	概念界定
价值视角	Zahra, Satish (2011)	创新生态系统是一个松散互联的公司网络，每家公司围绕着创新或创新平台而协同发展，并为了整体效益和生存而相互依赖
技术创新视角	张运生 (2008); 张利飞 (2009)	创新生态系统是高科技企业在全球范围内形成的具有自然生态系统某些特性的，基于专利许可、技术标准合作、协作研发的标准化战略的模块构件间协同配套、共同进化的面向客户需求的技术创新体系
	郑小勇 (2010)	创新生态系统是围绕技术创新和技术商业化而形成的一种组织间的广泛联系
合作共生视角	Adner (2006)	创新生态系统作为一种协同整合机制，将系统中各个企业的创新成果整合成一套协调一致、面向客户的解决方案
	李万等 (2014)	创新生态系统是指一个区间内各种创新群落之间与创新环境之间，通过物质流、能量流、信息流的联结传导，形成共生竞合、动态演化的开放、复杂系统
开放视角	Luoma-aho et al. (2010)	创新生态系统定义为一个在生态环境中起互动和交流作用的长久性或临时性系统，在这个生态环境中存在各种各样的创新主体，它们能在这个环境中相互传授思想，推动创新发展
	柳卸林等 (2015)	创新生态系统是由参与创新的主体及其环境相互作用形成的一个开放的有机统一整体

不同学者对创新生态系统的界定，从不同侧面反映了创新生态系统的特征，为本研究提供了基础。结合李万等 (2014) 对创新生态系统的界定，本书认为创新生态系统是指各种创新群落之间及与创新环境之间，通过物质流、能量流、信息流、知识流的联结传导，形成共生竞合、共创价值、共享利益的动态的开放系统。

埃斯特林 (Estrin, 2010) 在《美国创新在衰退》中指出，创新生态系统中存在研究、开发和应用三大群落，这三大群落之间的健康平衡决定创新生态系统的可持续性。研究群落以长远的眼光发现新知识和观念；开发群落推动产品和服务的生产与交付；应用群落把这些技术进步扩散全球（见图11-2）。

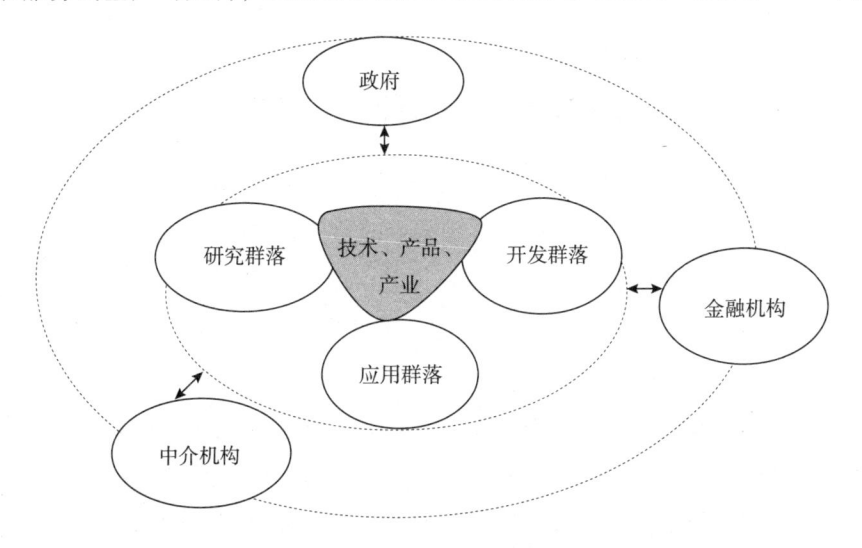

图11-2 创新生态系统构成

由此，创新生态系统的基本特征一般是多样性共生、自组织演化、开放式协同（见图11-3）。

多样性共生
- 创新物种的多样性是指研究、开发和应用三大群落的创新物种通过知识、技术、人才、资本为主要纽带形成了复杂的价值网络，在竞争性合作共生中不断演化发展寻求系统平衡的过程。

自组织演化
- 良性的创新生态系统不断向前进化发展，持续接近动态最优目标，系统内部要素物种、种群、群落等都是在相互作用、相互适应中不断发展变化，甚至是相互转化。该特征意味着市场对创新资源配置的决定性作用得到充分发挥，促进着系统的良性变异，创新的优化选择，知识的学习、扩散、遗传、变异、选择在这个过程中交替地发挥作用。

开放式协同
- 在全球化背景下，一个国家或地区的创新生态系统不再是孤立封闭的生态圈，而是与外部环境中的创新物种广泛联系，外来创新物种的不断移入，促使创新生态系统不断发生物种竞争、群落演替。研究群落、开发群落、应用群落、服务群落保持着与外界的密切关联，企业逐渐突破地理边界，依赖整个创新链、产业链和价值链通过协同进行根本性创新（对大企业而言是创造性破坏，对中小企业而言，则是创造性累积）。

图11-3 创新生态系统的基本特征（李万，等，2014）

因此，创新生态系统的多样性决定了生态圈内种群打破边界互相依赖共同发展，研究群落、开发群落、应用群落协同开放共创价值，在知识流、信息流、物质流、能量流的交互作用下，加速系统内知识、信息的新陈代谢，使生态系统稳定健康发展。

11.1.2 创新生态系统与区域创新系统区别联系

国家创新体系的概念产生于 20 世纪 80 年代后期。1985 年，丹麦奥尔伯格大学的伦德威尔（Lundvall）教授基于国家的视角开展创新研究；1986 年，美国学者纳尔逊（Nelson）教授通过探索技术创新的国家制度安排，将创新与国家的竞争力联系起来进行考察，具体讨论了美国国家创新体系中的劳动分工及其实绩；1987 年，英国经济学家弗里曼（Freeman）教授在比较日本、美国与西欧的科技指标长期趋势后，围绕日本通产省在创新系统中所扮演的角色、企业研发战略所起的作用及其与技术进口及"反求工程"间的联系、教育培训的作用和相关的社会革新以及工业的聚集结构分析了日本的国家创新系统（Freeman，1987）。王春法（2003）认为正是由于上述三位教授的研究，为国家创新体系的后续研究奠定了基础。

回顾弗里曼、纳尔逊及伦德威尔对国家创新体系的研究，其各自的侧重是不同的，对国家创新体系的概念界定也不完全相同，形成了不同的学派（王春法，2003）。以弗里曼教授为代表的英国传统的国家创新体系理论侧重于分析技术创新与国家经济发展实绩之间的关系，强调了技术创新在经济发展中的作用。以纳尔逊教授为代表的美国学派则将技术变革的存在及其演进特点作为研究的起点，将重点放在知识的生产和创新对于国家创新体系的影响上。以伦德威尔教授为代表的北欧传统的国家创新体系认为国家创新体系是根植于其生产体系之中的，用户、生产者之间相互作用是技术创新过程中的核心内容（见表 11-2）。

表 11-2 国家创新体系理论基础（王春法，2003）

研究者	研究内容	核心思想
Lundvall（1985）	从国家的层面来研究创新，将有关国家生产系统的结构主义方法和创新研究的盎格鲁撒克逊传统结合起来做了大量研究。侧重分析国家创新体系的微观基础，即国家边界是如何对生产者、消费者之间的相互作用发挥作用的，以及这种相互作用如何影响到一国经济发展实绩的	国家创新体系是根植于其生产体系之中的。用户、生产者之间相互作用是技术创新过程中的核心内容，以地方专有的学习模式为核心的相互作用创造出不同的技术能力综合力（或集群），这种技术能力决定了国家创新体系的特定差异
Nelson（1986，1993）	探索技术创新的国家制度安排，将创新问题与国家的竞争力问题联系起来进行考察，具体讨论了美国国家创新体系中的劳动分工及其实绩。侧重分析美国的国家创新体系问题。将技术变革的存在及其演进特点作为研究起点，重点分析知识的生产和创新对于国家创新体系的影响	将国家创新体系与高技术产业的发展联系起来，并将企业、大学体系与技术政策之间的相互作用置于国家创新体系分析的核心地位，其相互作用决定着一国企业创新实绩的一整套制度，而这种企业的创新实绩又直接地与一国的国际竞争能力相联系（Nelson，1993）
Freeman（1987）	比较日本、美国与西欧的科技指标长期趋势，围绕通产省在创新系统中所扮演的角色、企业研发战略所起的作用及其与技术进口及"反求工程"间的联系、教育培训的作用和相关的社会革新、工业的聚集结构分析了日本的国家创新系统	现代国家的创新体系既包括各种制度因素以及技术行为因素，也包括致力于公共技术知识的大学，以及政府的基金和规划之类的机构。他强调了创新的基础设施在国家创新系统中的作用

自从伦德威尔（Lundvall）、纳尔逊（Nelson）和弗里曼（Freeman）等学者提出国家创新体系以来，国内外的学者对国家创新体系展开了深入、系统的研究。1994 年，经济合作和发展组织（OECD）启动了"国家创新系统项目"，从而在创新理论研究和实践上掀起了高潮（蔡翔，2010）。受生物学上 DNA 的双螺旋分子结构特征和分子生物学、结晶学中的三螺旋模式的启示，1995 年 Etzkowitz 和雷德斯多夫（Leydesdorff）提出了国家、产业、大学的三螺旋模型，为分析产业集群合作创新提供了基本的分析框架。根据 Etzkowitz 和雷德斯多夫的研究分析，创新体系的演变过程是大学和产业关系的路径选择问

题，反映大学、产业、政府关系的各种制度安排。由此，不同制度安排反映了三螺旋模型在不同阶段的不同互动关系和组织架构（金潇明，2010），即第一阶段的国家主义模式、第二阶段的自由放任模式、第三阶段的重叠模式（见表11-3）。

表11-3 创新体系发展不同阶段的三螺旋模型（金潇明，2010）

阶段	模型	特征
第一阶段： 国家主义模式	（政府主导，大学与企业位于下方，国家主义）	该模式中政府处于主导地位，强调政府的管控与管理作用，这种模式主要是在集权制背景下发展的，由于资源和投入的限制制约了知识共享与知识螺旋式发展，其创新水平有限
第二阶段： 自由放任模式	（政府、大学、企业三者相互独立，自由主义）	该模式增加了个体间的互动和反馈，但是该模式下政府、产业和大学之间存在明显的边界，该模式被定义为包含市场运作、技术创新和界面控制的不同知识螺旋体交互创新系统
第三阶段： 重叠模式	（政府、大学、企业三者重叠，重叠模式）	该模式表现出三个知识螺旋体之间的重叠关系，政府、大学和企业的地位基本平等，该模式不是单一的由政府主导，而是一种双通道解决方案，通过重叠与互动关系促进资源优化和知识共享。大学、企业和政府都可以成为创新性的领导者，三者相互作用实现动态平衡

随着创新实践的进行，用户导向的创新也越来越受到学者们的关注，形成了"政府—企业—大学（科研）—用户"的四螺旋创新模式。埃里克（Eric，2002）在对开源软件技术发展的基础上提出用户导向的创新理论，其2005年出版的《创新的民主化》一书中更是充分阐述了用户导向的创新对于整个创新模式的重要影响。西曼尼斯、哈特（Simanis，Hart，2009）提出与工业经济

发展相适应的结构性创新范式正在向与知识经济相适应的嵌入式创新范式演变，同样强调了用户作为创新的参与者与生产者共同创造价值，形成新的嵌入式创新模式。为此，一些学者也指出，从三螺旋模型到四螺旋模型是区域创新体系向创新生态系统的演进。

由此可见，区域创新系统与创新生态系统有其共性，而创新生态系统的开放性、共生性等特征又决定了它们之间的不同，因此，理清区域创新体系和创新生态系统之间的关系，对推进创新生态系统理论与实践发展是必要的。

其一，创新生态系统概念的提出体现了研究范式的转变：由关注系统中要素的构成向关注要素之间、系统与环境之间的动态过程转变，强调的是政产学（研）用四螺旋的共同作用。例如，从系统的角度，企业不再是单个产业的成员，而是横跨多个产业的生态系统的一部分。在一个生态系统之中，企业在创新中不断发展提升能力，他们依赖合作与竞争进行产品生产，满足客户需求并最终不断创新（梅亮，陈劲，刘洋，2014）。而创新体系概念相对创新生态系统更关注内部的协调作用，体系内协同工作，关注要素的联系机制，强调企业是创新主体，相对封闭。

其二，从空间上，创新生态系统可以跨区域，不局限某个区域，可以跨国，跨省市，是一个开放的体系，强调开放性；创新体系更关注系统内部要素的联系与协调对创新能力的提升，如区域创新体系强调内部性的资源配置与协同。

其三，从政策制定上，创新生态系统政策制定应该注重资源共享和利用，特别是需求侧政策和环境侧政策的综合运用；而创新体系更关注供给侧政策特别是技术创新政策的制定（见表11-4）。

表11-4 供给侧与需求侧政策的主要政策工具[1]

需求侧政策	供给侧政策
创新型政府采购	公共研发投入（资助、税收激励、风险投资）
制定规划和标准	加强科学基础（研究中心、基础设施建设、人员培训与流动）
培育领先市场	信息和中介（国际技术观察、标杆设定、知识产权保护）
来自需求方的创新	网络化措施（孵化器、科学园区、产业集群等）
创新政策体系的综合运用	

---

[1] GEORGHIOU, EDLER. Public procurement and innovation - resurrecting the demand side, 2007.

对于需求侧创新政策的主要政策工具及其特点（见表11-5），OECD 从政策设计的目标和政策效果，以及推行政策时需注意的可能风险等方面进行了总结（OECD，2011）。

表11-5 需求侧政策体系主要政策工具特点[1]

需求侧政策	公共采购	制定规则	制定标准
政策目标与范围	创新的产品或服务	促进市场吸收，增强竞争力，社会目标	促进市场吸收，操作的可交互性与透明度
政策所需投入	财政资金，明晰性需求，相关技能	法律程序，多部门协作	制定标准机构，多部门协作
对参与方的激励	增加销售额，对中小企业的优惠待遇	达成委托协议	自愿参加
主要执行者	政府部门	政府部门	产业界
政策效果	提升公共服务力，激励创新	降低市场风险	降低市场风险
可能风险	政府部门缺乏相关经验	目标可能会有冲突，程序过长	可能会造成技术封锁

总之，创新生态系统和创新体系理论在研究关注点和政策制订上有所不同，创新生态系统应该更关注要素之间、系统与环境之间的动态协同过程，政策制订的着力点放在需求侧，并且灵活运用政策组合。

11.1.3 创新生态系统分类

一般而言，从宏观到微观层面创新生态系统有国家创新生态系统、区域创新生态系统（包括城市创新生态系统、企业创新生态系统）。而根据研究对象不同，又可以划分为产业创新生态系统、技术创新生态系统、产品创新生态系统（柳卸林，2015），如表11-6所示。

---

[1] Demand-side innovation policies [R]. OECD, 2011.

表 11-6 创新生态系统类型❶

类 型	概 念	案 例
技术创新生态	技术创新不能只考虑单个技术，而应把技术看作一个包含相关技术且隶属于创新生态系统的动态系统。创新生态系统强调以技术为纽带的相关创新主体之间的合作	"高性能片式压电陶瓷变压器"：2010年，公司利用上下游的合作伙伴及第三方的技术优势，建立技术生态体系，使技术成功商业化
产品创新生态	产品创新生态需要技术与技术、技术与非技术（包括政府机构及政策、金融机构、中介机构、研究机构、用户等）之间的紧密联系	小米通过与用户的需求迭代创新形成创新生态
产业创新生态	产品与产业链上下游的集成与发展	我国 LED 产业生态没有形成：中国大陆多家 LED 企业只能从事下游的应用领域，而上游的科技研发技术薄弱，LED 产业的核心芯片技术，及上游的科技研发技术等还掌握在发达国家的少数公司手中

[案例] 区域创新生态系统：常州科教城创新生态系统图谱❷

自改革开放以来，常州的民营经济具有相对发达、产业结构中制造业比重较大等特点，而常州高教资源相对匮乏、科研院所稀缺，决定了常州经济发展转型之路不能照搬其他地区的做法，需要探寻适合本土开展创新的模式。作为常州区域创新之核的科教城经历了聚集省内资源、聚集国内资源到聚集全球资源的创新历程，形成了健康发展的创新生态体系，探索了科教资源相对匮乏地区创新型经济发展之路。

目前，科教城已经形成了由政府、科研机构、高校、企业、科技中介、金融、用户等构成的研究群落、开发群落、应用群落，且基于信息基础设施、知识流、信息流交互流动在三大群落之间，有效互动、共生协同、共创价值、共享利益，形成了科教城的创新生态系统（见图 11-4）。

---

❶ 本表根据《基于创新生态观的科技管理模式》（柳卸林，等，2015）收集整理。
❷ 资料来源：现场调研、常州科技局网站及参考文献。

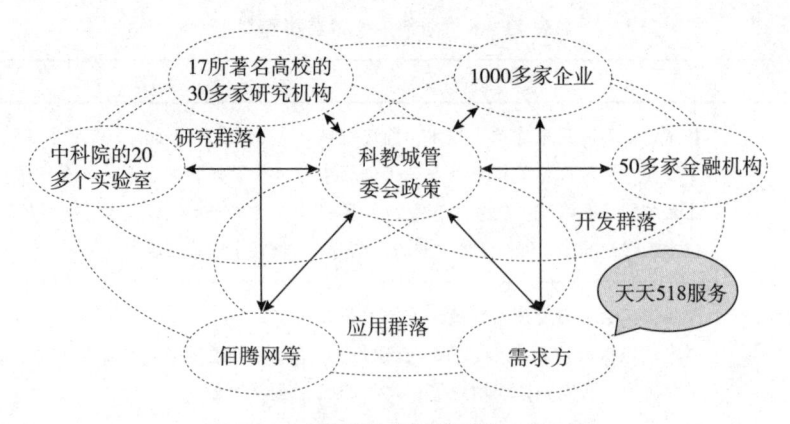

图 11-4　常州科教城的创新生态系统

注：图中虚线为 518 互联网平台。

在科教城的创新生态系统中，有以中科院、南京大学、东南大学、哈尔滨工业大学、大连理工大学、北京化工学院、机科总院等 17 所高校院所与常州共建的 30 多家研究院（所）及中科院的实验室为主的研究群落。其中，中科院常州中心现有 14 个分中心、6 个研究所，成为"国家技术转移示范机构"；园区也有 1000 多家企业形成了开发和应用群落，其中，清华微型电动车、北大众志计算机、哈尔滨工业大学机器人等研发与产业化基地相继建成；园区建有企业创研港、中试放大基地等企业成长平台，引进和孵化 300 多家高科技企业；科技金融中心引入创投、担保、科技小额贷款、金融租赁等机构 50 多家，对研究和开发的机构和企业进行扶持；"天天 518 服务"等与园区的研发机构、企业及用户互联互通，这些多样共生的物种形成了研究、开发、应用群落，推进了科教城创新生态系统健康良性发展。

11.2　互联网创新生态系统：创新高速公路

如前所述，由于理论界对创新生态系统研究刚刚开始，而实践界正是创新体系与创新生态系统交替阶段，因此，对于如何培育发展"互联网＋创新"生态系统是个挑战。运用创新资源和信息基础设施，使企业、政府、科研机构、高校、中介、金融、用户互联互通，形成一个共生的、开放的、协同的研究、开发、应用群落，是培育发展基于互联网的区域创新生态系统的基本思路。

11.2.1 "互联网+"环境下创新生态系统框架

从创新生态系统构成可以看出，健康发展的区域创新生态系统包括：企业、政府、高校和科研机构、中介、金融等创新主体及其之间的研究、开发、应用群落之间的紧密联系和有效互动；以及参与创新的自然资源、人才、知识、资本、技术等各种创新要素在各主体之间的流动和溢出。因此，"互联网+"环境下创新生态系统（简称"互联网+"创新生态系统，或互联网创新生态系统，或"创新高速公路"，见图11-5）是基于信息基础设施，以实时、共享、跨区域、便利为准则，确保其形成的研究群落、开发群落、应用群落能够运用国内外资源开展协同创新。该平台聚集企业、政府、高校和科研院所、用户、中介机构、金融机构及公众研究者，进行开放式创新，共创价值，并共享创新利益（马蕾，等，2011）。

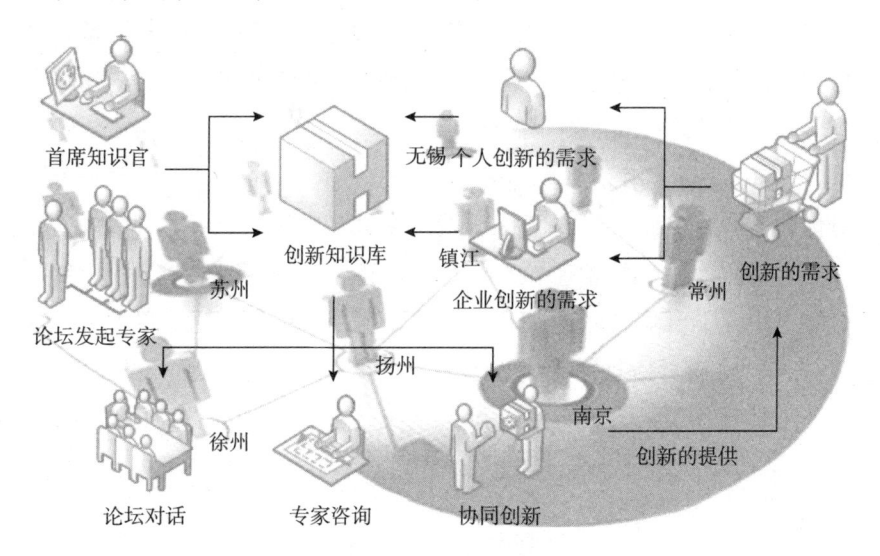

图 11-5　"创新高速公路"总体概念框架（马蕾，等，2011）

互联网环境下创新生态系统的主要特点是：无边界、协同、实时、共享资源、共创价值、分享利益。其解决的三个关键问题：知识共享促进创新成果快速产生（全球进入高速技术变化阶段），研究、开发、应用三大群落紧密相连促进成果转化，领先用户降低创新风险（研发创意来自领先用户解决了应用问题，同时提升了对研发需求的反应，缩短了创新周期）等。因此，互联网创新生态系统不仅是"互联网+"战略的具体实施,还是大众创业、万众创新的重要创新基础设施。

综上,基于"互联网+"的创新生态系统是将"政产学研用中介"形成的研究群落、开发群落、应用群落聚集在同一信息基础设施服务平台,实施从研发到知识、技术成果商品化的"一站式"全方位服务,该平台知识流、信息流、物质流、能量流的快速流动及交互作用,促进创新生态系统的三个群落之间实现健康的平衡(见图11-5)。因此,基于"互联网+"创新生态系统,能够将创新投入、创新需求、创新基础设施与创新管理在创新过程中有机结合,实现快速、持续创新。

11.2.2 互联网创新生态系统形成基本路径

基于互联网的便捷、实时、无边界等特征,培育互联网创新生态系统可以沿着不同路径展开,其基本路径有"多中心体—互联网—群落"和"互联网—单中心体—群落"等,通过这些基本途径来聚集研究、开发、应用群落,丰富群落物种,共同推动创新生态健康发展。

11.2.2.1 多中心体—互联网—群落

具体而言,在实施"互联网+"战略中,互联网与传统产业融合形成新业态,这种或以企业为中心形成的"互联网+",或以研究机构、园区、政府、金融、中介平台等(各主体用 n 表示,见图11-6)分别为中心形成的"互联网+",将通过信息基础设施互联聚集,实现互联互通。在知识流、信息流作用下形成复杂的有机联系,由此相关主体协同创新,可以实现共享资

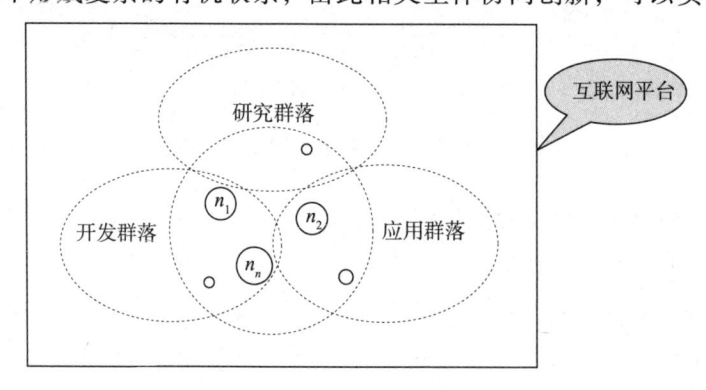

图11-6 多中心体—互联网—群落

源、共享利益，进而形成多中心、分布式创新生态系统，即通过互联网平台聚集多主体形成创新群落（见图 11 - 6）。

基于互联网平台，培育分布式、多中心创新生态系统，于平台上聚集"政产学研用金中介"，形成涵盖研究、开发、应用三大群落的创新生态系统，使区域创新生态系统形成横向、纵深发展的态势。

11.2.2.2　互联网—单中心体—群落

以企业或科技中介或高校、科研机构等为核心发起，通过互联网与其合作者形成共生共创关系，围绕中心体发展研究、开发、应用三大群落的单中心创新生态系统（见图 11 - 7）。

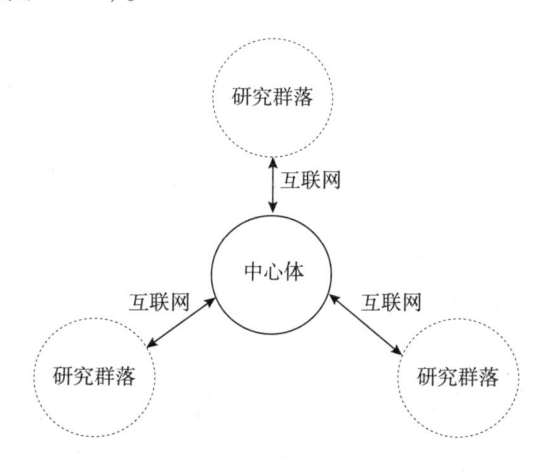

图 11 - 7　互联网—单中心体—群落

11.3　在创新生态系统中改善组织惯域

根据组织惯域的双重作用，在相对稳定的环境中组织一般按照既定的行为方式运行，而在高度不确定的环境中，组织惯域的负面作用会成为创新的阻力，原因主要有两个方面：首先是来自组织惯域信元库系统既有的知识经验陈旧，其次是单个组织信元库系统的知识经验无法满足组织应对高度复杂、高度不确定环境的需要，因此如何保持组织惯域弹性、克服惯域的负面作用以应对高度复杂变化的环境是组织创新的关键。

由于创新生态系统中组织间共生协同的特点，组织可以运用系统中的知识流、信息流弥补自身信元库的信元不足、维护自身弹性，产生与变化的环境相适应的解决方案。图 11-8 是一个描述了创新生态系统中组织运用系统中的知识流和信息流扩展组织惯域持续创新的过程框架。组织 M 和 N_1，…，N_n 形成了创新生态系统，带双箭头的直线表示信息流和知识流，在不确定性变化的环境中，系统中的知识流和信息流丰富了 M 的信元库系统，不断扩展 M 的惯域，而这个过程是 M 发生了开发式创新或探索式创新的持续创新过程。

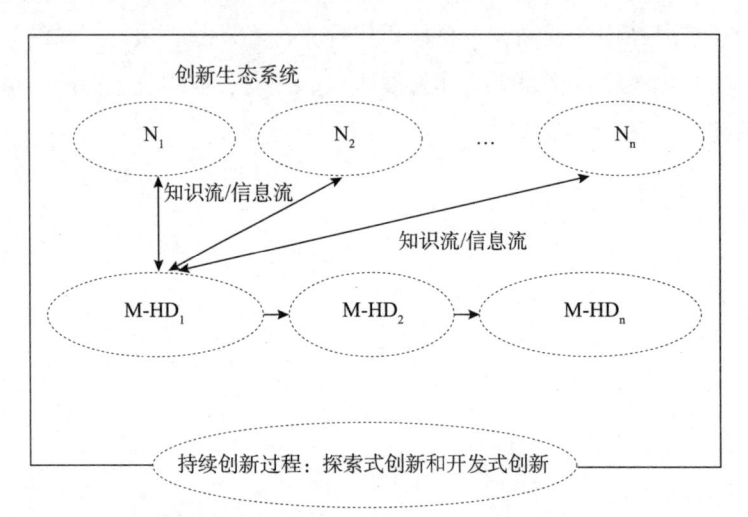

图 11-8　知识流、信息流与创新生态系统中的组织持续创新分析框架

本节通过合肥运管处案例和小米科技的案例，说明不同组织运用所处创新生态系统的知识流、信息流不断扩展组织惯域并开展持续创新的案例。

11.3.1 "互联网+"环境下合肥运管处的持续创新

11.3.1.1　背景资料

"互联网+"对传统服务行业产生冲击，出租车行业就是其中一例。互联网公司滴滴打车进入传统出租车行业，冲击了一潭死水的出租车市场，形成了新的商业生态。那么，政府部门作为生态系统的一员，又是如何利用创新生态系统开展持续创新？

随着滴滴打车业务的迅猛发展，合肥市的出租车市场也受到了冲击。2014 年，合肥市结合智慧城市、智能交通建设，依照交通运输部《城市出租汽车服务管理信息系统试点工程总体业务功能要求（暂行）》的标准，参照相关城市建设经验，启动"合肥市出租汽车服务管理信息系统"建设。其中由合肥市运管处自主研发的合肥市出租汽车电召系统将利用现有出租汽车资源，开展出租汽车电召服务，依托现代信息技术，通过系统平台，既解决了目前行业中"车找人、人找车"的状况，有效改进客运服务方式，降低出租汽车空驶率，又方便了乘客出行，适应了手机软件召车等出租汽车电召服务快速普及推广的新形势。与传统的打车软件相比，合肥推出的官方打车软件系统避免了出租车驾驶员择客挑活。电召中心首次向驾驶员推送乘客用车基本信息，但不发送目的地，待驾驶员应答后，二次推送目的地，有效避免驾驶员择客挑活。电召服务中心人工坐席时间平均不超过30秒，叫车服务反馈时间将不超过5分钟。其次，防止乘客信息泄露。电召中心向驾驶员推送乘客用车信息时，技术屏蔽乘客有关信息，从而保护了乘客隐私，保证了乘客信息安全。同时，车载终端可实现驾驶员与电召中心、乘客间一键通话，避免了驾驶员接打手机，确保了行车安全。对驾驶员和乘客发生爽约情况的，视情形轻重除按法规规章做出处罚外，还做出了暂停电召服务资质的处理措施。乘客可通过电话或手机软件等多种方式提出用车需求，满足老人、小孩等不会使用手机召车的不同群体普遍需求。

  2015年12月15日合肥市召开新闻发布会，万众瞩目的合肥市出租汽车服务管理信息系统基本建设完成，目前全市有近3000辆出租汽车装载了智能系统，近期将实现"智能"全覆盖。届时，乘客可通过电话（电召服务电话：95128）、手机软件（"新安通"APP）两种方式享受出租汽车电召服务。即将推出的合乘功能将给市民带来经济和便捷双重利好。针对官方的打车软件和人们熟知的滴滴打车有何相似与不同，记者采访了合肥市运管处相关负责人和驾驶员、乘客，发现官方发车平台总体上比较方便，但部分"bug"有待进一步完善。❶

11.3.1.2 案例分析与启示

在滴滴打车出现之前，该城市出租车市场的商业生态是监管者（政府运

---

❶ 资料来源：http://news.hf365.com/system/2015/12/15/014821900.shtml。

管处)、多家运营商(各出租车公司)、出租车司机、乘客。由于运营商高额的"份子钱"(公司收的管理费),司机工作量大、薪酬和福利待遇低,乘客也得不到良好的服务,政府的监管也仅仅在运价、牌照管理等方面。

滴滴打车进入合肥市场后,形成了一个新的竞争格局,将乘客、出租车司机、金融集于一个互联网平台,使原有的出租车运营商感到了危机,而新出现的司机挑活、乘客安全、隐私泄露等问题,又为当地政府部门对出租车市场管理带来了新问题。鉴于出租车行业出现的新情况、新问题,运管处建立了自己的信息平台,一方面为公众提供了新的公共服务,另一方面创新了监管方式。运管处的约车平台与滴滴的约车平台和传统的运营商、司机、客户等相关部门,形成了一个本地区新的行业生态系统(见图11-9)。

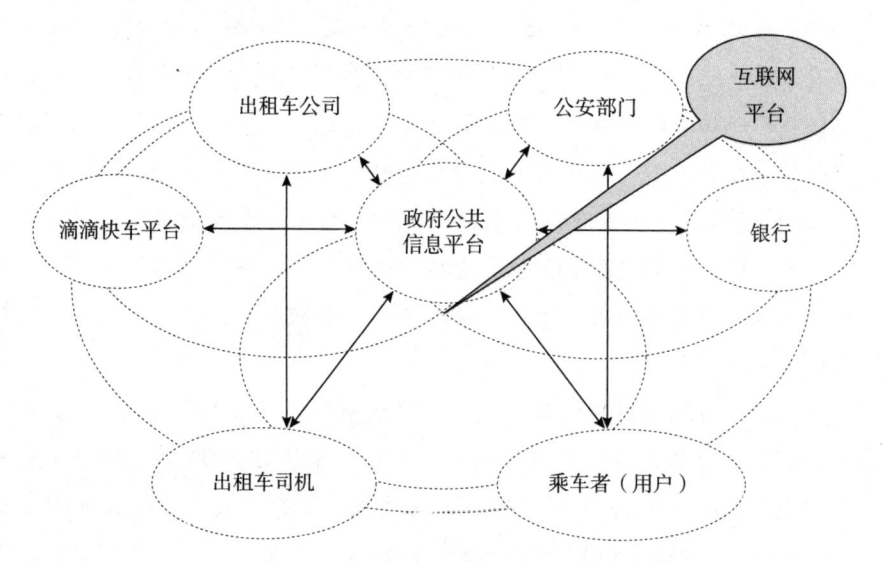

图11-9 合肥出租车互联网环境下行业生态图谱

从合肥出租车互联网下新的行业生态图谱,可以看到各方的利益体现在以下方面。

(1)乘客:解决了乘客用车难,特别是满足老人、小孩等不会使用手机召车的不同群体的普遍需求;保护了消费者隐私。

(2)司机:减少空跑,提高收益。

(3)社会:减少废气排放环境污染,节约能源。

(4)政府运管处:营造了健康的行业环境,建立互联网平台,创新监管方式，为消费者提供新的公共服务，使社会公众能够得到更安全、更便利、更优质的出行服务，提升了政府的公共服务能力；提升了出租汽车行业的服务水平和管理水平，促进了出租汽车行业的转型升级和发展。

（5）滴滴公司：在政府监管下，参与良性竞争，迅速发展。

（6）传统出租车经营公司：迫于竞争压力改善管理，提升司机的福利，维持自己的市场占有率。

由于创新生态系统中组织间共生协同的特点，组织可以运用系统中的知识流、信息流弥补自身信元库不足，产生与变化的环境相适应的解决方案。图11-10描述了合肥出租车行业创新生态系统中，合肥运管处（HTM）运用系统中的知识流和信息流扩展自身惯域开展开发式创新的过程：运管处、传统出租车运营公司、滴滴公司、出租车司机、用户等形成了一个服务创新生态系统，最终用户（公众、出租车司机、出租车公司）在这个生态系统中起到了提供需求的作用，原来运管处的监管方式对公众的需求不能及时反馈，造成公共服务及监管效率不高，现在信息流和知识流在系统内快速、交互流动，提高了运管处的公共服务和监管能力。

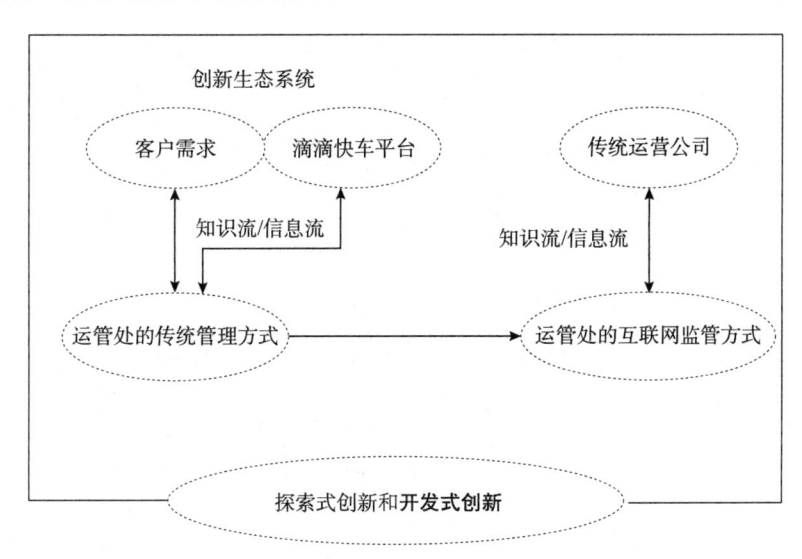

图11-10 合肥出租车行业创新生态系统

对运管处的管理惯域变化的具体分析见图11-11。由于滴滴公司新的运营方式的出现改变了传统出租车市场格局，也给运管处的管理带来了新的挑战和压力。滴滴约车平台这种新的解决方案,形成新的信元流入运管处信元库系统,也给运管处带来了启发,运管处建立了为多方提供服务的信息平台,即运管处运用该平台为有需求的用户提供约车服务,系统还满足了老人和孩子的需求。因此,原本仅仅行使监管职能的运管处不仅对监管方式进行了创新,还增加了新的公共服务,在此,监管方式的变化是开发式创新。总之,运管处是运用了创新生态系统的知识和信息开展了监管方式、公共服务的持续创新。

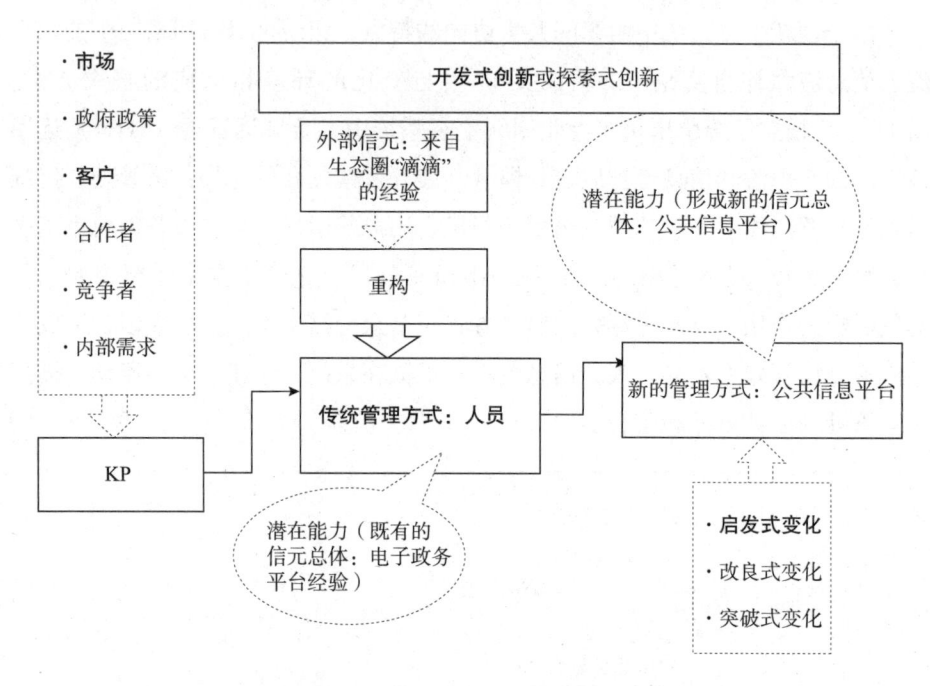

图 11-11 运管处管理惯域与监管方式创新

11.3.2 小米:在知识创新生态系统中培育技术惯域

2006 年,苹果操作系统和 Andriod 操作系统的崛起形成了智能手机市场的分水岭,行业领先者诺基亚在这场争夺战中黯然退出,苹果、三星成为智能市场的新领袖,在互联网市场淘宝、百度、腾讯形成了著名的 BAT,这对于小米作为一个新的企业突然进入智能手机、互联网这个竞争异常激烈的市场是一个巨大挑战。而小米不仅成为这个市场的"亚洲鲤",令人惊叹的是,其还以 4 年左右的时间走完了其他企业 10~20 年的发展历程。小米在公司发展及产品创新中注重培育公司创新生态系统,形成独特的互联网研发模式,公司在技术和产品等方面的持续创新是小米迅速成功的关键之一。

11.3.2.1 案例背景

2010年4月，北京小米科技有限责任公司（以下简称"小米"）正式成立，是移动通信终端设备和软件开发的创新型科技企业，小米手机、MIUI、米聊是其核心业务。公司拥有员工4000名，其中1400名为研发人员。从发布首个内测版MIUI起到2012年发布手机，仅仅用了不到两年时间，2014年小米售出手机6112万台，销售量是2012年的8倍多。小米通过集成创新在互联网电视机顶盒、互联网智能电视，以及家用智能路由器和智能家居产品等领域也颠覆了传统市场。到2014年年底，小米旗下生态链企业已达22家，其中紫米科技的小米移动电源、华米科技的小米手环、智米科技的小米空气净化器、加一联创的小米活塞耳机等产品均在短时间内迅速成为影响整个中国消费电子市场的明星产品。2014年年底，小米的MIUI拥有国内外二十几个国家的5000万发烧友用户，2015年2月MIUI用户突破一亿。小米2012年销售额100多亿元（含税），2013年达300多亿元，2014年为743亿元，比上年增长135%。小米估值到2014年年底超过450亿美元（见图11-12）。作为商业模式创新的后起之秀，小米用4~5年的高速发展走过了其他企业10~20年的发展历程。2014年，为了解决影响公司发展的专利短板，小米开始与其他公司共同发起中国首支专利运营基金进行专利战略布局。同年，小米在国内外申请专利2318件（其中，发明专利1380件），通过知识积累改善小米的技术创新能力（王锋正，等，2015；董洁林，等，2014）。

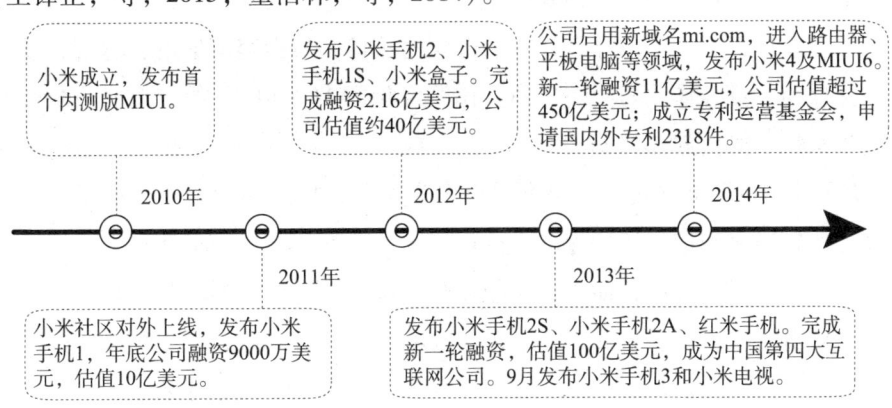

图 11-12 小米重要里程碑

小米的快速成长有其独特的研发模式。公司的创始人之一雷军提出了公司特有的以用户口碑为核心的互联网思维，在他的互联网思维体系里，核心的思想可以概括为专注、极致、口碑和快，这也是小米一直坚持的核心思想，能够迅速吸引用户并被用户所喜爱（见图11-13）。

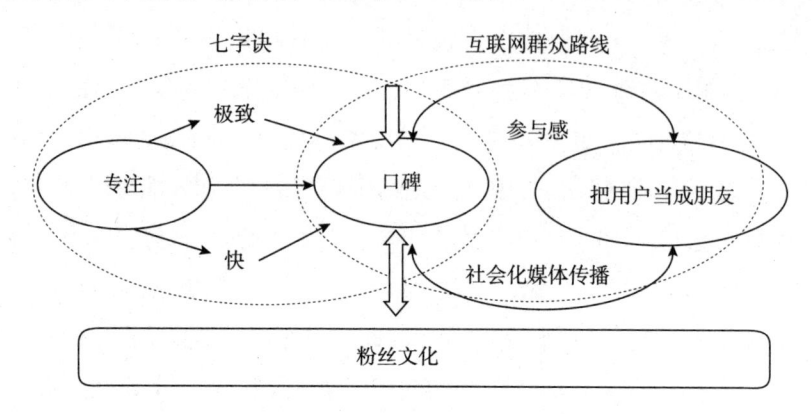

图11-13 雷军的互联网思维模型（黎万强，2014）

小米基于雷军的研发理念，打造了与用户一体的创新生态系统，并通过新的研发理念吸引用户参与新产品开发，"粉丝文化"成为培育创新生态系统的路径之一，推动了小米快速成长为"北京制造"的新生代。

11.3.2.2 案例分析

（一）小米的产品创新生态系统图谱

小米通过研发自己的智能电子消费品标准，打造小米品牌，形成电子消费产品生态链，在每一个环节与其他企业开展合作进行集成创新，如与华米科技合作小米手环，与九安医疗合作智能健康血压计，与内容商华策、迅雷、爱奇艺、优酷和土豆合作，与游戏厂商合作等（见图11-14）。他们形成小米合作创新生态链，概括起来即智能硬件层、内容产业生态链、云服务生态（王锋正，2015）。在需求方面，小米将用户作为朋友，打造粉丝群体，让用户参与研发，使知识流和信息流快速进入企业，用户群落的广泛需求使小米对市场快速反应，快速产品创新，而无论是硬件合作伙伴还是用户群都与小米共享了他们共同创造的价值流。由此，小米的研究群落、开发群落、应用群落形成了以小米为中心的"互联网—单中心体—群落"的产品创新生态系统。

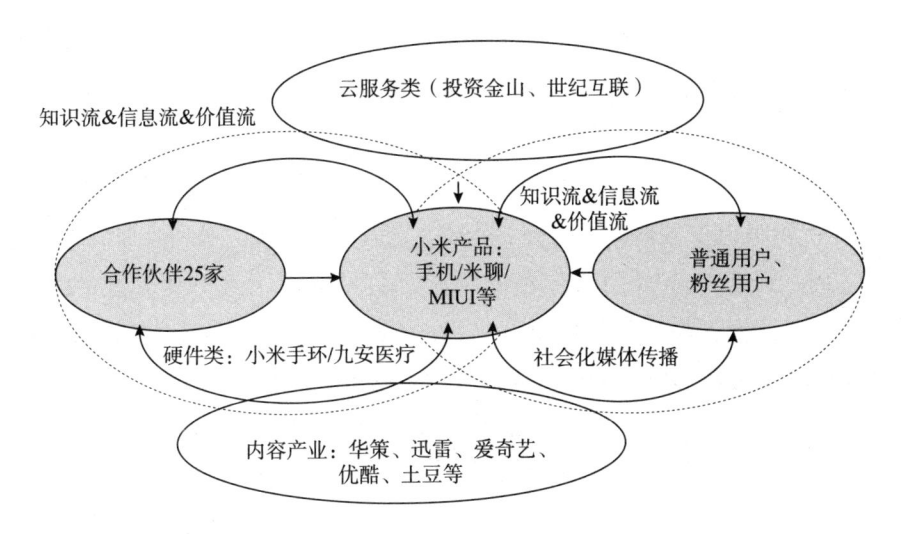

11 开放中融合：在创新生态系统中优化组织惯域

图 11-14　小米的产品创新生态系统图谱

小米的创新生态系统成员共享价值的方式：智能硬件合作商可以通过共享标准，成功地集成创新产生收入；参与 MIUI 开发或提供需求的用户可以获得性能更好的手机等，同时通过参与研发获得成就感。

（二）小米科技基于互联网知识创新生态系统

小米的 MIUI 研发团队构建了一个名为"橙色星期五"的互联网开发模式（见图 11-15）。这是一个开放式研发流程，其结构组成有研发主体 MIUI 研发成员、小米论坛社区的荣誉开发组人员（由具有专业水平的 1000 名粉丝构

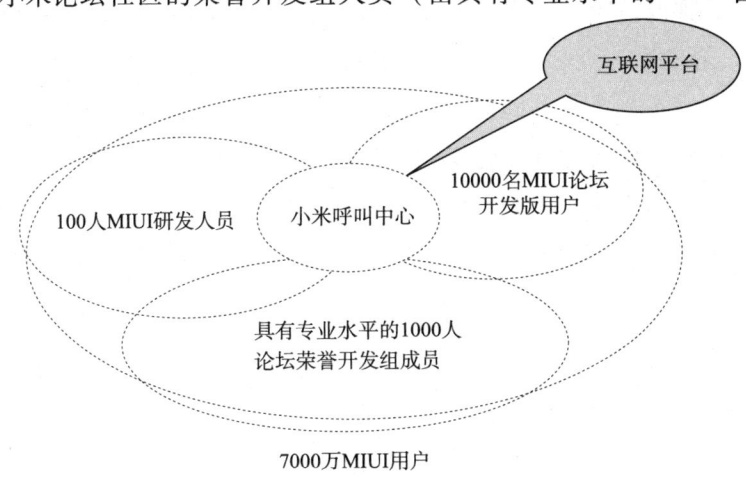

图 11-15　MIUI 开发团队基于互联网的知识创新生态系统架构

成)、开发版用户(10000名)及负责沟通的小米呼叫中心,该研发模式的核心是MIUI研发团队基于互联网平台在论坛社区中与用户群互动,获取用户的需求、让用户参与研发。其特点是与用户群联系密切,用户深度参与研发,形成共创价值,公司研发部门对外部需求变化反应迅速,能够快速创新。

小米MIUI基于互联网平台的具体研发流程是:每周五公司将MIUI版本升级后,周一到周四MIUI团队在论坛中征集用户体验,让用户为系统中的新功能投票进行评价,并由论坛中1000名用户组成的MIUI论坛荣誉开发组成员进行内部评测,最后形成"四格体验报告"(见图11-16)。

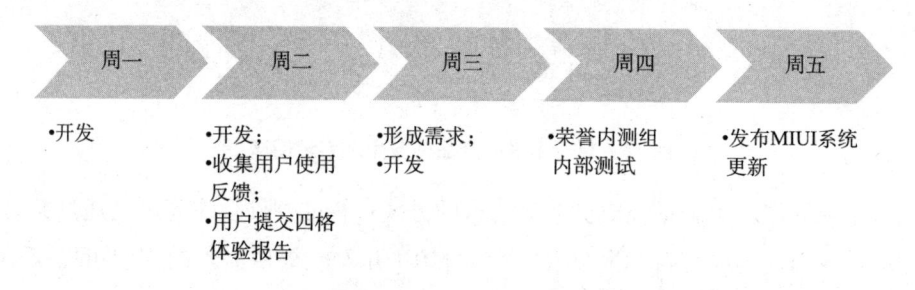

周一	周二	周三	周四	周五
•开发	•开发; •收集用户使用反馈; •用户提交四格体验报告	•形成需求; •开发	•荣誉内测组内部测试	•发布MIUI系统更新

图11-16 小米橙色星期五互联网开发模式(黎万强,2014)

根据雷军的互联网思想,小米注重用户的"参与感",并把用户当作朋友来服务,这也是小米重要的"互联网群众路线"。在培育创新生态系统的用户群过程中,小米制订了产品、用户、内容等相关战略,并制订了实施的具体措施,如开放节点、设计互动方式、扩散口碑事件等(见表11-7)。具体而言,让用户参与产品研发和销售决策,使用户感受到切实的参与感,感觉自身在与小米共同成长;同时,做出用户觉得新奇的产品,并愿意推荐给朋友,即运用社会化媒体让用户口碑快速地传播出去;因此,小米在研发过程始终与用户在一起,满足用户需求,并且通过用户的口口相传将产品推广出去,形成小米研发模式的正循环,培育和发展了公司的创新生态群落。

11 开放中融合：在创新生态系统中优化组织惯域

表11-7 小米公司培育用户参与创新的战略与措施

战　略		措　施
三个战略	产品战略"做爆品"	执行：只做一个，做到第一； 效果：海量用户规模，聚集公司资源
	用户战略"做粉丝"	执行：员工首先成为粉丝，用户获益； 效果：用户信任感强
	内容战略"做自媒体"	执行：引导用户参与互动； 效果：信息流动快速，结构扁平
三个战术	开放参与节点	基于功能需求开放结点，企业与用户共同获益
	设计互动方式	基于论坛讨论收集需求；遵循"简单、获益、有趣、真实"原则
	扩散口碑事件	产品内部植入鼓励分享机制； 口碑事件传播使口碑裂变

11.3.2.3 案例启示

小米在成立伊始缺乏自己的专利技术，基于创新生态系统开展开放式的集成创新和迭代创新不断进行知识积累丰富信元库系统，使信元库系统从无到有不断扩展。图11-17表明，小米的创新过程是一个有用户参与的开放式创新过程，用户既是消费者又是生产者，形成了一个健康的生态系统。图11-17

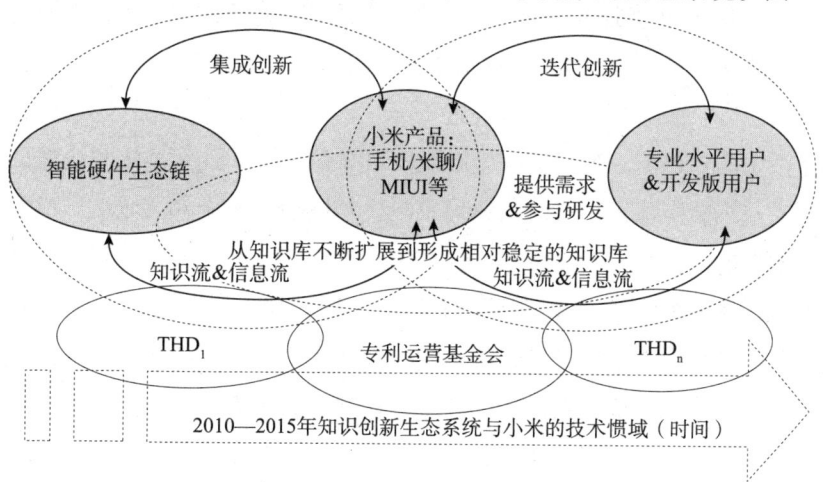

图11-17 小米知识创新生态系统与技术惯域的培育与扩展

的左侧围绕着小米的手机、米聊、MIUI 等产品标准，各供应商共享小米的产品标准，小米与其供应商形成硬件生态系统并开展集成创新；右侧，小米的用户群为小米提供开发需求，并参与团队研发，参与研发程度与成员的兴趣和意愿及技术掌握程度相关。

（1）小米为智能硬件合作伙伴提供标准接口集成创新，又通过合作方的不断改进而积累知识经验，形成智能硬件产品技术惯域；运用用户资源扩展自己的研发能力，扩展信元库系统；通过供给拉动创新，所获得的知识、信息流入信元库，培育了小米自己的技术惯域。

（2）运用来自领先用户的创意进行迭代创新，通过需求拉动，被动地改善了信元库系统、积累了知识，使技术惯域不断扩展。特别是与 MIUI 用户群的互动和参与，往往是不断纠错完善的过程，实施的是迭代创新。小米直接得到用户群的需求，并快速解决、反馈，加快了知识更新，知识和信息的快速流动储存在小米的信元库系统，扩展了小米的技术惯域。

（3）由于"荣誉开发组"的参与，补充了 MIUI 研发团队的不足，使小米快速获得新的解决方案，由此循环反馈，知识不断更新，扩展了小米的技术惯域，使得小米能够快速应对市场的反应，不断推出新产品。

（4）小米还通过投资专利基金会补充自己知识产权的不足，通过专利运营基金会，2014 年小米申请国内外专利 2318 件，搭建自己的知识产权网络。

（5）2010 年小米还是一个 MIUI ROM 的开发者，到 2012 年成为智能手机制造商、消费电子国民品牌，随着 2014 年参与建立智能家庭生态，又成为移动互联网内容、服务分发平台，并进行了专利网布局。这一系列的运作正是创新生态系统的知识流、信息流一直在用户群、研发群、开发群之间快速交互流动，形成并不断丰富了小米的信元库系统，扩展了小米技术惯域，形成了持续创新的潜在能力。

该案例是一个典型的基于互联网平台构建的创新生态系统。小米利用围绕自身形成的创新生态系统不断进行知识、经验积累，形成小米信元库系统，其技术惯域弹性适度；以其新的研发模式获得核心竞争能力，在知识、产品等方面持续快速创新，在业界快速成长并成为电子消费产品的领导者之一。

12 结语与展望

12.1 从传统的经济学视角迈向多学科交融的持续创新研究

本书在系统介绍组织惯域理论的缘起及研究进展的基础上，将组织惯例、组织惯性统一在组织惯域框架下，在微观层面上构建了习惯域视角下组织持续创新路径分析框架，并运用案例研究方法从不同侧面探索了持续创新运行机制，明确了组织持续创新的实质是如何管理习惯域、运用习惯域，回答了持续创新两难问题产生的原因。研究的主要结论及贡献如下。

第一，组织持续创新过程是组织惯域不断扩展（或突破性变化的螺旋式发展，或跳跃式发展）的过程。组织惯域的弹性是持续创新的基础，具体而言，组织的压力集、组织惯域所处状态、组织吸收外部信息及重构能力影响着组织的持续创新。

开发式创新与探索式创新是持续创新的重要理论，既有文献表明开发式创新与探索式创新的边界是不清晰的，并缺乏相应的案例研究，本书基于案例用知识创新成果（专利）和标准（产品标准）对开发式创新和探索式创新进行区分，明确了开发式创新和探索式创新的边界。

第二，组织惯域的启发式变化往往与开发式创新相联系，其积极效应为开发式创新提供效率；而组织惯域的突破性变化往往与探索式创新相关。组织在平稳型压力集下一般会运用既有的信元去创新并形成创新效率，作为技术引进型企业的南京中电熊猫液晶显示科技有限公司的持续技术创新案例支撑了这个研究结论。而在波动型压力集下，企业将用内部信元与外部信元结合或完全运用外部信元开展探索式创新，从江苏恒立液压股份有限公司在新产品开发上从低压油缸到高压油缸、非标准油缸、高精密液压铸件的探索式创新得到了这个结论。在研究中，用凯特尔有限公司案例反映了不同形态压力集下，主动突破既有习惯域进行开发式创新和探索式创新的过程，同时还用该案例描述了组织内多维惯域相互作用推动持续创新的过程。这部分的案例研究为组织在持续创新实践过程中解决两难问题提供了新思路，基于本书研究中的多主体设计，对常州科技局产学研管理惯域的变化与持续创新关系的研究支持了本研究结论的扩展与适用性。

第三，组织惯域的弹性在持续创新过程中使组织惯域起着"桥"的作用，由于其信元库系统中储存丰富的信元（潜在能力），这些潜在的信元和重构能力支撑组织应对外界变化不断创新；当组织无法提供与外界相适应的信元，组织惯域负面效应发生时，往往阻碍创新，由此，组织惯域的负面效应形成了持续创新过程中必须翻越的"山"，因此组织要不断克服组织惯域的负面效应才能将持续创新开展下去，对诺基亚的决策层惯域、管理层惯域、操作层惯域的研究支持了这个结论。

第四，本书明晰了组织惯域在持续创新过程中的关键作用，如何管理组织惯域增强持续创新能力是实践者关注的重点，这也是解决组织既要效率又要创新的二元创新战略选择两难问题的关键。本书从三个基本方面去思考：①常态中突破，在组织运行的常态中寻求突破组织领导惯域是关键；②学习中改善，通过组织学习改善习惯域；③开放中融合，组织打破边界与合作者、用户等形成创新生态系统，采用开放式创新运用全球资源为组织持续创新提供能力转换。

本书研究还认为，持续创新的研究历程大致分为三个阶段：第一个阶段，研究者和实践者的关注点在于从企业内部提升持续创新能力，如加强企业的研发能力、运用技术创新的原始创新以及企业内组织、技术、市场、管理创新的协同作用等；第二个阶段，开放式创新阶段，研究者和实践者关注开放组织边界，与外部合作获取创新资源，通过要素配置提升持续创新能力；第三个阶段，研究者和实践者关注开放融合、培育创新生态系统，强调政产学研用结合的创新四螺旋，通过组织间能力转化提升持续创新能力，并强调责任式创新是持续创新的前提。持续创新研究的三个阶段与创新范式 1.0 到创新范式 3.0 的演进过程基本一致。

书中还有许多不足,如基本规律的实证分析不够、案例研究不够细致、许多研究还处于概念模型阶段等,还需要进一步深入系统地研究。对组织学习与组织惯域的关系、创新生态系统中的信息流和知识流对习惯域的影响等有待后续进一步深入研究。另外,本研究还与"科学研究的第四范式"紧密结合:基于密集型数据的科学研究范式已经开始,对人类生产、消费、社会活动行为的大数据获取、分析、开发是国内外产业界追逐的热点。这种通过数据提取深层次分析人类行为正是运用了习惯域相关理论,而其研究成果为组织持续创新提供基础,如通过研究公民对公共服务需求的数据了解其潜在行为,提升政府公共服务能力;通过对消费者行为数据分析,商业组织进行技术创新和市场创新,满足消费者潜在需求。因此,从知识管理层面探索如何基于大数据的研究推动组织持续创新也是本领域未来研究的方向之一。

12.2 研究展望

经过了近一个世纪的发展,创新理论研究不断丰富并走向新的发展阶段,自熊彼特从经济学视角开启了创新研究,到管理学、系统科学、行为科学、知识理论、生态理论及社会学等跨学科的融入,创新理论研究逐渐从狭隘的经济视角迈向人类社会可持续发展更广阔的视野。多学科、多视角、多层次对创新的研究,取得了广泛的、丰富的、系统的研究成果。随着创新范式 3.0 时代的到来,创新研究具有了以下新特点。

(1)组织迈入全球创新竞赛时代:全球创新竞赛的主要特点是各国参与、快速创新、持续创新(阎立,2008),特别是基于密集型数据的"科学研究的第四范式"使全球创新竞赛不是将来时而是现在进行时。因此,在这样的高度复杂、高度不确定性下,组织要具有开放式创新的视野开展与来自全球的利益相关者的协同合作,运用全球资源(全球人才、技术、市场)进行创新,才能适应全球创新竞赛的要求。

(2)创新范式 3.0 时代不是单个组织间的创新竞争,而是各创新生态系统间的竞争，在创新生态系统中，他们共享资源、相互依赖、共创价值，因此，关注并研究创新生态系统的发展规律及培育机制是理论界和实践界的重点。

（3）责任式创新是持续创新的前提：传统的仅以商业利益为目的的创新已难以适应社会发展需要，符合人类社会发展的创新才是有前景的、可持续的创新。对此，学术界和实践界频有争议。马斯克和霍金曾因为指出人工智能可能使世界无法控制而被2016年的第二届"卢德奖"评为获奖者（该奖颁发给那些被认为是"阻挡科技进步的人"），这虽然是一个黑色幽默，但是从中不难看出科学家们基于对历史、未来的责任感在呼吁创新要向人类社会发展负责，而实践界的创新活动更要以责任式创新为己任，摒弃单纯追求高收益，考虑创新对社会发展的综合效应。

展望未来，负责任的创新是可持续的创新，将用户融入创新生态系统则是持续创新的基础，各类组织的创新应更关注社会的伦理、人类社会可持续发展的福祉。当创新摆脱了单纯的商业利益竞争才能居人类社会发展前沿，创造人类社会持续发展的美好未来。

参考文献

[1] AKGÜN A E, BYRNE J C, LYNN G S, et al. New product development in turbulent environments: impact of improvisation and unlearning on new product performance [J]. Journal of Engineering & Technology Management, 2007, 24 (3): 203-230.

[2] ADNER R. Match your innovation strategy to your innovation ecosystem [J]. Harvard Business Review, 2006, 84 (4).

[3] ANDREW B, HARGADON. Firms as knowledge brokers: lesson in pursuing continuous innovation [J]. California Management Review, 1998 (3): 209-227.

[4] ANDEM, BOER, OERTSEN. Immingling Different modes: the interaction between incremental and radical change [J]. Knowledge and Process Management, 2004, 11 (4): 228-238.

[5] ALI E AKGÜN, BYRNE J C, LYNN G S, et al. Organizational unlearning as changes in beliefs and routines in organizations [J]. Journal of Organizational Change Management, 2007, 20 (6): 794-812.

[6] AMBURGEY T L, MINER A S. Strategic momentum: the effect of repetitive, positional and strategic momentum on merger activity [J]. Strategic Management Journal, 1992, 13 (5): 335-348.

[7] ARGOTE L, BECKMAN S L, EPPLE D. Chapter 12 - The persistence and transfer of learning in industrial settings [J]. Strategic Management of Intellectual Capital, 1990, 36 (2): 189-209.

[8] ARGYRIS C, SCHÖN D A. Organizational learning II [J]. Annual Review of Sociology, 1978, 10 (4): 803-813.

[9] ARTHUR W B. Competing technologies, increasing returns, and lock-in by historical events [J]. The Economic Journal, 1989, 99 (394): 116-131.

［10］ BAKER T. Continuous innovation in organizational culture and learning: measuring, monitoring and developing a new psychological contract; P LINDGREN, K BOHN, B V SORENSEN. Network based product development leadership and management: the impact on short and long tern continuous innovation ［C］. The Proceeding of 5th International CINet Conference, 2004: 456 – 470, 927 – 938.

［11］ BARTEL C A, GARUD R. The role of narratives in sustaining organizational innovation ［J］. Organization Science, 2008, 20（1）: 107 – 117.

［12］ BAUM J A C, SINGH J V. Organizational niches and the dynamics of organizational mortality ［J］. American Journal of Sociology, 1994, 100（2）.

［13］ BAUM J A C. Organizational hierarchies and evolutionary processes: some reflections on a theory of organizational evolution ［M］. New York: Oxford University Press, 1994.

［14］ BENNER M J, TUSHMAN M. Process management and technological innovation: a longitudinal study of the photography and paint industries ［J］. Administrative Science Quarterly, 2002, 47（4）: 676 – 707.

［15］ BESSANT J, LEVY P, LEY C, et al. Organization design for factory 2000 ［J］. International Journal of Human Factors in Manufacturing, 2007, 2（2）: 95 – 125.

［16］ BOER H, GERTSEN F. From continuous improvement to continuous innovation: a（Retro）（per）spective ［J］. International Journal of Technology Management, 2003, 26（8）: 805 – 827.

［17］ BOER H, CAFFYN S, CORSO M, et al. Knowledge and continuous innovation: the CIMA methodology ［J］. International Journal of Operations & Production Management, 2001, 21（4）: 490 – 504.

［18］ BOER H, J KUHN, F GERTSEN. Continuous innovation ［R］. CINet Working Paper Series, 2006（1）.

［19］ BOWEN D E, SIEHL C. The future of human resource management: march and simon（1958）revisited ［J］. Human Resource Management, 1998, 36（1）: 57 – 63.

［20］ BUCKLER B. A learning process model to achieve continuous improvement and innovation ［J］. Learning Organization, 1996, 3（3）: 31 – 39.

［21］ BY R TOYAMA I, BYOSIERE P. A theory of organizational knowledge creation: understanding the dynamic process of creating knowledge ［C］. Handbook of Organizational Learning & Knowledge, 2010.

［22］ CASIMIR G. Combinative aspects of leadership style: the ordering and temporal spacing of leadership behaviors [J]. Leadership Quarterly, 2001, 12 (3): 245 -278.

[23] CARRILLO J D, GROMB D. On the strength of corporate cultures [J]. European Economic Review, 1999, 43 (4 -6): 1021 -1037.

[24] CHAN F T S, CHAN H K, KAZEROON A. A fuzzy multi - criteria decision - making technique for evaluation of scheduling rules [J]. International Journal of Advanced Manufacturing Technology, 2002, 20 (2): 103 -113.

[25] CHEN M J, MILLER D. Competitive attack, retaliation and performance: an expectancy-valence framework [J]. Strategic Management Journal, 1994, 15 (2): 85 -102.

[26] CHEN T Y, CHANGB H L, TZENGC G H. Using fuzzy measures and habitual domains to analyze the public attitude and apply to the gas taxi policy [J]. European Journal of Operational Research, 2002, 137 (1): 145 -161.

[27] CHESBROUGH H W. The era of open innovation [J]. Mit Sloan Management Review, 2003, 44 (3): 35 -41.

[28] COHEN W M, LEVINTHAL D A. Absorptive capacity: a new perspective on learning and innovation [J]. Administrative Science Quarterly, 1990, 35 (1): 128 -152.

[29] COHEN, MICHAEL D. Organizational learning [M]. Sage Publications, 1996.

[30] COOK S D N, YANOW D. Culture and organizational learning [J]. Journal of Management Inquiry, 1993, 2 (4): 373 -390.

[31] COSTELLO N. Stability and change in high - tech enterprises: organizational practices and routines [M]. Routledge: London press, 2000.

[32] CYERT R M, MARCH J G. A behavioral theory of the firm: a cognitive theory of the firm [M]. Edward Elgar, 2010: 81 -95.

[33] DARR E D, ARGOTE L, EPPLE D. The acquisition, transfer, and depreciation of knowledge in service organizations: productivity in franchises [J]. Management Science, 1995, 41 (11): 1750 -1762.

[34] DAVID P A. Clio and the economics of QWERTY [J]. American Economic Review, 1985, 75 (2): 332 -337.

[35] DAVENPORT T H. Need radical innovation and continuous improvement? Integrate process reengineering and TQM [J]. Strategy & Leadership, 1993, 21 (3): 6 -12.

[36] DESS G G, PICKEN J C. Changing roles: leadership in the 21st century [J]. Organizational Dynamics, 2000, 28 (3): 18 -34.

[37] DEANTJOSVOLD, CHOY WONG. Working with customers: cooperation and competition in

relational marketing [J]. Journal of Marketing Management, 1994, 10 (4): 297 – 310.

[38] DOBREV S D, CARROLL G R. Size (and competition) among organizations: modeling scale – based selection among automobile producers in four major countries, 1885 – 1981 [J]. Strategic Management Journal, 2003, 24 (6): 541 – 558.

[39] DOWELL G, SWAMINATHAN A. Racing and back – pedaling into the future: new product introduction and organizational mortality in the us bicycle industry, 1880 – 1918 [J]. Organization Studies, 2000, 21 (2): 405 – 431.

[40] EDLER J, GEORGHIOU L. Public procurement and innovation: resurrecting the demand side [J]. Research Policy, 2007, 36 (7): 949 – 963.

[41] EPPLE D, ROMER T. Mobility and redistribution [J]. Journal of Political Economy, 1991, 99 (4): 828 – 858.

[42] ERIC FANG. The effect of strategic alliance knowledge complementarily on new product innovativeness in China [J]. Organization Science, 2011 (1): 158 – 172.

[43] ERIC VON HIPPEL. Democratizing innovation [M]. MIT Press, 2006.

[44] FELDMAN M S, PENTLAND B T. Reconceptualizing organizational routines as a source of flexibility and change [J]. Administrative Science Quarterly, 2003, 48 (1): 94 – 118.

[45] FELDMAN M S. Organizational routines as a source of continuous change [J]. Organization Science, 2000, 11 (6): 611 – 629.

[46] FELDMAN. Interventional cardiology manpower needs: how many of us are there? How many should there be? How many will we need in the future? [J]. Catheterization & Cardiovascular Interventions, 2003, 58 (1): 137 – 138.

[47] FIOL C M, LYLES M A. Organizational learning [M]. Addison – Wesley Pub. Co., 1978.

[48] FREEMAN C. Technology policy and economic performance: lessons from Japan [M]. London: Pinter Press, 1987.

[49] GERSICK C J, HACKMAN J R. Habitual routines in task – performing groups [J]. Organizational Behavior & Human Decision Processes, 1990, 47 (1): 65 – 97.

[50] GIDDENS A. Hermeneutics and social theory: profiles and critiques in social theory [M]. Macmillan Education UK, 1982: 771 – 772.

[51] GILBERT C G. Unbundling the structure of inertia: resource versus routine rigidity [J]. Academy of Management Journal, 2005, 48 (5): 741 – 763.

[52] GLYNN M A, WEBSTER J. Refining the nomological net of the adult playfulness scale: personality, motivational, and attitudinal correlates for highly intelligent adults [J]. Psy-

chological Reports, 1993, 72 (3): 1023 - 1026.

[53] GLYNN M A. Innovative genius: a framework for relating individual and organizational intelligences to innovation [J]. Academy of Management Review, 1996, 21 (4): 1081 - 1111.

[54] HANNAN M T, FREEMAN J. Structural inertia and organizational change [J]. Social Science Electronic Publishing, 1984, 49 (2): 149 - 164.

[55] HANNAN M T, FREEMAN J. The ecology of organizational mortality: American labor unions, 1836 - 1985 [J]. American Journal of Sociology, 1988, 94 (1): 25 - 52.

[56] HAVEMAN H A. Organizational size and change: diversification in saving and loan industry after deregulation [J]. Administrative Science Quarterly, 1993, 38 (1): 20 - 50.

[57] HIPPEL E V. The sources of innovation [J]. Technology & Culture, 2007, 31 (2): 387 - 392.

[58] HODGSON G M, KNUDSEN T. The complex evolution of a simple traffic convention: the functions and implications of habit [J]. Journal of Economic Behavior & Organization, 2004, 54 (1): 19 - 47.

[59] HUBER, CATHEE J. Documenting quality of parent - child interaction: use of the NCAST scales [J]. Infants & Young Children, 1991, 4 (2): 63 - 75.

[60] HUFF A S, HUFF J O, THOMAS H. Strategic renewal and the interaction of cumulative stress & inertia [J]. Strategic Management Journal, 1992, 13 (S1): 55 - 75.

[61] HYLAND P. A continuous innovation framework: some thoughts for consideration [J]. Reproduction Nutrition Development, 2006, 38 (4): 449 - 463.

[62] JING XU, REMY HOUSSIN, CAILLAUD, MICKAEL GARDONI. Macro process of knowledge management for continuous innovation [J]. Journal of Knowledge Management, 2010 (4): 573 - 591.

[63] KELLY D, AMBURGEY T L. Organizational inertia and momentum: a dynamic model of strategic change [J]. Academy of Management Journal, 1991, 34 (3): 591 - 612.

[64] KLEIN, ALAN M. Baseball as underdevelopment: the political - economy of sport in the Dominican Republic [J]. Sociology of Sport Journal, 1989, 48 (4): 352 - 356.

[65] KIANTO A. The influence of knowledge management on continuous innovation [J]. International Journal of Technology Management, 2011, 55 (1/2): 110 - 121.

[66] LAFRANCE J T, BARNEY L D. The envelope theorem in dynamic optimization [J]. Journal of Economic Dynamics & Control, 1991, 15 (2): 355 - 385.

[67] LEVINTHAL D, MYATT J. Co-evolution of capabilities and industry: the evolution of mutual fund processing [J]. Strategic Management Journal, 1994, 15 (Supplement S1): 45-62.

[68] LEVITT B, MARCH J G. Organizational learning [J]. Annual Review of Sociology, 1988, 14 (1): 319-340.

[69] LEI MA, ZHENG LIU, MIN JIANG, KE YU, JINGXIAN GAN. A study on regional innovation policy under innovation paradigm 3.0: a case of jiangsu province in China [J]. PICMET conference, 2016.

[70] LEWIN K. Field theory and experiment in social psychology: concepts and methods [J]. American Journal of Sociology, 1939, 44 (6): 868-896.

[71] LICHTENTHALER U. Open innovation: past research, current debates, and future directions [J]. Academy of Management Perspectives, 2011, 25 (1): 75-93.

[72] LUNDVALL B A. Product innovation and user-producer interaction, see industrial development research series [M]. Denmark: Aalborg University press, 1985.

[73] MA LEI, CHEN J, YANG H. Research on the rigidity of enterprise organization habitual domains [C]. Engineering Management Conference, 2004.

[74] MA LEI, CHEN JIN, WANG XIAO-YING. Study and implementations on the competences of enterprise sustainable development based on habitual domains theory [C]. Engineering Management Conference, 2004.

[75] MA LEI, LI JIE, FENG JUN-WEN, HAN YI-QI. Studies on the mechanism of the entrepreneurs innovative behavior [R]. Australia: Orient Academic Forum Special, 2001.

[76] MA L, SHI Y, ZHAO W. Habitual domain exploration in inter-firm networks: a framework for understanding network behaviour [J]. Journal of Manufacturing Technology Management, 2012, 23 (8): 1057-1070.

[77] MARCH J G. Exploration and exploitation in organizational learning [J]. Organization Science, 1991, 2 (1): 71-87.

[78] MARCH J G, SUTTON R I. Organizational performance as a dependent variable [J]. Organization Science, 1997, 8 (6): 698-706.

[79] MARCH J G, OLSEN J P. The uncertainty of the past: organizational learning under ambiguity [J]. European Journal of Political Research, 1975, 3 (2): 147-171.

[80] MASKELL P, MALMBERG A. Myopia, knowledge development and cluster evolution [J]. Journal of Economic Geography, 2007, 7 (5): 603-618.

[81] MAGGIO M D, GLOOR P A, PASSIANTE G. Collaborative innovation networks, virtual communities and geographical clustering [J]. International Journal of Innovation & Regional Development, 2009, 1 (4): 387-404.

[82] MEYER A D, GOES J B. Organizational assimilation of innovations: a multilevel contextual analysis [J]. Academy of Management Journal, 1988, 31 (4): 897-923.

[83] MILLER D, CHEN M J. Sources and consequences of competitive inertia: a study of the U. S. airline industry [J]. Administrative Science Quarterly, 1994, 39 (1): 496-497.

[84] MILES R E, MILES G, SNOW C C. Collaborative entrepreneurship: a business model for continuous innovation [J]. Organizational Dynamics, 2005, 35 (1): 1-11.

[85] MILLER D, FRIESEN P H. Innovation in conservative and entrepreneurial firms: two models of strategic momentum [J]. Strategic Management Journal, 1982, 3 (1): 1-25.

[86] MOORE J C, DE RUITER P C, HUNT H W. Influence of productivity on the stability of real and model ecosystems [J]. Science, 1993, 261 (5123): 906-908.

[87] NARDUZZO A, ROCCO E, WARGLIEN M. Talking about routines in the field: the emergence of organizational capabilities in a new cellular phone network company [R]. Ceel Working Papers, 1997: 27-51.

[88] NELSON R R. Institutions supporting technical advance in industry [J]. American Economic Review, 1986, 76 (2): 186-189.

[89] NELSON R R. National innovation systems: a comparative analysis [M]. Oxford University Press, 1993.

[90] NELL P S V, LICHTENTHALER U. Innovation intermediaries: a case study of yet2. com [J]. International Journal of Technology Intelligence & Planning, 2011, 7 (3): 215-231.

[91] NELSON R R, WINTER S G. The schumpeterian tradeoff revisited [J]. American Economic Review, 1982, 72 (1): 114-132.

[92] NONAKA I, TAKEUCHI H. Knowledge-creating company [J]. Bloomsbury Business Library - Management Library, 2007 (2): 43.

[93] NONAKA I. A dynamic theory of organizational knowledge creation [J]. Organization Science, 1994, 5 (1): 14-37.

[94] NORTH D C. The contribution of the new institutional economics to an understanding of the transition problem [J]. WIDER Annual lectures, 1997 (1): 1-18.

[95] OECD. Challenges for demand-side innovation policies [R]. Demand-side Innovation

Policies, 2011: 68-76.

[96] PCAST. Sustaining the nation's innovation ecosystems, information technology manufacturing and competitiveness [R]. PCAST, 2008.

[97] RICHARD R, NELSON. Institutions supporting technical advance in industry [J]. American Economic Review, 1986, 76 (2).

[98] ROTHWELL R. Towards the fifth-generation innovation process [J]. International Marketing Review, 1994, 11 (1): 7-31.

[99] RODRIGUEZ-POMEDA J, NAVARRETE F C D, MORCILLO-ORTEGA P, et al. The figure of the intrapreneur in driving innovation and initiative for the firm's transformation [J]. International Journal of Entrepreneurship & Innovation Management, 2003, 3 (4): 349-357.

[100] ROBERT E, COLE. From continuous improvement to continuous innovation [J]. Total Quality Management, 2002 (8): 1051-1056.

[101] ŠARUNAS NEDZINSKAS, PUNDZIENE A, BUOŽIUTERAFANAVICIENE S, et al. The impact of dynamic capabilities on SME performance in a volatile environment as moderated by organizational inertia [J]. Baltic Journal of Management, 2013, 8 (4): 376-396.

[102] SALMELIN B. Reflections from open innovation 2.0 paradigm [R]. Innovation in Horizon 2020, 2013.

[103] SEWELL W H. Historical events as transformations of structures: inventing revolution at the Bastille [J]. Theory & Society, 1996, 25 (6): 841-881.

[104] SCHWENK C, TANG M J. Persistence in questionable strategies: explanations from economic and psychological perspectives [J]. Omega International Journal of Management Science, 1989 (17): 559-570.

[105] SIMANIS E, HART S L. Innovation from the inside out [J]. Mit Sloan Management Review, 2009, 50 (4): 77-86.

[106] SHRIVASTAVA P. A typology of organizational learning systems [J]. Journal of Management Studies, 1983, 20 (1): 7-28.

[107] STAW B M, DUTTON J E. Threat-rigidity effects in organizational behavior: a multilevel analysis [J]. Administrative Science Quarterly, 1981, 26 (4): 501-524.

[108] STEPHEN JMEZIAS, MARY ANN GLYNN. The three faces of corporate renewal: institution, revolution and evolution [J]. Strategic Management Journal, 1993, 14 (2): 77-101.

[109] SUN S Y, JU T L, CHUMG H F, et al. Influence on willingness of virtual community's knowledge sharing: based on social capital theory and habitual domain [J]. International Journal of Human & Social Sciences, 2009 (53): 142.

[110] SOOSAY C, HYLAND P. Exploration and exploitation : the interplay between knowledge and continuous innovation [J]. International Journal of Technology Management, 2008, 42 (1 – 2): 20 – 35.

[111] SWIERINGA J. Becoming a learning organization: beyond the learning curve [J]. Addison – Wesley series on organization development, 1992, 31 (6): 531 – 536.

[112] SZULANSKI G. The process of knowledge transfer: a diachronic analysis of stickiness [J]. Organizational Behavior & Human Decision Processes, 2000, 82 (1): 9 – 27.

[113] TEECE D J, PISANO G, SHUEN A. Dynamic capabilities and strategic management [J]. Strategic Management Journal, 1997 (18): 509 – 533.

[114] TEECE D, PISANO G. The dynamic capabilities of firms: an introduction [J]. Industrial & Corporate Change, 1994, 3 (3): 537 – 556.

[115] THOMAS H. Youth leadership: teaching essential proficiencies at camp [J]. Camping Magazine, 1996, 68 (March – April): 25 – 27.

[116] TSANG E W K, ZAHRA S A. Organizational unlearning [J]. Human Relations, 2008, 61 (10): 1435 – 1462.

[117] VEN DE V D, ANDREW H. Suggestions for studying strategy process: a research note [J]. Strategic Management Journal, 1992, 13 (S1): 169 – 188.

[118] VAN, DEVEN, ANDREW H, H L ANGLE, M S POOLE. Research on the management of innovation : the minnesota studies [M]. Harper & Row, Ballinger Division, 1989.

[119] VERONA G, RAVASI D. Unbundling dynamic capabilities: an exploratory study of continuous product innovation [J]. Industrial & Corporate Change, 2003, 12 (3): 577 – 606.

[120] VOS M, LUOMA – AHO V. Towards a more dynamic stakeholder model: acknowledging multiple issue arenas [J]. Corporate Communications: An International Journal, 1996, 15 (15): 315 – 331.

[121] WINTER S G, NELSON R R. An evolutionary theory of economic change [M]. Cambridge: Harvard University Press, 1982.

[122] WINTER S G, SZULANSKI G. Replication as strategy [J]. Organization Science, 2001, 12 (6): 730 – 743.

[123] XU J, HOUSSIN R, CAILLAUD E, et al. Fostering continuous innovation in design with an integrated knowledge management approach [J]. Computers in Industry, 2011, 62 (4): 423-436.

[124] YANOW D. The communication of policy meanings: implementation as interpretation and text [J]. Policy Sciences, 1993, 26 (1): 41-61.

[125] YU P L, CHEN Y C. Dynamic multiple criteria decision making in changeable spaces: from habitual domains to innovation dynamics [J]. Frontiers in Neural Circuits, 2012, 9 (1): 201-220.

[126] YU P L, CHIANG C I. Decision making, habitual domains and information technology [J]. International Journal of Information Technology & Decision Making, 2012 (1).

[127] YU P L, CROSS M L, HAVERKAMP R G. Antimicrobial and immunomodulatory activities of an ovine proline/arginine-rich cathelicidin [J]. International Journal of Antimicrobial Agents, 2010, 35 (3): 288-291.

[128] YU P L, LARBANI M. Two-person second-order games, part 1: formulation and transition anatomy [J]. Journal of Optimization Theory & Applications, 2009, 141 (3): 619-639.

[129] YU P L, LAI T C. Knowledge management, habitual domains, and innovation dynamics [J]. Lecture Notes in Computer Science, 2004 (3327): 11-21.

[130] YU P L, LEE Y R, STAM A. Multiple-criteria decision making: concepts, techniques, and extensions [M]. New York: Plenum Press, 1985.

[131] YU P L, ZHANG D. Marginal analysis for competence set expansion [J]. Journal of Optimization Theory & Applications, 1993, 76 (1): 87-109.

[132] YU P L, HUANG S D. Knowing people and making strategic decision [M]. Beijing: China Coal Industry Publishing House, 1987.

[133] YU P L. Behavior bases and habitual domains of human decision/behavior—an integration of psychology, optimization theory and common wisdom [J]. International Journal of Systems, Measurement and Decisions, 1981 (1): 39-62.

[134] YU P L. Decision dynamics with an application to persuasion and negotiation [J]. Multiple Criteria Decision Making, TIMS studies in the Management Science, North-Porland, Amsterdam, 1977 (6): 159-177.

[135] YU P L. Effective decision making using habitual domains analysis [C]. Denver: Tutorial Lecture at ORSA/TIMS Joint National Meeting, 1988.

[136] YU P L. Habitual domains—freeing yourself from the limits on your life [M]. Kansas, High-water Editions, 1995.

[137] YU P L. New states of mind and behaviors: theory and applications [M]. Taipei: Linking Publishing Company, 1987.

[138] ZAHRA S A, NAMBISAN S. Entrepreneurship and strategic thinking in business ecosystems [J]. Business Horizons, 2012, 55 (3): 219-229.

[139] ZAHRA S A, NAMBISAN S. Entrepreneurship in global innovation ecosystems [J]. Ams Review, 2011, 1 (1): 4-17.

[140] ZOLLO M, WINTER S G. Deliberate learning and the evolution of dynamic capabilities [J]. Organization Science, 2002, 13 (3): 339-351.

[141] 白惠仁. 基于科学演变视角的创新理论研究 [D]. 杭州: 浙江大学, 2013.

[142] 陈国权, 马萌. 组织学习现状与展望 [J]. 中国管理科学, 2000, 8 (1): 66-74.

[143] 陈国权, 宁南, 李兰, 等. 中国组织学习和学习型组织研究与实践的现状和发展方向 [J]. 管理学报, 2009, 6 (5): 569-579.

[144] 陈国权. 学习型组织的过程模型、本质特征和设计原则 [J]. 中国管理科学, 2002, 10 (4): 86-94.

[145] 陈国权. 组织学习和学习型组织: 概念、能力模型、测量及对绩效的影响 [J]. 管理评论, 2009, 21 (1): 107-116.

[146] 陈江, 曾楚宏, 吴能全. 组织学习与学习型组织的比较研究 [J]. 现代管理科学, 2010 (3): 19-21.

[147] 陈劲. 从技术引进到自主创新的学习模式 [J]. 科研管理, 1994 (2): 32-34.

[148] 陈凯华, 寇明婷. 科技与创新研究: 回顾、现状与展望 [J]. 研究与发展管理, 2015, 27 (4): 1-15.

[149] 陈彦亮, 高闯. 基于组织双元能力的惯例复制机制研究 [J]. 中国工业经济, 2014 (10): 147-159.

[150] 陈扬, 陈瑞琦. 基于惯性视角的企业变革能量损耗影响因素研究: 一个概念模型 [J]. 科技进步与对策, 2011, 28 (6): 94-98.

[151] 党兴华, 段发明. 组织惯例的数学描述与拓扑模型 [J]. 经济问题, 2014 (10): 1-4.

[152] 段发明, 党兴华. 基于微观认知视角的组织惯例分类模型构建 [J]. 经济问题, 2014 (5): 65-71.

[153] 范冠华. 组织内关键人物对组织变革的影响——基于组织惯性的视角 [J]. 理论与

现代化,2012 (2):115-119.

[154] 范钧,高孟立.知识惯性一定会阻碍服务企业绩效的提升吗?——基于 KIBS 企业的实证 [J].商业经济与管理,2016 (4):28-38,47.

[155] 冯俊文.能力集分析 [J].管理科学学报,1999 (2):77-83.

[156] 冯俊文.组织习惯域理论 [J].系统工程与电子技术,2001,23 (6):40-43.

[157] 郭小兵,王勇,许庆瑞.组织学习理论:喧嚣中的蠕行 [J].研究与发展管理,2003 (4):1-6,34.

[158] 高展军,李垣.组织惯例及其演进研究 [J].科研管理,2007,28 (3):142-147.

[159] 韩福国.地方政府创新与区域经济增长的关联性——基于中国区域间地方政府创新差异的跨案例分析 [J].浙江大学学报:人文社会科学版,2012,42 (2):161-177.

[160] 何增科.试析我国社会管理面临的新挑战 [J].新华文摘,2009,8 (4):17-21.

[161] 何增科.中国政府创新的趋势分析——基于五届"中国地方政府创新奖"获奖项目的定量研究 [C].北京:中国政府改革创新回顾与展望国际学术研讨会论文集,2010:11-24.

[162] 黄艳,陶秋燕.迭代创新:概念、特征与关键成功因素 [J].技术经济,2015 (10):24-28.

[163] 惠怀海,梁工谦,马健诚.迭代创新模式与流程研究 [J].软科学,2008,22 (1):117-121.

[164] 简兆权,刘益.战略转换中的组织惯性形成及其经济学分析 [J].数量经济技术经济研究,2001,18 (5):55-58.

[165] 罗彪,梁樑.组织学习理论与实施模型 [J].研究与发展管理,2003,15 (4):7-13.

[166] 李柏洲,赵健宇,郭韬,苏屹.知识创造行为与组织惯例的演化博弈及其仿真研究 [J].运筹与管理,2015 (3):94-105.

[167] 李万,常静,王敏杰,等.创新3.0与创新生态系统 [J].科学学研究,2014,32 (12).

[168] 李希,郑惠莉.企业战略演化中的组织惯性:以中国移动为例 [J].通信企业管理,2016 (3):68-71.

[169] 李忆,司有和.探索式创新、利用式创新与绩效:战略和环境的影响 [J].南开管理评论,2008,11 (5):4-12.

[170] 连燕华.企业组织创新的案例研究 [J].科学学研究,1992 (2):65-72.

[171] 连燕玲，贺小刚. CEO 开放性特征、战略惯性和组织绩效——基于中国上市公司的实证分析［J］. 管理科学学报，2015（1）：1-19.

[172] 林昭文，张钢. 企业持续技术创新的实现途径分析［J］. 中国科技论坛，2004（1）：51-55.

[173] 赖宗智. 从知识管理及习惯领域理论探讨企业创新［D］. 新竹：交通大学，2002.

[174] 刘海建，周小虎，龙静. 组织结构惯性、战略变革与企业绩效的关系：基于动态演化视角的实证研究［J］. 管理评论，2009，21（11）：92-100.

[175] 刘汉民. 路径依赖理论及其应用研究：一个文献综述［J］. 浙江工商大学学报，2010（2）：58-72.

[176] 刘亚军. 关于组织惯例分类的研究［C］//中国管理现代化研究会. 第六届（2011）中国管理学年会——组织行为与人力资源管理分会场论文集. 中国管理现代化研究会，2011：5.

[177] 柳卸林. 技术轨道和自主创新［J］. 中国科技论坛，1997（2）：30-33.

[178] 罗仲伟，任国良，焦豪，等. 动态能力、技术范式转变与创新战略——基于腾讯微信"整合"与"迭代"微创新的纵向案例分析［J］. 管理世界，2014（8）：152-168.

[179] 吕一博，程露，苏敬勤. 组织惯性对集群网络演化的影响研究——基于多主体建模的仿真分析［J］. 管理科学学报，2015，18（6）：30-40.

[180] 梅亮，陈劲，刘洋. 创新生态系统：源起、知识演进和理论框架［J］. 科学学研究，2014，32（12）.

[181] 马蕾，陈劲，阎立. 创新高速公路对创建国家创新型城市的启示［J］. 统计与决策，2011（5）：145-147.

[182] 马蕾，陈劲. 惯域视角下的组织创新——探寻超竞争环境下组织可持续创新关键途径［M］. 杭州：浙江大学出版社，2005.

[183] 马蕾，刘小斌，宋华明，等. 创新驱动战略下的创新高速公路初探［J］. 科技与经济，2011，24（6）：1-6.

[184] 马蕾，韩玉启，冯俊文. 组织的行为过程动态模式研究［J］. 管理工程学报，2003，17（3）：39-42.

[185] 马蕾，刘小斌，阎立，等. 技术惯域视角下企业持续创新动态过程研究——"南瑞继保"持续创新的纵向案例［J］. 科技与经济，2011，24（1）：6-10.

[186] 马蕾. 企业组织惯域理论研究与应用［D］. 南京：南京理工大学，2003.

[187] 孟庆伟，胡丹丹. 持续创新与企业惯性形成的认知根源［J］. 科学学研究，2005，

23（3）：428-432.

[188] 吴金希,孙蕊,马蕾.科技治理体系现代化：概念、特征与挑战[J].科学学与科学技术管理,2015,36（8）：3-9.

[189] 马蕾,张秀兰,韩玉启.改善企业惯域 增强应变能力[J].管理现代化,2002（2）：11-14.

[190] 苗成林,孙丽艳.技术惯域对农业生产技术效率的影响分析——基于安徽省的实证研究[J].农业技术经济,2013（12）：80-86.

[191] [美] PAUL C LIGHT.持续创新——打造自发创新的政府和非营利组织[M].张秀琴,译.北京：中国人民大学出版社,2004.

[192] 任爱莲.知识储备、战略柔性和探索式创新关系研究[J].科技进步与对策,2013,30（21）：11-15.

[193] 任正非.华为的冬天 唯有惶者才能生存的冬天哲学[M].深圳：海天出版社,2015：17.

[194] 上海科学学研究所.促进上海创新生态系统发展的研究[M].上海：上海科学技术出版社,2015.

[195] 盛昭瀚,蒋德鹏.演化经济学[M].上海：三联书店,2002.

[196] 蒂芬·M.夏彼洛.永续创新——变革时代企业求生与制胜蓝图[M].高颖,等,译.北京：电子工业出版社,2003：19.

[197] 孙黎,杨晓明.迭代创新：网络时代的创新捷径[J].清华管理评论,2014（6）：30-37.

[198] 田冰,陈圻.基于粗糙集方法的企业主导组织惯例研究[J].统计与决策,2013（2）：177-179.

[199] 王超,范磊,陈燕妮.组织去学习研究现状探析与展望[J].科技管理研究,2015,35（2）：98-102.

[200] 王鹤春,苏敬勤,曹慧玲.惯性对后发国家引进型管理创新的作用分析[J].科学学与科学技术管理,2014（1）：75-84.

[201] 王金年.有效决策惯域理论及应用[D].南京：南京理工大学,1997.

[202] 王倩雅.基于习惯领域视角的公共部门领导创新行为研究[D].南京：南京理工大学,2015.

[203] 王能平.创新与习惯领域关系之研究[D].新竹：交通大学,2002.

[204] 王永伟,马洁.基于组织惯例、行业惯例视角的企业技术创新选择研究[J].南开管理评论,2011,14（3）：85-90.

[205] 吴迪. 习惯领域理论与企业知识结构分析 [J]. 科研管理, 2004, 25 (4): 33-36.

[206] 吴建南, 马亮, 苏婷, 等. 政府创新的类型与特征——基于"中国地方政府创新奖"获奖项目的多案例研究 [J]. 公共管理学报, 2011, 8 (1): 94-103.

[207] 吴松龄. 创新管理 [M]. 南京: 南京大学出版社, 2007.

[208] 吴燕. 组织惯例及其变动性——基于库恩范式论的新理解 [D]. 杭州: 浙江大学, 2009.

[209] 谢庆奎. 论政府创新 [J]. 吉林大学社会科学学报, 2005 (1): 136-143.

[210] 谢庆奎. 政治改革与政府创新 [M]. 北京: 中信出版社, 2003.

[211] 邢以群, 张睿鹏. 企业惯例演化过程及其机理探讨 [J]. 经济论坛, 2005 (19): 73-75.

[212] 徐建平. 组织惯例的演化机制与效能研究 [D]. 杭州: 浙江大学, 2009.

[213] 向刚, 熊觅, 李兴宽, 等. 创新型企业持续创新绩效评价研究 [J]. 科技进步与对策, 2011, 28 (8): 119-123.

[214] 许庆瑞, 郑刚, 喻子达, 等. 全面创新管理 (TIM): 企业创新管理的新趋势——基于海尔集团的案例研究 [J]. 科研管理, 2003, 24 (5): 1-7.

[215] 吴晓波. 二次创新的进化过程 [J]. 科研管理, 1995 (2).

[216] 游伯龙. 知人与决策 [M]. 北京: 煤炭工业出版社, 1987.

[217] 阎立, 马蕾, 吴金希. 习惯领域与动态竞争能力 [J]. 中外企业文化, 2006 (10): 34-35.

[218] 阎立. 技术惯域对我国企业自主创新能力影响机制研究 [D]. 南京: 南京理工大学, 2008.

[219] 严家明. 企业发展中的惯性分析 [D]. 上海: 复旦大学, 2004.

[220] 杨学儒, 李新春, 梁强, 等. 平衡开发式创新和探索式创新一定有利于提升企业绩效吗? [J]. 管理工程学报, 2011, 25 (4): 17-25.

[221] 叶心薇, 冯俊文, 马蕾. 技术惯域演进视角下"二元式"创新战略选择研究 [J]. 科技进步与对策, 2016 (2): 19-25.

[222] 张钢. 基于技术转移的企业能力演化过程研究 [J]. 科学学研究, 2001, 19 (3): 70-77.

[223] 张伟年, 陈传明. 探索式创新、开发式创新与企业绩效 [J]. 现代管理科学, 2014 (3): 64-66.

[224] 赵杨, 刘延平, 谭洁. 组织变革中的组织惯性问题研究 [J]. 管理现代化, 2009

(1): 39-41.

[225] 朱雪春, 陈万明. 知识治理、失败学习与低成本利用式创新和低成本探索式创新 [J]. 科学学与科学技术管理, 2014 (9): 78-86.

[226] 赵剑峰. 诺基亚战略转型解析 [D]. 北京: 北京邮电大学, 2008.

[227] 赵颖斯, 赵扬, 刘延平. 产业集群环境下的企业网络能力研究 [J]. 山东社会科学, 2014 (3): 158-162.

[228] 张军. 资本形成、工业化与经济增长: 中国的转轨特征 [J]. 经济研究, 2002 (6): 3-13.

[229] 周珊珊, 赵玉林. 持续创新: 国外创新研究的新趋向 [J]. 自然辩证法研究, 2007, 23 (1): 68-71.

[230] 程凡璠. 智能手机制造企业的合作研发策略研究 [D]. 长沙: 湖南大学, 2013.

[231] 常州市档案局. 科技长征: 常州创新型城市建设探索与实践 [M]. 南京: 南京大学出版社, 2011.

[232] 常州统计局. 常州市国民经济和社会发展统计公报 [R]. 常州统计局, 2000—2016.

[233] 洪银兴, 范燕青. 科教资源相对缺乏地区创新型经济发展模式研究——常州创新型经济发展的启示 [J]. 江苏社会科学, 2011 (3): 244-251.

[234] 李萧然. 手机与电脑融合成大势所趋 英特尔诺基亚三度联姻能否走出失败阴影 [J]. IT时代周刊, 2009 (15): 52-53.

[235] 林春培, 张振刚. 既有知识资产对企业持续性创新与破坏性创新的影响 [J]. 技术经济, 2011, 30 (10): 16-21.

[236] 陈劲. 国家技术发展系统初探 [M]. 北京: 科学出版社, 2000.

[237] 马群刚. 非主动发光平板显示技术 [M]. 北京: 电子工业出版社, 2013.

[238] 唐纳德·N. 苏, 李田树. 优秀的承诺 [M]. 李芳龄, 译. 北京: 中信出版社, 2003.

[239] 为国. 从木材作坊到通信巨人——诺基亚的成功转型之路 [J]. 中国集成电路, 2009, 18 (10): 69-76.

[240] 王维焕. 巨星的陨落 [D]. 厦门: 厦门大学, 2013.

[241] 汪新波. 诺基亚的教训: "封闭产业链"的失败 [J]. 中国新时代, 2012 (7): 85-87.

[242] 许小火. 兴衰诺基亚 [J]. 销售与市场: 评论版, 2012 (8): 72-75.

[243] 殷丽萍. 诺基亚, 失败的创新者 [J]. 中外管理, 2013 (8): 34-35.

[244] 余兴无，丁恒龙，王文华. 常州市产学研联合体的发展历程、瓶颈与对策 [J]. 改革与战略，2010，26（2）：58-60.

[245] 傅家骥. 技术创新学 [M]. 北京：清华大学出版社，2001.

[246] G. 多西，C. 弗里曼，R. 纳尔逊. 技术进步与经济理论 [M]. 钟学义，沈利生，陈平，等，译. 北京：经济科学出版社，1992.

[247] ESTRIN J，闫佳. 美国创新在衰退？[M]. 翁翼飞，译. 北京：机械工业出版社，2010.

[248] ［美］艾萨克森. 史蒂夫·乔布斯传 [M]. 管延圻，译. 北京：中信出版社，2011.

[249] 白少君，崔萌筱，耿紫珍. 创新与企业家精神研究文献综述 [J]. 科技进步与对策，2014（23）：178-182.

[250] 蔡翔，王文平，李远远. 三螺旋创新理论的主要贡献、待解决问题及对中国的启示 [J]. 技术经济与管理研究，2010（1）：26-29.

[251] 陈春花，刘祯. 阿里巴巴：用价值观领导"非正式经济事业" [J]. 管理学报，2013，10（1）：22-29.

[252] 陈劲. 创新管理及未来展望 [J]. 技术经济，2013，32（6）：1-9.

[253] 陈劲. 第三代管理学的兴起 [J]. 管理学家：实践版，2013（7）：104-105.

[254] 德鲁克. 创新与企业家精神 [M]. 蔡文燕，译. 北京：机械工业出版社，2007.

[255] 丁琳，席酉民，张华. 变革型领导与员工创新：领导—下属关系的中介作用 [J]. 科研管理，2010，31（1）：177-184.

[256] 董洁林，陈娟. 互联网时代制造商如何重塑与用户的关系——基于小米商业模式的案例研究 [J]. 中国软科学，2015（8）：22-33.

[257] 董洁林，陈娟. 无缝开放式创新：基于小米案例探讨互联网生态中的产品创新模式 [J]. 科研管理，2014，35（12）.

[258] 胡岗岚，卢向华，黄丽华. 电子商务生态系统及其协调机制研究——以阿里巴巴集团为例 [J]. 软科学，2009，23（9）：5-10.

[259] 金潇明. 产业集群知识共享的四螺旋结构模型 [J]. 系统工程，2010（1）：90-94.

[260] 约瑟夫·熊彼特. 经济发展理论 [M]. 北京：商务印务馆，1990.

[261] 黎万强. 小米口碑营销铁三角 [J]. 新营销，2014（1）.

[262] 黎万强. 参与感：小米口碑营销内部手册 [M]. 北京：中信出版社，2014：25-30.

[263] 李海超，彭尔霞. 社会资本对企业创新发展的影响机理研究——以阿里巴巴为例

[J]. 当代财经, 2015 (5): 78 - 85.

[264] 刘光宗. 环境下不确定性: CEO 经验与个性对公司动态能力的影响研究 [D]. 大连: 大连理工大学, 204.

[265] 李宇, 张雁鸣. 大企业情境下企业家精神驱动的创新成长导向研究——以苹果公司为例 [J]. 科学学与科学技术管理, 2013, 34 (1): 154 - 163.

[266] 柳卸林. 技术创新经济学 [M]. 北京: 清华大学出版社, 2014.

[267] 柳卸林, 孙海鹰, 马雪梅. 基于创新生态观的科技管理模式 [J]. 科学学与科学技术管理, 2015 (1): 18 - 27.

[268] 吕文龙. "被动"诺基亚 [J]. 互联网周刊, 2011 (1): 44 - 46.

[269] 马蕾, 邓敏, 盛夏. 公益创投与地方政府社会管理创新——以昆山为例 [J]. 南京理工大学学报: 社会科学版, 2016 (1): 53 - 59.

[270] 马蕾, 胡婉丽, 叶心薇, 等. 团队领导惯域的结构及测量工具研究 [J]. 技术经济与管理研究, 2014 (5): 8 - 13.

[271] 马蕾. 以创新撬动制造业转型——金融危机下英国高价值制造关键技术领域发展战略对我们的启示 [J]. 技术经济与管理研究, 2009 (6): 41 - 43.

[272] 马蕾, 杨善志, 冯俊文. 决策树研究新探 [J]. 南京理工大学学报, 2001, 25 (5): 450 - 452.

[273] 苗晓燕. 领导风格与团队创新气氛的关系研究 [D]. 大连: 大连理工大学, 2008.

[274] 曲斌. 通信产业技术标准联盟的模式与机制研究 [D]. 济南: 山东大学, 2009.

[275] 孙福全. 加快强化企业技术创新主体地位 [J]. 企业文明, 2012 (5).

[276] 汪旭晖, 张其林. 平台型网络市场"平台—政府"双元管理范式研究——基于阿里巴巴集团的案例分析 [J]. 中国工业经济, 2015 (3): 135 - 147.

[277] 王春法. 关于国家创新体系理论的思考 [J]. 中国软科学, 2003 (5): 99 - 104.

[278] 王飞绒, 陈文兵. 领导风格与企业创新绩效关系的实证研究——基于组织学习的中介作用 [J]. 科学学研究, 2012 (6): 943 - 949.

[279] 王锋正, 杜栋, 王春博. 价值创新视角下开放型商业模式研究——以小米公司为例 [J]. 科技进步与对策, 2015 (19): 72 - 78.

[280] 王利芬, 李翔. 穿布鞋的马云 [M]. 北京: 北京联合出版社, 2014.

[281] 魏江, 郑小勇. 关系嵌入强度对企业技术创新绩效的影响机制研究——基于组织学习能力的中介性调节效应分析 [J]. 浙江大学学报: 人文社会科学版, 2010, 40 (6): 168 - 180.

[282] 武文胜. 苹果教父乔布斯——一个商界奇才的奋斗传奇 [M]. 北京: 金城出版社,

2009 (4): 53 - 80.

[283] 邢以群. 技术创新与企业家精神 [J]. 科学管理研究, 1993 (6): 30 - 35.

[284] 肖洪钧, 苗晓燕. 领导风格与团队创新气氛的关系研究 [J]. 软科学, 2009 (23): 4.

[285] 杨建君, 刘刃, 马婷. 变革型领导风格影响技术创新绩效的实证研究 [J]. 科研管理, 2009, 30 (2): 94 - 101.

[286] 张利飞. 跨国公司海外 R&D 投资区位选择研究 [J]. 软科学, 2009, 23 (6): 14 - 19.

[287] 张运生. 高科技企业创新生态系统边界与结构解析 [J]. 软科学, 2008, 22 (11): 95 - 97.

[288] 周珺. 论股东本位——阿里巴巴公司"合伙人"制度引发的思考 [J]. 政治与法律, 2014 (11): 107 - 116.

[289] 郑小勇. 创新集群的形成模式及其政策意义探讨 [J]. 外国经济与管理, 2010, 32 (2): 58 - 64.

[290] 赵永杰. 基于系统协同视角的企业集团动态能力成长研究 [J]. 华东经济管理, 2011, 25 (9): 92 - 96.

[291] 赵文红, 李垣. 关于企业家机会的研究综述 [J]. 经济学动态, 2004 (5): 95 - 97.

后 记

  在本书撰写过程中，经历了 2015 年之夏的"中国股灾"：从初夏的股灾 1.0 到初秋的股灾 2.0，中国股民经历了凤凰涅槃般的"炼狱"；2015 年 12 月，正当人们欢呼股市企稳、以为"凤凰再生"并持股跨入 2016 年之际，新年的第一个工作日及连续三天交易"熔断"，股灾 3.0 突如其来，其蝴蝶效应波及欧罗巴，波及大洋彼岸的纽约、纳斯达克……出乎预料的突发事件超出了参与者习惯域既有的知识经验和潜在的知识经验，如此的灾难，不仅作为散户的投资者来不及反应，即使是参与投资的专家、学者、基金和机构等也都在劫难逃……

  转眼一年过去，当这本书写作即将结束之际，2016 年 6 月 24 日大不列颠的全民"脱欧"公投，又一次超出了专家、学者的预测，全球资本市场经历了 21 世纪的第一场金融风暴……时任英国首相卡梅伦因此辞职。

——作者手记

  当组织处于转型时期，特别是处于一个创新范式转变的时代，了解和掌握组织惯域的规律是不言而喻的。本书撰写期间经历的中国资本市场的风暴也是让我更坚定地将此书写下去的原因之一：资本市场金融产品持续创新，让投资者应接不暇，而监管部门却缺乏制度创新。因此，本书的目的在于让实践者了解习惯域在持续创新中的作用，并善于运用习惯域使其成为组织持续创新中的"桥"。

  在本书写作过程中，感谢徐志国教授对本书第十章的贡献！感谢我的同学王晓沁副教授在百忙之中帮助校对书稿！我的学生们为本书案例调研、收集资料做了大量工作，他们是硕士研究生杨宏伟、周汐、王倩雅、盛夏、郁可、王悦、张萌航、朱越。感谢师妹叶心薇博士在国外访问期间帮助收集并翻译资料，让我及时了解相关领域的国际前沿。

在本书校对过程中，遇到了百年一遇的江南水灾和南京40°C的高温，特别感谢我的博士研究生甘静娴同学及硕士研究生富媛莉、邹少雯、黄天宇等同学，在水灾和酷暑的假期里同我一道留在学校校对书稿、修改图表等；也特别感谢已经工作了的周汐同学利用休息之余回校参加本书校对工作。

本书是在国家自然科学基金项目"技术惯域对企业持续创新的作用机制及转换模式研究"（项目编号：71272164）部分研究成果基础上撰写的，感谢国家自然科学基金会管理学部对本研究的资助；本书的部分研究成果也是司法部"基于版权产业发展的延伸性集体管理制度研究"（项目编号：14FB50031）的阶段性成果；同时，也感谢江苏省服务型政府研究基地对本书的资助；向编辑江宜玲老师及知识产权出版社参与本书校对的各位老师为本书顺利出版所付出的辛勤工作致以敬意和深深的谢意。

感谢调研单位常州市科技局、昆山市民政局、江苏恒立液压有限公司、江苏凯特尔有限公司、南京中电熊猫液晶显示科技有限公司、阿里巴巴集团、中国移动浙江公司、东方航空公司、上海市科学学研究所、中科院科技政策研究所、常柴集团、常林股份有限公司、南京市知识产权局、江苏省发改委、济南市政府、苏州市政府、亚信集团、徐工集团等单位对本课题研究的支持。

在课题研究过程中，我的导师、合作者、同门师弟、师妹、同事、同学、朋友们给予了我极大支持和鼓励，感激一路有你们相助！本书是作者多年研究积累，但由于学识和能力有限，不能呈现给同行及读者一部满意的学术著作，内心深感不安，还望同行和读者不吝赐教，令我在今后学术研究中不断完善。另外，书中的文献引用标注如有遗漏，谨向作者致歉。

深深感谢85岁高龄的母亲一直陪伴我，写作期间我不仅不能陪伴母亲买菜逛街，还让母亲帮我料理家事，每当夜晚从办公室回到家中，看到年迈的母亲仍然为我留灯守候，愧疚自责……

回想1999年初秋重返校园读博士报到，走在南京理工大学著名的"三号路"，偶然抬头，透过茂密的梧桐树看到了蓝天白云，似乎这种时光已经久违了……

17 年后的今夜，面对即将收笔的书稿我惭愧于书中的遗憾，透过校园静静夜色满天繁星在闪烁，似乎看到我的学生们正迎着明天的朝阳、迈着坚实的脚步走在神州大地上……

马 蕾

2017 年 5 月 31 日

于南京理工大学紫霞湖畔